suhrkamp taschenbuch
wissenschaft 2417

»In der Theorie vielleicht eine gute Idee, versagt nur leider in der Praxis!« Was früher vom Kommunismus gesagt wurde, gilt heute für die Demokratie – sie wirkt zunehmend unglaubwürdig. Veith Selk zeigt in seinem scharf analysierenden Buch, warum sowohl die demokratische Politik als auch die sie begleitenden Demokratietheorien an der Wirklichkeit scheitern. Zwei Thesen werden dabei verfolgt: Der Niedergang der Demokratie ist keiner Regression geschuldet, sondern das Ergebnis der gesellschaftlichen Fortentwicklung. Das damit eingeläutete Ende der Demokratie führt auch zum Verfall der Demokratietheorie, die als akademische Disziplin anachronistisch wird.

Veith Selk ist Privatdozent für Politikwissenschaft an der Technischen Universität Darmstadt.

Veith Selk

Demokratiedämmerung

Eine Kritik der Demokratietheorie

Suhrkamp

Klimaneutral
Druckprodukt
ClimatePartner.com/14438-2110-1001

3. Auflage 2024

Erste Auflage 2023
suhrkamp taschenbuch wissenschaft 2417
Originalausgabe

Umschlag nach Entwürfen
von Willy Fleckhaus und Rolf Staudt
Druck und Bindung: C. H. Beck, Nördlingen
Printed in Germany
ISBN 978-3-518-30017-6

www.suhrkamp.de

Inhalt

Einleitung: Demokratie – eine Gestalt, die alt geworden ist?

> Wenn die Philosophie ihr Grau in Grau malt, dann ist eine Gestalt des Lebens alt geworden, und mit Grau in Grau lässt sie sich nicht verjüngen, sondern nur erkennen; die Eule der Minerva beginnt erst mit der einbrechenden Dämmerung ihren Flug.
>
> *G. W. F. Hegel*

In der politikwissenschaftlichen und demokratietheoretischen Literatur finden sich zunehmend Beiträge, die eine Verschlechterung der Rahmenbedingungen für demokratische Politik sowie eine krisenhafte Transformation liberal-demokratischer Regime diagnostizieren. Sie artikulieren Zweifel an deren Stabilität und Legitimation.[1] Betrachtet man die im Diskurs vorgebrachten Krisen- und Problemdiagnosen, entsteht ein unübersichtliches Bild. Gemeinsam ist vielen jedoch die Skepsis gegenüber der Zukunftstauglichkeit liberal-demokratischer Politik. Fragwürdig geworden ist insbesondere die These, die liberale Demokratie sei durch eine progressive Entwicklungstendenz gekennzeichnet.[2] Diese *Progressionsthese*, die sowohl in der Demokratietheorie als auch der empirischen Forschung über Demokratie innerhalb und jenseits des Westens prägend gewesen ist, besteht aus drei Annahmen:

1 Dirk Jörke, »Liberale Demokratietheorie in der Krise«, in: *Neue Politische Literatur* 67 (2022), S. 249-266. Der Titel dieser Einleitung ist angelehnt an Arthur Benz, »Eine Gestalt, die alt geworden ist? Thesen zum Wandel des Staates«, in: *Leviathan* 40 (2012), S. 223-247.

2 Diese These wurde besonders wirkmächtig vertreten von Francis Fukuyama, *Das Ende der Geschichte. Wo stehen wir?*, München 1992. Kaum eine aktuelle demokratiediagnostische Publikation kommt ohne eine Distanzierung von Fukuyamas These aus. Schlecht gealtert ist auch Larry Diamonds Prognose für die ersten beiden Dekaden des 21. Jahrhunderts: »Die Welt wird dann einer ›vierten Welle‹ der Demokratisierung entgegensehen, und das wird sehr wahrscheinlich ein Segen sein für internationalen Frieden und Sicherheit, viel tiefgreifender und dauerhafter als gegen Ende des Kalten Krieges«; ders., »Is the Third Wave Over?«, in: *Journal of Democracy* 7 (1996), S. 20-37, hier S. 35. Diese und alle folgenden Übersetzungen aus englischsprachigen Texten von V. S.

(a) Annahme der *Kumulation von Fortschritten*
(b) Annahme der *Demokratieimmanenz von Modernisierungsproblemen*
(c) Annahme der *progressiven Bürgerkompetenz*

Ad (a): Das in der Progressionsthese zum Ausdruck kommende Fortschrittsdenken nimmt erstens an, dass Demokratien politisch auf einen historischen Verlauf setzen könnten, der zu einer Verfestigung einmal erreichter normativer Errungenschaften und Entwicklungsstufen führe. Liberalisierungs- und Demokratisierungsschritte, wie etwa die Ausweitung von Bürgerrechten und Beteiligungsmöglichkeiten, könnten aufgrund eines in der politischen Kultur eintretenden normativen Sperrklinkeneffekts nicht mehr rückgängig gemacht werden. Zudem komme es zu einer stetigen Verfestigung und Ausweitung einmal eingeführter Errungenschaften, weil Liberalisierung selbstverstärkend wirke. Kulturelle, ökonomische und politische Liberalisierungen verstärkten sich und sicherten sich wechselseitig ab. Liberalisierungsschritte auf der einen Ebene zögen Liberalisierungsschritte auf den anderen Ebenen nach sich, die wiederum die vorhergehenden Liberalisierungsschübe absicherten. Politische Entwicklung erscheint aus dieser Perspektive als eine Stufenleiter, auf der der Fortschritt durch das Abschreiten aufeinander folgender Stufen verwirklicht wird. Das Ensemble liberaler Demokratie, mit seinen in dieser Denkweise als zusammengehörig erachteten Komponenten Rechtsstaatlichkeit und Konstitutionalismus, sozialer Marktwirtschaft und Wohlfahrtsstaat, Parlamentarismus, Repräsentation und Partizipation, erscheint dem liberal-demokratischen Fortschrittsdenken als *progressiv homöostatisch*. Auf der einen Seite sei es selbstverbesserungsfähig und mache fortschrittliche Reformen wahrscheinlich, auf der anderen Seite sei es selbststabilisierend und weise institutionelle Stabilität auf. Der progressive und vor allem auch inklusive Charakter der liberalen Demokratie zeige sich darin, dass die genannten Komponenten zu einer gemeinwohlförderlichen Politik führten. Zwar nimmt auch das demokratieoptimistische Fortschrittsdenken an, dass die Demokratie gegen ihre erklärten Feinde verteidigt werden muss, aber zugleich sieht es die liberale Demokratie als gegenüber konkurrierenden Modellen politisch-gesellschaftlicher Ordnung überlegen an. Es geht davon aus, dass die genannten Komponenten in ihrem Zusammenspiel als ein Positivsummenspiel wirken, bei dem es keine strukturellen Verlierer gibt.

Ad (b): Das zweite Element der Progressionsthese ist die Annahme, dass ökologische, ökonomische und soziokulturelle Probleme liberaler Modernisierung (wie etwa Konflikte, Umweltzerstörung, soziale Ungleichheit und die Erosion gemeinschaftlicher Bindungen) im Rahmen demokratischer Regime gelöst werden könnten. Der liberalen Demokratie stellten sich nur diejenigen Probleme, die sie lösen kann. Antworten auf Modernisierungsprobleme erscheinen als demokratieimmanent, da diese Probleme in demokratischen Regimen legitim und effektiv lösbar seien. Damit wird in dieser Denkweise die Demokratie nicht nur auf der normativen Ebene als ein Korrelat der modernen Gesellschaft verstanden, sondern sie erscheint auch unter dem Gesichtspunkt der Lösung kollektiver Probleme als *funktionales Korrelat* der Modernisierung.

Ad (c): Drittens beinhaltet die Progressionsthese eine optimistische Anthropologie. Sie beinhaltet ein Menschenbild, das von einer progressiven Bürgerkompetenz und demokratieaffinen Bildungsfähigkeit der Bürgerschaft ausgeht. Die Progressionsthese setzt damit das Entwicklungspotential kultureller, sozioökonomischer und politischer Kompetenzen, die zur Bewältigung des modernisierungsbedingten Wandels notwendig sind, hoch an und schätzt diese Kompetenzen als kurzfristig ausbildbar ein. Zu diesen Kompetenzen zählen die kognitiven und praktischen Fähigkeiten, kulturelle Veränderung, ökonomischen Wandel und politische Konflikte nicht passiv auszuhalten, sondern diese verstehen, beurteilen und aktiv mitgestalten zu können. Die Annahme progressiver Bürgerkompetenz setzt voraus, dass sich die infolge der Modernisierung von den Menschen benötigten Fähigkeiten auch in kurzen Zeiträumen ausbilden. Sie nimmt an, dass sich die Menschen in einer kulturell dynamischen, ökonomisch flexiblen und politisch unübersichtlichen Welt behaupten und die Normen kultureller Expression, wirtschaftlicher Effektivität und demokratischer Beteiligung erfüllen können.

Diese hier idealtypisch umrissene, demokratieoptimistische Progressionsthese bildete eine Hintergrundannahme der Demokratietheorie und des politischen Bewusstseins innerhalb demokratischer Regime. Durch die Wandlungsprozesse dieser Regime und ihrer kulturellen, ökologischen wie sozioökonomischen Rahmenbedingungen wird sie nun als fragwürdig bewusst.[3] Sie lässt sich nicht mehr so leicht mit der politischen Erfahrung in Einklang bringen. Sie erscheint als problematisch und gerät in den Strudel politischer Konflikte und Deutungskontroversen. Die seit einiger Zeit vermehrt geäußerten Zweifel an der Zukunftstauglichkeit der Demokratie sind Ausdruck dieses Bewusstseinswandels. Damit tritt wieder verstärkt ins politische Bewusstsein, dass bisher erreichte Fortschritte vor »Regression« nicht gefeit sind.[4] Mehr noch: Es gibt wenig Anzeichen dafür, dass sich die Probleme der fortschreitenden Modernisierung im Rahmen liberal-demokratischer Regime lösen ließen. Das zeigen die Beispiele des nicht nachhaltigen Umgangs mit der natürlichen Umwelt[5] und der anhaltenden, die politische Legitimität demokratischer Regime bedrohenden sozioökonomischen Ungleichheit hinsichtlich Einkommen und Vermögen.[6] Es wird auch mit Blick auf die bestehende Bildungsungerechtigkeit und die zunehmend ungleich verteilten soziokulturellen Entfaltungsmöglichkeiten deutlich. Die Errungenschaften moderner demokratischer Gesellschaften erscheinen nicht mehr als wechselseitig stabilisierend.[7]

3 Vgl. mit ähnlicher Stoßrichtung Ingolfur Blühdorn, »Recreational Experimentalism at ›the Abyss‹: Rethinking the Sustainablity Crisis and Experimental Politics«, in: *Sustainability: Science, Practice and Policy* 19 (2023), S. 46-60.

4 Heinrich Geiselberger (Hg.), *Die große Regression. Eine internationale Debatte über die geistige Situation der Zeit*, Berlin 2017.

5 Ingolfur Blühdorn u. a., *Nachhaltige Nicht-Nachhaltigkeit. Warum die ökologische Transformation der Gesellschaft nicht stattfindet*, Bielefeld 2020.

6 Kenneth Scheve, David Stasavage, »Wealth Inequality and Democracy«, in: *Annual Review of Political Science* 20 (2017), S. 451-468.

7 Vgl. hierzu auch Luhmann: »Jedenfalls muss man die Vorstellung aufgeben, die die Modernisierungsforschung nach dem Zweiten Weltkrieg zunächst beherrscht hatte, die Vorstellung nämlich, dass die Modernisierungstrends in den einzelnen Funktionssystemen, sprich: politische Demokratie, marktorientierte Geldwirtschaft, Rechtsstaat, dogmatisch unbehinderte wissenschaftliche Forschung, unzensierte Massenmedien, Schulbesuch der gesamten Bevölkerung nach Maßgabe ihrer individuellen Fähigkeiten etc., einen Entwicklungsschub auslösen würde, in dem die Errungenschaften der einzelnen Funktionssysteme einander wechselseitig stützen und bestätigen würden. Eher ist das Gegenteil wahrscheinlich«, Niklas Luhmann, *Die Gesellschaft der Gesellschaft*, Frankfurt/M. 1997, S. 568.

Die Erzählung von der unangefochtenen normativen Vorzugswürdigkeit der Demokratie, der bestmöglichen Legitimation mittels demokratischer Verfahren, der Problemlösungsfähigkeit demokratischer Regime sowie der Entstehung flexibler, anpassungsfähiger und gestaltungsfreudiger politischer Subjekte ist dadurch fragwürdig geworden. Daraus ergibt sich insgesamt eine *Demokratieskepsis*. Ich werde im Folgenden argumentieren, dass diese Skepsis begründet ist. Zum einen sind die demokratischen Regime einem Prozess unterworfen, den ich als *Devolution* bezeichne. Er zersetzt die Grundlagen demokratischer Politik und Legitimation. Zum anderen wird die Demokratietheorie als die zentrale theoretische Reflexionsinstanz der Demokratie infolge der Devolution unplausibel. Sie scheitert dabei, unsere politischen Regime, die wir aus normativen Gründen und gewohnheitsmäßig als Demokratien bezeichnen, in wissenschaftlich valider Weise als Demokratien zu beschreiben. Die Demokratietheorie gerät dadurch in eine *Paradigmakrise*. Bevor ich diese beiden Thesen entwickle, will ich zunächst Indizien für die behauptete Demokratieskepsis anführen. Anschließend zeige ich, dass sich auch im demokratietheoretischen Diskurs bereits Niedergangsdiagnosen und damit Absetzbewegungen vom Paradigma der Demokratietheorie beobachten lassen. Anknüpfend an die Theorien des Niedergangs umreiße ich dann meine Perspektive auf die Devolution der Demokratie. Ich schließe mit einem Überblick über den Aufbau und das Vorgehen der Arbeit.

Phänomene des Niedergangs

Sichtet man die politikwissenschaftliche Literatur, so werden darin Phänomene beschrieben, die sich als Anzeichen einer demokratieaversen Entwicklung zeitgenössischer politischer Regime deuten lassen.

Institutionell haben sich transnationale Verfassungs- und Regimeformen herausgebildet, die jenseits des Nationalstaates angesiedelt sind und zu einer Verschiebung politischer Grenzen geführt haben.[8] Mit Blick auf diese Entwicklung wird argumentiert, dass

8 Horst Dreier, »Vom Schwinden der Demokratie«, in: Friedrich Wilhelm Graf, Heinrich Meier (Hg.), *Die Zukunft der Demokratie. Kritik und Plädoyer*, München 2018, S. 29-81.

insbesondere in der Europäischen Union der Raum des demokratisch Gestaltbaren durch die Konstitutionalisierung einer Marktverfassung[9] und die Überdehnung des politischen Raumes[10] weitgehend eingeschränkt worden ist.

Auf der Ebene des *Regierens* sind demokratisch legitimierte Regierungen mit einer zunehmenden Informalisierung des politischen Handelns und Differenzierung der Regierungstätigkeit konfrontiert, die durch das Vordringen netzwerkförmiger Politik im Kontext von Governance-Strukturen entstehen.[11] Dadurch verschwimmen die Grenzen zwischen formeller Beteiligung an der Willensbildung und der informellen Meinungsbeeinflussung und Urteilsbildung in der Öffentlichkeit, die im Modell der repräsentativen Demokratie für die demokratische Legitimation als essentiell angesehen werden.[12] Infolge dieses *blurring of lines* weicht der reale politische Prozess von dem Begriff der repräsentativen Demokratie signifikant ab und lässt sich mit den demokratischen Kategorien der Elitenkontrolle, der Verantwortung, der Zurechenbarkeit und der Volkssouveränität nicht mehr adäquat beschreiben.[13]

Vor diesem Hintergrund entstehen in den westlichen Demokratien Formen einer zivilgesellschaftlichen »*Gegenpolitik*«.[14] Sie sind kein ergänzendes Komplement der repräsentativen Institutionen, sondern bringen ein fundamentales Misstrauen gegenüber diesen zum Ausdruck. Sie tendieren dazu, »die Attribute der Zugehörigkeit zu einer *gemeinsamen* Welt aufzulösen«.[15] Praktiken der Gegenpolitik reagieren zwar auf wahrgenommene Demokratiemängel, sie sind aber »ungeeignet, ein kollektives Projekt zu befördern und zu

9 Dieter Grimm, *Europa ja, aber welches? Zur Verfassung der europäischen Demokratie*, München 2016.

10 Dirk Jörke, *Die Größe der Demokratie. Über die räumliche Dimension von Herrschaft und Partizipation*, Berlin 2019.

11 Stephan Bröchler, Hans-Joachim Lauth (Hg.), »Von Government zu Governance. Informales Regieren im Vergleich«, in: *Zeitschrift für Vergleichende Politikwissenschaft* 8 (2014), Sonderheft 4.

12 Nadia Urbinati, *Me the People. How Populism Transforms Democracy*, Cambridge, London 2019, S. 174 ff.

13 Arthur Benz, »Blockiert durch Komplexität? Demokratie in Mehrebenensystemen föderaler und transnationaler Politik«, in: *Vorgänge* 49 (2010), S. 64-72.

14 Pierre Rosanvallon, *Die Gegen-Demokratie. Politik im Zeitalter des Misstrauens*, Hamburg 2017, S. 26.

15 Ebd.

strukturieren«.[16] Gegenpolitiken sind Ausdruck einer Zerfaserung und Dezentrierung von Politik, so dass diese nicht mehr als ein umfassender Rahmen oder gemeinsamer Bezugspunkt demokratischer Praktiken und als Quelle bürgerschaftlicher Vergemeinschaftung fungiert.[17] Die veränderte Struktur der politischen Willensbildung und Entscheidung, die vom Modell repräsentativer Parteiendemokratie abweicht, sowie das sich ausbreitende politische Misstrauen gegenüber berufspolitischen Repräsentanten begünstigt das Aufkommen neuer politischer Akteure, die sich als *antipolitische Opposition* zu den etablierten Verfahren, Institutionen und Akteuren der liberal-repräsentativen Demokratie verstehen.[18] Der Populismus weist Überschneidungen mit diesen Akteuren auf, denn er kann insbesondere mittels einer Anti-Establishment-Rhetorik Mobilisierungserfolge erzielen. Er wird in diesem Kontext als eine Bedrohung liberaler Demokratien wahrgenommen, weil er sich als eine Alternative zur liberal-repräsentativen Demokratie und der politischen Klasse in Stellung bringt.[19]

Soziokulturell haben sich aufgrund der fortschreitenden liberalen Modernisierung die normativen Orientierungen innerhalb der demokratischen Bürgerschaften verändert. In Teilen von ihr nehmen der Individualismus, die Ablehnung gemeinschaftsorientierter Normen und kosmopolitische Einstellungen zu,[20] in anderen Teilen gewinnen die Orientierung an der Nation und an ethisch konnotierten Begriffen von politischer Gemeinschaft größere Bedeutung.[21] Auf der Einstellungsebene entspricht dem eine Spaltung zwischen Befürwortern und Gegnern von liberaler Modernisierung. Diese ist mittlerweile politisiert worden.[22]

Durch den dadurch begünstigten *Aufstieg des Rechtspopulismus* wird insbesondere die Ablehnung der liberalen Modernisierung

16 Ebd., S. 27.

17 Jean-Marie Guéhenno, *Das Ende der Demokratie*, München, Zürich 1994, S. 53.

18 Jacques de Saint-Victor, *Die Antipolitischen*, Hamburg 2015.

19 Urbinati, *Me the People*.

20 Paul Howe, »Eroding Norms and Democratic Deconsolidation«, in: *Journal of Democracy* 28 (2017), S. 15-29.

21 Francis Fukuyama, *Identität. Wie der Verlust der Würde unsere Demokratie gefährdet*, Hamburg 2019, S. 151 ff.; Michael Wildt, *Volk, Volksgemeinschaft, AfD*, Hamburg 2017.

22 Hanspeter Kriesi, »Restructuration of Partisan Politics and the Emergence of a New Cleavage Based on Values«, in: *West European Politics* 33 (2010), S. 673-685.

durch die sich als Verlierer verstehenden Menschen artikuliert und verstärkt.[23] Der elektorale Erfolg rechtspopulistischer Parteien führte zur Entstehung illiberaler Regime beziehungsweise zu einem »populistischen Konstitutionalismus«,[24] der liberale Rechte und den Parteienwettbewerb einschränkt.

Im Kontext der *Digitalisierung der politischen Kommunikation* kommt es zu einer Fragmentierung der politischen Öffentlichkeit und einer Zerfaserung der öffentlichen Meinung. Dies ist vor allem der Ausbildung zahlreicher Teil- und Gegenöffentlichkeiten und der Nutzung von *Many-to-many*-Medien geschuldet.[25] Die Digitalisierung politischer Kommunikation wurde von manchen sozialwissenschaftlichen Beobachtern zunächst verhalten optimistisch bewertet. Wie nun sichtbar wird, verträgt sie sich jedoch nicht mit der vor allem in der demokratietheoretischen Literatur sowie in der öffentlichen Kommunikation von Amtsträgern und von Leitmedien formulierten Erwartung an eine deliberative, auf Konvergenz hin ausgerichtete Meinungs- und Willensbildung. Die Vielstimmigkeit politischer Kommunikation und das Bewusstsein ihrer medialen Konstruiertheit desavouieren den in der politischen Praxis gängigen Rekurs politischer Eliten auf »den Volkswillen«, weil die kohärente Konstruktion eines Volkswillens und einer öffentlichen Meinung nicht mehr möglich ist.[26]

Weltpolitisch findet eine allmähliche Verlagerung der globalen Machtschwerpunkte statt, wodurch undemokratische Ordnungen an Bedeutung gewinnen.[27] Hierbei erfährt vor allem das chinesische Modell eines adaptiv lernenden Autoritarismus Aufmerksamkeit,[28] das sich vom weniger attraktiven (aber dennoch beharrungskräf-

23 James L. Guth, Brent F. Nelsen, »Party Choice in Europe: Social Cleavages and the Rise of Populist Parties«, in: *Party Politics* 27 (2019), S. 453-464.

24 Paul Blokker, »Populist Constitutionalism«, in: Carlos De la Torre (Hg.), *Routledge Handbook of Global Populism*, London, New York, S. 113-127.

25 Stephen Coleman, Deen Freelon, »Introduction: Conceptualizing Digital Politics«, in: dies. (Hg.), *Handbook of Digital Politics*, Cheltenham 2016, S. 1-13.

26 Vgl. bereits Thomas Meyer, *Mediokratie. Die Kolonisierung der Politik durch die Medien*, Frankfurt/M. 2001.

27 Michael Zürn, »Perspektiven des demokratischen Regierens und die Rolle der Politikwissenschaft im 21. Jahrhundert«, in: *Politische Vierteljahresschrift* 52 (2011), S. 603-635; John Keane, *The New Despotism*, Cambridge, London 2020.

28 Sebastian Heilmann, Elizabeth Perry (Hg.), *Mao's Invisible Hand. The Political Foundations of Adaptive Governance in China*, Cambridge, London 2011.

tigen) »resilienten Autoritarismus« alter Prägung unterscheidet.[29] Trotz der in Öffentlichkeit wie Politikwissenschaft artikulierten Warnungen vor einer Aufwertung illiberaler und autoritärer Regierungsformen werden im Zuge dessen nun auch undemokratische Regierungs- und Legitimationsformen als Alternative oder zumindest als eine Ergänzung zur demokratischen Herrschaft diskutiert, mit Blick auf die Volksrepublik China etwa in Form paternalistischer Repräsentation und meritokratischer Legitimation und Elitenrekrutierung.[30]

Ökonomisch sind sowohl das sozialdemokratische als auch das neoliberale Modell des demokratischen Kapitalismus in der Krise.[31] In der Literatur ist zwar nicht strittig, dass es in den vergangenen Dekaden mit Blick auf ethnische und geschlechtliche Dimensionen von Ungleichheit erhebliche Fortschritte erzielt werden konnten, aber diese gingen einher mit der Herausbildung einer Gesellschaftsstruktur, die von größer werdenden Gruppen als eine »Abstiegsgesellschaft«[32] und damit als Form relativer Deprivation gedeutet wird. Relative Deprivation ist das Resultat einer Schlechterstellung, die konträr zu subjektiv gehegten, aber auch intersubjektiv über Bildungssymbole, Berufspositionen und den Bürgerschaftsstatus vermittelten Ansprüchen sowie durch kulturell geprägte Erwartungen an ein gutes Leben verläuft. Gestiegene oder eingewöhnte Ansprüche treffen auf geschrumpfte Verwirklichungsmöglichkeiten.[33] Aus dem Zusammentreffen von erfahrenem oder erwartetem Verlust ergibt sich ein gestiegenes Potential einer demokratieaversen Politisierung der Angst vor sozioökonomischem Abstieg und Statusverlust.[34]

29 Ivan Krastev, »Paradoxes of the New Authoritarianism«, in: *Journal of Democracy* 22 (2011), S. 5-16.

30 Daniel A. Bell, »Comparing Political Values in China and the West: What Can Be Learned and Why it Matters«, in: *Annual Review of Political Science* 20 (2017), S. 93-110.

31 Claus Offe, »2 ½ Theories on Democratic Capitalism«, in: *IWM Post* 109 (2012), S. 2-4.

32 Oliver Nachtwey, *Die Abstiegsgesellschaft. Über das Aufbegehren in der regressiven Moderne*, Berlin 2016.

33 Vgl. Robert K. Merton, »Social Structure and Anomie«, in: ders., *Social Theory and Social Structure*, New York 1968, S. 85-214, hier S. 188.

34 Michelle Jackson, David B. Grusky, »A Post-Liberal Theory of Stratification«, in: *The British Journal of Sociology* 69 (2018), S. 1096-1133.

Ökologisch befördern die stärker ins Bewusstsein drängende Ökologieproblematik im »Verwüstungsanthropozän«[35] und das globale Problem des anthropogenen Klimawandels die *Entwertung demokratischer Legitimation und Politikgestaltung*. Diese werden als unterkomplex und nicht problemadäquat beschrieben. Befördert durch die Zunahme politischer Komplexität und die Behauptung der Notwendigkeit fachspezifischer Expertise auf immer komplizierter erscheinenden Politikfeldern, führt dies dazu, dass mit Blick auf die westlichen Demokratien in der Sozialwissenschaft die Ausweitung expertokratischer Formen der Legitimierung und des Regierens vorgeschlagen wird.[36]

Die Aufwertung expertokratischer Politikmodelle und die Entwertung demokratischer Politik finden nicht nur im Kontext akademischer Debatten statt, sondern sie erfolgen auch vor dem Hintergrund einer selbst im expertokratischen Modus stattfindenden Krisenpolitik in der Europäischen Union. Zwar lässt sich auch in den Bürgerschaften der europäischen Staaten weiterhin eine hohe Zustimmung zu demokratischen Prinzipien feststellen, aber zugleich kommt es zu einem Rückgang des Vertrauens in demokratische Institutionen und Regierungen[37] und es lässt sich eine hohe Unzufriedenheit mit der Funktionsweise realexistierender Regime beobachten.[38] Merkel und Krause sprechen von einer »schleichende[n] Entdemokratisierung des Wertesystems der Bürger«,[39] da das »Vertrauen in die majoritären Kerninstitutionen Parteien, Parla-

35 Sachverständigenrat für Umweltfragen (SRU), *Demokratisch regieren in ökologischen Grenzen. Zur Legitimation von Umweltpolitik*, Berlin 2019, S. 14.

36 Helmut Willke, *Demokratie in Zeiten der Konfusion*, Berlin 2014; ders., *Dezentrierte Demokratie. Prolegomena zur Revision politischer Steuerung*, Berlin 2016. Nicht nur in der wissenschaftlichen Diskussion, auch auf dem populären Sachbuchmarkt treffen Bücher mit einer explizit antidemokratischen Ausrichtung auf Interesse, siehe Markus Krall, *Die bürgerliche Revolution. Wie wir unsere Freiheit und unsere Werte erhalten*, Stuttgart 2020; Jason Brennan, *Gegen Demokratie. Warum wir die Politik nicht den Unvernünftigen überlassen dürfen*, Berlin 2017.

37 Klaus Armingeon, Kai Guthmann, »Democracy in Crisis? The Declining Support for National Democracy in European Countries«, 2007-2011, in: *European Journal of Political Research* 53 (2014), S. 423-442.

38 Hanspeter Kriesi, »Is There a Crisis of Democracy in Europe?«, in: *Politische Vierteljahresschrift* 61 (2020), S. 237-260.

39 Wolfgang Merkel, Werner Krause, »Krise der Demokratie? Ansichten von Experten und Bürgern«, in: Wolfgang Merkel (Hg.), *Demokratie und Krise. Zum schwierigen Verhältnis von Theorie und Empirie*, Wiesbaden 2015, S. 45-65, hier S. 59.

mente und Regierungen sinkt, während das Vertrauen in nichtmajoritäre Institutionen wie Militär, Polizei und Justiz zunimmt«.[40] Diese Einstellungsmuster zeigen sich nicht nur an den Rändern der Elektorate, sondern treten auch bei denjenigen auf, die sich der Mitte zugehörig empfinden.[41]

Prognostisch lässt sich feststellen, dass sich Huntingtons »Dritte Welle« der Demokratisierung in eine »Umkehrungswelle«[42] verwandeln könnte, da sich global gesehen die Demokratie seit über einer Dekade auf dem Rückzug befindet. Nicht nur büßen semikompetitive Regime ihre pluralistischen Elemente ein und die autoritären Regime werden noch autoritärer,[43] auch mit Blick auf liberale Demokratien findet eine »Evolution des Niedergangs«[44] statt, die auch vormals als stabilisiert geltende Demokratien erfasst hat. Damit mehren sich auch in westlichen Demokratien die Anzeichen für eine Dekonsolidierung.[45] Auf der Mikroebene der Einstellung und des Verhaltens lässt sich die Dekonsolidierung an der Zunahme demokratieskeptischer Einstellungen festmachen. Stichworte hierfür sind: Unzufriedenheit mit der Funktionsweise der demokratischen Regime, Vertrauensverlust gegenüber Institutionen und Eliten sowie Rückgang der abstrakten Zustimmung zu demokratischen Werten und Prinzipien; auf der Mesoebene von Institutionen und intermediären Organisationen manifestiert sie sich als eine Schwächung demokratischer gegenüber undemokratischen Institutionen und Organisationen; auf der Makroebene der Regime und der breiten gesellschaftlichen Entwicklungstrends schließlich verschlechtern sich die demokratische Regime stützenden Kontextbedingungen.

40 Roberto S. Foa, Yasha Mounk, »The Danger of Deconsolidation«, in: *Journal of Democracy* 27 (2016), S. 5-17.

41 David Adler, »The Centrist Paradox. Political Correlates of the Democratic Disconnect«, SSRN 2018, ⟨https://papers.ssrn.com/sol3/papers.cfm?abstract_id=3214467⟩, letzter Zugriff 03. 11. 2022.

42 Samuel P. Huntington, »Democracy's Third Wave«, in: *Journal of Democracy* 2 (1991), S. 12-34, hier S. 17 f.

43 Larry Diamond, »Breaking Out of the Democratic Slump«, in: *Journal of Democracy* 31 (2020), S. 36-50, hier S. 37 f.

44 Freedom House, *Democracy in Retreat. Freedom in the World 2019*, Washington 2019, S. 4.

45 Roberto Stefan Foa, Yasha Mounk, »The Signs of Deconsolidation«, in: *Journal of Democracy* 28 (2017), S. 5-15.

Ob die *Covid-19-Pandemie* zu einer Verschlechterung der Kontextbedingungen demokratischer Regime beigetragen hat, ist nicht mit Sicherheit auszumachen.[46] Mit Blick auf den Systemvergleich hatten einige Beobachter befürchtet, eine schlechte Leistungsbilanz liberaler Demokratien im Umgang mit der Pandemie könnte zu einem Legitimitätsverlust demokratischer Regime gegenüber autoritären Regimealternativen führen. Dafür gibt es momentan keine Anzeichen, allerdings hat die Pandemie dazu beigetragen, dass Mängel bei der langfristigen Vorsorgepolitik offenkundig geworden sind. Zudem wurde das Ziel des öffentlichen Gesundheitsschutzes mit sehr tiefgreifenden Grundrechtseingriffen erkauft. Die Pandemie wirkte sowohl als eine Ursache als auch als ein Katalysator der Demokratieerosion.

Theorien des Niedergangs

Die Eintrübung von Zukunftsaussichten schlägt sich in der Politikwissenschaft und insbesondere innerhalb der Subdisziplin der Demokratietheorie, der zentralen wissenschaftlichen Reflexionstheorie der Demokratie, nieder. Vor dem Hintergrund der oben genannten Prozesse wird dort seit einiger Zeit diskutiert, ob wir es mit einer Transformation, einer Krise oder einem Formwandel der Demokratie zu tun haben – oder aber mit ihrem nahenden Ende. Angestoßen wurde diese Debatte vor allem durch Colin Crouchs Essay *Postdemokratie*.[47] Die Postdemokratiediagnose gewinnt mehr und mehr Zuspruch. Nach der Dominanz der pluralistischen Demokratietheorie in den 1950er und 1960er Jahren, dem Bedeutungsgewinn der partizipatorischen Demokratietheorie von den 1970er bis zu den 1990er Jahren und der Hegemonie der deliberativen Demokratietheorie in den 2000er Jahren dominieren nun, im Angesicht der obigen Entwicklungstendenzen, ein skeptischer Ton und der Eindruck einer krisenhaften Transformation der Demokratie die Debatte.

In der jüngeren Diskussion über das Wesen und die Ursachen des Demokratieverfalls lassen sich drei Thesen unterscheiden.

46 Heinz Bude, *Pandemie und Gesellschaft. Ein Gespräch über eine Zeitenwende*, Bonn 2021.

47 Colin Crouch, *Postdemokratie*, Frankfurt/M. 2008.

Die *Angriffsthese* konzentriert sich hauptsächlich auf Akteure, sie nimmt die von Crouch prominent angestoßene Diskussion über die Schwächung demokratischer Institutionen nur begrenzt auf.[48] Nach dieser These, die in den liberalen Beiträgen zum Krisendiskurs dominiert, stellen die Strategien und Handlungsmotive, die von populistischen Führern und Parteien verfolgt werden, um Macht zu erlangen und repräsentativ-pluralistische Willensbildung und Entscheidungsfindung zu verhindern, die zentrale Bedrohung der Demokratie dar.[49] Dies sei vor allem auf das illiberale Demokratieverständnis des Populismus zurückzuführen. Es diene populistischen Führern als Rechtfertigung für den Versuch, den »leeren Ort der Macht« innerhalb der demokratischen Herrschaftsordnung dauerhaft zu besetzen[50] und sich mit autokratischen Akteuren zu verbünden. Dieses Bestreben sei deshalb als eine ernsthafte Bedrohung der Demokratie anzusehen, da die etablierten politischen Eliten durch eine übermäßige politische Polarisierung gespalten würden und infolgedessen ihre Funktion des *gate keeping* nicht mehr erfüllten.[51] Verbunden ist hiermit zuweilen ein Deutungsschema, dem zufolge die Demokratie von einer gesellschaftlichen Regression bedroht ist.[52] Mit diesem Schema werden Angriffe auf die Demokratie als ein Rückfall, als *backsliding* oder als Effekt einstmals überwundener, nun aber wiederkehrender rückschrittlicher Einstellungen und Handlungsmuster gedeutet.

In derjenigen Literatur, die sich stärker auf Crouchs Diagnose bezieht, findet sich eine andere Argumentationslinie. Sie konzen-

48 Eine Ausnahme hiervon stellt der Beitrag von Armin Schäfer und Michael Zürn dar; dies., *Die demokratische Regression. Die politischen Ursachen des autoritären Populismus*, Berlin 2021. Schäfer und Zürn diagnostizieren den Angriff eines »autoritären Populismus«, den sie mit der Erosion politischer Gleichheit und der Entmachtung demokratischer Institutionen erklären.

49 Nadia Urbinati, *Democracy Disfigured. Opinion, Truth, and the People*, Cambridge 2014, S. 128-170.

50 Jan-Werner Müller, *Was ist Populismus?* Berlin 2016; Stefan Rummens, »Populism as a Threat to Liberal Democracy«, in: Cristóbal Rovira Kaltwasser, Paul Paulina Ochoa, Pierre Ostiguy (Hg.), *The Oxford Handbook of Populism*, Oxford 2017, S. 554-569.

51 Steven Levitsky, Daniel Ziblatt, *How Democracies Die: What History Reveals About Our Future*, London 2018.

52 So etwa im Titel von Geiselberger (Hg.), *Die große Regression*. Genaugenommen ist das Regressionsschema anachronistisch, da sich die Geschichte nicht wiederholen kann.

triert sich auf die Transformation demokratischer Institutionen. Nach dieser *Postdemokratiethese*[53] liegt die Ursache der Malaise in der Schwächung der Kerninstitutionen der Demokratie, vor allem der Massenintegrationsparteien, der Wahlen und der Parlamente.[54] Den Kern bildet hier die These, dass die zentralen demokratischen Institutionen zwar weiterhin existieren, sich ihre Agenda-Setting-Funktion sowie ihre einstmalige Entscheidungsmacht jedoch in andere, informelle, selektivere und undemokratische Arenen und Netzwerke verlagert habe.[55] Dies wird in einigen Beiträgen durch die Wirkung der neoliberalen Ideologie, die Dominanz des global gewordenen Kapitalismus sowie die Entstehung weltweit operierender Unternehmen und die Verlagerung der politischen Kontrolle auf transnationale Elitennetzwerke und nichtmajoritäre Institutionen erklärt.[56]

Die dritte Argumentationslinie schließlich läuft auf eine These hinaus, die ich als Devolutionsthese bezeichne. Der Ausdruck der Devolution wurde im sozialwissenschaftlichen Sprachgebrauch bislang für die Reallokation von Kompetenzen zugunsten subnationaler Einheiten sowie für den Bedeutungsverlust von Berufsständen oder Regionen infolge von modernisierungsbedingter Differenzierung benutzt.[57] Im Unterschied zu dieser Verwendungsweise schlage ich diesen Ausdruck hier vor, um damit eine demokratieaverse Tendenz der sozioevolutionären historischen Entwicklung zu bezeichnen.

Die Vertreter dieses Strangs argumentieren, dass wir gegenwärtig mit dem *Anachronistischwerden* der Demokratie im Kontext *fortschreitender* sozioevolutionärer Entwicklung konfrontiert sind.[58] Es

53 Dirk Jörke, »Auf dem Weg zur Postdemokratie«, in: *Leviathan* 33 (2005), S. 482-491.

54 Peter Mair, *Ruling the Void. The Hollowing of Western Democracy*, London 2013.

55 Schäfer/Zürn, *Die demokratische Regression*, S. 103 ff.

56 Wendy Brown, *In the Ruins of Neoliberalism. The Rise of Antidemocratic Politics in the West*, New York 2019.

57 Charles Tilly, »Clio und Minerva«, in: Hans-Ulrich Wehler (Hg.), *Geschichte und Soziologie*, Köln 1972, S. 97-131.

58 Um Missverständnissen vorzubeugen: Die Ausdrücke »Evolution« und »Entwicklung« meinen in diesem Kontext nicht, dass in der Geschichte eine Art sozialdarwinistische Bestenauslese stattfindet oder die Geschichte auf ein entwicklungsgeschichtlich vorab festgelegtes Ziel hinsteuert. Beide Ausdrücke verweisen stattdessen auf einen ungesteuerten historischen Prozess naturwüchsiger

handle sich um einen Prozess der *De-Evolution* der Demokratie. Sie schlage sich zwar auch auf der Mesoebene politischer Institutionen und der Mikroebene politischen Handelns personaler wie korporativer Akteure nieder, sei aber im Wesentlichen durch umfassendere gesellschaftliche Veränderungsprozesse bedingt. Diesem Strang zufolge ist das Verschwinden der Demokratie auf einen evolutionären, das heißt, nicht geplanten und ungesteuerten, hinsichtlich seiner Auswirkungen demokratieaversen Entwicklungs- und Modernisierungsprozess zurückzuführen. Er führe weder, wie einige ältere Vertreter der modernisierungstheoretischen Demokratietheorie angenommen hatten, zur Stabilisierung existierender Regime noch zur nachhaltigen Demokratisierung bisher nicht demokratischer Regime.[59] Im Gegenteil: Der fortschreitende Modernisierungsprozess unterminiere zentrale politische, ökonomische wie soziokulturelle Pfeiler von Demokratie.

Die Kernthese dieses Strangs lautet, dass sich Modernisierung für die etablierten Demokratien als ein fatales evolutionäres Risiko erweise. Damit wird ausdrücklich nicht behauptet, dass eine Epoche allgemeinen Niedergangs eintreten werde. Dies wäre, nicht nur aufgrund der im historischen Vergleich bemerkenswerten Verminderung von institutioneller Diskrimierung, wirklichkeitsfremd. Die soziale Evolution habe allerdings zu gesellschaftlichen Veränderungen geführt, die die politische Subjektivität, die Handlungsweise politischer Akteure sowie deren institutionelle Kontextbedingungen in einer Weise veränderten, die die Voraussetzungen demokratischer Herrschaft nachhaltig schädigten und am Ende zerstören werden.[60] Michael Th. Greven und Danilo Zolo heben hierbei vor

Vergesellschaftung, dessen Tendenzen und Resultate beobachtet und begrifflich reflektiert werden können.

59 Das Hauptargument für die These der modernisierungsbedingten Demokratisierung stammt von Talcot Parsons, »Evolutionary Universals in Society«, in: *American Sociological Review* 29 (1964), S. 339-357. Parsons zufolge stellt die »demokratische Assoziation« eine »evolutionäre Universalie« dar, die das im Modernisierungsprozess auftretende Problem der Sicherung gesellschaftlicher Unterstützung lösen könne und sich infolgedessen erfolgreich weiterverbreite. Eine Verteidigung politischer Konvergenz in Richtung Demokratie aufgrund von modernisierungsbedingtem Wertewandel findet sich bei Christian Welzel, »Why the Future Is Democratic«, in: *Journal of Democracy* 32 (2021), S. 132-144.

60 Michael Th. Greven, *Die Erosion der Demokratie. Michael Th. Grevens Beiträge zur kritischen Demokratietheorie*, Wiesbaden 2020.

allem die durch Modernisierungsprozesse eintretende Zunahme an Differenzierung und sozialer wie politischer Komplexität hervor. Sie argumentieren, dass diese ein Maß erreicht habe, welches mit demokratischen Prinzipien genügender Willensbildung und einer demokratisch programmierten politischen Steuerung nicht mehr vereinbar sei und die Quellen demokratischer Vergemeinschaftung innerhalb der Bürgerschaften versiegen lasse. Die sich infolgedessen herausbildenden neuartigen, nachdemokratischen Regime fasst Zolo mit dem widersprüchlichen Begriff der »demokratischer Fürstenherrschaft«.[61] Demokratische Fürstenherrschaften verbänden eine durch mediale Spektakel legitimierte starke Führung mit einem ins Autoritäre reichenden Risikomanagement, das aufgrund einer politisch nicht mehr steuerbar gewordenen Hyperglobalisierung und hoher gesellschaftlicher Komplexität alternativlos erscheine, da es modernen Herausforderungen besser gewachsen sei.[62] Greven diagnostiziert ebenfalls eine anhaltende und langfristig fatale Erosion demokratischer Regime, ohne jedoch prognostizieren zu wollen, in welche Richtung sich diese Regime entwickeln werden, welcher Regimetypus ihnen folgen wird und welche Legitimationsidee die Idee der Volkssouveränität beerben könnte. In dieser Hinsicht sei der politische Ausgang der fortschreitenden Modernisierung offen. Sicher sei jedoch, dass die Demokratien ihn nicht überleben könnten, sollte er sich fortsetzen.[63]

Mit diesen Diagnosen und vor allem mit seiner modernisierungsorientierten Erklärung des Demokratieverfalls schließt der dritte Strang des demokratieskeptischen Diskurses an eine ältere These an, die bereits vor über fünfzig Jahren von Samuel Huntington formuliert worden ist. Huntington hatte bereits in den 1960er Jahren gezeigt, dass Modernisierung und Demokratisierung ana-

61 Danilo Zolo, *Die demokratische Fürstenherrschaft. Für eine realistische Theorie der Politik*, Göttingen 1997.

62 Zolo verweist auf Singapur als erfolgreichen Typus eines modernisierten autokratischen Regimes. Singapurs Regime sei wegweisend, weil es mit der beschleunigten Globalisierung und anhaltenden Modernisierung besser zurechtkomme als andere Regimeformen, siehe Danilo Zolo, »The ›Singapore Model‹. Democracy, Communication, and Globalization«, in: Kate Nash, Alexander Scott (Hg.), *The Blackwell Companion to Political Sociology*, Oxford 2008, S. 407-417.

63 Michael Th. Greven, »War die Demokratie jemals ›modern‹? Oder: Des Kaisers neue Kleider«, in: ders., *Die Erosion der Demokratie. Michael Th. Grevens Beiträge zur kritischen Demokratietheorie*, Wiesbaden 2020, S. 179-189.

lytisch auseinandergehalten werden müssen, da Modernisierung nicht notwendig zu Demokratisierung oder der Stabilisierung demokratischer Institutionen führe. Dies sei insbesondere dann nicht der Fall, wenn sie beschleunigt ablaufe und schnell eintretende Disruptionseffekte mit sich bringe. Huntington prognostizierte, dass »eine rasche Modernisierung, kurz gesagt, keine politische Entwicklung, sondern politischen Verfall hervorruft«.[64]

Im Lichte aller drei Diagnosestränge zeigt sich: Die liberal-demokratische Progressionsthese ist unglaubwürdig, weil sie nicht mehr den veränderten soziopolitischen Verhältnissen entspricht. Sie ist mit der politischen Alltagserfahrung nur mehr unter Umdeutungsbemühungen und Rationalisierungsleistungen in Einklang zu bringen. Dieser Umstand bildet den Problemhintergrund, vor dem ich im Folgenden die oben skizzierten pessimistisch gestimmten Stränge des Diskurses über die Demokratie weiterführen möchte. Damit knüpfe ich an die beiden letzten Stränge des demokratieskeptischen Diskurses an, die die Demokratie infolge von Postdemokratisierung und Devolution im allmählichen Niedergang begriffen sehen. Hierbei werde ich an einige der bereits angerissenen Themen anschließen und an anderen Stellen über den bisherigen Themen-, Problem- und Begriffshorizont hinausgehen. Insbesondere werde ich die in der Diskussion bisher nicht in Zweifel gezogene Annahme hinterfragen, dass die Demokratietheorie weiterhin das theoretische Paradigma sein kann, in dem politische Wandlungsprozesse demokratischer Regime diskutiert, gedeutet und verstanden werden können. Dies mündet in meine abschließende These: Mit dem historischen Niedergang der Demokratie, der Erosion ihrer Schlüsselinstitutionen und dem Verschwinden ihrer gesellschaftlichen Korrelate wird auch die Demokratietheorie als Reflexionsform des Demokratiewandels unbrauchbar. Die Demokratiedämmerung zeigt sich nicht nur in der Devolution de-

64 Samuel P. Huntington, »Political Development and Political Decay, in: *World Politics* 17 (1965), S. 386-430, hier S. 386. Als bemerkenswert weitsichtig erweisen sich zudem Huntingtons Überlegungen zur Zukunft postindustrieller Politik, die heute diskutierte Phänomene voraussagten. Hierzu zählen die Erosion der Parteibindung, die Zunahme postmaterieller Kulturkonflikte, der Rechtsruck der Arbeiterklasse, die Linksliberalisierung der akademischen Mittelschicht sowie das Aufkommen einer stärker an *issues* orientierten Form der Politik; siehe Samuel Huntington, »Postindustrial Politics. How Benign Will It Be?«, in: *Comparative Politics* 6 (1974), S. 163-191.

mokratischer Institutionen und Praktiken, sie impliziert auch das Ende der Demokratietheorie. Sie wird infolge der devolutionären Transformation anachronistisch.

Aufbau und Vorgehen

Die pessimistische Diagnose über den Zustand der Demokratie trifft zu. Das *erste Kapitel* zeigt, dass dieser Zustand nicht das Ergebnis eines Rückfalls auf vergangene Entwicklungsstufen ist, sondern ein Effekt fortschreitender soziopolitischer Entwicklung. Die gesellschaftliche Evolution führt nicht zu mehr, sondern zu weniger Demokratie. Die Triebkräfte der Devolution der Demokratie, die in der Postdemokratiedebatte bislang nur unzureichend auf den Begriff gebracht wurden, sind die Politisierung der Gesellschaft, die Zunahme politischer Komplexität und Differenzierung, die Entstehung einer Kognitionsasymmetrie in der Bürgerschaft sowie das Ende des politökonomischen Befriedungsmodells des demokratischen Kapitalismus.

Infolge der Politisierung wird die Demokratie selbst zum Gegenstand politischer Konflikte. Sie kann nicht mehr als *common ground* politischen Streits gelten.[65] Zugleich werden nahezu alle gesellschaftlichen Sachverhalte politisiert. Über immer mehr Materien muss politisch entschieden werden, obwohl immer weniger Einverständnis über die Legitimitätsmaßstäbe, Ziele und Spielregeln der Auseinandersetzung herrscht. Der dadurch ausgelöste Legitimitätsschwund wird durch die ansteigende politische Komplexität beschleunigt. Politik wird so unübersichtlich, dass sie das Sartori-Kriterium[66] verletzt, demzufolge Politik in einer Demokratie auch von Nichtexperten verstanden werden können muss. Das von Greven nach dem italienischen Politikwissenschaftler Giovanni Sartori bezeichnete Kriterium besagt, dass die Demokratie von allen politischen Regimeformen die komplizierteste ist, sie aber nur dann bestehen kann, wenn ihre Prinzipien, Institutionen und Prozesse von den Durchschnittsbürgern verstanden werden. Alle

65 Philip Manow, *(Ent-)Demokratisierung der Demokratie*, Berlin 2020.

66 Michael Th. Greven, »Sind Demokratien reformierbar? Bedarf, Bedingungen und normative Orientierungen für eine Demokratiereform«, in: ders., *Die Erosion der Demokratie*, S. 83-105, hier S. 89.

anderen Regimeformen können mit politisch unwissenden Bürgerschaften gut leben, die Bürgerschaften von Demokratien hingegen müssen die Politik in ihren inhaltlichen und prozeduralen Grundzügen verstehen. Dieses Kriterium wird gegenwärtig nicht erfüllt. Mehr noch: Im Kontext zunehmender Differenzierung, Komplexität und der Ungleichheit politischen Wissens wird die demokratietheoretische Annahme widerlegt, durch Bürgerkompetenz und Bildungsfähigkeit ließe sich das Verständnisdefizit beheben. In Wirklichkeit streut Wissen in zunehmendem Maße ungleich, politische Einflussdisparitäten nehmen zu und es bilden sich heterogene Wissens- und Identitätsgemeinschaften heraus. Der demokratische Kapitalismus schließlich stellte eine historische Kompromissinstitution dar, die für eine relative Angleichung von Lebensverhältnissen und Zukunftschancen gesorgt hatte. Ihre Auflösung führt zu sozioökonomischer Polarisierung und trocknet die Quellen des gesellschaftlichen Zusammenhalts aus. Infolge dieser Entwicklungstendenz findet die Idee der Demokratie kein realpolitisches Korrelat mehr. Sie versagt bei der Beschreibung und Rechtfertigung existierender Regime. In der Summe werden die sich als Demokratien beschreibenden westlich-liberalen Regime umstritten, unsteuerbar, unverständlich und ungerecht. Sie als institutionelle Verkörperungen eines liberalen oder gar normativ anspruchsvolleren Demokratiemodells zu interpretieren, wird auch in wissenschaftlicher Hinsicht unplausibel.

Das *zweite Kapitel* konkretisiert die Konsequenzen der Devolution für die politische Praxis liberaler Regime. Empirisch folgt aus dem Prozess der Devolution, dass sich in Gestalt des Rechtspopulismus, der Expertokratie und der partizipativen Governance nachdemokratische Politikansätze herausbilden, die auf die Defizite demokratischer Politik reagieren. Sie berufen sich zwar teilweise auf die Idee der Demokratie, aber in Wirklichkeit verkörpern sie undemokratische Problemlösungs- und Legitimationsansätze. Es ist wahrscheinlich, dass sie in der praktischen Politik weiter an Bedeutung gewinnen werden. Eine Revitalisierung der Demokratie ist von ihnen nicht zu erwarten, vielmehr werden sie die Probleme der Verwirklichung demokratischer Prinzipien im Kontext der Devolution verschärfen.

Ist die Demokratie damit zum Scheitern verurteilt? Will man auf diese Frage eine Antwort finden, müssen zunächst die Kriterien bestimmt werden, anhand derer man beurteilen kann, ob demokratische Politik in Zukunft verwirklicht werden könnte. Ich führe zu diesem Zweck metatheoretische Kriterien gelingender demokratischer Politik ein: epistemische Transparenz, praktische Wirksamkeit, institutionelle Authentizität und Redemokratisierung. Sie können aufgrund ihrer Allgemeinheit und metatheoretischen Natur einen realistischen Maßstab abgeben. Wendet man sie auf die Praxis an, so zeigt sich, dass die Kriterien dort nicht erfüllt werden. Demokratische Politik wirkt epistemisch intransparent und praktisch wirkungslos, sie ist mit dem Vorwurf institutioneller Heuchelei konfrontiert und ihre Redemokratisierung erscheint strukturell blockiert. Hiervon ausgehend zeige ich, dass es für die Bürgerschaft zusehends schwierig wird, bei der Beobachtung von Politik übergreifende Sinnbezüge herzustellen und ein Verständnis des politischen Prozesses im Ganzen zu gewinnen. Insgesamt wirkt Politik aufgrund ihrer fragmentierten und polyzentrischen Struktur verwirrend, ungesteuert und opak. Das beschädigt die Glaubwürdigkeit der den Institutionen zugeschriebenen normativen Versprechen. Zum einen betrifft dies die auf der Input-Seite angesiedelte Norm der demokratischen Inklusion, die von Teilen der Bürgerschaft als nicht mehr wirksam wahrgenommen wird, sowie das für das liberal-repräsentative Verständnis von Demokratie wesentliche Prinzip der Elitenkontrolle. Zum anderen werden die auf der Output-Seite angesiedelten Normen eines leistungs- wie verteilungsgerechten Wirtschaftsmodells und eines auch langfristig problemlösungseffektiven Regierungshandelns verletzt. Da diese Normen in der öffentlichen Kommunikation bekräftigt werden, die institutionelle Wirklichkeit ihnen jedoch mehr und mehr widerspricht, entsteht der Eindruck institutioneller Heuchelei. Zudem tritt infolge der zunehmenden politischen Differenzierung ein negativer Sperrklinkeneffekt auf: Demokratieverluste können aufgrund struktureller Blockaden nicht kompensiert oder rückgängig gemacht werden.

Das *dritte Kapitel* entwickelt auf dieser Diagnose aufbauend eine Kritik der Demokratietheorie. Es kritisiert drei zentrale demokratietheoretische Ansätze: die radikale Demokratietheorie, die deliberative Demokratietheorie und die liberale Theorie der Demokratie. Die radikale Demokratietheorie geht von dem Bezugsproblem einer neoliberalen Hegemonie und dem Ausbleiben linker Transformationspolitik aus. Ihr hierfür entwickeltes Lösungsmodell agonaler Demokratie scheitert jedoch praktisch, da es nicht gelingt, ein linkes gegenhegemoniales Transformationsprojekt zu bilden. Infolge der Devolution kann kein transformatives »Wir« in einer politisch effektiven Weise mehr konstruiert werden. Aufgrund von überbordender Komplexität und Differenzierung sperren sich die Pluralität und der individuelle Eigensinn der Subjekte gegen eine diskursive Einfassung in ein inklusives radikaldemokratisches Projekt.

Die deliberative Demokratietheorie hingegen beginnt mit der Problemdiagnose eines Mangels an vernünftiger Politik, der durch eine verständigungsorientierte Form von Demokratie behoben werden soll. Sie kann ihre normative Perspektive jedoch nicht anhand der politischen Wirklichkeit plausibilisieren. In dem Maße, in dem die politischen Debatten in der Öffentlichkeit konflikthaft und unversöhnlich werden, erscheint kommunikative Rationalität nur noch als ein normatives Ideal neben anderen. Die Politisierung der Rationalität sowie die weitreichenden Macht- und Wissensasymmetrien innerhalb der Bürgerschaft widerlegen die deliberative Demokratietheorie.

Die liberale Theorie der Demokratie schließlich tritt in unterschiedlichen Formen auf. In ihren einflussreichsten Varianten erwartet sie von demokratischen Regimen eine effektive Elitenkontrolle, responsives und problemorientiertes Regieren, Sozialstaatlichkeit und private Freiheitsspielräume für die Bürgerschaft. Indes werden die Voraussetzungen dieses liberalen Modells von Demokratie – überschaubare politische Prozesse, funktionsfähige demokratische Institutionen und ein demokratischer Kapitalismus, der wohlfahrtstaatliche Solidarität ermöglicht – devolutionär zersetzt. Der demokratische Liberalismus hält an einem nunmehr historisch gewordenen Set liberaler Institutionen fest, welches er der Phase der erstarkenden Demokratie in der zweiten Hälfte des 20. Jahrhunderts abgelesen hatte. Er kann die zeitgenössische Politik nur noch in einer rückwärtsgewandten, anachronistischen Form auf den Begriff bringen.

Diese drei Ansätze der zeitgenössischen Demokratietheorie malen das Grau in Grau des demokratietheoretischen Diskurses. Die Gestalt der Demokratie ist, in der Theorie wie in der Praxis, alt geworden. Die dadurch ausgelöste Entplausibilisierung des Paradigmas der Demokratietheorie wird innerhalb des demokratietheoretischen Diskurses durchaus registriert. Sie provoziert jedoch keine Lernprozesse, sondern Abwehrreaktionen. Die Politikwissenschaft ist eine politisch konstituierte Wissenschaft und sie hat eine demokratieaffirmative Ausrichtung. Die Devolution wirkt sich in ihr auch deshalb als eine Gefährdung des demokratietheoretischen Paradigmas aus, das Abwehrreaktionen provoziert. Das *vierte Kapitel* arbeitet solche Strategien anhand einer Auseinandersetzung mit jüngeren demokratietheoretischen Texten heraus. Sie reagieren auf die devolutionäre Demokratiedämmerung, indem sie das Projekt der Demokratietheorie nur mehr rhetorisch verteidigen. Die dabei eingesetzten Strategien bilden das gegenwärtige Arsenal der kontrafaktischen Demokratievergewisserung. Es sind Ausweich- und Vermeidungsstrategien, die das Scheitern des demokratietheoretischen Paradigmas kaschieren sollen. Das Kapitel pointiert vor diesem Hintergrund die These, dass die Demokratietheorie als Reflexionstheorie demokratischer Regime unbrauchbar geworden ist. Im Anschluss an Thomas S. Kuhn und Ludwik Fleck lässt sich zeigen, dass der Prozess der Devolution innerhalb der Demokratietheorie eine Paradigmakrise auslöst. Das demokratietheoretische Paradigma ist mit weitreichenden Anomalien konfrontiert und scheitert dabei, die Zukunftsfähigkeit der Demokratie aufzuzeigen. Ingolfur Blühdorns Theorie der simulativen Demokratie[67] stellt die letzte, wissenschaftlich nicht mehr überschreitbare Reflexionsstufe dieses Paradigmas dar.

Nach Kuhn ist erstens die »Wucherung von Versionen einer Theorie [...] das typische Symptom einer Krise« eines Paradigmas.[68] Zweitens zeigt Kuhn, dass sich die Vertreter einer sich auf eine Krise zubewegenden Theorie »zahlreiche Artikulierungen und ad-hoc-Modifizierungen ihrer Theorie ausdenken, um jeden scheinbaren Konflikt [zwischen Erfahrung und Beobachtung auf der einen Seite und der Theorie auf der anderen Seite] zu eliminieren«.[69] Die Demokratietheorie der Gegenwart erfüllt beide Kriterien. Besonders prägnant ist das Phänomen der »Wucherung

67 Ingolfur Blühdorn, *Simulative Demokratie. Neue Politik nach der postdemokratischen Wende*, Berlin 2013. Mit Blühdorns Theorie befasse ich mich eingehender im Epilog.

68 Thomas S. Kuhn, *Die Struktur wissenschaftlicher Revolutionen*, Frankfurt/M. 1976, S. 83.

69 Ebd., S. 91.

von Versionen einer Theorie«; zugleich denken sich deren Vertreter zahlreiche »Artikulierungen und ad-hoc-Modifizierungen ihrer Theorie« aus, um der grundlegenden Anomalie – sich als demokratisch beschreibende Regime funktionieren nicht wie Demokratien – Herr zu werden. Die Demokratietheorie ist damit von der »Epoche der Klassizität« in die Epoche der »Komplikationen«[70] eingetreten. Es gelingt ihr nicht mehr, demokratische Lösungen für das Problem der Devolution zu formulieren. Infolgedessen versagt die »normale Problemlösungstätigkeit«[71] des Paradigmas. Der Theoriediskurs franst aus und wuchert, zugleich ist er innovations- und gedankenarm, repetitiv und collagenhaft. Das Paradigma hat sich erschöpft.

Kann die Demokratietheorie revitalisiert werden? Der *Epilog* kommt ausblickend zu einer skeptischen Einschätzung. Mit dem allmählichen Niedergang der Demokratie als historischer Regimeform droht auch ihre akademische Reflexionstheorie zu verkümmern. Bereits jetzt besteht die Tendenz einer polyphonen Differenzierung der Demokratietheorie in Richtung heterogener Theorie-*Mashups*, die die Komplexitätssteigerung und Unübersichtlichkeit der Politik innertheoretisch wiederholen. Allerdings ist eine ausfransende und zunehmend komplizierter werdende Demokratietheorie weder für die Bürgerschaft nachvollziehbar noch eignet sie sich zur Entwicklung einer breitenwirksamen Beschreibungs- und Legitimationstheorie devolutionär transformierter Regime. Weder in der politischen Praxis noch in der wissenschaftlichen Theorie besteht Aussicht auf eine Revitalisierung des Demokratieparadigmas, da infolge der Devolution die demokratische Legitimationsidee nicht mit einer realistischen Analyse der Wirklichkeit in Einklang zu bringen ist. Die westlichen politischen Regime befinden sich gemeinsam mit der Demokratietheorie in einer problematischen Situation. Sie können vorerst nicht darauf verzichten, sich selbst mit einer Legitimation stiftenden Demokratiesemantik zu beschreiben, da keine alternativen Ideen zur Verfügung stehen, die hinreichende Legitimität verleihen könnten und mit der normativen Attraktivität der demokratischen Idee vergleichbar wären. Zugleich können diese Regime, legt man wissenschaftliche

70 Ludwik Fleck, *Entstehung und Entwicklung einer wissenschaftlichen Tatsache. Einführung in die Lehre vom Denkstil und Denkkollektiv*, Frankfurt/M. 2019, S. 43.

71 Kuhn, *Die Struktur wissenschaftlicher Revolutionen*, S. 87.

Kriterien zugrunde, nicht sinnvoll als Demokratien begriffen werden, auch wenn die Demokratietheorie an dieser legitimationswissenschaftlichen Fiktion festhält.

Langfristig und retrospektiv betrachtet, lässt die gesellschaftliche Entwicklung alle Bestände des politischen Denkens hinter sich, die ihre Anziehungs- und Prägekraft verloren haben. Anachronistisch gewordene Ideen können zwar noch als Gegenstand einer archivalischen Form der Ideengeschichte erinnert werden, aber in den Augen der meisten Zeitgenossen kommt ihnen keine Relevanz mehr zu. Sie sind zu einem historischen Ende gekommen. Für die Idee der Demokratie und die Demokratietheorie gilt das bislang nicht. Die Kette aktualisierender und die Relevanz ihrer Vorhaben betonender demokratietheoretischer Abhandlungen reißt nicht ab. Umso notwendiger erscheint mir vor diesem Hintergrund eine kritische Auseinandersetzung mit der Demokratietheorie, die zwar ihrem Gegenstand kritisch begegnet, aber oftmals eine Selbstreflexion und kritische Prüfung ihrer eigenen Grundlagen vermissen lässt. Der infolge des Devolutionsprozesses eintretende Verlust von Plausibilität und Kredibilität des demokratietheoretischen Paradigmas gerät so aus dem Blick. Hiergegen mag man einwenden: Aber wenn die Demokratietheorie im Begriff ist, historisch zu werden, warum lohnt dann die Auseinandersetzung mit ihr? Sie ist lohnenswert, weil auch in akademischen Diskursen verbrauchte Ideen, alt gewordene Denkbestände und unproduktive Paradigmen eine beachtliche Beharrungskraft entfalten können. Das Resultat hiervon ist eine selbstbezügliche Theorieproduktion, in der viel intellektuelle Energie, akademische Arbeitszeit und öffentliche Gelder darauf verwendet werden, ein wissenschaftliches Paradigma am Leben zu erhalten, das seinen Zenit überschritten hat. Der Niedergang von Demokratietheorie und Demokratie ist im Werden. Die Eule der Minerva beginnt ihren Flug nicht in der Nacht, sondern in der einbrechenden Dämmerung.

1. Die Devolution der Demokratie

Die Devolution der Demokratie ist das Ergebnis von vier empirisch zusammenhängenden, aber analytisch zu unterscheidenden Prozessen: Erstens einer intensivierten Politisierung, die aufgrund des Fehlens mit ihr einhergehender sozial breiter Inklusion in die Willensbildung sowie des Übergreifens der Politisierung auf die Demokratie selbst Legitimationsprobleme erzeugt; zweitens der Zunahme von Differenzierung und Komplexität, die das politische Leben in demokratischen Regimen opak werden lässt, den demokratischen Gemeinsinn zersetzt und die bürgerschaftliche Wir-Identität auflöst; drittens der wachsenden Kognitionsasymmetrie innerhalb der Bürgerschaft, die zu Unterschieden hinsichtlich politischer Informiertheit und relevanter Wissensbestände führt, die mit dem demokratischen Gemeinsinn inkompatibel sind; und viertens schließlich der Vertiefung soziopolitischer Ungleichheit im Kontext des Endes des demokratischen Kapitalismus als einer zentralen politökonomischen Befriedungsinstitution, die in der zweiten Hälfte des 20. Jahrhunderts zur Stabilität und Attraktivität demokratischer Regime geführt hatte.[1]

1.1 Legitimationsprobleme durch Politisierung

Gegenwärtig können nahezu alle Themen und Sachbereiche als politisches Problem behandelt werden. Politik dringt bis in die letzten Winkel des Privaten vor. Der feministische Slogan »Das Pri-

1 Das Folgende greift zurück auf und entwickelt Vorarbeiten weiter, die im Kontext einer demokratietheoretischen Analyse von politischen Konflikten in der Energie- und Klimapolitik entstanden sind; siehe zur ersten Formulierung der Konzepte Politisierung, Differenzierung und Kognitionsasymmetrie im Kontext der Politik der Energiewende den Aufsatz Veith Selk, Jörg Kemmerzell, Jörg Radtke, »In der Demokratiefalle? Probleme der Energiewende zwischen Expertokratie, partizipativer Governance und populistischer Reaktion«, in: Jörg Radtke u. a. (Hg.), *Energiewende in Zeiten des Populismus*, Wiesbaden, S. 31-66; sowie zum Begriff der Devolution den Aufsatz Veith Selk, Jörg Kemmerzell, »Retrogradism in Context. Varieties of Populist Climate Politics«, in: *Environmental Politics* 31 (2022), S. 755-776.

vate ist politisch!« ist nun keine normative Forderung mehr, sondern eine empirische Beschreibung. Auf den ersten Blick ist die Politisierung in demokratischen Regimen damit vor allem auf die in den 1960er Jahren einsetzende »partizipatorische Revolution«[2] zurückzuführen. Diese brachte eine politische Mobilisierung großer Teile der Bevölkerung mit sich, erweiterte deren Ansprüche auf Teilhabe und resultierte in der Einbindung zahlreicher Akteure in die politische Willensbildung und Entscheidungsfindung – und sei es nur auf einer symbolischen Ebene. Die partizipatorische Revolution ist ein wesentlicher Grund dafür, dass das Regieren mittlerweile in hohem Maße ein Regieren im Kontext netzwerkförmiger und auch partizipativer Governance-Arrangements ist. Hierdurch ist das Repräsentationssystem partizipativ erweitert worden, vor allem aber wurden auf diesem Wege zahlreiche Themen auf die politische Agenda gesetzt, die vormals als unpolitisch galten. Die Zunahme von Partizipation hat sich als ein Treiber der Politisierung erwiesen. Sie hat allerdings nicht, wie von ihren Vorkämpfern erhofft, zur Demokratisierung geführt. In der Beteiligungsforschung gilt es mittlerweile als gesichert, dass Partizipation im Großen und Ganzen sozial selektiv ist. Sie begünstigt sozioökonomisch wie bildungsmäßig Bessergestellte.[3] Die entstandene partizipative Governance ist nicht mit einer partizipativen Demokratie zu verwechseln.

Politisierung im hier gemeinten Sinne ist allerdings kein auf die jüngere Vergangenheit und die Ausweitung von Partizipation in Form von partizipativen Governance-Arrangements beschränktes Phänomen. Der Prozess einer umfassenden Politisierung hat tiefer reichende Wurzeln. In diesem weiten Sinne verstanden ist sie ein Phänomen der modernen historischen Entwicklung. Dieser Umstand wird insbesondere von denjenigen Autoren verkannt, die an die von Hannah Arendt[4] und anderen Neoaristotelikern, aber auch von radikaldemokratischen Theoretikern sowie im politischen Diskurs über Postpolitik und Privatisierung formulierte These anknüpfen, wir hätten es mit einem »Ende« oder der »Selbstaufgabe« der Politik zu tun. In der Moderne, so Arendts einflussreiche These, sei

2 Max Kaase, »The Challenge of the ›Participatory Revolution‹ in Pluralist Democracies«, in: *International Political Science Review* 5 (1984), S. 299-318.

3 Russel J. Dalton, *The Participation Gap. Social Status and Political Inequality*, Oxford 2017.

4 Hannah Arendt, *The Human Condition*, Chicago 1958.

die Politik eine Ausnahmeerscheinung. Dieses Urteil fußt auf ihrer eigentümlichen Deutung der Politik in der athenischen und römischen Antike und ihrem implizit normativen Politikbegriff. Legt man hingegen ein realistisches Verständnis von Politik zugrunde, in dessen Zentrum Herrschaft und das kollektiv verbindliche Entscheiden über die Verteilung des gesellschaftlichen Reichtums und die Geltung von Normen und Werten stehen, sieht man, dass die Moderne nicht zu einem Rückzug der Politik geführt hat, sondern vielmehr zu ihrer Universalisierung und Ausbreitung. Als Prozess der Modernisierung verstanden, führt sie zur Politisierung, also der Ausweitung von Politik auf immer mehr gesellschaftliche Sachverhalte. Michael Th. Greven hat diese historische Erfahrung mit dem Konzept der *politischen Gesellschaft*[5] auf den Begriff gebracht. In der politischen Gesellschaft ist nicht alles zur gleichen Zeit politisch, aber alles kann politisiert werden.

Der Begriff der politischen Gesellschaft ist dadurch begründet, dass es keine soziale Sphäre und keinen Sachverhalt mehr gibt, die vor Politisierung prinzipiell geschützt sind. Politik kann infolge der Entstehung umfassender Regierungs- und Verwaltungsapparate und der politischen Inklusion der gesamten Bevölkerung, als Subjekte wie als Objekte von Politik, nun alle gesellschaftlichen Handlungsfelder durchdringen. Diese umfassende Politisierungsmöglichkeit ist jedoch weder mit einer umfassenden rationalen Steuerungskapazität noch mit einem voluntaristischen Zentralismus gleichzusetzen, demzufolge eine monolithische Regierung nach Gutdünken alle gesellschaftlichen Sachbereiche zentral steuern könnte. Politisierung ergibt sich vielmehr emergent aus dem naturwüchsigen Zusammenspiel heterogener politischer Kräfte; sie folgt keinem übergreifenden Plan oder einer zentralen Koordination, sondern ist das Resultat eines unkoordinierten Zusammenwirkens.

Dies lässt sich in Anknüpfung an John Dewey als Resultat der Ausweitung sozialen Handelns rekonstruieren. Mit Dewey kann Politisierung als das Ergebnis einer gesellschaftlichen Entwicklung erklärt werden, die zu einer wachsenden Zahl von Interaktionen mit Folgen für nicht direkt beteiligte dritte Parteien führt. Interaktionen zwischen Menschen haben zunehmend Drittwirkungen

5 Michael Th. Greven, *Die politische Gesellschaft. Kontingenz und Dezision als Probleme des Regierens und der Demokratie*, Wiesbaden 2009.

oder werden als solche wahrgenommen, und dies bewirkt einen zunehmenden Bedarf an öffentlicher, das heißt politischer Kontrolle sozialen Handelns.[6] Diese von Dewey frühzeitig beobachtete Tendenz moderner Vergesellschaftung ist ein maßgeblicher Grund für die Entstehung der politischen Gesellschaft. Hinzu kommt das wachsende Kontingenz- und Könnensbewusstsein, das von Greven besonders betont worden ist. Die Evolution der modernen Gesellschaft lässt den Bestand an fraglos gültigen Traditionen und Institutionen, und damit den Bestand an traditionaler Legitimität als Stabilisierungsquelle, stetig schrumpfen.[7] Sie erweitert den Raum des Möglichen. Damit stellt Politisierung einerseits einen Möglichkeitsbegriff dar, der die politische Gestalt- und Veränderbarkeit reflektiert. Andererseits handelt es sich bei ihm um einen *Notwendigkeitsbegriff*, da die Zunahme sozialer Interaktion mit Drittfolgen eine erhöhte Nachfrage nach kollektiv verbindlicher Regulierung mit sich bringt. Als ein zeitdiagnostischer Begriff verweist Politisierung schließlich auf den von Greven herausgearbeiteten Umstand, dass in der politischen Gesellschaft in mehr und mehr sozialen Kontexten politisch gehandelt werden *kann*, und zur gleichen Zeit über mehr und mehr soziale Kontexte politisch entschieden werden *muss*.

Die Politisierungsforschung unterstützt das historisch-theoretische Argument Deweys und Grevens auf der empirischen und konzeptuellen Ebene.[8] Sie zeigt, dass auf unterschiedlichsten Feldern ein Politisierungsprozess zu beobachten ist, in dessen Verlauf sich der Bereich des öffentlichen Interesses, politischer Kontroversen, politisch betroffener Akteure und allgemeinverbindlich regulierter Sachverhalte erweitert. Am augenfälligsten trat dies mit Blick auf den Brexit und die Politisierung der EU-Governance und der Verfasstheit der Europäischen *polity* insgesamt in Erscheinung. Es betrifft darüber hinaus aber auch zahllose weitere Themengebiete und Sachverhalte wie etwa die Mobilität, das Wohnen, die Grenzen der Meinungsfreiheit, die digitale Infrastruktur, die Geschlechterbeziehungen samt deren sprachlicher Repräsentation oder das Naturverhältnis.

6 John Dewey, *Die Öffentlichkeit und ihre Probleme*, Bodenheim 1996 [1927].

7 Greven, *Die politische Gesellschaft*, S. 39.

8 Claudia Wiesner (Hg.), *Rethinking Politicisation in Politics, Sociology and International Relations*, Cham 2021.

Für demokratische Regime und hinsichtlich der Verwirklichung der normativen Versprechen der Idee der Demokratie ist Politisierung weder gut noch schlecht. Allerdings muss sie im Rahmen demokratischer Verfahren und Institutionen erfolgen, so dass zum einen legitime Mehrheitsentscheidungen getroffen werden können, zum anderen mittels grundrechtlicher Sicherung auch die persönliche Freiheit geschützt wird. Die politische Kontrolle der öffentlichen Angelegenheiten und die in öffentlicher Debatte sich realisierenden Möglichkeiten, darüber mitzubestimmen, welche Anliegen, Themen und Sachverhalte zu den öffentlichen Angelegenheiten zählen, gehören neben der persönlichen Freiheit zu den Kernversprechen der Demokratie. Historisch hat dies in demokratischen Regimen zu einer kontinuierlichen Ausweitung des Bereichs der öffentlichen Angelegenheiten geführt.[9] Vor diesem Hintergrund darf die von radikal-republikanischen Autoren[10] kritisierte »neoliberale« Revolte gegen den Wohlfahrtsstaat, staatliche Steuerungsansprüche und öffentliches Eigentum nicht darüber hinwegtäuschen, dass der Neoliberalismus selbst ein politisches Projekt darstellt. Zudem hat er im 20. Jahrhundert weder zu einer grundsätzlichen Umkehr des Wachstums öffentlicher Ausgaben geführt noch eine Abnahme von Herrschaft und Regulierung mit sich gebracht.[11] Selbst dort, wo eine »neoliberale« Privatisierungspolitik umgesetzt wurde, etablierte sich kein staats-, verwaltungs- und politikfreier Raum, sondern es entstand eine Indienstnahme staatlicher Herrschaft, öffentlicher Mittel und bürokratischer Verwaltung zu partikularen Zwecken.[12]

Politisierung führt zu einem erhöhten Bedarf an Legitimation. Die Legitimation demokratischer Politik basiert auf den formalen Verfahren der Beteiligung, dem offenen Agenda-Setting, öffentlichen Debatten und der Differenzierung zwischen Regierungspolitik und oppositionellen Forderungen nach alternativen politischen Entscheidungen und Programmen. Diese demokratische Institu-

9 Niklas Luhmann, *Politische Theorie im Wohlfahrtsstaat*, München 2011.

10 Sheldon S. Wolin, *Democracy Incorporated. Managed Democracy and the Specter of Inverted Totalitarianism*, Princeton 2008.

11 Vito Tanzi, Ludger Schuknecht, *Public Spending in the 20th Century. A Global Perspective.* Cambridge 2000.

12 Joseph Vogl, *Kapital und Ressentiment. Eine kurze Theorie der Gegenwart*, München 2021, S. 21; Peter Fleming, »Hayek Shrugged. Why Bureaucracies Didn't Die Under Neoliberalism but Boomed Instead«, in: *New Formations* 100/101 (2020), S. 114-128.

tionalisierung einer »gespaltenen Spitze«[13] in Form einer im politischen Prozess stets kopräsenten Opposition erweitert im Zusammenspiel mit einer dynamischen öffentlichen Meinung zugleich die Möglichkeiten für die Politisierung, indem hierdurch die in der politischen Kommunikation vorhandenen Entscheidungsoptionen, Handlungsmöglichkeiten, Probleme und als legitime Forderung betrachteten Anliegen sichtbar werden. Es führt auch zur Ausweitung des Bewusstseins dafür, dass politische Entscheidungen anders getroffen werden könnten, als sie getroffen wurden. Es gibt infolgedessen keinen gesellschaftlichen Sachverhalt mehr, der nicht als ein mehrdimensionales politisches Problem beschrieben werden kann. Mehrdimensionale Probleme sind Probleme, die nicht nur unterschiedliche Lösungsmöglichkeiten zulassen, sondern auch, aus anderer Perspektive betrachtet, selbst als Lösung beschrieben werden. Und auch die Forderung, einen politisierten Sachverhalt nicht politisch zu entscheiden, lässt sich unter Bedingungen der Politisierung nur noch als eine politische Forderung vorbringen. Diese unentrinnbare Politisierungsdynamik führt dazu, dass Politik als das kollektiv verbindliche Entscheiden über die Verteilung des gesellschaftlichen Reichtums und die Geltung von Normen und Werten ausgeweitet wird.[14]

Von den demokratischen Verfahren wird erwartet, dass sie Freiheit, Gleichheit und Solidarität verwirklichen. Zugleich gibt die politische Klasse das Versprechen ab, mittels dieser Verfahren konstitutionell fixierte oder erwünschte Staatsziele wie Sicherheit und Wohlfahrt zu erreichen. Durch demokratisch legitimierte Politik sollen bestimmte Ziele verwirklicht werden. In Demokratien wird politische Herrschaft mithin nicht nur durch demokratische Prozeduren und die durch sie erzeugte Input-Legitimation legitimiert, sondern auch durch das Versprechen instrumenteller Rationalität bei der Erledigung öffentlicher Angelegenheiten sowie der Errei-

13 Niklas Luhmann, »Die Zukunft der Demokratie«, in: ders., *Soziologische Aufklärung. Band 4, Beiträge zur funktionalen Differenzierung der Gesellschaft*, Wiesbaden 2005, S. 131-138.

14 In dieser Diagnose trafen sich die Antipoden Habermas und Luhmann, wobei Habermas die Politisierung als eine Chance zur Demokratisierung deutete, während Luhmann sie als ein Problem ausufernder Sozialstaatlichkeit beschrieb. Jürgen Habermas, *Legitimationsprobleme im Spätkapitalismus*, Frankfurt/M. 1973; Luhmann, *Politische Theorie im Wohlfahrtsstaat.*

chung abstrakter wie konkreter Ziele (zum Beispiel Nachhaltigkeit *und* niedrige Benzinpreise). Demokratische Politik stützt sich auch auf Output-Legitimität. Zudem unterliegt sie, als ein Problemlösungshandeln betrachtet, das das Gemeinwohl fördern soll, einem Plebiszit auf Dauer, das im Medium der öffentlichen Meinung artikuliert wird. Unter diesen Bedingungen ist die Umsetzung kohärenter Politikprogramme unwahrscheinlich, Legitimationsprobleme sind hingegen wahrscheinlich. Folgenreich für die Legitimationsgenese ist, dass im Zuge der intensivierten Politisierung von Demokratien auch deren Verfahren selbst politisch werden. Sie verlieren den Status, neutrale Arenen des demokratischen *fair play* zu sein.[15] Dies verringert das Maß an »Legitimation durch Verfahren«,[16] das die politische Klasse und die Parteien mittels formaler Verfahren erzeugen und auf das sie in Form institutionellen Vertrauens dauerhaft zurückgreifen können müssen. Politisierung vermindert damit den Bestand an »Massenloyalität«[17] im Sinne einer fraglosen Folgebereitschaft der Bürgerschaft, die politische Repräsentanten und Amtsträger als gegeben voraussetzen können, da jene nicht allein aufgrund der Einhaltung der formalen Verfahren erzeugt wird. Mehr noch: Die Politisierung von Verfahren führt dazu, dass ein struktureller Legitimationsmangel für gewählte Amtsträger entstehen kann. Im politischen System der Vereinigten Staaten ist dieser Prozess bereits recht weit vorangeschritten. Nach ihren Niederlagen im Kampf um die Präsidentschaft bestritten sowohl Donald Trump als auch Hillary Clinton, dass ihr Konkurrent legitimerweise zum US-Präsident gewählt worden sei, und erhielten von ihrer Basis dafür Zuspruch.[18]

15 Steven Levitsky, Daniel Ziblatt, *How Democracies Die. What History Reveals About Our Future*, London 2018.

16 Niklas Luhmann, *Legitimation durch Verfahren*, Frankfurt/M. 1983.

17 Claus Offe, »Krisen des Krisenmanagement. Elemente einer politischen Krisentheorie«, in: Martin Jänicke (Hg.), *Herrschaft und Krise*, Opladen 1973, S. 197-223, hier S. 219.

18 Colby Itkowitz, »Hillary Clinton: Trump is an ›illegitimate president‹, in: *Washington Post* v. 26. 09. 2019 ⟨https://www.washingtonpost.com/politics/hillary-clinton-trump-is-an-illegitimate-president/2019/09/26/29195d5a-e099-11e9-b199-f638bf2c340f_story.html⟩, letzter Zugriff 14. 05. 2023. Trumps Behauptung, Biden sei ein illegitimer Präsident, wird laut einer Erhebung von 47 Millionen US-Amerikanern geteilt, wovon 21 Millionen den Einsatz von Gewalt zwecks Wiedereinsetzung Trumps als gerechtfertigt ansehen. Robert A. Pape, »21 million

Infolge der Politisierung werden immer mehr gesellschaftliche Themen politisch, weshalb damit verbundene Konflikte nun mehr öffentlich ausgetragen und allgemein verbindlich entschieden werden müssen. Sie werden als kontingent bewusst und rufen einen höheren Bedarf an Legitimität hervor. Das Plebiszit auf Dauer in Form der öffentlichen Meinung wiederum wird im Zuge der Öffnung politischer Kommunikationskanäle durch die digitale Medienrevolution vielstimmiger, wechselhafter und kurzfristiger getaktet. Infolgedessen ist es in einem höheren Maße ein Politisierungsgenerator und in geringerem Maße Legitimationsspender. In der Summe nimmt die Politisierungsdynamik innerhalb der demokratischen Regime zu, ihre Fähigkeit, die für die Zunahme an politischen Entscheidungen nötige Legitimität zu generieren, ab.

In jüngerer Zeit hat insbesondere der Rechtspopulismus auf diese Legitimationsproblematik reagiert. Der Rechtspopulismus, der sich in fast allen westlichen Demokratien beobachten lässt, reagiert auf die Unübersichtlichkeit von Politik in den partizipativen Governance-Arrangements und den Mangel an »Legitimation durch Verfahren«. Er tut dies mit einer Strategie der Vereinfachung, indem er einfach verständliche politische Programme formuliert. Zudem propagiert er das Ordnungsmodell einer Retrodemokratie, mit dem er die Wiederherstellung eines früheren »goldenen Zeitalters« verspricht. Inhaltlich vertritt er rückwärtsgewandte Programmatiken, die Reformen aufhalten, verlangsamen oder zurückdrehen sollen, wie es vor allem im Feld der Migrations- und Europapolitik der Fall ist. Zugleich ist er ein politisches Protestphänomen, und er bietet rechtsradikalen Antidemokraten eine organisatorische Plattform.

Im hier interessierenden Zusammenhang ist von Bedeutung, dass der Rechtspopulismus selbst ein Treiber von Politisierung ist, wie sich auf allen drei Dimensionen von Politik beobachten lässt. Hinsichtlich der inhaltlichen *policy*-Dimension hat seine programmatische Opposition zur zentristischen Linie der gemäßigten Parteien auf der Linken wie der Rechten zu einer Politisierung auf zahlreichen Politikfeldern geführt, etwa in den Feldern

Americans say Biden is ›illegitimate‹ and Trump should be restored by violence, survey finds«, in: *The Conversation* v. 23.09.2021 ⟨https://theconversation.com/21-million-americans-say-biden-is-illegitimate-and-trump-should-be-restored-by-violence-survey-finds-168359⟩, letzter Zugriff 14.05.2023.

der Umwelt- und Klimapolitik,[19] der Wirtschafts- und Sozialpolitik,[20] der Europapolitik[21] und der Migrationspolitik.[22] Mit Blick auf die Prozesse und Abläufe von Politik, der *politics*-Dimension, trug der provokante Stil populistischer Parteien und Politiker zu einer stärker konflikthaften und polarisierten Form der politischen Auseinandersetzung bei.[23] Und hinsichtlich der *polity*-Dimension von Politik, also ihrem institutionellen Rahmen, repräsentiert der Rechtspopulismus das alternative Modell einer simplifizierten Retrodemokratie, in der die Liberalisierungsschritte der letzten Dekaden rückgängig gemacht werden sollen und in der Politik wieder eine einfach verständliche Angelegenheit ist. Infolge der rechtspopulistischen Revolte ist die liberale Demokratie, lange Zeit als ein nicht politisierbares Institutionengerüst missverstanden, selbst Gegenstand der Politisierung geworden.

1.2 Opake Politik: Differenzierung und Komplexität

Der zweite Aspekt der Devolution betrifft Differenzierung und Komplexität. Unter politischer *Differenzierung* soll im Folgenden die Zunahme politischer Akteure, Netzwerke, Institutionen und Organisationen verstanden werden. Politische *Komplexität* hingegen bezieht sich auf den Grad der Unsicherheit über die zum Verständnis eines politischen Sachverhalts einzubeziehenden Variablen, etwa hinsichtlich deren Varianz, Unabhängigkeit beziehungsweise Interdependenz sowie deren Wert, Entwicklung und Größe.[24] Zwischen Differenzierung und Komplexität besteht eine

19 Matthew Lockwood, »Right-wing Populism and the Climate Change Agenda: Exploring the Linkages«, in: *Environmental Politics* 27 (2018), S. 712-732.

20 Menno Fenger, »The Social Policy Agendas of Populist Radical Right Parties in Comparative Perspective«, in: *Journal of International and Comparative Social Policy* 34 (2018), S. 188-209.

21 Swen Hutter, Hanspeter Kriesi, »Politicizing Europe in Times of Crisis«, in: *Journal of European Public Policy* 26 (2019), S. 996-1017.

22 Alexander R. Hayes, Carolyn M. Dudek, »How Radical Right-Wing Populism Has Shaped Recent Migration Policy in Germany and Austria«, in: *Journal of Immigrant and Refugee Studies* 18 (2019), S. 133-150.

23 Benjamin Moffitt, Simon Tormey, »Rethinking Populism. Politics, Mediatisation and Political Style«, in: *Political Studies* 62 (2014), S. 381-397.

24 Meine Definition von Komplexität ist angelehnt an Robert A. Dahl, »The Pro-

Verbindung. Die Differenzierung des politischen Lebens erhöht dessen Komplexität, denn es wird unübersichtlicher. Auf diese Unübersichtlichkeit ist in den letzten Jahrzenten wiederum mit erhöhter Differenzierung reagiert worden. Es bildeten sich mehr politische Arenen, Organisationen, Netzwerke und Akteure heraus.

Neben Differenzierung und Komplexität in der Politik kommt es auch zu einem Anstieg der sozialen Komplexität. Sie wird bedingt durch den Prozess der »Beschleunigung«,[25] durch die Liberalisierung der Kultur infolge der Aufwertung von expressiver Selbstentfaltung und Individualisierung sowie durch die Pluralisierung von Lebensformen und Identitäten in einer »Gesellschaft der Singularitäten«,[26] die Besonderheit und Differenz nicht nur kulturell aufwertet, sondern in einigen Milieus zu einem normativen Erfordernis macht. Sie ist aber auch der von Dewey beobachteten Verlängerung und Verkomplizierung von Handlungsketten geschuldet, in deren Folge der politische Regulationsbedarf steigt, der wiederum auf die gesellschaftliche Komplexität zurückwirkt. Diesen Zusammenhang hat jüngst Runciman mit Blick auf die evolutionäre Adaption der Demokratie auf den Punkt gebracht: »Die moderne Demokratie ist äußerst mechanistisch und zutiefst künstlich. Sie bietet keine Alternative zu den komplexen Systemen, die sie zu regulieren vorgibt. *Sie kopiert sie, indem sie selbst immer komplexer und künstlicher wird.*«[27]

blem of Civic Competence«, in: *The Journal of Democracy* 3 (1992), S. 45-59, hier S. 50 f. Ich schließe hier an die kritische Dahl'sche Politikwissenschaft an, die aus einer normativ an politischer Gleichfreiheit orientierten Sicht nach den Problemen politischer Komplexität fragt. Diese Sichtweise ist zu unterscheiden von einer *normativ antidemokratischen* Sichtweise, die im Anschluß an Platon Bürger *prinzipiell* für nicht demokratiefähig hält und Demokratie als »idiocracy« diffamiert. Zur Kritik hieran siehe Samuel Bagg, »The Power of the Multitude. Answering Epistemic Challenges to Democracy«, in: *American Political Science Review* 112 (2018), S. 891-904. Die folgende Beschreibung von Differenzierung ist angelehnt an Selk u. a., »In der Demokratiefalle? Probleme der Energiewende zwischen Expertokratie, partizipativer Governance und populistischer Reaktion«, S. 38 f.

25 Hartmut Rosa, *Beschleunigung. Die Veränderung der Zeitstrukturen in der Moderne*, Frankfurt/M. 2005.

26 Andreas Reckwitz, *Die Gesellschaft der Singularitäten. Zum Strukturwandel der Moderne*, Berlin 2017.

27 David Runciman, *So endet die Demokratie*, Frankfurt/M., New York 2020, S. 119. Hervorhebung hinzugefügt.

Eine komplexer werdende Gesellschaft erzeugt eine komplexer werdende Politik und umgekehrt.[28]

Ein Zeichen für die Erhöhung politischer Differenzierung und Komplexität ist die Zunahme von Politikfeldern. Sie geht mit der Abnahme der Implementationsfähigkeit und Steuerungskapazität der Politik einher. In dieser Hinsicht hat sich die Prognose einer Krise der Regierbarkeit bestätigt, die in den 1970er Jahren insbesondere von liberal-konservativen Autoren in Reaktion auf die einsetzende partizipatorische Revolution formuliert worden ist.[29] Die liberal-konservative Kritik hatte auf einen Widerspruch hingewiesen, der sich aus dem Zusammenspiel von Politisierung und Differenzierung ergibt. Einerseits steigen die Ansprüche an verantwortliches Regieren und die Erledigung der öffentlichen Angelegenheiten, andererseits nimmt die Fähigkeit von Regierungen ab, diesen gestiegenen Erwartungen nachzukommen. Zeitgenössische Autoren wie Adam et al. sprechen vor diesem Hintergrund von einer Verantwortungs- und Responsivitätsfalle, in der sich Demokratien befinden.[30] Der bewusst werdenden Erfahrung politischer Regulierung und einer wachsenden Einbeziehung unterschiedlichster gesellschaftlicher Sachverhalte in den Prozess der Politisierung stehen ein abnehmendes politisches Gemeinschaftsbewusstsein, mangelnde kommunikative Verständigung und ein abnehmendes

28 Diese These einer unweigerlichen Zunahme von Differenzierung und Komplexität infolge einer politischen Dialektik sozialer Evolution ist zu unterscheiden von neokonservativen und neoliberalen Komplexitätsdiagnosen, die seit den 1970er Jahren einflussreich wurden; hierzu Ariane Leendertz, »Das Komplexitätssyndrom. Gesellschaftliche ›Komplexität‹ als intellektuelle und politische Herausforderung in den 1970er Jahren«, *MPIfG Discussion Paper* 15 (2017). Neoliberale meinen, die adäquate Antwort auf Komplexität sei der »Wettbewerb als Entdeckungsverfahren«; Friedrich A. Hayek, »Der Wettbewerb als Entdeckungsverfahren«, in: ders., Manfred E. Streit (Hg.), *Rechtsordnung und Handelsordnung. Aufsätze zur Ordnungsökonomik*, Tübingen 2003 [1968], S. 132-151. Neokonservative hingegen plädieren für eine Stärkung der Staatsgewalt; Ernst Forsthoff, *Der Staat der Industriegesellschaft. Dargestellt am Beispiel der Bundesrepublik Deutschland*, München 1971.

29 Samuel P. Huntington, Michel J. Crozier, Joji Watanuki, *The Crisis of Democracy. Report on the Governability of Democracies to the Trilateral Commission*, New York 1975; kritisch hierzu Grégoire Chamayou, *Die unregierbare Gesellschaft. Eine Genealogie des autoritären Liberalismus*, Berlin 2019.

30 Christian Adam, Steffen Hurka, Christoph Knill, Yves Steinebach, *Policy Accumulation and the Democratic Responsiveness Trap*, Cambridge 2019.

Vertrauen gegenüber, mittels demokratischer Politik auf die kollektiven Angelegenheiten bewusst, zielgenau und rational einwirken zu können.[31] Überspitzt ausgedrückt: Alles ist politisch geworden, aber nichts wird mehr gut regiert.

Politik differenziert sich indessen stetig weiter aus und findet unter Beteiligung einer größer werdenden Zahl politischer Akteure in heterogener werdenden Arenen und Politikfeldern statt. Sie wird netzwerkförmiger und verhandlungslastiger. Politik, so diagnostizieren Ellwein und Hesse, wird »zunehmend reaktiv und additiv, Teilpolitiken verselbstständigen sich, die Zusammenhänge werden außer Acht gelassen«.[32] In diesem Kontext sind politische Entscheidungen und Nichtentscheidungen aus der Perspektive der bürgerschaftlichen Zuschauer kaum mehr richtig zuzuordnen. Die sich ausdifferenzierende Netzwerkstruktur der Politik zersetzt den Gemeinsinn, sie erhöht die Komplexität, erschwert das kohärente Regieren und macht es für Parteien riskant, in Wahlkampagnen klare programmatische Alternativen zu formulieren. Viele folgenreiche Entscheidungen und Nichtentscheidungen können deshalb von der Bürgerschaft nicht auf Verfahren demokratischer Willensbildung, parteipolitische Programme und das Handeln von Repräsentanten zurückgeführt werden. Das Standardmodell elektoraler Demokratie, demzufolge Parteien mit Programmen antreten, für die sie Unterstützung sammeln und im Falle ihrer Regierungsbeteiligung nach einer Legislaturperiode Verantwortung übernehmen müssen, wirkt vor dem Hintergrund dieser Erfahrung wirklichkeitsfremd.

Hinzu kommt, dass die Komplexitätsreduktion mittels der Unterscheidung zwischen linken und rechten politischen Programmen im Parteienwettbewerb nicht mehr hinreichend erfolgt. Dies hat mit der strategischen Orientierung vieler Parteien auf die vermeintliche Mitte zu tun, es ist aber auch auf den Umstand zurückzuführen, dass das Links-Rechts-Schema mittlerweile von anderen politischen Unterscheidungen überlagert wird, so etwa durch die Unterscheidung kosmopolitisch vs. internationalistisch, vielerorts auch durch regionale Differenzen. Bei einigen Politikfeldern greift

31 Vgl. Peter Wagner, »Is There a Crisis of European Democracy? The Political Condition of Our Time«, in: *Journal of the British Academy* 3 (2020), S. 53-61.

32 Thomas Ellwein, Joachim Jens Hesse, *Der überforderte Staat*, Frankfurt/M. 1997, S. 79.

es sogar überhaupt nicht mehr, so etwa wie im Fall des Politikfeldes der Ökologie, das gewissermaßen jenseits von Links und Rechts angesiedelt ist. Auf der Output-Seite wird der durch die Unübersichtlichkeit auf der Input-Seite hervorgerufene Mangel an demokratischer Legitimation und Komplexitätsreduktion ebenfalls nicht kompensiert. In der Bürgerschaft breitet sich deshalb der Eindruck eines allgemeinen Politikversagens aus. Dies gilt etwa für wichtige Felder wie die soziale Gerechtigkeit, den Umwelt- und Klimaschutz, die Migration, die Bildung und die Wirtschafts- und Sozialpolitik.[33] Der Bürgerschaft erscheint die Politik, pointiert formuliert, entweder als ein undurchsichtiges und unfaires Machtspiel von Insidern oder als die Folge eines inkrementalistischen Krisenmanagements – aber nicht als die planvolle und zweckrationale Verwirklichung demokratisch entschiedener Ziele.

Politische Komplexität und Differenzierung sind nicht allein auf die jüngere politische Entwicklung oder bestimmte Ereignisse zurückzuführen. Sie sind, wie die Politisierung, mit der modernen Gesellschaftsevolution verbunden. Auf allgemeiner Ebene heißt politische Differenzierung, dass moderne Gesellschaften Institutionen und Organisationen bilden, innerhalb derer, als Herrschaftsorganisationen beziehungsweise als institutionalisierte Formen von Herrschaft, kollektiv verbindliche Entscheidungen getroffen werden. Deren Geltung ist in letzter Instanz durch die Drohung mit negativen Sanktionen und dem Entzug positiver Sanktionen gedeckt.[34] Politische Differenzierung beinhaltet in demokratischen Regimen zudem die oben als normatives Erfordernis erwähnte institutionalisierte Unterscheidung zwischen Regierung und Opposition,[35] die nicht nur in parlamentarischen Systemen zu den Hauptdimensionen demokratischer Politik zählt.[36] In empirischer Hinsicht kommt allerdings noch eine weitere wichtige, aber in der Literatur oftmals

33 Vgl. Peter Weichhart, »Neoliberalismus meets Political Economy – Politikversagen, Entdemokratisierung und die vergebliche Hoffnung auf Governance in der Zweiten Moderne«, in: Karl Bruckmaier, Wolfgang Serbser (Hg.), *Ethik und Umweltpolitik. Humanökologische Positionen und Perspektiven*, München 2008, S. 213-236.

34 Niklas Luhmann, *Die Politik der Gesellschaft*, Frankfurt/M. 2002, S. 69-76.

35 Niklas Luhmann, »Die Zukunft der Demokratie«, in: ders., *Soziologische Aufklärung. Band 4, Beiträge zur funktionalen Differenzierung der Gesellschaft*, Wiesbaden 2005, S. 131-138.

36 Robert A. Dahl, *Polyarchy. Participation and Opposition*, New Haven 1971.

nicht beachtete Differenzierungsstufe hinzu: die Unterscheidung zwischen politischer Elite, politischer Klasse und Bürgerschaft. Bereits diese einfache Form von Differenzierung und Komplexität birgt ein latentes Legitimationsproblem für demokratische Regime, denn die Mitglieder der politischen Elite und der politischen Klasse unterscheiden sich von gewöhnlichen Bürgern. Letztere verfügen weder über übermäßige Macht, Einkommen oder Prestige noch treiben sie berufsmäßig Politik. Gemäß dem demokratischen Credo sollen sie jedoch die zentrale Quelle der Legitimität sein.

Zur politischen Elite gehören diejenigen, die maßgeblichen Einfluss auf die Verteilung von Macht, Einkommen und Prestige ausüben und gleichzeitig über die Mehrheit dieser Ressourcen selbst verfügen. Zu dieser hier im weiten Sinne verstandenen politischen Elite zählen etwa die Führungsebenen der Parteien und des Staatsapparats, der Bürokratien und Konzerne, der Kapital- und Arbeitsverbände, der Kirchen und der Medienkonzerne. Zur politischen Elite gehören alle, die verbindliche Entscheidungen über die Verteilung von materiellen und die Geltung von immateriellen Werten treffen oder diese Entscheidungen maßgeblich beeinflussen. Sie kommen zugleich bei der Verteilung von Werten und Positionen am besten weg.[37] Die politische Klasse wiederum bildet einen Teil der politischen Elite. Sie umfasst diejenigen, die durch Parteimitgliedschaft politische Ämter anstreben, berufsmäßig politische Entscheidungen treffen und diese auch als Person gegenüber der Bürgerschaft verantworten müssen.[38] Im Gegensatz zu anderen Mitgliedern der politischen Elite tragen sie für diese Entscheidungen in einer institutionalisierten Form öffentliche Verantwortung. Darüber hinaus repräsentieren sie die Einheit des Gemeinwesens und müssen ihr politisches Verhalten zwangsläufig auch mit Bezug auf das Gemeinwohl rechtfertigen. Die Ausübung eines wichtigen politischen Amtes kann auf Dauer weder allein mit Blick auf reine Verfahrenslegitimation noch auf partikulare Interessen und Anliegen legitimiert

37 Vgl. hierzu Lasswells klassische Definition: »Die Analyse von Politik ist die Analyse von Einfluss und den Einflussreichen [...]. Die Einflussreichen sind diejenigen, die das Meiste von dem bekommen, was verteilt werden kann. Verfügbare Werte hierbei sind Ehrerbietung, Einkommen, Sicherheit. Diejenigen, die das Meiste erhalten, sind die Elite, der Rest ist Masse«; ders., *Politics. Who Gets What, When, How*, Cleveland 1958, S. 13. Hervorhebung entfernt.

38 Klaus von Beyme, *Die politische Klasse im Parteienstaat*, Frankfurt/M. 1993.

werden. Die durch Verfahren wie die Wahl gestiftete Legitimität ihrer Amtsgewalt ist in empirischer Hinsicht nicht hinreichend, sie muss auch durch den Bezug auf das Gemeinwohl gerechtfertigt werden, was sich nicht zuletzt daran zeigt, dass politische Amtsträger ihre Programme und Entscheidungen im Normalfall nicht durch Rekurs auf partikulare Interessen und Anliegen begründen.

Die Kluft zwischen Bürgerschaft, Elite und politischer Klasse wäre dann kein Differenzierungsproblem, wenn sie durch Partizipation, Repräsentation, Responsivität und pluralistische Interessenvertretung überwunden würde, so dass auch schwache Interessen und Anliegen der gewöhnlichen Bürger sowie ressourcenschwacher Minderheiten zur Geltung kommen könnten. Aus Sicht der für die Selbstdarstellung demokratischer Regime wie für die politische Sozialisiation im Kontext politischer Bildung immer noch einflussreichen Theorie der pluralistisch-repräsentativen Demokratie[39] ist dies dann der Fall, wenn bestimmte Voraussetzungen gegeben sind. Hierzu zählen: Die Opposition kann sich im politischen Wettbewerb um Regierungsämter bewerben und es besteht eine effektive Möglichkeit der Abwahl der Regierenden; es findet eine breite Aggregation von Interessen und die Inklusion von Anliegen vermittels intermediärer Organisationen statt; es existiert eine lebendige Öffentlichkeit, in der politische Alternativen diskutiert werden können. Diese gleichsam altehrwürdige Sicht, der zufolge Demokratie lebendigen politischen Wettbewerb erfordert, wird im Prinzip auch in zeitgenössischen Theorien der Demokratie bekräftigt.[40] Diese jüngeren Beiträge stellen insbesondere den »leeren Sitz der Macht« als die wichtigste institutionelle Eigenschaft der Demokratie dar. Mit dieser Metapher ist unter anderem gemeint, dass in Demokratien niemand einen politischen Alleinvertretungsanspruch behaupten kann. Wer regiert und repräsentiert, muss sich konkurrierenden Ansprüchen auf Repräsentation und Regieren aussetzen. Dieses institutionalisierte »Leerhalten« des Sitzes der Macht verhindere politische Ungleichheit, unbalancierte Repräsentation sowie die Vernachlässigung der Vertretung schwacher Interessen in Form verfestigter Disparitäten.

39 Ernst Fraenkel, *Deutschland und die westlichen Demokratien*, Stuttgart 1973.

40 So etwa in der agonalen Demokratietheorie; siehe Chantal Mouffe, »Was bedeutet ›agonistische Politik‹?«, in: dies., *Agonistik. Die Welt politisch denken*, Berlin 2014, S. 21-43.

Diese demokratietheoretische Erwartung, die den Kern öffentlicher Rechtfertigung von Herrschaft in Demokratien bildet, hängt von drei Annahmen ab, die sich bei näherer Betrachtung als unrealistisch erweisen. In dieser Deutung von Demokratie wird erstens vorausgesetzt, dass die institutionelle und organisatorische Komplexität von Politik »epistemisch einholbar« ist. Die Anzahl der zum Verständnis von Politik oder einem jeweils relevanten politischen Sachverhalt einzubeziehenden Variablen muss so gering sein, dass sie auch von Normalbürgern erfasst werden kann. Zweitens wird angenommen, dass demokratische Politik innerhalb eines politischen Raums stattfindet. Dieser kann durch den Nationalstaat oder ein funktionales Äquivalent konstitutiert werden. Der politische Raum hat zwei Dimensionen, eine materielle und eine idelle. Ideell wird er durch ein vergemeinschaftendes Sinnkonstrukt eines Gemeinwesens sowie einer diffuses Vertrauen erzeugenden politischen Kultur der Hoffnung auf kommende Verbesserung der kollektiven Lebensumstände konstituiert. Materiell stellt er eine relativ geschlossene Entscheidungseinheit dar, deren kollektiv verbindliche Entscheidungen einerseits Steuerungsfunktionen erfüllen und andererseits die notwendige Legitimation und Folgebereitschaft mobilisieren können. Der politische Raum ist der symbolische wie materielle Ort der politischen Entscheidung.[41] Drittens wird davon ausgegangen, dass einigermaßen faire Bedingungen des politischen Wettbewerbs vorherrschen, so dass die Grundnorm der politischen Gleichheit in der Praxis aufrechterhalten werden kann – oder dass zumindest bestehende Disparitäten abgebaut und in der Zukunft überwunden werden können. Damit werden bestehende politische Ungleichheiten keineswegs geleugnet, aber die Annahme ist, dass es zu keiner strukturell verfestigten politischen Ungleichheit kommt.

Diese drei Annahmen klassischer Deutungsmodelle moderner repräsentativer Demokratie zur Überbrückung von politischer Differenzierung stellen insoweit Fiktionen dar, als die institutionelle und organisatorische, aber auch die akteursbezogene Komplexität in der Politik zunimmt, sich der politische Raum differenziert und die Politik damit für den Normalbürger undurchsichtig wird.[42]

41 Hierzu immer noch grundlegend Hermann Heller, *Staatslehre*, Tübingen 1983.

42 Arthur Benz, »Blockiert durch Komplexität? Demokratie in Mehrebenensystemen föderaler und transnationaler Politik«, in: *Vorgänge* 49 (2010), S. 64-72.

Dies ist, wie eingangs argumentiert, auch auf die demokratiepolitisch zunächst begrüßenswerte Ausweitung politischer Partizipation und die Forderungen nach inklusiveren Entscheidungsstrukturen zurückzuführen.

Es ist indes nicht nur eine Folge der Zunahme von partizipationsorientierten Aktivbürgern und einer Liberalisierung der politischen Kultur, sondern auch das Resultat der Intensivierung der bereits am Beginn des 20. Jahrhunderts einsetzenden pluralistischen Inklusion von Vereinigungen, Verbänden und Korporationen in den politischen Prozess.[43] Dies umfasst seit einiger Zeit auch den Bedeutungsgewinn der Differenz- und Gruppenrepräsentation infolge einer »Politik der Differenz«,[44] die auf die je spezifische Anerkennung der Besonderheit von Gruppen und eine entsprechende Institutionalisierung und Repräsentation dieser Gruppen abzielt. Differenz- und Gruppenrepräsentation ist einerseits ein demokratisches Phänomen, da sie auf der politischen Vereinigungsfreiheit basiert. Zudem ist es oftmals nur in Form der konstruktiv-performativen Mobilisierung einer Gruppenidentität möglich, bestimmte Belange in den politischen Prozess einzubringen.[45] Die Politik der Differenz ist ein unweigerlich eintretendes Resultat der Verbindung aus Demokratieprinzip und sich stetig territorial und bevölkerungsmäßig vergrößernder und hinsichtlich der Bürgerschaft heterogener werdender politischer Regime. Dabei entfaltet die Politik der Differenz allerdings ein Politisierungs- und Differenzierungsparadox. Je sichtbarer sie wird und je stärker sie zuvor negierten oder ignorierten Identitäten, Anliegen und Interessen Anerkennung und Geltung verschafft, desto tiefer dringt das Prinzip der Differenz in die Meinungs- und Willensbildung ein und desto mehr scheinbar vernachlässigte Gruppenidentitäten und Differenzen werden entdeckt und von politischen Advokaten im Kampf um Anerkennung ins Spiel gebracht.

Auf die Probleme »festgefrorener« politischer Ungleichheit und den Verlust einer politischen Kultur der Hoffnung gehe ich in den folgenden Abschnitten ein.

43 Vgl. Theodor Eschenburg, *Herrschaft der Verbände?*, Stuttgart 1956.

44 Charles Taylor, »Die Politik der Anerkennung«, in: ders., *Multikulturalismus und die Politik der Anerkennung*, Frankfurt/M., S. 13-78, hier S. 28.

45 Iris Marion Young, »Das politische Gemeinwesen und die Gruppendifferenz. Eine Kritik des universalen Staatsbürgerstatus«, in: Kathrin Braun u. a. (Hg.), *Feministische Perspektiven der Politikwissenschaft*, München, Wien 2000, S. 84-116.

Damit steht die Differenz- und Gruppenrepräsentation in Spannung zur Verfolgung allgemeiner Belange und der demokratischen Repräsentation der Bürgerschaft als Ganzer. Letztere wird von politischen Repräsentanten als Amtsträgern, im Gegensatz zu Lobbyisten und Aktivisten, normativ erwartet und stellt ein institutionalisiertes Kernprinzip der repräsentativen Demokratie dar. Zudem führen das Prinzip der Gruppenrepräsentation und die Ausweitung der Anerkennung von Differenzen und damit von besonderen Gruppen als zu repräsentierenden Quasi-Kollektivsubjekten zu einem Bedeutungsgewinn von partikularen Identitäten unterhalb oder jenseits der Identität der Bürgerschaft. Sie gehen damit auf Kosten sowohl von Interessenpolitik (der Vertretung von Interessen, die Menschen unterschiedlichster Gruppenzugehörigkeit gemeinsam haben) als auch von Ideenpolitik (der Deliberation über allgemeine Prinzipien politischer Ordnung und Programmatiken), zugunsten der Verhandlung von Gruppeninteressen und gruppenspezifischen Identitäten.[46]

Die auf der theoretischen Ebene existierende Spannung zwischen Gruppen- und Differenzrepräsentation und dem Gruppenwohl auf der einen Seite und demokratischer Repräsentation der gesamten Bürgerschaft und dem Gemeinwohl auf der anderen Seite muss nicht zwangsläufig zu einem Problem der politischen Praxis führen. Dies ist vor allem dann nicht der Fall, wenn Differenzrepräsentation lokal, funktional und zeitlich sinnvoll auf ein mit der Reproduktion einer gemeinsamen Bürgerschaftsidentität und der allgemeinen Deliberation über das Gemeinwohl verträgliches Maß begrenzt wird. Anders herum formuliert: Differenz- und Gruppenrepräsentation wird erst dann zu einem Problem, wenn sie die Gruppenidentitäten und besondere Identitäten überlappende und im Konfliktfall übertrumpfende Bürgerschaftsidentität auflöst und zu einer Entstehung von miteinander unvereinbaren Vokabularen in der politischen Debatte führt. Differenz- und Gruppenrepräsentation muss so weit beschränkt werden, dass die Bürgerschaft weiterhin ein gemeinsames Vokabular spricht und über eine belastbare Wir-Identität verfügt.[47]

46 Zu einer abwägenden Diskussion des Problems im Kontext von Geschlechterrepräsentation siehe Anne Phillips, *Geschlecht und Demokratie*, Hamburg 1995.

47 Die Begriffe des Vokabulars und der Wir-Identität übernehme ich von Richard Rorty, der gegen Habermas' Deliberationstheorie und dessen Konzept univer-

Wie auch immer man das notwendige Maß an Gemeinsamkeit innerhalb einer Bürgerschaft beurteilen mag, im hier interessierenden Zusammenhang ist wichtig, dass sich die eingangs beschriebene partizipatorische Revolution auch mit Blick auf die Diversitätspolitik als folgenreich erweist. Sie hat zu einem Politisierungsschub im Kontext gruppenbezogener Identitätspolitik geführt. Das *empowerment* unterschiedlichster Gruppen samt der Politisierung von deren Anliegen, Identitäten und Interessen ist – unabhängig von der Frage, wie es im jeweiligen Fall normativ beurteilt wird – ein durch die Politisierung bedingter Treiber von Differenzierung, der zugleich die Komplexität des politischen Lebens maßgeblich erhöht.

Neben der durch zivilgesellschaftliche wie korporative pluralistische Partizipation und durch das Vordringen des Prinzips der Gruppenrepräsentation ausgelösten Zunahme politischer Komplexität stellt auch die anhaltende Differenzierung eine nicht intendierte Folge der modernisierungsbedingten Zunahme von gesellschaftlicher Interdependenz und Interaktion dar. Denn gestiegene modernisierungsbedingte soziale Differenzierung bringt – im Sinne von John Deweys oben eingeführtem Argument der Regulierungsnotwendigkeit infolge der Interdependenzsteigerung und der Ausweitung von Handlungsketten, die Folgen für Dritte haben – einen stetig anschwellenden Regulierungsbedarf hervor. Dieser wird mittels korrespondierender politischer Differenzierung im Sinne der Regimebildung, der Entstehung neuer politischer Akteure, Institutionen, Netzwerke und Organisationen befriedigt. Die daraus resultierende Komplexität dekonstruiert das kollektive Imaginäre

seller Geltungsansprüche eingewandt hat, dass die Rechtfertigung von Standpunkten niemals vor allen möglichen Hörern erfolgt, sondern notwendigerweise publikumsrelativ und ethnozentrisch ist; Richard Rorty, *Kontingenz, Ironie und Solidarität*, Frankfurt/M. 1992, S. 120. »Ethnozentrisch« heißt hier: Wir rechtfertigen unsere Positionen nie vor einem universellen Publikum, sondern nur vor denjenigen, mit denen wir bereits hinreichende Übereinstimmung aufweisen, weil wir ein gemeinsames Vokabular oder zumindest den Willen zur Verständigung teilen; vgl. auch Richard Rorty, »Solidarität oder Objektivität?«, in: ders., *Solidarität oder Objektivität. Drei philosophische Essays*, Stuttgart 1988, S. 11-37. Zudem sind Solidarität und wohlfahrtsstaatliche Umverteilung im Kontext demokratischer Politik (innerhalb wie jenseits des Nationalstaats) nur auf der Grundlage einer auch monetär belastbaren Wir-Identität möglich; siehe Richard Rorty, »Who Are We? Moral Universalism and Economic Triage«, in: *Diogenes* 173 (1996), S. 5-15.

des Gemeinwesens als einheitlich vorgestellter Raum, macht die gemeinsame politische Wir-Identität fragil und vertieft die Interdependenz zwischen nationalstaatlichen Einheiten und multiplen politischen Ebenen und sie differenziert innerhalb der nationalstaatlichen Einheiten den politischen Prozess akteursbezogen wie organisatorisch aus.[48] In der Folge erodiert der Gemeinsinn, der durch eine gemeinsame politische Wir-Identität einerseits und die einheitliche politische Organisation des politischen Raums andererseits vermittelt werden muss. Aufgrund des Schwindens dieser Voraussetzungen werden schließlich weitere Prämissen von Demokratie problematisch: die Verhinderung strukturell verfestigter politischer Ungleichheit und die soziale Hoffnung auf künftige Verbesserungen. Diese kann nicht mehr motivbildend an eine Gemeinsinn stiftende kollektive Identität anknüpfen, und sie vermag auch keinen Ort der Macht mehr als einen Gegenstand effektiver Mobilisierung auszumachen. Infolge der Aushöhlung »von oben« (internationale Interdependenz), »von unten« (Vermarktlichung und Netzwerkbildung) und »von der Seite« (Ausbreitung von Agenturen und parastaatlichen Körperschaften) wird die demokratische Machtzentrale zersetzt. Es kommt zur Ausfransung und Vervielfältigung von informalen Praktiken der Machtdiplomatie, die demokratische Meinungs- und Willensbildung umgeht und die künstlich politische Gleichheit herstellenden demokratischen Verfahren aushebelt. An die Stelle des *Orts und des vorgestellten Kollektivsubjekts der Macht* eines Gemeinwesens im Sinne der Idee einer sich selbst vermittels ihrer Repräsentanten Gesetze gebenden Bürgerschaft in einem politischen Raum treten *komplexe polyzentrische Netzwerke der Macht*.[49]

Da die politische Klasse aufgrund ihrer repräsentativen Funktion keine Alternative zur Übernahme von Verantwortung hat, treffen sie die Folgen des Verlusts von politischer Steuerungsfähigkeit, Gemeinsinn und der Hoffnung auf die zukünftige Verbesserung der gemeinsamen Angelegenheiten in besonderem Maße. Sie wird konfrontiert mit Legitimitätsverlust, Misstrauen und Zynis-

48 Danilo Zolo, »The ›Singapore Model‹. Democracy, Communication, and Globalization«, in: Kate Nash, Alexander Scott (Hg.), *The Blackwell Companion to Political Sociology*, Oxford 2008, S. 407-417.

49 Rod A. Rhodes, »Understanding Governance. Ten Years On«, in: *Organization Studies* 28 (2007), S. 1243-1264.

mus bis hin zum Hass. Neben diesen Folgen, die die Demokratie als Regime sowie insbesondere die exponierteren Mitglieder der politischen Klasse als die personale Repräsentation demokratischer Herrschaft im Ganzen treffen, schafft Differenzierung aber auch in einzelnen Politikfeldern Legitimitäts-, Koordinations- und Steuerungsprobleme. In den Politikfeldern differenzieren sich die jeweiligen Ziele sowie die für das Politikfeld relevanten Akteure aus; neben die Fachpolitiker und Verwaltungsfachleute und Verbände treten zahlreiche weitere Akteure wie Bürgerinitiativen, politisierende Journalisten, engagierte Wissenschaftlerinnen in Beiräten und Stiftungen, *Influencer* in sozialen Medien usw. Und schließlich weiten sich die Handlungsstrategien der Akteure aus, da die Heterogenität der Ziele es ermöglicht, interessengeleitet und aus strategischen Erwägungen heraus ein bestimmtes Ziel gegenüber anderen Zielen zu priorisieren.

1.3 Epistemische Ungleichheit: Kognitionsasymmetrie

Der dritte Aspekt der Devolution ist die wachsende Kognitionsasymmetrie innerhalb der Bürgerschaft.[50] Diese ist problematisch für demokratische Regime, denn zu einer zentralen Voraussetzung demokratischer Legitimation und Vergemeinschaftung zählt eine relative hohe und zugleich egalitäre Verbreitung politischen Wissens. Das heißt, Demokratie erfordert eine politische Kognitions*symmetrie* innerhalb der Bürgerschaft. Das gilt aus der Perspektive normativ anspruchsvoller Demokratietheorien, die ein wechselseitiges Verstehen sowie die Fähigkeit zum »faktenbasierten« Argumentieren einfordern; es gilt aber auch dann, wenn ein minimalistisches Demokratiemodell zugrunde gelegt wird. Denn auch normativ sparsam ansetzende Demokratietheorien gehen davon aus, dass Bürger in demokratischen Regimen Regierungen im Lichte von deren Leistungen und Entscheidungen beurteilen, verantwortlich machen und bei der nächsten Wahl zweckrational abstrafen oder bestätigen können. Das setzt voraus, dass Bürger *wissen* oder zumindest *glauben zu wissen*, wer was mit welchen Folgen ent-

50 Der folgende Begriff der Kognitionsasymmetrie ist angelehnt an Selk u. a., »In der Demokratiefalle? Probleme der Energiewende zwischen Expertokratie, partizipativer Governance und populistischer Reaktion«, S. 41-43.

schieden hat, was die politischen Alternativen hierzu waren und wie sich die getroffenen Entscheidungen auf ihre eigenen Interessen, Identitäten und Anliegen auswirken. Aus diesem Grund betonte sogar ein liberaler Minimalist wie Joseph A. Schumpeter, dass gemäß seinem normativ vergleichsweise anspruchslosen Modell der demokratischen Elitenauslese die »Wählerschaft« wie die Parlamentarier auf einem »genügend hohen intellektuellen und moralischen Niveau stehen« müssen.[51]

Der oben umrissenen Standardtheorie demokratischer Legitimität zufolge erfordert die Demokratie bürgerschaftliche Beteiligung. Sie wird durch Parteien, Verbände, zivilgesellschaftliches Engagement, die Wahl und die öffentliche Meinung vermittelt, resultiert in der Besetzung wichtiger politischer Ämter und der Zusammensetzung repräsentativer Körperschaften und soll die Meinungs- und Willensbildung prägen. Die Form und Genese der hierbei anzusetzenden Rationalität werden in der demokratietheoretischen Diskussion recht unterschiedlich bestimmt. Kontrovers diskutiert wird etwa, ob sie in Form argumentativer Verständigung zwischen Personen zum Ausdruck kommt, auch durch rhetorische Kommunikation verwirklicht werden kann oder aber primär auf Diskurse epistemischer Autoritäten und advokatorisch handelnder Repräsentanten angewiesen ist. Diese Debatte wird zu keinem Ende zu bringen sein, denn die dahinterliegende Frage nach der Rationalität des Politischen muss so lange umstritten bleiben, wie ein gewisses Maß an politischer Freiheit herrscht und infolgedessen heterogene Rationalitätsmaßstäbe miteinander im politischen Wettbewerb stehen. Der politische Pluralismus innerhalb der allgemeinen Öffentlichkeit spiegelt sich auch in dieser Hinsicht in der wissenschaftlichen Theoriediskussion wider. Der politischen Kommunikation in der Demokratie kann mittels politik- und demokratietheoretischer Theoriebildung keine bestimmte Form der Rationalität als ein verbindlicher Maßstab für die Meinungs- und Willensbildung vorgeschrieben werden.

Auch wenn die Demokratie damit nicht auf eine bestimmte Form der Rationalität politischer Kommunikation festgelegt werden kann, gibt es dennoch eine epistemische Anforderung, der demokratische Regime genügen müssen: die kognitive Bürgerkom-

51 Joseph A. Schumpeter, *Kapitalismus, Sozialismus und Demokratie*, München 1972 [1942], S. 467.

petenz.[52] Mit Blick auf politisches Wissen setzt die Verwirklichung von Demokratie damit zweierlei voraus. Erstens erfordert sie ein hohes Niveau politischer Aufgeklärt- und Informiertheit, das nicht nur das Wissen um die je eigenen Interessen und Anliegen samt der Wege zu deren Verwirklichung vermittels politischer Handlungs- und Wahloptionen umfasst, sondern auch allgemeines politisches Wissen über den zusehends komplexer werdenden politischen Prozess. Zweitens impliziert sie die gleichmäßige Verteilung kognitiver Kompetenzen in der Bürgerschaft, so dass auch hinsichtlich der kognitiven Ressourcen im politischen Wettkampf zumindest näherungsweise *epistemische Waffengleichheit* herrscht beziehungsweise in der Zukunft erreicht werden kann.

Gegen die Norm kognitiver Bürgerkompetenz ließe sich einwenden, dass sie nicht berücksichtige, wie demokratische Regime empirisch funktionierten. Ihr kann zudem entgegengehalten werden, dass sie sich nicht nur auf eine unrealistische Anthropologie,[53] sondern auch auf ein fehlerhaftes Verständnis von öffentlicher Meinungs- und Willensbildung stützt, da diese höchstens episodisch relevant und, in ihrer demokratietheoretisch zugedachten Gestalt, in Wirklichkeit ein »Phantom« sei.[54] Allerdings hat die politische Bedeutung der Öffentlichkeit zugenommen und es hat sich die Teilnahme an der Meinungsbildung intensiviert. Dies liegt an der zunehmenden Masseninklusion in die politische Kommunikation infolge der Zunahme der Nutzung digitaler Medien, dem Anstieg formaler Bildung und der höheren Affinität zu kommunikativer Expressivität in der politischen Kultur. Eine weitere Ursache ist die Entstehung einer digitalen Gegenöffentlichkeit, die die hergebrachten medialen Formate und Arenen um semi- oder unprofessionellen Journalismus und politische Laienpublizistik erweitert. Insgesamt hat sich dadurch nicht nur die Zahl der Hörer, sondern auch der Sprecher in der politischen Kommunikation enorm vermehrt. Der eingangs beschriebene Prozess der Politisierung schließlich hat zur Mobilisierung und Aktivierung breiter Teile der Bevölkerung geführt. Es ist damit relevanter und politisch folgenreicher, was die Bürgerschaft über das politische Leben weiß und denkt. Kognitive

52 Dahl, »The Problem of Civic Competence«.

53 Shawn W. Rosenberg, »Unfit for Democracy? Irrational, Rationalizing, and Biologically Predisposed Citizens«, in: *Critical Review* 29 (2017), S. 362-387.

54 Walter Lippmann, *The Phantom Public*, New Brunswick 1993 [1927].

Bürgerkompetenz wandelt sich dadurch von einer Norm zu einer funktionalen Voraussetzung von Demokratie.

Ältere Auffassungen über die Rolle der Bürgerschaft in der Demokratie sind infolgedessen anachronistisch geworden. Dies gilt etwa für die an Walter Lippmann anknüpfende elitistische Deutung. Dieser zufolge besteht die Rolle der Bürgerschaft primär darin, periodisch eine diffuse Annahme oder Ablehnung des herrschenden politischen Kurses zu signalisieren, gemäß Lippmanns klassischer Formulierung also die »Amtsträger zu unterstützen, wenn die Dinge gut laufen; die Herausforderer [hingegen] zu unterstützen, wenn die Dinge nicht gut zu laufen scheinen«.[55] Das gilt auch aus einer Sicht auf demokratische Politik, der zufolge die Bürger nicht wissen müssen, was in der Politik für alle gut ist, und auch nicht wissen müssen, was auf allen Politikfeldern getan werden sollte. Es reicht, wenn sie wissen, was für sie selbst gut ist, und wie sie das, was für sie gut ist, politisch realisieren können.[56] Das Problem dieser reduktionistischen Sichtweise auf Bürgerwissen ist, dass infolge der Zunahme politischer Differenzierung und der resultierenden Komplexität von Politik auf Seiten der Bürger sowohl theoretisches, das heißt allgemeines politisches Wissen als auch politikfeldspezifisches Wissen essentiell geworden sind. Interessenlagen und deren politische Implikationen, die Differenz zwischen privaten Anliegen und öffentlichen Angelegenheiten, die Auswirkungen politischer Entscheidungen auf das Gemeinwohl wie auf das Partikularwohl von Gruppen sowie die möglichen politischen Entscheidungsalternativen – all das lässt sich nicht aus einer lebensweltlichen Anschauung, privater Lebenszusammenhänge und vor dem Hintergrund je eigener praktischer Erfahrung verstehen und beurteilen.[57] Politisches

55 Ebd., S. 116.

56 Dahl nennt diese sparsamere Anforderung das »Gerade-gut-genug«-Konzept von Bürgerkompetenz. Er grenzt es von dem anspruchsvolleren Ideal eines allseitig politisch informierten und das Gemeinwohl im Blick habenden »guten Bürgers« ab; Dahl, »The Problem of Civic Competence«, S. 48. Dahl zufolge wird selbst diese sparsame Anforderung an Bürgerkompetenz in der Praxis nicht erfüllt.

57 So bereits die Problemdiagnose bei Dewey, *Die Öffentlichkeit und ihre Probleme*. Christiano ist der Meinung, dass dieser Mangel an allgemeinem politischem Wissen auf Seiten der Bürgerschaft kein prinzipielles Problem darstellt, da sich die Gesellschaft in Demokratien als ein kognitiv-arbeitsteiliger Prozess denken lasse. Vorausgesetzt wird in Christianos Denkmodell ein Verhältnis der Komplementarität zwischen den Gesellschaftsmitgliedern und insbesondere zwischen

Wissen wird immer wichtiger, zugleich wird es kontroverser, wie die anhaltende Problematisierung von *fake news*, Falschinformationen, Manipulation von Informationen und Propaganda in sozialen Netzwerken zeigt. Diese Problematisierung ist nicht nur dem Umstand geschuldet, dass rechtspopulistische Akteure sich gegenüber den Prinzipien öffentlicher Diskussion, publizistischer Ethik und professionellem Journalismus feindselig verhalten. Ursächlich hat sie zu tun mit der Differenzierung politischer Kommunikation, in der gegenwärtig mehr Akteure als jemals zuvor inkludiert sind und deren Politisierungswirkung auch die Verfahren und Formate der medial-publizistischen Wahrheits- und Meinungsproduktion erfasst hat. Brian Leiter spricht vor diesem Hintergrund zu Recht von einer Krise epistemischer Autorität.[58]

Die öffentliche Meinung, wie sie in den Leitmedien der politischen Elite konstruiert wird, kann aufgrund dieser Veränderung politischer Kommunikation auf sachlicher, thematischer wie publikumsbezogener Ebene nicht mehr die ihr zugewiesene Funktion der rationalisierenden Verdichtung, Kondensierung und Repräsentation gesellschaftlich relevanter politischer Meinungen und der Bereitstellung allgemeinen Wissens erfüllen. Insbesondere das Aufkommen der digitalen Politik, die durch soziale Medien verminderte Kontrolle der Eliten über politische Information und Kommunikation, die Entstehung digitaler Gegenöffentlichkeiten und die gestiegene Bedeutung von politischer Zuschauerschaft[59] machen politisches Wissen zu einem zunehmend dynamischen

Bürgern und Experten, die als Lieferanten von epistemischen »shortcuts« fungieren; Thomas Christiano »Voter Ignorance Is Not Necessarily a Problem«, in: *Critical Review* 27 (2015), S. 253-269. Das überzeugt aus drei Gründen nicht. Erstens ist die Analogie zwischen einem arbeitsteilig-komplementären Fertigungsprozess, der in ein Produkt mündet, und einer demokratischen Gesellschaft irreführend, da sie der Komplexität gesellschaftlicher Verhältnisse in Demokratien nicht gerecht wird. Zweitens verkennt sie, dass in arbeitsteiligen Betrieben die Betriebsführung das zu produzierende Produkt bestimmt, während in Demokratien diese Rolle von den Bürgern übernommen werden soll. Drittens erodiert das für die »shortcuts« zwischen Bürgern und Experten notwendige Vertrauen infolge der Politisierung.

58 Brian Leiter, »The Epistemology of the Internet and the Regulation of Speech in America«, in: *Georgetown Journal of Law & Public Policy* 20 (2022), S. 903-935.

59 Jeffrey E. Green, *The Eyes of the People. Democracy in an Age of Spectatorship*, Oxford 2010.

(Legitimations-)Faktor in der demokratischen Politik. Und das gilt nicht nur mit Blick auf die epistemischen Voraussetzungen gelingender Partizipation und realisierter Selbstbestimmungschancen der Bürger, sondern auch hinsichtlich der Legitimität politischer Entscheidungen.

Dieser legitimatorische Aspekt politischen Wissens wurde bereits von Karl Mannheim, einem Vordenker der Politikwissenschaft, im Kontext der Politisierung der öffentlichen Meinung in der Weimarer Demokratie erkannt. Mannheim zufolge ist Wissen sozial gebunden und perspektivisch. Im politischen Leben wird es damit notwendigerweise partikular, vor allem aber führt es in das Legitimitätsproblem der wechselseitigen Ideologieunterstellung und Delegitimierung zwischen den politischen Lagern.[60] Mannheim hatte dieses Problem im Weimarer Kontext mit Blick auf die Verdinglichung partikularer Wissensbestände in Form von politischen Weltanschauungen formuliert, die in einem Kampf der Ideologien gegeneinander antraten. Diese kohärenten Ideologien sind zerfallen. An ihre Stelle ist ein unübersichtlicher Kampf um Deutungsmacht getreten, der das fragmentarische, episodische und heterogene Wissen innerhalb der Bürgerschaft selektiv berücksichtigt, ihm aber keine ideologische Form gibt. Die daraus resultierende Polyphonie des politischen Diskurses wird durch die digitale Medienrevolution und die Krise epistemischer Autorität gesteigert.

Vor dem Hintergrund eines strukturellen Mangels an »Legitimation durch Verfahren« wird die Heterogenität politischen Wissens innerhalb der Bürgerschaft zu einem Legitimationsproblem. Es entsteht zuvörderst in funktionaler Hinsicht, denn das eingangs eingeführte Sartori-Kriterium darf nicht normativistisch missverstanden werden. Es benennt ein funktionales Erfordernis demokratischer Regime, das sich im Kontext der Politisierung verschärft stellt: Je politischer unsere Regime werden, je stärker die Bürger politisch in ihnen mobilisiert werden, desto höher wird der Bedarf an informierten und politisch kompetenten Bürgern. Tatsächlich ist das Wissen über politische Institutionen, im Sinne des Kern-

60 Karl Mannheim, *Ideologie und Utopie*, Frankfurt/M. 1969 [1929], S. 95-167. Mannheims eigener Lösungsansatz, die Rationalisierung politischen Wissens durch eine freischwebende wissenschaftliche Intelligenz, kann dieses Problem nicht lösen, da die politische Perspektivendifferenz auch in der Wissenschaft auftaucht.

inhalts politischer Bildung als Institutionenkunde, aber auch mit Blick auf die Informiertheit über politische Vorgänge mit einem tagesaktuellen Bezug, hinsichtlich der historischen Zusammenhänge sowie mit Blick auf allgemeines Wissen gering,[61] die passive wie aktive Teilnahme der Bürgerschaft an politischer Kommunikation hingegen so hoch wie niemals zuvor. Kognitionsasymmetrie stellt indes auch auf normativer Ebene ein Problem dar, weil politisches Wissen und kognitive Kompetenzen Voraussetzungen der Verwirklichung demokratischer Freiheit sind. In demokratischen Regimen spielen die argumentative Rechtfertigung und das rhetorische Werben um Unterstützung für politische Entscheidungen eine derart große Rolle, dass das öffentliche Leben in ihnen in hohem Maße durch *public relations*, Manipulationsversuche, politische Werbung und rhetorische Täuschungsmanöver charakterisiert ist. Obgleich sich demokratische Politiker oftmals zugutehalten, das Problem der politischen Propaganda überwunden zu haben, und eine »faktenbasierte« rationale Politik für sich reklamieren, ist das politische Leben in Demokratien sogar stärker durch Versuche zur ideologischen Verschleierung von Macht geprägt, als dies in undemokratischen Regimen der Fall ist, in denen die Machtverhältnisse trotz alltäglicher Propaganda einigermaßen offen zutage liegen und sich niemand Illusionen darüber macht, wer in diesen Regimen herrscht.

Franz L. Neumann erklärt diesen kontraintuitiv anmutenden Umstand damit, dass Politik in Demokratien eine »Doppelstellung«[62] einnimmt. Einerseits wird Herrschaft in demokratischen Regimen in viel stärkerem Maße rechtfertigungsbedürftig. In ihnen sind politische Prozesse hinsichtlich der Quellen der politischen Macht und der Durchsetzung partikularer Interessen prinzipiell und weitreichend kritisierbar. Es existiert sogar die normative Erwartung, dass in einer öffentlichen Diskussion zu einer dominanten Position eine oppositionelle Gegenposition existieren soll, die in der Debatte berücksichtigt und in der journalistischen Darstellung auch entsprechend abgebildet werden muss. Hierin erblickt

61 Bettina Westle, »Souveräne Teilhabe unter Unsicherheit und Halbwissen. Politisches Wissen und politische Partizipation«, in: Stephan Braun, Alexander Geisler (Hg.), *Die verstimmte Demokratie*, Wiesbaden 2012, S. 51-68.

62 Franz L. Neumann, »Die Wissenschaft der Politik in der Demokratie«, in: Heinrich Schneider (Hg.), *Aufgabe und Selbstverständnis der Politischen Wissenschaft*, Darmstadt 1950, S. 20-40, hier S. 36.

Neumann die Chance zu einer Demokratisierung von Politik.[63] Andererseits entstehen in demokratischen Regimen gerade infolge dieses Umstandes besonders ausgefeilte, professionell betriebene Techniken und Strategien, die den Zweck haben, partikulare Interessen und Anliegen sowie die der eigenen Politik zugrunde liegenden Machtressourcen zu verschleiern. Alle ressourcenstarken Interessenverbände, Gruppen und politischen Organisationen unterhalten eigens auf politische Propaganda und Werbung spezialisierte Abteilungen der Meinungsbeeinflussung, Imagepflege und Öffentlichkeitsarbeit. Neumann beschreibt diesen in demokratischen Regimen notwendig bestehenden dialektischen Zusammenhang zwischen Rechtfertigung und Ideologie folgendermaßen:

> Denn im Wesen der Demokratie liegt es ja, daß Interessengruppen gezwungen sind, nur Massen zu erfassen, ihre egoistischen Interessen als allgemeine und nationale Interessen zu präsentieren. Damit aber wird der Kern der Politik verschleiert. Die Politik wird ideologischer als sie es früher war.[64]

Er folgert daraus, dass demokratische Regime auf die Institutionalisierung einer aufklärerischen Politikwissenschaft angewiesen sind. Diese habe als wissenschaftliche wie pädagogische Institution den Bürgern kritisches Orientierungswissen zu vermitteln und die »dichten Schleier der Propaganda zu durchstoßen«.[65] Leitend ist für ihn hierbei der Gedanke, die »Verwirklichung der Freiheit des Menschen durch Massenbeteiligung an ihrer Verwirklichung«[66] stelle das »Ziel der Demokratie« dar. Diese »Massenbeteiligung« setzt aber gerade den politischen Machtverhältnissen entsprechendes politisches Wissen und kognitive Kompetenzen auf Seiten der

63 Aus diesem Umstand gewinnen Demokratieverständnisse vordergründig Plausibilität, die in einem »Recht auf Rechtfertigung« das Wesen der Demokratie erblicken; so Rainer Forst, »Transnationale Gerechtigkeit und Demokratie. Zur Überwindung von drei Dogmen der politischen Theorie«, in: ders., *Normativität und Macht. Zur Analyse sozialer Rechtfertigungsordnungen*, Berlin 2015, S. 214-233. Es ist jedoch ein dogmatischer Fehlschluss, aus der empirischen Rechtfertigungspraxis einen teleologischen Prozess der Demokratisierung von Rechtfertigung abzuleiten. Als Praxis betrachtet, ist Demokratie auch stets eine Praxis der Ideologisierung.

64 Neumann, »Die Wissenschaft der Politik in der Demokratie«, S. 36.

65 Ebd., S. 39.

66 Ebd., S. 23.

Bürgerschaft voraus, nicht zuletzt deshalb, weil infolge des Ansteigens der Komplexität, wie Neumann hellsichtig beobachtet, »die Analyse der Wurzeln politischer Macht in der Demokratie zugleich schwieriger [ist] als in irgendeinem anderen Verfassungssystem«.[67] Das trifft den Kern des Problems der Kognitionsasymmetrie.

Umso schwerer wiegt vor diesem Hintergrund, dass hinsichtlich des politischen Wissens, im Sinne des Wissens über politische Prinzipien, Institutionen und Prozesse allgemein, aber auch im Sinne eines Wissens über spezifische Politikfelder, wie bereits angedeutet, beide der oben genannten und implizit auch von Neumann angelegten Kriterien – ein hohes Niveau des Wissens sowie einigermaßen gleichmäßig verteilte kognitive Kompetenzen und Wissensbestände – nicht erfüllt werden. Das politische Wissen ist in der Bürgerschaft weder groß noch gleichmäßig verteilt. Converse, dem zufolge in der Forschung in dieser Hinsicht relative große Einigkeit besteht, fasst den Befund der langjährigen Forschung über politisches Wissen seit den 1970er Jahren deshalb mit der folgenden Formel zusammen: »Das mittlere Niveau [politischen Wissens] ist sehr niedrig, aber die Varianz ist sehr hoch.«[68] Diese Einschätzung ist bis heute bestehen geblieben. Bemerkenswert ist in diesem Kontext zudem die Erkenntnis, dass die seit den 1970er Jahren einsetzende Bildungsexpansion im Zeitverlauf nicht, wie von den damaligen Proponenten erwartet, zu einer Erhöhung des politischen Wissens geführt hat. Tatsächlich »deuten die Befunde zur Entwicklung des politischen Wissens nicht etwa auf einen Anstieg der politischen Kenntnisse hin, sondern eher auf Stabilität«.[69] Dies gilt vor allem für das durchschnittliche Niveau politischen Wissens, das in der Forschung als nahezu durchgängig schlecht bis bestenfalls mittelmäßig bewertet wird. Thomas Schübel fasst seine Studie über soziale Verteilung politischen Wissens in der Bundesrepublik folgendermaßen zusammen:

Zunächst zeigte sich, dass der mittlere Wissensstand der deutschen Bevölkerung bei vielen politischen Sachverhalten in absoluter Hinsicht au-

67 Ebd., S. 36.

68 Philip E. Converse, »Assessing the Capacity of Mass Electorates«, in: *Annual Review of Political Science* 3 (2000), S. 331-353, hier S. 331.

69 Bettina Westle, Markus Tausendpfund, »Politisches Wissen. Relevanz, Messung und Befunde«, in: dies. (Hg.), *Politisches Wissen. Relevanz, Messung und Befunde*, Wiesbaden 2019, S. 1-39, hier S. 22.

genscheinlich sehr gering ausfällt. Berücksichtigt man die Tatsache, dass ein Großteil der befragten Bürger offensichtlich im Falle von Unsicherheit oder Unkenntnis der Lösung bei den gestellten Faktenfragen geraten hat, ist z. B. davon auszugehen, dass nicht einmal die Hälfte der Deutschen über die grundsätzliche Rolle des Bundesrats Bescheid weiß. Aufgrund der Dominanz wirtschaftlicher und sozialer Themen in der politischen Diskussion der letzten Jahrzehnte überrascht ferner auch, dass nur rund 50 Prozent mit der sozialpolitischen Ausrichtung der einzelnen Parteien vertraut sind. Dieser Befund ist damit im Einklang mit einer Vielzahl von Studienergebnissen für andere Staaten, welche ebenfalls auf geringe Wissensstände in der Bevölkerung hinweisen.[70]

Aber auch mit Blick auf die zweite Dimension, die Verteilung politischen Wissens, beobachtet Schübel, dass »politische Kenntnisse auch in der deutschen Bevölkerung ungleich verteilt [sind]. Erschwerend kommt hinzu, dass der Wissensstand systematisch an Merkmale sozialer Ungleichheit geknüpft ist.«[71] Mit höherem Bildungsstand (mittelbar) und höherer Schichtzugehörigkeit (direkt) geht ein erhöhtes politisches Wissen einher.

Nun impliziert die Einordnung von Wissensbeständen als »ungleich« und »gering« mit Blick auf Demokratie und das demokratische Ideal einer aufgeklärten, informierten und kritisch die politische Klasse beurteilenden Bürgerschaft einen Wertmaßstab, der etwa bei Converse und auch in anderen empirischen Studien zur Verteilung politischen Wissens nicht explizit gemacht wird.[72] Ein Grund für dieses Fehlen einer Begründung oder normativen Reflexion auf die Bewertungsmaßstäbe könnte die fehlende Rezeption normativer politischer Theorie und Demokratietheorie innerhalb dieses Forschungszweigs sein. Vermutlich ist aber ein anderer Grund ausschlaggebend. Die empirischen Ergebnisse über das Ausmaß politischen Wissens in der Bürgerschaft sind, selbst vor

70 Thomas Schübel, *Die soziale Verteilung politischen Wissens in Deutschland. Wissensunterschiede und deren Ursachen*, Wiesbaden 2018, S. 317.

71 Ebd., S. 329.

72 Hinzu kommt, dass die empirische Forschung auch mit Blick auf dieses Thema ihre Ergebnisse auf unterschiedlichen Wegen konstruiert, vor allem durch die jeweilige Operationalisierung und die Methode des Abfragens von Wissen; siehe Jason Barabas, Jennifer Jerit, William Pollock, Carlisle Rainey, »The Question(s) of Political Knowledge«, in: *American Political Science Review* 108 (2014), S. 840-855.

dem Hintergrund eines minimalen Demokratiemodells betrachtet, derart *negativ*, dass deren Wertung als »niedrig« schlichtweg als *intuitiv richtig* erscheint. Wenn rund die Hälfte des Elektorats die sozialpolitische Ausrichtung der zur Wahl stehenden Parteien nicht kennt, erscheint es nicht naheliegend darüber nachzudenken, ob es sich hierbei um eine niedrige Zahl handelt und wie diese im Lichte demokratietheoretischer Kriterien zu bewerten ist.

Schübel selbst beurteilt seine »ernüchternde Befundlage«[73] jedenfalls dahingehend, dass die Ungleichheit des politischen Wissens eine Verletzung des demokratischen Prinzips der politischen Gleichheit ist. Das insgesamt niedrige Niveau politischen Wissens »von weiten Bevölkerungsteilen« stellt zudem eine »Manipulationsgefahr durch politische (Informations-)Eliten« dar.[74] Anzuzweifeln ist Schübel zufolge, »ob die meisten Wähler tatsächlich dem Bild des rationalen ›issue voters‹ entsprechen«,[75] das ja auch aus einer normativen demokratietheoretischen Perspektive implizit zugrunde gelegt wird. Tatsächlich muss man im Lichte jüngerer empirischer Forschung zu Wahlentscheidungen verneinen, dass die Norm kognitiver Gleichheit hinsichtlich politisch relevanten Wissens, die Dahl »aufgeklärtes Verständnis«[76] nennt, gegeben ist. Bartels und Achen kommen auf der Grundlage ihrer Studien zum Wahlverhalten des US-amerikanischen Elektorats zu dem Ergebnis, dass deren Wahlentscheidungen in hohem Maße von Fehlurteilen, Wissensdefiziten, Gruppendenken und nachgelagerten Rationalisierungen geprägt sind.[77]

Neben dem politischen Faktenwissen umfasst der Begriff der Kognitionsasymmetrie die Dimension ungleich verteilter kognitiver Kompetenzen in der Bürgerschaft. Ein wesentlicher Indikator für Letzteres ist das in der Öffentlichkeit wenig beachtete Ausmaß an funktionalem Analphabetismus und geringen Lesekompetenzen innerhalb der erwachsenen Bevölkerung. Es wird in Deutschland seit einiger Zeit durch die LEO-Studien erhoben. Diese Studien

73 Schübel, *Die soziale Verteilung politischen Wissens in Deutschland*, S. 318.

74 Ebd.

75 Ebd., S. 317.

76 Robert A. Dahl, *Dilemmas of Pluralist Democracy. Autonomy vs. Control*, New Haven 1982, S. 6.

77 Larry Bartels, Christopher H. Achen, *Democracy for Realists. Why Elections do not Produce Responsive Government*, Princeton 2016.

legen vier Kompetenzstufen (Alpha-Levels) zugrunde. Alpha-Level 1 erreicht, wer einzelne Buchstaben lesen und schreiben kann. Alpha-Level 2 wird erreicht, wenn einzelne Wörter gelesen und geschrieben werden können. Personen auf dem Alpha-Level 3 können einzelne Sätze lesen und schreiben, sie scheitern jedoch bereits an zusammenhängenden Sätzen. Die jüngste LEO-Studie bemisst den Anteil der deutschsprachigen Erwachsenen zwischen 18 und 64 Jahren in Deutschland, die sich auf diesen drei Stufen befinden, auf 6,2 Millionen Menschen.[78] Von den 51,5 Millionen deutschsprachigen Erwachsenen im Alter zwischen 18 und 64 sind also über ein Zehntel funktionale Analphabeten.[79]

Alpha-Level 4 stellt die Grenze zum funktionalen Analphabetismus dar. Dieser Level wird erreicht, wenn zusammenhängende Sätze gelesen werden können, allerdings auf langsame und fehlerhafte Weise. Bei der Verschriftlichung wird der Grundschulwortschatz ebenfalls fehlerhaft verschriftlicht. »Die Rechtschreibung, wie sie bis zum Ende der Grundschule unterrichtet werden sollte, wird nicht hinreichend beherrscht.«[80] Dem Alpha-Level 4 ist auf der Ebene des Schriftdeutschs die Leichte Sprache angemessen, da diese sprachliche Einfachheit maximiert.[81] Laut der letzten LEO-Studie befinden sich 10,6 Millionen Menschen auf dem Alpha-Level 4. Der Befund lässt sich dahingehend zusammenfassen, dass von den 51,5 Millionen deutschsprachigen Erwachsenen im Alter zwischen 18 und 64 Jahren ganze 16,8 Millionen Menschen nicht das Grundschulniveau des Schriftdeutschs erreichen.

78 Anke Grotlüschen u. a., *LEO 2018. Leben mit geringer Literalität*, Hamburg 2019, S. 5.

79 Die jüngste LEO-Studie verwendet den Begriff des funktionalen Analphabetismus nicht mehr, da er stigmatisierend sei. Stattdessen wird der Begriff der »geringen Literalität« benutzt. Die ehemalige Bundesministerin für Forschung und Bildung, Anja Karliczek, hebt dies in ihrem Vorwort zur Studie positiv hervor: »Die LEO-Studie hat auch dem Wunsch aus der Praxis nach einem besseren Begriff Rechnung getragen. Statt von funktionalen Analphabetinnen und Analphabeten spricht sie von gering literalisierten Erwachsenen. Das begrüße ich, denn wir wissen aus anderen Bereichen, wie wichtig Sprache und gute Begriffe sind, wenn wir etwas in unseren Köpfen bewegen wollen«; Grotlüschen u. a., *LEO 2018*, S. 1.

80 Ebd., S. 3.

81 Sven Nickel, »Funktionaler Analphabetismus – Hintergründe eines aktuellen gesellschaftlichen Phänomens«, in: *Aus Politik und Zeitgeschichte* 9/10 (2014), S. 26-32, hier S. 28.

Wie die jüngste LEO-Studie gezeigt hat, bedeutet dies nicht, dass diese fast 17 Millionen Menschen politischer Kommunikation fernbleiben oder keine politischen Informationen in Schriftform rezipieren. Allerdings ist beides in weit geringerem Maße der Fall als in der Gesamtbevölkerung.[82] Zudem sind ihre Lese- und Schreibkompetenzen so gering, dass ihnen die Informationsbeschaffung und Partizipation an politischer Kommunikation in Schriftform entweder versagt oder bereits oberhalb des Niveaus der Leichten Sprache nur schwerlich beziehungsweise nicht zugänglich ist. Da zwischen demokratischer Teilhabe und entwickelter Literalität ein kausaler Zusammenhang besteht,[83] lässt sich das Ergebnis der Forschung dahingehend beurteilen, dass ein großer Teil der Bevölkerung aufgrund von schwacher Literalität und funktionalem Analphabetismus eine im Sinne der Demokratie umfassende politische Beteiligung strukturell versperrt ist.

Wie man sehen kann, gehen die Prozesse der Bildungsexpansion und der Akademisierung mit einem weiterhin großen Ausmaß an funktionalem Analphabetismus und stark eingeschränkter Literalität zusammen, wobei Letztere auch »sozial ›vererbt‹« wird.[84] Im Lichte dessen erweisen sich die bereits seit einiger Zeit fragwürdig gewordenen Prognosen der Jahrtausendwende über die Zukunft der Bürgerschaft in der Wissensgesellschaft als eine ideologische Schimäre.[85] In Wirklichkeit haben wir es mit einer konfliktreichen Situation kognitiver Asymmetrie zu tun. Auf der einen Seite gibt es infolge der Bildungsexpansion immer mehr global orientierte, akademisch gebildete und in einigen Bereichen auch über Expertise verfügende Bürger, andererseits sorgen die anhaltende Bildungsungerechtigkeit sowie die exklusive Verteilung akademischer Bildung für eine Spaltung innerhalb der demokratischen Gesellschaften, infolgedessen eine an Universitäten ausgebildeten Akademikergruppe den nicht akademisch Gebildeten gegenübersteht.

82 Grotlüschen u.a., *LEO 2018*, S. 34.

83 José Morais, »Literacy and Democracy«, in: *Language, Cognition, and Neuroscience* 33 (2018), S. 351-372.

84 Nickel, »Funktionaler Analphabetismus«, S. 28.

85 »[W]ir drängen voran in das Jahrhundert des informierten, kompetenten und immer emanzipierteren globalen Experten-Bürgers«. Sheila Jasanoff, »(No?) Accounting for Expertise«, in: *Science and Public Policy* 30 (2003), S. 157-162, hier S. 162.

Die Trennung zwischen Akademikern und Nichtakademikern ist deskriptiv und bringt nur zum Teil eine sozial und politisch wirksame Selbstidentifikation zum Ausdruck. Akademiker und Nichtakademiker stehen sich bisher nicht im Sinne einer Konfliktlinie als politisch relevante Gruppen oder Klassen gegenüber, wie dies von Vertretern der These eines meritokratischen Postindustrialismus prognostiziert wurde.[86] Die Differenz ist im Kontext politischen Wissens und hinsichtlich der kognitiven Asymmetrien innerhalb der Bürgerschaften dennoch bedeutsam, weil Politik in zunehmendem Maße im Rekurs auf Wissenschaft und wissenschaftliches Wissen gedeutet, begründet und kritisiert wird. Wissenschaft tritt nicht nur als eine externe Instanz auf, die vereinzelt von Berufspolitikern konsultiert wird, etwa in Form der wissenschaftlichen Politikberatung oder der Expertenstellungnahme, sondern sie wird selbst ein Teil der politischen Öffentlichkeit und politischer Prozesse[87] – sei es infolge des Umstandes, dass Wissenschaftler als politische Akteure auftreten, sei es dadurch, dass von der Politik gegenüber der Wissenschaft stärker eine politische Nutzbarmachung von Erkenntnissen verlangt wird. Eine Folge hiervon ist, dass Politik zunehmend in Form einer politischen Kommunikation verhandelt wird, die *science-and-evidence-based* ist oder zumindest auf diese Art in der Öffentlichkeit inszeniert und gerechtfertigt wird. Wer es nicht vermag, in diesem Register zu sprechen oder zumindest verwissenschaftliche politische Diskurse zu rezipieren, diese zu verstehen und kritisch zu beurteilen, hat unweigerlich das Nachsehen.

Zusammengefasst werfen nicht nur die theoretische Analyse der Bedeutung politischen Wissens, sondern auch die ernüchternden empirischen Befunde über die Verteilung politischen Wissens und mit ihr verbundener Lese- und Schreibkompetenzen die Frage auf, wie dieses niedrige Informationsniveau und die Wissensasymmet-

86 Ralf Dahrendorf, »Die globale Klasse und die neue Ungleichheit«, in: *Merkur* 54 (2000), S. 1057-1068. Vgl. hierzu auch Runcimans Prognose: »Eine der tiefsten Spaltungen in westlichen Demokratien des 21. Jahrhunderts erwächst aus der Bildung. Ob jemand eine Hochschule besucht hat, beeinflusst das Wahlverhalten stärker als Alter, Schichtzugehörigkeit oder Geschlecht. [...] Die Gebildeten sind ein Lager, das zusammenhält«; Runciman, *So endet die Demokratie*, S. 157.

87 Helga Nowotny, Peter Scott, Michael Gibbons, *Re-Thinking Science. Knowledge and Public in an Age of Uncertainty*, Cambridge 2008, S. 201 ff.

rie, die bei politischen Entscheidungen berücksichtigt werden müssen, so ausgeglichen oder kompensiert werden können, dass politische Entscheidungen nicht nur im Hinblick auf die prozedurale Legitimität, sondern auch auf die kognitive Asymmetrie unter den Bürgern Gültigkeit beanspruchen können. Die Befundlage erhält im zuvor umrissenen Zusammenhang eines signifikanten Wandels demokratischer Regime im Zuge wachsender Komplexität auf der Ebene sich differenzierender politischer Strukturen sowie hinsichtlich der beschleunigungsbedingten tagespolitischen Unübersichtlichkeit in immer zahlreicheren Politikfeldern zusätzliche Brisanz. Denn es ist erstens nicht zu sehen, wie die überbordende Komplexität vor dem Hintergrund eines trotz der Bildungsexpansion stabil niedrigen politischen Wissenstandes in großen Teilen der Bürgerschaften kognitiv eingeholt werden kann, zweitens ergeben sich vor diesem Hintergrund weitergehende Manipulationsmöglichkeiten politischer Eliten, die die Unübersichtlichkeit von Politik strategisch ausbeuten können, und drittens schwindet infolge von zunehmender Politisierung nicht nur das Ausmaß an politischer Apathie und fragloser Folgebereitschaft innerhalb der Bürgerschaft, sondern es entsteht auch ein legitimatorisch problematisches Auseinanderdriften zwischen gewachsenen Ansprüchen an Demokratie und Selbstbestimmung einerseits und dem stärkeren Bewusstwerden des opaken Charakters von Politik und der gesellschaftlichen Verhältnisse andererseits.

1.4 Das Ende des demokratischen Kapitalismus

Der vierte Aspekt der Devolution ist das Ende des demokratischen Kapitalismus – der wohl erfolgreichsten politökonomischen Befriedungsinstitution des vergangenen Jahrhunderts. Die zuweilen nostalgische Rückschau auf deren vermeintlich goldene Jahrzehnte ist ein Indikator dafür, dass die Zeit einer inklusiven und integrativen politischen Ökonomie im Kontext devolutionär transformierter Regime ihrem Ende entgegengeht.

Infolge der Vertiefung soziopolitischer Ungleichheit werden die bestehenden soziopolitischen Ungleichheiten von effektiver politischer Veränderung abgeschirmt. Sie sind zwar, etwa in Gestalt der

Zunahme großen Reichtums[88] und der sozialen Schließung politischer Eliten, sowohl ein Thema wissenschaftlicher Kritik als auch öffentlicher Skandalisierung, aber zugleich erscheinen sie als unverrückbar, weil sich die ungleiche Verteilung von politischen Machtmitteln in ungleichen politischen Einfluss übersetzt[89] und auf diese Weise Reformen der Strukturen von sozioökonomischer Ungleichheit erschwert, wenn nicht dauerhaft verhindert.

Der Ausdruck »demokratischer Kapitalismus« mutet zunächst paradox an, denn auf den ersten Blick scheinen Demokratie und Kapitalismus wenig gemeinsam zu haben. Während der Begriff der Demokratie in der sozialwissenschaftlichen Literatur in der Regel als eine Auszeichnung verwendet wird und eine Projektionsfläche zahlreicher normativer Ideale ist, wird der Begriff des Kapitalismus zumeist in kritisch-distanzierender Absicht benutzt. Auf begrifflicher Ebene bestehen tatsächlich Unterschiede zwischen einem demokratischen Gemeinwesen und einer kapitalistischen Ökonomie. Eine Demokratie lebt von politischer Gleichheit und Freiheit sowie dem Versprechen, mittels demokratischer Politik die gesellschaftlichen Verhältnisse, in denen die Bürgerschaft des Gemeinwesens lebt, auch im Sinne des Gemeinwohls kontrollieren und gestalten zu können. In der Demokratie sollen sich die Bürger als Gleiche begegnen. Der kapitalistische Markt hingegen macht zwar keinen Unterschied zwischen den Marktteilnehmern, aber er setzt Zahlungskraft voraus. Wählen darf, wer Bürger ist; kaufen darf nur, wer auch zahlen kann. Im kapitalistischen Betrieb und den dortigen Entscheidungs- und Herrschaftsstrukturen kommen demokratische Entscheidungsfindung und Herrschaftslegitimation nicht zur Geltung. Die »privaten Regierungen« der »freien Wirtschaft« sind fast ausschließlich undemokratisch.[90]

In der historischen Analyse zeigt sich jedoch, dass zwischen Demokratie und Kapitalismus eine enge Verbindung besteht.[91] Sie

88 Harald Schumann, »Die Herrschaft der Superreichen. Die Macht der Geldelite und die Kapitulation der Politik«, in: *Blätter für deutsche und internationale Politik* 61 (2016), S. 67-78.

89 Lea Elsässer, Svenja Hense, Armin Schäfer, »›Dem deutschen Volke?‹ Die Responsivität des Bundestages«, in: *Zeitschrift für Politikwissenschaft* 27 (2017), S. 161-180.

90 Elizabeth Anderson, *Private Government. How Employers Rule Our Lives (and Why We Don't Talk about it)*, Princeton 2017.

91 Entschieden anderer Auffassung ist Nancy Fraser, die in Fortsetzung einer un-

kommt am augenfälligsten darin zum Ausdruck, dass *alle* modernen Demokratien historisch-genealogisch mit kapitalistischen Wirtschaftsformen verbunden sind. Die Demokratie ist zwar nicht, wie Schumpeter mit seiner charakteristischen Überspitzung schrieb, im »Kielwasser des modernen und des antiken Kapitalismus«[92] entstanden, aber viele Institutionen und Prinzipien, die heute mit der Demokratie assoziiert werden, sind in *koevolutionärer* Weise mit dem Kapitalismus verknüpft.[93] Zwischen Demokratie und Kapitalismus besteht zwar ein Spannungsverhältnis, und vor allem können kapitalistische Wirtschaftsregime auch ohne politische Demokratie existieren, aber mit Blick auf die westlichen Demokratien ist auf historisch-genealogischer Ebene unbestreitbar, dass diese historisch im Kontext kapitalistischer Vergesellschaftungsformen entstanden sind.[94] Zu den koevolutionären Produkten dieser Verbindung, die eben nicht entweder allein dem Kapitalismus oder ausschließlich der Demokratie zugerechnet werden können, zählen die liberalen Menschenrechte, vor allem das Recht auf Privateigentum, der Individualismus, die Rechtsgleichheit und die Idee der negativen Freiheit – der Freiheit, frei wählen zu können. Für liberale Demokratietheoretiker scheint es vor allem das zu sein, was Demokratie und Kapitalismus gemeinsam haben: Wahlfreiheit. Jürgen Kocka und Wolfgang Merkel etwa schreiben in diesem Sinne über Kapitalismus und Demokratie: »In beiden spielen Wettbewerb und

dialektischen linken Tradition alle möglichen Übel, von Armut über Ausbeutung bis hin zur Umweltzerstörung, durch den Kapitalismus verursacht sieht, mit Demokratie hingegen nur Positives verbindet; Nancy Fraser, »Die Krise der Demokratie. Über politische Widersprüche des Finanzmarktkapitalismus jenseits des Politizismus«, in: Hanna Ketterer, Karina Becker (Hg.), *Was stimmt nicht mit der Demokratie? Eine Debatte mit Klaus Dörre, Nancy Fraser, Stephan Lessenich und Hartmut Rosa*, Berlin 2019, S. 77-99. Ähnlich einseitig Forst: »Demokratie ist als Praxis stets eine der *Demokratisierung* – des Prozesses der Ausweitung und der Egalisierung von Rechtfertigungsmacht«; in: ders., »Transnationale Gerechtigkeit und Demokratie«, S. 233.

92 Schumpeter, *Kapitalismus, Sozialismus und Demokratie*, S. 207.

93 Michael Th. Greven, »›Bedroht Kapitalismus die Demokratie?‹ Einige Überlegungen in historischer und globaler Perspektive«, in: ders, *Die Erosion der Demokratie*, Wiesbaden 2020, S. 133-153.

94 Gabriel Almond, »Capitalism and Democracy«, in: *PS. Political Science and Politics* 24 (1991), S. 474-476; Dieter Claessens, *Kapitalismus und demokratische Kultur*, Frankfurt/M. 1992; Robert A. Dahl, *After the Revolution? Authority in a Good Society*, New Haven 1990, S. 80 ff.

Wahlentscheidungen eine wichtige Rolle – Aspekte der praktizierten Freiheit von Individuen.«[95]

Doch das ist nur die eine Seite des Verhältnisses zwischen Demokratie und Kapitalismus. Die andere Seite ist, dass die real existierenden Demokratien in ihrer historischen Genese politisch-kulturell auf sozialer Hoffnung und Gemeinsinn fußen. Wirtschaftspolitisch sind sie gemischte Wirtschaftssysteme. Sie haben einen relativ großen öffentlichen Sektor, verfügen über eine hohe Staatsquote und ziehen der Verfügungsgewalt der Privateigentümer sowie der Wahlfreiheit der Marktteilnehmer durch Dekommodifizierungspolitik Grenzen – was unterschiedliche »Welten« oder Varianten wohlfahrtsstaatlich regulierter Kapitalismen und Marktregulation nicht ausschließt.[96] In einer funktionierenden Demokratie wird politisch entschieden, was zur Ware werden darf und was nicht. Zugleich bleiben in demokratischen Regimen, trotz aller Varianzen zwischen stärker liberalen und stärker koordinierten Kapitalismen und über die Epochen kapitalistischen Wirtschaftens hinweg, die kapitalistischen Kerninstitutionen erhalten: die Kommodifizierung von Arbeitskraft, die Profitorientierung der Privatwirtschaft, die ethische Legitimation des Privatwohls im Rahmen einer Berufsethik und die Institution des privaten Wirtschaftsbetriebs.[97]

In den drei Jahrzehnten nach dem Zweiten Weltkrieg, während der Hochzeit der Verbindung von integrativer Massendemokratie und organisiertem Kapitalismus, hat dies zu einem hohen Maß an Stabilität und Legitimität auf der einen Seite und Wohlstand und sozialpolitischem Ausgleich auf der anderen Seite geführt. Diese historische Erfahrung rechtfertigt den Begriff des demokratischen Kapitalismus. In einer längeren Passage fassen Kocka und Merkel dieser Beurteilung entsprechend zusammen, was als eine für die konventionelle Demokratietheorie repräsentative Deutung dieser vermeintlich »goldenen Zeit« der Verbindung von Demokratie und Kapitalismus gelten kann:

95 Jürgen Kocka, Wolfgang Merkel, »Kapitalismus und Demokratie. Kapitalismus ist nicht demokratisch und Demokratie nicht kapitalistisch«, in: Wolfgang Merkel (Hg.), *Demokratie und Krise*, Wiesbaden 2015, S. 307-337, hier S. 314.

96 Gøsta Esping-Andersen, *The Three Worlds of Welfare Capitalism*, Princeton 1998.

97 Claus Offe, »Capitalism«, in: Bertrand Badie, Dirk Berg-Schlosser, Leonardo Morlino (Hg.), *International Encyclopedia of Political Science*, Los Angeles u. a. 2011.

Mit der vollen Durchsetzung der Demokratie hat sich nach 1945 in Westeuropa, Australien, Kanada und Neuseeland nicht zufällig ein sozialstaatlich eingehegter, makroökonomisch (häufig keynesianisch) stabilisierter und (national-)staatlich regulierter Kapitalismus herausgebildet. Die prinzipiellen Spannungen zwischen der zurückgehenden sozioökonomischen Ungleichheit und dem politischen Gleichheitsprinzip konnten zwar nicht aufgelöst werden, wurden aber durch Wohlstandssteigerungen, Sozialstaat, starke Gewerkschaften und klassenbewusste sozialdemokratische oder kommunistische (Italien, Frankreich) Arbeiter- und Volksparteien erheblich entschärft. Nie war die Koexistenz zwischen (sozialem) Kapitalismus und (sozialer) Demokratie solider als in dieser Phase.[98]

Kontrastiert man diese positive Rückschau mit kritischen Diagnosen aus der Hochphase des demokratischen Kapitalismus, so fällt auf, dass deren Urteil um einiges negativer ausfällt als so manch nostalgisch anmutender Blick heutiger Demokratietheoretiker auf die damaligen Verhältnisse. Autoren wie Claus Offe[99] und Martin Jänicke[100] beispielsweise argumentierten damals, dass der demokratische Kapitalismus die notwendige Massenloyalität durch die folgenlose Beteiligung der Bürger an Wahlen, die Eroberung von neuen Märkten und die wohlfahrtsstaatliche Verteilung systemkonformer Entschädigungen in Gestalt von Freizeit und Geld als politökonomischer Pazifizierungsstrategie nur in einer prekären Balance mit den systemisch gegebenen Anforderungen der Kapitalakkumulation sichern konnte. Politik im demokratischen Kapitalismus sei ein Verschiebebahnhof, auf dem ein prekäres Balancieren zwischen Krisen der Systemintegration in Form von Wachstums- und Beschäftigungsproblemen und Krisen der Sozialintegration in Form von nachlassender Massenloyalität zu beobachten sei. Der fragile Ausgleich zwischen Systemerfordernissen und Sozialansprüchen lasse sich nur dann aufrechterhalten, wenn die Waren der kapitalistischen Produktion, nebst den massiven ökologischen Folgeschäden, in alle Welt exportiert werden können.

Und auch die damaligen Repräsentanten der Pluralismustheorie sahen das Verhältnis von Kapitalismus und Demokratie keineswegs

98 Kocka/Merkel, »Kapitalismus und Demokratie«, S. 322.

99 Claus Offe, *Strukturprobleme des kapitalistischen Staates. Aufsätze zur politischen Soziologie*, Frankfurt/M. 1972.

100 Martin Jänicke, *Staatsversagen. Die Ohnmacht der Politik in der Industriegesellschaft*, München 1986.

als gerecht und harmonisch an. Ein einflussreicher Vertreter dieser Schule wie Charles E. Lindblom revidierte das Bild des pluralen wie offenen Interessenausgleichs bereits in den 1980er Jahren ganz erheblich.[101] Er argumentierte, dass in kapitalistischen Demokratien das Marktsystem einen Damm gegen ökologische oder soziale Politiken errichtet, die gegen die Profitlogik des Kapitalismus verstoßen würden. Seine bis heute überzeugende Erklärung für diese These lautet, dass im demokratischen Kapitalismus die gesellschaftlich folgenreichsten Organisations- und Koordinationsfunktionen nicht alleine von der politischen Klasse ausgeübt werden, die für ihre Entscheidungen öffentliche Verantwortung trägt und mittels demokratischer Beteiligungsverfahren beeinflusst und zur Rechenschaft gezogen werden kann. Nahezu ebenso wichtig wie die politische Klasse ist derjenige Teil der Elite, den er als »Geschäftsklasse« bezeichnet. Als Eigentümer und Lenker der privaten Wirtschaftsbetriebe verfügt sie über die Organisation und Koordination des größten Teils der gesellschaftlichen Arbeitskraft. Sie beeinflusst damit zwei zentrale politische Größen, die für die Legitimation der politischen Klasse und des politischen Systems von zentraler Bedeutung sind: Wachstum und Beschäftigung. Die Geschäftsklasse hat aufgrund des Prinzips der Geschäftsfreiheit und des freien Marktwettbewerbs hierbei einen großen Entscheidungsspielraum. Wie sie ihn nutzt, muss von ihr im Regelfall nicht öffentlich verantwortet werden. Ihre Entscheidungen sind privater Natur und werden in pluralistisch zersplitterter, nicht koordinierter Weise ausgeübt. Sobald marktbegrenzende, dekommodifizierende oder andere systemfremde Reformvorhaben auf der politischen Agenda stehen, antizipieren die Mitglieder der Geschäftsklasse deren Folgen für die Profitabilität ihrer Unternehmungen. Sie reagieren hierauf gegebenenfalls mit Investitionszurückhaltung oder einem Investitionsstop und Entlassungen. Diese sind oftmals nicht als politische Strafen intendiert, sie *wirken* aber so und haben deshalb einen politischen Effekt. Sie ändern, bremsen oder adjustieren die politische Agenda. Vermittels des Marktmechanismus kann die Geschäftsklasse das Wachstum bremsen und Arbeitslosigkeit herbeiführen, wird dafür aber politisch nicht verantwortlich gemacht, da ihr Einfluss keine politische Organisation voraussetzt, nicht das Resultat von Lobby-

101 Charles E. Lindblom, »The Market as Prison«, in: *The Journal of Politics* 44 (1982), S. 324-336.

ing ist und sich scheinbar natürlich aus den »Gesetzen« des Marktes ergibt. Kurz gesagt: Die von der Geschäftsklasse *verursachte* Arbeitslosigkeit und Wachstumsschwäche muss von der politischen Klasse *verantwortet* werden; diese übernimmt im demokratischen Kapitalismus eine »Sündenbockfunktion«.[102] Diese Konstellation führt dazu, dass die Geschäftsklasse in kapitalistischen Demokratien infolge der Marktvergesellschaftung und Eigentumsstruktur eine politisch privilegierte Position einnimmt. Sie verfügt über ein zwar indirektes, aber wirkmächtiges Sanktionspotential, deren Einsatz die politische Klasse fürchtet und deshalb antizipiert. Auf diesem Wege wirkt der kapitalistische Markt als ein »automatischer Bestrafungsmechanismus«,[103] der den Spielraum für demokratische Reformen strukturell begrenzt. Im demokratischen Kapitalismus hat der Pluralismus Grenzen und begünstigt die Geschäftsklasse.[104]

Trotz dieser weitreichenden, unter Gesichtspunkten demokratischer Normen problematischen Asymmetrie gelang es in der Hochzeit des demokratischen Kapitalismus, dem kapitalistischen Profitstreben Grenzen zu setzen – und so die politische Asymmetrie zwischen denen abzumildern, die arbeiten müssen, und denen, die arbeiten lassen. Hinzu kommt die den demokratischen Kapitalismus kennzeichnende Verbindung von sozialer Kompensation für Marktverlierer und ökonomischer Prosperität für Marktgewinner. Der Rückblick auf *diese* Vergangenheit des demokratischen Kapitalismus erscheint in der zeitgenössischen wissenschaftlichen Literatur deshalb so positiv, weil die Aussicht auf die Zukunft so negativ ist.[105]

102 Jänicke, *Staatsversagen*, S. 41.

103 Lindblom, »The Market as Prison«, S. 327.

104 Hierzu auch Dryzek: »Pluralisten wie Dahl und Lindblom haben schließlich erkannt, dass das pluralistische Spiel in einem kapitalistischen Marktsystem immer die Geschäftsinteressen begünstigt. Andere Interessen und Anliegen werden zumeist durch symbolische Politik befriedet oder durch Kooptation bestochen«; John S. Dryzek, *Democracy in Capitalist Times. Ideals, Limits, and Struggles*, New York, Oxford 1996, S. 65. In dieser Hinsicht verhindert der Kapitalismus strukturell die Politisierung der Ökonomie.

105 Beispielsweise greift Andreas Reckwitz unkritisch auf Schelskys Konzept der »nivellierten Mittelstandsgesellschaft« zurück, um damit die Blütephase des demokratischen Kapitalismus so zu beschreiben, als habe es in dieser Phase keine Klassenstrukturen gegeben. Reckwitz: »Plakativ gesagt: Während die industrielle Moderne der Nachkriegszeit bis in die 1980er Jahre hinein im Wesentlichen die Struktur einer *nivellierten Mittelstandsgesellschaft* annahm, prägte sich in der Spätmoderne mehr und mehr eine *Drei-Klassen-Gesellschaft* aus«; ders., »Von

Den »Traum immerwährender Prosperität«[106] träumen in den westlichen Demokratien immer weniger Menschen. Die Zukunftserwartung hat sich sowohl in der Sozialwissenschaft als auch in der Bürgerschaft eingetrübt. Das ist durchaus begründet, denn es wird deutlich, dass die Friedensformel des demokratischen Kapitalismus als einer politökonomischen Befriedungsinstitution samt ihrer Komponenten wie dem Klassenkompromiss, dem Normalarbeitsverhältnis, der wohlfahrtsstaatlichen Statussicherung, dem Aufstiegsversprechen und der Kompensation oder zumindest Absicherung von existentiellen Risiken nicht länger gültig ist – ebenso wenig wie das Versprechen einer besseren Zukunft für die gesamte Bürgerschaft. Die soziale Hoffnung schwindet und die Phase des demokratischen Kapitalismus geht ihrem Ende entgegen.

Die politische Implikation dieser Entwicklung wurde jüngst besonders pointiert von dem US-amerikanischen Liberalen Joel Kotkin herausgearbeitet.[107] Für Kotkin hat der demokratische Kapitalismus im historischen Vergleich nicht nur für einen beispiellosen Zugewinn an Wohlstand gesorgt, sondern auch die sozialen Spaltungen gemildert und die soziale Mobilität erhöht. »Demokratischer

der nivellierten Mittelstandsgesellschaft zur Drei-Klassen-Gesellschaft: Neue Mittelklasse, alte Mittelklasse, prekäre Klasse«, in: ders., *Das Ende der Illusionen. Politik, Ökonomie und Kultur in der Spätmoderne*, Berlin 2020, S. 63-133, hier S. 72. Ironischerweise stieg Schelskys Konzept zwar unter den damaligen Zeitgenossen schnell zu einer populären Beschreibungsformel der bundesrepublikanischen Sozialstruktur auf, sie wurde aber damals von liberalen Kritikern wie Ralf Dahrendorf zu Recht als eine neue Form der »deutschen Ideologie« kritisiert, weil sie Klassenunterschiede, Mentalitätsdifferenzen und ungleiche Lebenschancen ignorierte; Ralf Dahrendorf, *Gesellschaft und Demokratie in Deutschland*, München 1965, S. 146 ff. Schelsky meinte, dass sein Begriff einen allgemeinen »sozialen Nivellierungsprozess« ausdrücken sollte, der durch den »Verlust der Klassenspannung und sozialen Hierarchie« gekennzeichnet sei; Helmut Schelsky, »Die Bedeutung des Schichtungsbegriffs für die Analyse der gegenwärtigen deutschen Gesellschaft«, in: ders., *Auf der Suche nach Wirklichkeit. Gesammelte Aufsätze zur Soziologie der Bundesrepublik*, München 1979 [1953], S. 326-332, hier S. 327. Das ist eine These, die selbst in der Hochphase des demokratischen Kapitalismus durchweg ideologisch war.

106 Burkhard Lutz, *Der kurze Traum immerwährender Prosperität. Eine Neuinterpretation der industriell-kapitalistischen Entwicklung im Europa des 20. Jahrhunderts*, Frankfurt/M. 1984.

107 Joel Kotkin, *The Coming of Neo-Feudalism. A Warning to the Global Middle Class*, New York, London 2020.

Kapitalismus«, so Kotkin, »brachte breit geteilten Wohlstand«.[108] Für ihn ist diese Entwicklung vor allem mit der Entstehung einer die liberale Demokratie tragenden Mittelschicht verbunden. Wie er am Beispiel der USA zeigen will, geht diese Epoche aber nun zu Ende, da es in soziostrukturell relevanten Hinsichten seit den 1980er Jahren zu einem Abschmelzen der Mittelschicht und einer sozialräumlichen, bildungsmäßigen, mentalitätsbezogenen sowie einkommens- und vermögensbezogenen Polarisierung zwischen einer profitierenden Minderheit und einer verlierenden Mehrheit gekommen sei. Die menschheitsgeschichtlich einmalige Verbesserung der allgemeinen Lebensumstände infolge der Verbindung zwischen Demokratie und Kapitalismus ist Kotkin zufolge bedroht: »Dieser bemerkenswerte soziale Aufstieg, die große Errungenschaft des liberalen Kapitalismus, ist nun deutlich gefährdet, und mit ihr die Zukunft der Demokratie.«[109]

Mit dem Ende des demokratischen Kapitalismus verbindet Kotkin indes nicht nur eine Zunahme der sozioökonomischen Spaltungen und eine Bedrohung der Demokratie. Vielmehr entstünde infolge des Verschwindens der Mittelschicht eine bereits in Umrissen erkennbare neofeudale Klassengesellschaft mit einer oligarchischen Herrschaftsklasse der Superreichen an der Spitze. Unterhalb dieser Spitze siedelt Kotkin eine Klasse der gut ausgebildeten, technisch versierten Intelligenz- sowie Dienstleistungs- und Unternehmerelite an. Den breiten Boden – den Dritten Stand – dieser neufeudalen Gesellschaftsstruktur bildeten die abgesunkenen Teile der Mittelschichten sowie die Unterschicht, für die insbesondere der linke wie rechte Populismus eine politische Abwehr- und Verzögerungsstrategie darstelle, die jedoch langfristig nicht in der Lage sein werde, die Herausbildung neofeudaler Strukturen zu stoppen, sondern vielmehr nur einen Indikator des Niedergangs der Demokratie darstelle. Kotkin leitet seine Zeitdiagnose deshalb mit einem entsprechend negativen Ausblick auf die Zukunft von Politik in westlichen Gesellschaften ein: »Die Zukunft der Politik, zumindest in den wohlhabenden Ländern, wird sich um die Fähigkeit der dominanten Stände drehen, die Unterwerfung des Dritten Standes zu sichern.«[110] Im Kontext des »Trends schlechter werdender

108 Ebd., S. 82.
109 Ebd., S. 78.
110 Ebd., S. 7.

Erwartungen«[111] lässt sich für ihn kein Ansatzpunkt für eine Umkehr und Revitalisierung ausmachen. Da sowohl der demokratische Kapitalismus als auch die liberale Demokratie paradigmatisch erschöpft seien, bedürfe es einer Neuerfindung von Politik: »Das Hineinrutschen in eine neo-feudale Ordnung umzukehren, wird die Entwicklung eines neuen politischen Paradigmas erfordern.«[112]

Auch wenn die von Kotkin anhand der USA ausgemachten Tendenzen zur Plutokratisierung demokratischer politischer Systeme, der Herausbildung einer Oligarchie, der demokratiegefährdenden Tendenz des Abschmelzens der Mittelschicht, des schwächer werdenden Wohlstandszuwachses sowie die Zunahme sozioökonomischer Ungleichheit von der Forschung geteilt werden,[113] ist seine Zeitdiagnose überspitzt.[114] Insbesondere überzeichnet er seine daraus abgeleitete These eines im Entstehen begriffenen Neofeudalismus. Im Gegensatz zu Ingeborg Maus und Jürgen Habermas, deren Verwendung der Ausdrücke »Neofeudalismus« und »Refeudalisierung«[115] metaphorisch war und auf die gewachsene Bedeutung des Richterrechts, die pluralistische Zerstreuung von Verantwortung und das Verschwimmen zwischen privaten und öffentlichen Entscheidungen abzielte, verwendet Kotkin seine Kategorie des Neofeudalismus wortwörtlich. Mittels polemisch treffenden, aber impressionistisch angelegten Analogien, etwa in Form der Gleichsetzung von zeitgenössischen Protesten mit spätmittelalterlichen Bauernaufständen oder der Gleichsetzung von zeitgenössischen Linksintellektuellen mit spätscholastischen Klerikern, versucht er

111 Ebd. S. 9.

112 Ebd., S. 10.

113 Jeffrey A. Winters, »Democracy and Oligarchy«, in: *The American Interest* 7 (2011), S. 18-27; Facundo Alvaredo u. a., *Die weltweite Ungleichheit. World Inequality Index*, München 2018.

114 Zudem ist sie insoweit spezifisch, als im US-amerikanischen Fall die sozio-ökonomische, regionale, mentalitätsmäßige wie politische Polarisierung stärker ausgeprägt ist als in den Demokratien Westeuropas. Die klassenspezifischen Desintegrationstendenzen infolge des Niedergangs des demokratischen Kapitalismus sind in den USA anschaulicher; Anne Case, Angus Deaton, *Deaths of Despair and the Future of Capitalism*, Princeton 2020; Robert D. Putnam, *Our Kids. The American Dream in Crisis*, New York 2016.

115 Ingeborg Maus, *Sinn und Bedeutung von Volkssouveränität in der modernen Gesellschaft*, in: *Kritische Justiz* 24 (1991), S. 137-150, hier S. 144; Jürgen Habermas, *Strukturwandel der Öffentlichkeit. Untersuchungen zu einer Kategorie der bürgerlichen Gesellschaft*, Neuwied, Berlin 1968, S. 251.

plausibel zu machen, dass sich die bürgerliche Gesellschaft in eine vorbürgerliche Klassengesellschaft feudaler Prägung zurückverwandele.

Kotkins Rückgriff auf vormoderne Kategorien wie den Begriff des Feudalismus ist aber nicht nur ein polemisches Mittel. Er ist auch, in Ermangelung zeitgemäßer Begriffe, eine Verlegenheitslösung, in der zwecks Beschreibung neuer Phänomene ein altes Vokabular wiederbelebt wird.[116] Dieser rückwärtsgewandte Griff zu vormodernen Kategorien ist selbst instruktiv, denn er verweist auf ein Problem, das bei Kotkin zumindest implizit richtig erfasst wird. Weil die Kategorien von bürgerlicher Gesellschaft und liberaler Demokratie, wie Bürgerschaft, Volkssouveränität, Freiheit und Gleichheit, Solidarität, Leistungsgerechtigkeit, Chancengleichheit usw., nicht mehr auf die empirische Wirklichkeit angewandt werden können, entsteht eine Orientierungslosigkeit bezüglich der zu verwendenden Beschreibungs- und Analysekategorien. Wie ich später argumentieren werde, findet sich diese konzeptuelle Orientierungslosigkeit insbesondere in der demokratietheoretischen Literatur, die darauf entweder durch die Verwendung von Behelfs- und Transitionsbegriffen reagiert oder sie durch die Bildung von Neologismen aufzulösen sucht. Kotkin hingegen wählt den Rückgriff auf eine vormoderne Semantik, mit der er, als ratloser Anhänger des Liberalismus, das Ende des demokratischen Kapitalismus polemisch beklagen, es aber nicht auf den passenden Begriff bringen kann.

Für Michelle Jackson und David B. Grusky[117] ist der bei Kotkin vollzogene Wandel der Semantik hin zur Beschreibung des Kapitalismus als eines quasifeudalen *crony capitalism*[118] realitätsgerecht, weil er eine neuartige Erfahrung ausdrückt. Im postdemokratischen Kapitalismus entstehe – bis in Teile der Mittelschicht hinein – die Erfahrung einer *»Allgegenwart von Verlust«*:

Dieser Verlust nimmt zahlreiche Formen an. Kinder erleben ihn als dramatischen Rückgang von Chancen, den Lebensstandard ihrer Eltern zu

116 Vgl. als ein weiteres Beispiel Staabs Begriff des »privatisierten Merkantilismus«; Philipp Staab, *Digitaler Kapitalismus. Markt und Herrschaft in der Ökonomie der Unknappheit*, Berlin 2019, S. 260. Hervorhebung entfernt.

117 Michelle Jackson, David B. Grusky, »A Post-Liberal Theory of Stratification«, in: *The British Journal of Sociology* 69 (2018), S. 1096-1133.

118 Dean Baker, *Rigged. How Globalization and the Rules of the Modern Economy Were Structured to Make the Rich Richer*, Washington 2016.

erreichen. [...] Männer erleben ihn als einen Rückgang des *gender pay gap*, beruflicher Segregation und anderen Formen des Verlusts im Vergleich zu Frauen [...]. Facharbeiter erleben ihn als herben Verlust der Zahl hochbezahlter gewerkschaftlich dominierter Stellen [...]. Von Familien aus dem *Rust Belt* wird er als Verlust von Lohn und Beschäftigung gegenüber China und anderen Ländern erlebt [...]. Die spätindustrielle Erfahrung ist, kurz gesagt, zunehmend eine des omnipräsenten Verlusts und des Niedergangs.[119]

Diese »Allgegenwart des Verlusts« ist jedoch nicht gleichzusetzen mit einer alle sozialen Lagen und Klassen erfassenden »Abstiegsgesellschaft«.[120] Die Erfahrung allgegenwärtigen Verlusts hat eine Kehrseite: die Allgegenwart des Zugewinns, die aus den Gewinnen an Wohlstand, soziokulturellem Prestige und politischem Einfluss auf Seiten von Kapitaleigentümern der Oberklasse und der gutverdienenden *professionals* aus den akademisch geprägten Teilen der Mittelschicht besteht. Andreas Reckwitz zufolge wird die Gegenwartsgesellschaft deshalb sozioökonomisch wie kulturell durch die Polarisierung zwischen »Oberklasse« und »neuer Mittelklasse« auf der einen und »alter Mitteklasse« und »Unterklasse« auf der anderen Seite geprägt:

Wir haben es mit einer komplizierten Konstellation zu tun, in der sozialer Aufstieg und kulturelle Aufwertung parallel laufen mit sozialem Abstieg und kultureller Entwertung. Neben der über allem schwebenden globalen Oberklasse sind die aufstrebende Mittelklasse der Schwellenländer des globalen Südens sowie die neue, hochqualifizierte Mittelklasse des globalen Nordens die beiden Gewinner dieses Prozesses.[121]

Demokratietheoretisch und mit Blick auf das Gemeinwohl führt diese Differenzierung in »Gewinner und Verlierer« innerhalb der Bürgerschaft vermehrt zu dem Eindruck, der Kapitalismus stelle in Wirklichkeit ein ungerechtes Nullsummenspiel dar. Und die Demokratie, die auch im Lichte ihrer Effekte auf das Wirtschaftsgeschehen gedeutet und bewertet wird, muss tatsächlich in dem Maße als ungerecht und unglaubwürdig wahrgenommen werden,

119 Jackson/Grusky, »A Post-Liberal Theory of Stratification«, S. 1097.

120 Oliver Nachtwey, *Die Abstiegsgesellschaft. Über das Aufbegehren in der regressiven Moderne*, Berlin 2016.

121 Reckwitz, »Von der nivellierten Mittelstandsgesellschaft zur Drei-Klassen-Gesellschaft«, S. 126.

wie sich die Gewinner dieses nunmehr postdemokratischen Kapitalismus von der Bürgerschaft entfernen und weniger zum Gemeinwesen beitragen, aber mehr von ihm erhalten.[122] Empirisch führt die Zunahme sozioökonomischer Statuspolarisierung und Einkommensungleichheit bei denjenigen zum Rückgang der Unterstützung der Idee liberaler Demokratie, die nicht zu den Profiteuren des Status quo gehören. Und diejenigen, die gegenwärtig vom Status quo profitieren, aber einen zukünftigen Statusverlust befürchten, zeigen empirisch eine hohe Bereitschaft, für rechtspopulistische und rechtsradikale Parteien zu stimmen.[123]

Ebenso wie bei enttäuschten Liberalen wie Kotkin herrscht auch in der liberalismuskritischen Literatur Ratlosigkeit, wie auf das Ende des demokratischen Kapitalismus reagiert werden kann.[124] In diesem Kontext werden die technologische Beschleunigung[125] und das Wirtschafts- und Lebensmodell der »kalifornischen Ideologie« nun auch von einigen Linken begrüßt. Nicht mehr demokratische Politik, sondern die Dynamik der »schöpferischen Zerstörung«[126] im Zuge von Innovationen kapitalistischer Firmen und der erfolgreichen Anpassung an die vermeintlichen und die wirklichen Zwänge der globalisierten Wirtschaftsgesellschaft soll zur Verbesserung der Lebensverhältnisse beitragen.[127] Ursächlich für diesen Geistes-

122 Vgl. Gabriel Zucman, *Steueroasen. Wo der Wohlstand der Nationen versteckt wird*, Berlin 2014.

123 Sarah Engler, David Weisstanner, »The Threat of Social Decline. Income Inequality and Radical Right Support«, in: *Journal of European Public Policy* 28 (2021), S. 153-173.

124 Das gilt natürlich nicht für die von kritischen Ungleichheitsforschern ins Spiel gebrachten Reformvorschläge, die entweder an der Ergebnisseite ansetzen und auf höhere Besteuerung und Transfers abzielen oder aber die Ausstattungsseite in den Blick nehmen und das Bildungs- und Vermögensniveau durch Strukturpolitik angleichen sollen. Ratlosigkeit herrscht hinsichtlich der politisch entscheidenden Frage, wie diese Reformen auf die Agenda gesetzt und erfolgreich implementiert werden könnten, schließlich stellten sie diejenigen schlechter, die zu den Profiteuren des postdemokratischen Kapitalismus gehören und über erhöhten politischen Einfluss und eine *De-facto*-Vetomacht verfügen; siehe Elsässer/Hense/Schäfer, »›Dem deutschen Volke?‹«.

125 Armen Avanessian (Hg.), *#Akzeleration*, Berlin 2013.

126 Schumpeter, *Kapitalismus, Sozialismus und Demokratie*, S. 134 ff.

127 Allerdings sind seit der digitalen Revolution in den 1990er Jahren die großen wohlstandfördernden Innovationen bislang ausgeblieben. Ob die Künstliche Intelligenz dies ändern wird? Man kann sich in jedem Fall fragen, wie groß der

wandel war auch der intellektuelle Angriff neoliberaler Theoretiker auf die Prämissen von Massendemokratie, Wohlfahrtsstaat, keynesianischer Wirtschaftssteuerung und sozialwissenschaftlich angeleiteter Gesellschaftssteuerung.[128] Das wohlfahrtsstaatliche Prinzip der sozialen Gerechtigkeit, so das Argument, sei nur ein Vorwand, im Amt Steuergelder zu verschwenden, sich selbst zu bereichern und Klientelpolitik zu betreiben. Zudem sorge eine planende Intervention des Staates in das Marktgeschehen stets für nicht intendierte, negative Folgen. Der wirtschaftlichen Komplexität sei weder mit sozialwissenschaftlicher Aufklärung noch mit demokratischen Mehrheitsentscheiden, sondern allein mit dem »Wettbewerb als Entdeckungsverfahren«[129] beizukommen.

Tatsächlich haben sich aber infolge der Deregulierungs- und Flexibilisierungspolitik seit den 1980er Jahren und der Entstehung des neoliberalen Finanzkapitalismus sinkende Wachstumsraten, eine zunehmende öffentliche und private Verschuldung, das Auseinandertreten von Einkommens- und Vermögensentwicklung und eine langzeitige Stagnation der Realeinkommen für Teile der Unter- und Mittelschichten eingestellt.[130] Hinzu kommen die Spaltung

Nutzen einer paradigmatischen Erfindung des Digitalzeitalters wie dem Smartphone im Vergleich mit einer paradigmatischen industriellen Erfindung wie dem Kühlschrank ist. Der Wirtschaftshistoriker Gordon zeigt in seiner großen Studie über die Entwicklung des Lebensstandards in der US-amerikanischen Gesellschaft, dass die Phase zwischen 1920 bis 1970, also der Aufstiegs- und Hochphase des demokratischen Kapitalismus, sowohl die Zeit der großen Innovationen als auch der Hebung des Lebensstandards war. Er zeigt auch, dass sowohl die Hebung des Lebensstandards als auch der Innovationsnutzen seit den 1980er Jahren abgenommen haben, und prognostiziert eine geringere Steigerung des Lebensstandards in der Zukunft; Robert J. Gordon, *The Rise and Fall of American Growth*, Princeton 2016. Wie sich die erstaunlichen Innovationen im Feld der Künstlichen Intelligenz auswirken werden, hängt in letzter Instanz von politischen Entscheidungen ab. Zu einer Diskussion möglicher Zukunftsszenarien infolge technologischen Wandels siehe Charles Boix, *Democratic Capitalism at the Crossroads. Technological Change and the Future of Politics*, Princeton, Oxford 2019, S. 177 ff.

128 Wolfgang Streeck, »Von der gesteuerten Demokratie zum selbststeuernden Kapitalismus. Die Sozialwissenschaften in der Liberalisierung«, *MPIfG working paper* 08/7 (2008).

129 Hayek, »Der Wettbewerb als Entdeckungsverfahren«.

130 Branko Milanovic, *Die ungleiche Welt. Migration, das eine Prozent und die Zukunft der Mittelschicht*, Berlin 2016, S. 21 f.; Wolfgang Streeck, »The Crises of Democratic Capitalism«, in: *New Left Review* 71 (2011), S. 5-29.

der Mittelschicht in einen sicher prosperierenden Teil und einen stagnierenden oder abstiegsbedrohten Teil innerhalb der westlichen Länder,[131] die schwindende gewerkschaftliche Organisation und die zunehmende Ungleichheit der politischen Partizipation und Repräsentation, die sich zulasten der Armen auswirkt und das demokratische Gleichheitsversprechen unglaubwürdig macht. Folgenreich ist in dieser Hinsicht zudem die Konstitutionalisierung einer neoliberalen Wirtschaftsverfassung in der Europäischen Union[132] und die Verlagerung von politischen Entscheidungszentren in Arenen, die sich jenseits der nationalen demokratischen Öffentlichkeiten befinden. Die Demokratien haben durch ihre Staatsverschuldung und eine Entgrenzungspolitik das mobile Kapital mit einem gehörigen Maß an *Exit-Power* ausgestattet und so sein Erpressungspotential gesteigert. Die mittels Konstitutionalisierung fest verankerte europäische Marktstruktur wurde zu einem »Gefängnis«, wie Lindblom sich mit Blick auf die politische Wirkung von Marktstrukturen ausdrückte.[133]

Eine Umkehr dieser Entwicklung ist unter den gegebenen Rahmenbedingungen unwahrscheinlich, denn die demokratischen Staaten haben im Zuge ihrer Liberalisierungspolitiken der letzten Jahrzehnte ihre eigene Steuerungskapazität beschränkt. Der Verlust an demokratischer Steuerungsfähigkeit infolge von Europäisierung und Globalisierung betrifft vor allem die Politikfelder der Fiskal- und Geldpolitik. Im Zuge der »Entbettung«[134] des Kapitalismus durch die »schrittweise Diskreditierung und Aushöhlung der Ar-

131 Nina-Sophie Fritsch, Roland Verwiebe, »Das Schrumpfen der Mittelschicht – Schichtdynamik und Sozialstruktur Deutschlands im europäischen Vergleich«, in: Rolf Frankenberger, Siegfried Frech (Hg.), *Soziale Milieus. Lebenswelten in Deutschland*, Schwalbach/Ts. 2017, S. 111-126; Göran Therborn, »Dreams and Nightmares of the World's Middle Classes«, in: *New Left Review* 124 (2020), S. 63-87.

132 Dieter Grimm, *Europa ja, aber welches? Zur Verfassung der europäischen Demokratie*, München 2016; Dirk Jörke, *Die Größe der Demokratie. Über die räumliche Dimension von Herrschaft und Partizipation*, Berlin 2019; Wolfgang Streeck, *Gekaufte Zeit. Die vertagte Krise des demokratischen Kapitalismus*, Berlin 2013, S. 141 ff.

133 Lindblom, »The Market as Prison«.

134 Zu diesem Begriff siehe Karl Polanyi, *The Great Transformation. Politische und ökonomische Ursprünge von Gesellschaften und Wirtschaftssystemen*, Frankfurt/M. 1977.

chitektur von Bretton Woods«[135] kam es zu einer Stärkung globaler Kapitalmärkte und einer erhöhten internationalen Steuerkonkurrenz. Im Zusammenspiel mit der verstärkten weltwirtschaftlichen Verflechtung wird hierdurch, im Sinne der restringierenden Effekte des Lindblom'schen Marktgefängnisses, der Spielraum für Politik zwar nicht zunichtegemacht, aber eingeschränkt. Ruggie argumentiert deshalb dafür, dass die erhöhte Mobilität transnationalen Kapitals die Staaten dazu gebracht hat, politisch zu konvergieren, indem sie sich allesamt gegenüber ausländischem Kapital jenseits von Eigentümerstruktur und Herkunft relativ offen verhalten, dem »Marktdruck« nachgeben und eine denationalisierte ökonomische Politik verfolgen.[136] Durch das dergestalt globalisierte Marktgefängnis setzt das oft beklagte *race to the bottom* zwar nicht in allen Staaten gleichermaßen ein, denn in ihnen spielen länderspezifisch variierende politökonomische Kontextvariablen eine Rolle, aber makrostrukturell wird die Einhegung des Kapitalismus durch die Globalisierung des Kapitals erschwert. Durch diese strukturelle Veränderung begrenzte sich auch der diskursive Spielraum für die Beschreibung politischer Handlungsmöglichkeiten, da das globale Marktgefängnis als ein nicht veränderbarer Rahmen von Politik erschien. Der Verweis auf die vermeintlichen Sachzwänge der Globalisierung wurde in diesem Kontext zu einer rhetorischen Figur der Kontingenzsabsorption und Verantwortungsverschiebung.[137] In jüngerer Zeit verfängt sie indes nicht mehr, denn das liberale Modell des globalisierten Kapitalismus ist politisiert worden. In demokratischen Regimekontexten haben der linke und rechte Populismus eine alternative politische Ökonomie ins Spiel gebracht, wobei diese institutionell bislang nirgends realisiert worden ist und sich auf programmatische Vorstellungen beschränkt.[138] Ob sich die

135 Ann Pettifor, *Green New Deal. Warum wir können, was wir tun müssen*, Hamburg 2020, S. 67; vgl. auch Elmar Altvater, Birgit Mahnkopf, *Grenzen der Globalisierung. Ökonomie, Ökologie und Politik in der Weltgesellschaft*, Münster 1996, S. 109 ff.

136 John Gerard Ruggie, »Globalization and The Embedded Liberalism Compromise. The End of an Era?«, *MPIfG working paper* 97 (1997), S. 87 ff; vgl. auch Milanovic, *Die ungleiche Welt*, S. 229.

137 Kent R. Weaver, »The Politics of Blame Avoidance«, in: *Journal of Public Policy* 6 (1986), S. 371-398.

138 Paolo Gerbaudo, *The Great Recoil. Politics after Populism and the Pandemic*, London 2021.

»Zeitenwende«[139] (Olaf Scholz) des Ukraine-Kriegs und darüber hinausgehende geopolitische Umstrukturierungsprozesse auf eine politikökonomische Umkehr erstrecken werden, ist gegenwärtig noch nicht abzusehen.

Durch die Corona-Pandemie noch beschleunigt, hält der Trend der wechselseitigen Verstärkung von sozioökonomischer und politischer Ungleichheit bislang ungebrochen an. Dieser Zirkel zeigt sich an der erhöhten Responsivität politischer Repräsentanten gegenüber den sozioökonomisch Starken[140] – die infolgedessen noch stärker werden. Der sozioökonomische *bias* der Repräsentation und Responsivität innerhalb der majoritären Institutionen wird durch die eingangs beschriebene Bedeutungszunahme nichtmajoritärer Prozesse der Entscheidungsfindung in informalen Governance-Netzwerken, die jenseits der Gleichheit herstellenden Institutionen repräsentativer Demokratie angesiedelt sind, nicht kompensiert. Im Gegenteil: Sie erhöht die Einflusschancen ressourcenstarker und gut vernetzter Akteure, die über ein erhöhtes Maß an Wissen, Geld, Verbindungen und Organisationsmacht verfügen. Durch die strukturelle Begünstigung dieser Akteure und ihrer Klientel werden die Zugangschancen zur Entscheidungsfindung ungleich verteilt; auf lange Sicht werden hierdurch auch soziale Ungleichheiten in bildungsmäßiger, ökonomischer, aber auch in lokaler Hinsicht weiter ansteigen. Dies schwächt die Ressourcen politischer Solidarität in der Bürgerschaft, fördert eine zynische Haltung gegenüber der Wirtschaft als einem ungerechten Nullsummenspiel und unterminiert das Vertrauen in die Inklusionsfähigkeit des demokratischen Kapitalismus – die indes weiterhin von der politischen Elite beschworen wird. Gleichzeitig nehmen die sozialpolitischen Konzessionen der Eliten ab, denn nach dem Niedergang der Sowjetunion ist ein besonders starker externer Anreiz hierfür auf Seiten der Geschäftsklasse verloren gegangen. Vielmehr

139 Olaf Scholz, »Regierungserklärung von Bundeskanzler Olaf Scholz am 27. Februar 2022«, ⟨https://www.bundesregierung.de/breg-de/suche/regierungserklaerung-von-bundeskanzler-olaf-scholz-am-27-februar-2022-2008356⟩, letzter Zugriff 10.05.2023.

140 Lea Elsässer, Svenja Hense, Armin Schäfer, »Not Just Money. Unequal Responsiveness in Egalitarian Democracies«, in: *Journal of European Public Policy* 28 (2021), S. 1890-1908. Dies bestätigt Thesen der marxistischen Staatstheorie. Siehe Ralph Miliband, *Der Staat in der kapitalistischen Industriegesellschaft*, Frankfurt/M. 1972.

wächst im Zuge der weltwirtschaftlichen Schwerpunktverlagerung die Bedeutung undemokratischer, illiberaler Kapitalismen in China und anderswo. Die aufsteigenden BRICS-Staaten[141] weisen einen Wirtschaftsstil auf, der vom liberalen Paradigma des »Washington Consensus« abweicht. Familiäre Netzwerke, Protektionismus, autoritär organisierte Arbeitsbeziehungen und die Verschmelzung von Staat und Kapital gehen hier eine Verbindung ein, die Umrisse eines neuartigen, antiliberalen Kapitalismus erkennen lassen.

Die finanzkapitalistische Globalisierung, so können die vielfältigen Krisendiagnosen der letzten Jahre über das Verhältnis von Kapitalismus und Demokratie zusammengefasst werden, hat zu einem Missverhältnis zwischen dem sozioevolutionär entgrenzten Kapitalismus und der begrenzten, nicht über ihren staatlichen Rahmen hinausgewachsenen Demokratie geführt. Es ist hierbei insbesondere die Auflösung des historischen Kompromisses zwischen Kapitalakkumulation und Sozialpolitik im demokratischen Kapitalismus, die Sprengstoff birgt, weil sie auf eine fundamentale sozioökonomische Gerechtigkeits- und Verteilungslücke in den Demokratien verweist und deren politökonomische Befriedungsmechanismen stört. Wolfgang Streeck sprach im Jahr 2005 noch vom »bis heute anhaltende[n] Siegeszug eines neuen Liberalismus«, den er mit »der historischen Ablösung des Problems des sozialen Ausgleichs innerhalb der reichen Gesellschaften des Westens von dem Problem der Sicherung kapitalistischen Wachstums«[142] verband. Heute ist jedoch deutlich, dass die Verheißungen und das Gerechtigkeitsversprechen des neuen Liberalismus trügerisch waren. Zwar hat sich die kulturelle Liberalisierung noch am ehesten als verallgemeinerungsfähig gezeigt, aber sowohl die politische als auch die ökonomische Liberalisierung, die der neue Liberalismus in Gang setzte, brachte Verlierer hervor. Und das bleibt nicht ohne Folgen. Während die politische Klasse und die politische Elite in der Tendenz zu Anpassungsstrategien im Zeichen von Wettbewerbsfähigkeit tendieren, nimmt die Empörung über wirtschaftspolitische Ungerechtigkeiten zu und es formiert sich populistischer Protest.

141 Andreas Nölke, »›The Rise of the B(R)IC Variety of Capitalism‹. Towards a New Phase of Organized Capitalism?«, in: Henk Overbeek, Bastiaan van Apeldoorn (Hg.), *Neoliberalism in Crisis*, Basingstoke, New York 2012, S. 117-137.

142 Wolfgang Streeck, »Vom kurzen Traum zum langen Alptraum?«, *MPIfG working paper* 05/5 (2005), S. 6.

Folgenreich ist das Ende des demokratischen Kapitalismus damit vor allem in legitimatorischer Hinsicht, denn die demokratischen Regime erscheinen in dessen Kontext zusehends als *ungerecht.*

1.5 Bruchstellen der Demokratie

Ich deute die beschriebenen Aspekte der Devolution – Politisierung, Differenzierungs- und Komplexitätszunahme, Kognitionsasymmetrie und die Auflösung des demokratischen Kapitalismus – als Momente einer historischen Entwicklung, in der die *Fortentwicklung* moderner Gesellschaften und ihrer politischen Verhältnisse einen *Niedergang* der Demokratie mit sich bringt. Der Begriff der Devolution soll diese Gleichzeitigkeit ausdrücken, in der ein Resultat moderner *Evolution* die *Erosion* der Demokratie ist. Er benennt eine Entwicklung, die der Demokratie nachhaltig schadet und sie langfristig auszehrt. Die Demokratie ist, mit anderen Worten, kein Fortschrittsprojekt mehr, das vielerlei Gefahren und Rückschlägen unterworfen sein mag, sich aber im Prinzip komplementär zur Modernisierung verhält, sondern sie ist vergänglich, sie zehrt von Restbeständen. Was in der demokratietheoretischen Literatur als ein temporärer Rückschlag oder als eine kontingente Regressionsgefahr beschrieben wird, ist in Wirklichkeit die Konsequenz einer anhaltenden Entwicklungstendenz.

Diese These einer demokratieaversen Tendenz moderner Entwicklung darf weder mit einem kulturpessimistischen Dekadenzdenken gleichgesetzt werden, das Modernisierung im Ganzen zu den »Illusionen des Fortschritts« zählt, noch ist sie als eine generelle Kritik an normativen westlichen Fortschrittskonzepten oder der Idee des Fortschritts überhaupt gemeint.[143] Allerdings handelt

143 Seit einiger Zeit erleben wir die Renaissance pessimistischer Kulturkritik, für die etwa die Romane Michel Houellebecqs stehen. Vgl. auch John Gray, *The Silence of Animals. On Progress and Other Modern Myths*, London 2014. Zu einer eindrucksvollen historische Unterfütterung des westlichen Fortschrittskonzepts hingegen siehe David Landes, *The Wealth and Poverty of Nations. Why Some Are So Rich and Some So Poor*, London 2000. Dieses wird gegenwärtig aus unterschiedlichen Denkrichtungen heraus kritisiert, vor allem aus ökologischer und postkolonialer Perspektive. Zweifelhaft wird damit die für das westliche Fortschrittsdenken charakteristische »Auffassung, dass das Fortschreiten generell und anhaltend sei, während jeder Rückfall, Niedergang oder Verfall nur partiell

es sich um eine Kritik der demokratieoptimistischen Deutung von Modernisierung, wie sie implizit den meisten Demokratietheorien zugrunde liegt. Für diese ist die Demokratie ein progressives, mit moderner Entwicklung zwar nicht notwendig einhergehendes, ihr aber komplementär zugeordnetes Projekt. Diese Deutung von Demokratie als genuin modernes Projekt entstammt der demokratieoptimistischen Modernisierungstheorie, die die Entwicklung von moderner Gesellschaft und Demokratie im Sinne der in der Einleitung beschriebenen Progressionsthese interpretiert hatte. Sie sah in der Demokratie die zu anderen Institutionen moderner Gesellschaften *passende* politische Erfindung und beschrieb sie als Teil einer gleichgerichteten Entwicklungsrichtung der evolutionären »Universalien« moderner Gesellschaften.[144] Zwar dürfen die Modernisierungstheorie und das Parsons'sche Universalientheorem nicht mit einem Determinismus gleichgesetzt werden, demzufolge die Koevolution von Demokratisierung und Modernisierung notwendig einträte und sich anschließend unweigerlich über den Globus ausbreitete, aber gleichwohl lautet die zentrale »forschungsleitende Überzeugung der Modernisierungstheorie«, wie Johannes Berger, ein zeitgenössischer Vertreter dieses Theorieansatzes, dies pointiert formuliert, dass »›*all good things go together*‹«.[145] Genauer gesagt, die Modernisierungstheorie beobachtet, oder auch: sie konstruiert, evolutionäre »Entwicklungsrichtungen«, die sich infolge von »strukturellen Innovationen« im Kontext von Modernisierungsprozessen ergäben.[146]

Berger formuliert auf dieser Grundlage ein heuristisches Schema, das die modernisierungstheoretische Denkweise veranschaulicht. In diesem korrespondieren »Innovationen« – wie funktionale Differenzierung, Leistungsorientierung und kapitalistische Wirtschaft, Öffentlichkeit und universale Staatsbürgerschaft, all-

und vorübergehend stattfinde«; Reinhart Koselleck, »›Fortschritt‹ und ›Niedergang‹ – Nachtrag zur Geschichte zweier Begriffe«, in: ders., *Begriffsgeschichten. Studien zur Semantik und Pragmatik der politischen und sozialen Sprache*, Frankfurt/M. 2006, S. 159-181, hier S. 170.

144 Talcot Parsons, »Evolutionary Universals in Society«, in: *American Sociological Review* 29 (1964), S. 339-357.

145 Johannes Berger, »Was behauptet die Modernisierungstheorie wirklich – und was wird ihr bloß unterstellt?«, in: *Leviathan* 24 (1996), S. 45-62, hier S. 56. Hervorhebung hinzugefügt.

146 Ebd., S. 53.

gemeine Schulpflicht und autonome Wissenschaft – bestimmte »Entwicklungsrichtungen«, die in Richtung von Individuierung, Rationalisierung, Komplexitätssteigerung, Wachstum, Inklusion, Bildungsexpansion und Verwissenschaftlichung weisen. Mit Blick auf Politik schließlich entspreche der politischen Innovation der »Konkurrenzdemokratie« die Entwicklungsrichtung hin zu mehr politischer Partizipation.[147] Die einzelnen Elemente dieses Schemas müssen hier nicht diskutiert werden. Mir geht es an dieser Stelle nur um die Veranschaulichung der demokratieoptimistischen Denkweise, die sich mit Blick auf die Entwicklung von demokratischer Politik implizit auch in den meisten Demokratietheorien findet. Ihre Grundidee lautet, dass sich die »strukturelle Innovation« Demokratie komplementär – mithin stützend, ergänzend oder auch korrigierend – zu anderen strukturellen Innovationen der Moderne, wie der der Öffentlichkeit, der Wissenschaft, der autonomen Person und rationalisierten Kultur, dem Kapitalismus usw., verhalte und eine die Innovation selbst wiederum festigende Entwicklungstendenz wahrscheinlich mache.

In dieser modernisierungstheoretischen Sichtweise, der zufolge »alle guten Dinge Hand in Hand gehen«, sind alle drei in der Einleitung beschriebenen Annahmen des liberal-demokratischen Progressionsdenkens enthalten. Fortschritte in einzelnen gesellschaftlichen Sektoren erscheinen als inklusiv-kumulierend. Das heißt, dass etwa zwischen der Bildungsexpansion, der demokratischen Teilhabe, der wissenschaftlichen Innovation und der Verwissenschaftlichung positive Rückkopplungseffekte angenommen werden, die sich wechselseitig stützen. Die mit der auf Differenzierung basierenden Modernisierung notwendig auftretenden Probleme der Handlungskoordination hingegen werden als (nur) demokratieimmanent lösbare Probleme verstanden. Politische Demokratie wird dabei als ein spezifischer Mechanismus begriffen, der der Differenzierung und ihren jeweiligen gesellschaftlichen Innovationen funktional beigeordnet ist und die entsprechende »integrative Kapazität«[148] bereitstellt. Er tut dies, indem er Legitimität für kollektiv verbindliche Entscheidungen generiert und die Bereitschaft zur Unterstützung dieser erhöht. Die Entwicklung der politischen Subjektivität der vergesellschafteten Individuen schließlich wird als

147 Ebd.

148 Parsons, »Evolutionary Universals in Society«, S. 356.

mit dem sozialen Fortschrittsprozess einhergehend oder funktional nachfolgend vorgestellt. Die Bürgerkompetenz erscheint damit selbst als progressiv. Sie ist den politischen Herausforderungen entsprechend nachholend und entwicklungsfähig. Tatsächlich lässt sich eine Entwicklungsrichtung hin zu mehr Partizipation, gestiegenen kognitiven Kompetenzen im Zusammenhang der Bildungsexpansion sowie einem Wachsen der Ansprüche auf demokratische Selbstbestimmung beobachten. Allerdings führt diese Entwicklung in Verbindung mit den in diesem Kapitel beschriebenen Prozessen nicht zur Stützung der Demokratie, sondern vielmehr zu deren Unterminierung. Der Devolutionsprozess sorgt nicht nur dafür, dass sich die Demokratie verändert, er löst eine demokratieaverse Transformationstendenz aus.

Ich will diese Tendenz anhand der vier Aspekte des Devolutionsprozesses auf kurze Formeln bringen. Sie drücken in zugespitzter Weise aus, welche Legitimations- und Funktionsprobleme mit der Devolution einhergehen. Die folgende Abbildung fasst diese devolutionären »Demokratie-Bruchstellen« zusammen:

Devolutionsdimension	**Transformationstendenz**
Politisierung	Umstrittenheit der Demokratie
Differenzierung und Komplexität	Unsteuerbarkeit der Demokratie
Kognitionsasymmetrie	Unverständlichkeit der Demokratie
Ende des demokratischen Kapitalismus	Ungerechtigkeit der Demokratie

Abbildung 1: Devolutionäre Bruchstellen

Aufgrund der *Politisierung* der Gesellschaft werden nunmehr auch subkutane, vormals nicht politisierte oder nicht als politisch bewusste Voraussetzungen von Demokratie in den Strudel politischer Konflikte hineingezogen. Der Bereich des Unkontroversen beziehungsweise die entgegenkommende Lebenswelt und der konsonante Hintergrund gemeinwohlorientierter Motive sind nun mehr politisch, das heißt, sie sind strittig geworden. Politisierte Gesellschaften können sich infolgedessen nicht mehr auf ein eingespieltes oder über traditionale Üblichkeiten vermitteltes Einverständnis der Bürgerschaft in den wesentlichen Prinzipien von Politik, Kultur und Gesellschaft verlassen. Sie sind gezwungen, mehr und mehr Materien und Aspekte ihrer gesamten Lebensverhältnisse politisch zu entscheiden. Und dabei müssen sie sich an den anspruchsvollen Normen und Erwartungen demokratischer Gemeinwohlgenese und Legitimation messen lassen. Dies gelingt umso schlechter, je stärker die Institutionen und Verfahren der demokratischen Entscheidungsfindung sowohl »von unten« als auch »von oben« politisiert werden.[149] Infolge einer »Politisierung des Alltagslebens«[150] kommt den Demokratien der gesellschaftliche, verfahrensmäßige und politische Fragen betreffende überlappende Hintergrundkonsens abhanden, den Ernst Fraenkel zu den essentiellen Bedingungen des Funktionierens der Prozeduren einer repräsentativ-pluralistischen Demokratie zählte: die »weitgehende Übereinstimmung« der Bürgerschaft hinsichtlich grundlegender Fragen von »Wirtschaft, Gesellschaft und Politik« sowie deren Einigkeit über »Verfahrensvorschriften und Spielregeln eines fair play«.[151] Die »Legitimation durch Verfahren«[152] gelingt nicht mehr, wenn die Verfahren ihrerseits Gegenstand von Politisierung werden. Wenn über grundlegende Verfahren und Regeln des politischen Prozesses keine Übereinstimmung mehr herrscht, können diese auch ihre Funktion der Legitimierung nicht oder nur eingeschränkt erfüllen. Die Demokratie selbst erscheint umstritten.

Die Zunahme von *politischer Komplexität und Differenzierung* hingegen unterminiert die Möglichkeit einer Rückkopplung zwischen politischen Entscheidungen und Bürgerschaft. Die Diffusion von Verantwortung im Zuge der Zunahme von politischer Komplexität und steigender Differenzierung machen den politischen Prozess undurchsichtig. Infolgedessen ist für Normalbürger oftmals nicht klar, wer über was mit welchen Folgen für wen entschieden

149 Thomas E. Mann, Norman J. Ornstein, »Finding the Common Good in an Era of Dysfunctional Governance«, in: *Daedalus* 142 (2013), S. 15-23.

150 David Chandler, »Democracy Unbound? Non-linear Politics and the Politicization of Everyday Life«, in: *European Journal of Social Theory* 17 (2014), S. 42-59.

151 Ernst Fraenkel, *Deutschland und die westlichen Demokratien*, Stuttgart 1973, S. 199 f.

152 Niklas Luhmann, *Legitimation durch Verfahren*, Frankfurt/M. 1983.

hat. Ist aber niemand mehr im komplexen Geflecht differenzierter Governance verantwortlich zu machen, kann auch keiner bei Wahlen zur Verantwortung gezogen oder im Medium der öffentlichen Meinung sachgerecht kritisiert werden. Auf Seiten der Regierenden wiederum wirkt sich das Anwachsen von Differenzierung und Komplexität als ein Problem der Regierbarkeit aus. Die Ausdifferenzierung von unterschiedlichen Arenen und Foren, Akteuren, Institutionen und Organisationen sowie die gestiegene Komplexität der politischen Materien innerhalb der Politikfelder machen ein kohärentes, effektives und effizientes Regieren schier unmöglich. Die Demokratie erscheint unsteuerbar.

Der Prozess der zunehmenden *Kognitionsasymmetrie* wiederum führt dazu, dass die deliberative Verständigung der Bürgerschaft über Politik vor dem Hintergrund hochgradig asymmetrischer Wissensbestände innerhalb der Bürgerschaft erfolgt. Sie impliziert eine Vertiefung der Heterogenität und der Ungleichheit von Wissen. Das erschwert es, innerhalb der Bürgerschaft eine gemeinsame Bezugsidentität auszubilden, sich auf dieselben Tatsachen und objektiven Sachzusammenhänge zu beziehen, gemeinsame Zeithorizonte, geteilte Vergangenheitsbezüge und Erwartungen an die Zukunft zu konstruieren und sich auf Legitimität stiftende Verfahren zu einigen. Die Legitimationsgenese durch demokratische Verfahren beruht jedoch nicht nur auf demokratischen Prozeduren und Praktiken in einem gemeinsamen kognitiven Bezugsrahmen der Bürgerschaft. Hinzukommen müssen solidarische Motive, soziomoralische Einstellungen und Orientierungen anhand eines gemeinsamen Sinns. Die Demokratie erscheint unverständlich.

Fatal für die Demokratie könnte sich schließlich das *Ende des demokratischen Kapitalismus* erweisen. Dieser konnte lange Zeit als ein Positivsummenspiel beschrieben werden, weil er auf der relativen breiten Verteilung von Wohlstandsgewinnen und einer Kultur der sozialen Hoffnung basierte, die kollektive Verbesserungen in der Zukunft in Aussicht stellte. Die seit den 1980er Jahren zunehmende Einkommens- und Vermögensungleichheit, die das »Ende eines egalitären Nachkriegsregimes«[153] markieren, stärker bewusst werdende Wohlstandseinbußen, die verschlechterte Aussicht auf die Rückkehr eines inklusiven Wachstums sowie der technolo-

153 Alvaredo u. a., *Die weltweite Ungleichheit*, S. 15.

gisch bedingte Verlust an gut bezahlten beruflichen Positionen im Dienstleistungssektor[154] führen jedoch dazu, dass im postdemokratischen Kapitalismus die Beschreibung der vorherrschenden Wirtschaftsweise als eines Negativsummenspiels plausibler wird und sich dementsprechend die Zukunftsaussichten eintrüben. Die Zukunft erscheint nicht mehr als Horizont kollektiver Verbesserung, sondern als Zeitraum, in dem sich entscheiden wird, wer zu den Gewinnern und wer zu den Verlierern gehören wird. Przeworski spricht vor dem Hintergrund eines lahmenden Wirtschaftswachstums, gestiegener Einkommensungleichheit, einer sinkenden Lohnquote und eines Wachstums schlecht entlohnter Tätigkeiten im Dienstleistungssektor in den westlichen Demokratien von einem »schwindende[n] Glauben an materiellen Fortschritt«.[155] Ihm zufolge handelt es sich hierbei nicht nur um eine durch die objektive Entwicklung gedeckte Prognose. Es stellt eine historische Zäsur dar. »Der Verlust des tief verwurzelten Glaubens an den intergenerationellen Fortschritt ist ein markanter historischer Bruch. Die Erwartung materiellen Fortschritts ist seit 200 Jahren ein elementarer Bestandteil der westlichen Zivilisation.«[156] Anders formuliert: Die Semantik des demokratischen Kapitalismus implizierte auch, dass dieser gemeinwohlförderliche Effekte habe, die auf lange Sicht allen zugutekommen würden. Diese Idee ist gegenwärtig nicht mehr glaubwürdig.

Da durch die Erfahrung der »Allgegenwart des Verlusts«[157] nach dem Ende des demokratischen Kapitalismus das Gemeinwohlversprechen demokratischer Regime unterminiert wird und deren Legitimation zersetzt, wird es zunehmend unplausibel, die westlichen politischen Regime noch als Demokratien zu beschreiben. »Plausibel sind Ideen, wenn sie unmittelbar einleuchten und im Kommunikationsprozess nicht weiter begründet werden müssen.«[158] Es leuchtet nicht mehr ein, politische Regime auf eine Art zu beschreiben, wie dies die Demokratietheorie tut. Sie erscheinen nicht als

154 Randall Collins, »The End of Middle-Class Work. No More Escapes«, in: Immanuel Wallerstein u. a. (Hg.), *Does Capitalism Have a Future?*, Oxford, New York 2013, S. 37-69.

155 Adam Przeworski, *Krisen der Demokratie*, Berlin 2020, S. 128.

156 Ebd., S. 129.

157 Jackson/Grusky, »A Post-Liberal Theory of Stratification«, S. 1099.

158 Niklas Luhmann, *Die Gesellschaft der Gesellschaft*, Frankfurt/M. 1997, S. 548.

Ordnungen, in denen die Bürger sich ergebnisoffen und »gleichfrei« über die öffentlichen Angelegenheiten verständigen und in denen die Wirkungen politischer Programme und Entscheidungen allen Bürgern gemäß ihrer jeweiligen Leistungen, Rechte oder Ansprüche gerechterweise zugutekommen. Die Demokratie erscheint ungerecht.

II. Demokratiedämmerung

In den vorhergehenden Kapiteln habe ich strukturelle Veränderungen infolge der Devolution beschrieben, die zu einem Legitimations- und Effektivitätsschwund demokratischer Regime führen. Sie ziehen das Fortschrittsdenken in Zweifel, lassen den Gemeinwohlbezug demokratischer Politik unglaubwürdig werden und unterminieren die Legitimation demokratischer Regime. Diese Perspektive soll im Folgenden erweitert werden. Ich zeige, dass sich in Reaktion auf den Devolutionsprozess politische Alternativen zur Demokratie herausbilden. Hierbei geht es mir nicht um antidemokratische Bewegungen und Parteien, die sich explizit gegen demokratische Regime richten. Vielmehr sollen mit Populismus, Expertokratie und partizipativer Governance politische Reaktionen in den Blick geraten, die die Demokratie kritisieren, sie aber nicht in Gänze ablehnen.[1] Sie werden von ihren Vertretern mit dem Anspruch vorgebracht, die liberal-repräsentative Form der Demokratie zu korrigieren und zu verbessern. Mithin stellen sie Alternativen zur liberal-repräsentativen Demokratie dar, die sich auf den normativen Rahmen demokratischer Regime beziehen und auf Probleme der Devolution reagieren. Allerdings bieten sie keine überzeugende Antwort auf die Devolution an, weil sie erstens auf funktionaler Ebene keine hinreichend legitimierbare und damit praxistaugliche Lösung darstellen und zweitens in normativer Hinsicht nicht überzeugen können. Ist die Demokratie damit zum Scheitern verurteilt? Diese Frage lässt sich nur beantworten, wenn man die Verwirklichungsbedingungen von Demokratie in den Blick nimmt und prüft, ob diese unter den Bedingungen der Devolution überhaupt realisiert werden können. Das Kapitel abschließend, mache ich

1 Populismus, Expertokratie und partizipative Governance als Reaktionen auf die Entplausibilisierung liberaler Demokratie zu deuten, folgt dem wichtigen Aufsatz Ingolfur Blühdorns, »Das postdemokratische Diskursquartett. Kommunikative Praxis in der simulativen Demokratie«, in: *Psychozozial* 39 (2016), S. 51-68. Zu einer Anwendung auf den Fall der Energiewende siehe Veith Selk, Jörg Kemmerzell, Jörg Radtke, »In der Demokratiefalle? Probleme der Energiewende zwischen Expertokratie, partizipativer Governance und populistischer Reaktion«, in: Jörg Radtke, Weert Canzler, Miranda Schreurs, Stefan Wurster (Hg.), *Energiewende in Zeiten des Populismus*, Wiesbaden, S. 31-66.

einen Vorschlag zur Bestimmung dieser Verwirklichungsbedingungen von Demokratie, die ich danach mit Blick auf ihre Realisierungschancen prüfe. Auch hier ist das Ergebnis negativ. Unter Bedingungen der Devolution verhindern strukturelle Barrieren die Verwirklichung von Demokratie, und es ist nicht zu sehen, wie diese in Zukunft überwunden werden könnten. Die Hoffnung auf eine Re-Demokratisierung oder gar auf mehr Demokratie erweist sich als Schimäre.

2.1 Die retrograde Revolte: Populismus

Der Aufstieg des Populismus stellt eine Reaktion auf die mit der Devolution einhergehenden Veränderungen dar.[2] Allerdings ist der Populismus ein stark kontextrelatives und wandlungsfähiges Phänomen, über das nur begrenzt generelle Aussagen getroffen werden können. Dies gilt vor allem in Anbetracht der Unterschiede zwischen heterogenen, in der Literatur gleichwohl als populistisch klassifizierten Phänomenen wie dem basisdemokratisch ansetzenden Populismus der US-amerikanischen populistischen Farmerbewegung und der *Populist Party* und dem stark durch die militärische Prägung seiner Führungsfiguren, ein Entwicklungsmodell und eine stärker etatistisch und auf nationale Einigung hin ausgerichteten Politikstrategie geprägten lateinamerikanischen Populismus – den beiden prägenden historischen Ursprungskonstellationen des Populismus.[3]

Im hier interessierenden Kontext ist der Populismus als ein Phänomen innerhalb westlicher demokratischer Regime von Interesse, das man als ein ambiges Grenzphänomen begreifen kann.[4] Dies

2 Das Folgende greift auf eigene Vorarbeiten zur Theorie des Populismus zurück; Veith Selk, »Warum Populismus?«, in: Thomas Hoffmann, Tobias Hirschmüller, Marina Fleck (Hg.), *Populismus. Wissenschaftliche Annäherungen an ein komplexes Phänomen*, München 2020, S. 21-38; Veith Selk, »Revolte von rechts. Der Aufstieg des Retropopulismus als Reaktion auf gegenwärtige Demokratieprobleme«, in: Fromm Forum 24 (2020), S. 124-140; Dirk Jörke, Veith Selk, *Theorien des Populismus zur Einführung*, Hamburg 2017.

3 Lawrence Goodwyn, *Democratic Promise. The Populist Moment in America*, New York 1976; Ursula Prutsch, *Populismus in den USA und Lateinamerika*, Hamburg 2019.

4 Benjamin Arditi, »Populism, or, Politics at the Edges of Democracy«, in: *Contemporary Politics* 9 (2003), S. 17-31; Yves Mény, Yves Surel, »The Constitutive

gilt vor allem für den zeitgenössischen Rechtspopulismus, der seine Programmatik und Mobilisierung mit einer symbolischen Frontstellung verbindet: Auf der einen Seite stehen die »korrupte Elite« und die »bedrohlichen Fremden«, auf der anderen »das gute Volk« (und die rechtspopulistischen Parteien selbst). Das normative Zentrum dieses Rechtspopulismus ist das Ideal des »heartland«.[5] Es speist sich aus einer idealisierten goldenen Vergangenheit und stellt eine rückwärtsgewandte Utopie dar, die mit dem Pathos erneuerter Demokratie verbunden wird. Folglich zielen die meisten Forderungen und Programme zeitgenössischer Rechtspopulisten darauf, jüngere politische, ökonomische und kulturelle Liberalisierungen zu stoppen, zu mildern oder rückgängig zu machen, um auf diesem Wege eine vermeintlich großartige Vergangenheit wiederherzustellen (*Make America great again*) und die demokratische Steuerungsfähigkeit wiederzuerlangen (*Take back control*).

Der zeitgenössische Rechtspopulismus ist eine Reaktion auf die oben umrissenen Erosionserscheinungen demokratischer Regime infolge der Devolution und ihrer abnehmenden Fähigkeit zum effektiven Regieren und zur Legitimitätserzeugung. Er nimmt klare Verantwortungszuschreibungen vor, verspricht eine einfache und verständliche Politik, hebt den Willen des Volkes als Leitschnur politischen Handelns hervor und tritt mit einem Plädoyer für starke politische Steuerung an. Zudem bietet er eine Alternative für die sich im Zuge der zunehmenden Ungleichheit und Differenzierung abnehmende soziale Homogenität der Bürgerschaften. Er propagiert die Restauration der vormaligen kulturellen oder ethnischen Homogenität der Bürgerschaft, die ihm zufolge eine Voraussetzung für eine gemeinwohlförderliche Politik und eine stärkere Gemeinwohlorientierung innerhalb der Bürgerschaft darstellt. Hinzu kommt in jüngerer Zeit eine nativistische sozialprotektionistische Programmatik. Der Rechtspopulismus reagiert auf die Devolution mithin mit dem Versprechen einer *simplifizierten Retrodemokratie*. In ihr würden die überlieferten Familienstrukturen, die ethnisch-kulturelle Gemeinschaft, die nationale Souveränität und die Konstellation des prosperierenden Industriekapitalismus wiederhergestellt.

Ambiguity of Populism«, in: dies. (Hg.), *Democracies and the Populist Challenge*, Basingstoke, S. 1-21.

5 Paul Taggart, »Populism and Representative Politics in Contemporary Europe«, in: *Journal of Political Ideologies* 9 (2004), S. 269-288, hier S. 274.

Im Folgenden will ich mich deshalb auf den Rechtspopulismus konzentrieren, weil er die maßgebliche politische Erscheinungsform des Populismus unter den Bedingungen der Devolution ist. Ich will zunächst seine programmatischen Kernelemente umreißen, auch wenn in Anbetracht der Varianz und Diversität rechtspopulistischer Parteien nur idealtypisch pointierte Aussagen möglich sind. Zu den Kernelementen des Rechtspopulismus zählen die folgenden:

- Kritik an der »politischen Klasse im Parteienstaat«[6] sowie an Europäisierung und Globalisierung;[7]
- ein Pathos authentischer Demokratie und die Forderung nach direkter Demokratie;
- die Forderung nach wohlfahrtsstaatlichen Leistungen für die »angestammten« arbeitenden Bürger (partikularistische Sozialstaatlichkeit);[8]
- Kulturkonservatismus, Nationalstolz, Anti-Islamismus, Kritik der *political correctness*;[9]
- die Ablehnung von »nichtweißer« Migration (insbesondere von Muslimen),[10] von Multikulturalismus und permissiver Kultur;
- ein starker Fokus auf Begünstigung, Nepotismus und Klientelismus als Probleme der Herrschaft der politischen Klasse und Symptom institutioneller Korruption;[11]

6 Klaus von Beyme, *Die politische Klasse im Parteienstaat*, Frankfurt/M. 1993.

7 Paul Taggart, »Populism in Western Europe«, in: Cristóbal Rovira Kaltwasser u. a. (Hg.), *The Oxford Handbook of Populism*, Oxford 2017, S. 248-263, hier S. 256 f.

8 Markus Ketola, Johann Nordensvard, »Social Policy and Populism. Welfare Nationalism as the New Narrative of Social Citizenship«, in: Catherine Needham, Elke Heins, James Rees (Hg.), *Social Policy Review 30. Analysis and Debate in Social Policy*, Bristol 2018, S. 161-180.

9 Die familienpolitisch konservative und genderkritische Positionierung heutiger rechtspopulistischer Parteien wird dadurch konterkariert, dass sie sich im Kontext ihrer Antiimmigrations- und Antiislam-Agenda teilweise dezidiert liberal beziehungsweise liberal-konservativ positionieren. Einerseits vertreten sie konservative Gesellschaftsbilder, andererseits heben sie die Gleichberechtigung der Geschlechter hervor; Sahar Abi-Hassan, »Populism and Gender«, in: Cristóbal Rovira Kaltwasser u. a. (Hg.), *The Oxford Handbook of Populism*, Oxford 2017, S. 426-444.

10 Hans-Georg Betz, »Populism and Islamophobia«, in: Reihard C. Heinisch, Christina Holtz-Bacha, Oscar Mazzoleni (Hg.), *Political Populism. A Handbook*, Baden-Baden 2017, S. 373-389; Taggart, »Populism in Western Europe«, S. 250.

11 Der populistische Korruptionsvorwurf besagt nicht nur, dass die politische Klas-

- das Versprechen der politischen, kulturellen und ökonomischen Wiedererstarkung sowie die Verheißung der Wiederherstellung eines goldenen Zeitalters und der Rückkehr zu alter Größe; im Gegensatz zum Faschismus erfolgt dies aber wesentlich *defensiv* und im Modus der Abwehr oder Verlangsamung von Modernisierungsschüben;[12]
- die Betonung von *Law-and-order*-Politik, das Versprechen von »Durchgreifen und Strafen« sowie die Hervorhebung einer starken Staatsgewalt und der nationalen Souveränität;[13]
- die ostentative Ablehnung derjenigen Programme und Werte »progressiver« Parteien, Politiker, Publizisten und Milieus, die sich symbolisch zur Markierung einer Differenz eignen und die entlang der Achse des soziokulturellen Konflikts zwischen dem TAN-Pol (Tradition/Autorität/Nation) und dem GAL-Pol (Grün/Alternativ/Libertär) verlaufen.

Der Begriff des Rechtspopulismus ist kein Wesensbegriff, sondern ein Idealtyp. Er ist zunächst nur ein Konstrukt, das der begrifflichen Ordnung der historisch-gesellschaftlichen Wirklichkeit dient. Deren empirisch variierende kulturelle Kontexte, unterschiedliche Pfadabhängigkeiten und institutionelle Strukturen, aber auch Mentalitäten müssen bei der Deutung rechtspopulistischer Politiker, Parteien, Bewegungen und Diskurse berücksichtigt werden.

se käuflich ist. Er beinhaltet zudem die Diagnose, dass die politische Ordnung nicht so funktioniert, wie sie es ihrem normativen Selbstbild gemäß tun sollte. Damit bewegt sich die Korruptionssemantik populistischer Politiker im Bedeutungsfeld republikanischer Korruptionskritik, die nicht ausschließlich auf das individuelle Verhalten von Amtsträgern abzielt, sondern auch eine institutionelle und politisch-kulturelle Faktoren umfassende Bedeutungsschicht enthält. Dieses weite Verständnis von Korruption als eines Konzepts republikanischer »civic morality« prangert auch die Deformation politischer Institutionen an; siehe zu diesem weiten Korruptionsverständnis Robert A. Sparling, *Political Corruption. The Underside of Civic Morality*, Philadelphia 2019. Kurz gesagt, im Kontext der Devolution entsteht ein institutionenkritischer Populismus, der nicht nur die *rotten apples* innerhalb der politischen Klasse kritisiert, sondern auch die Institutionen der devolutionär transformierten Regime zu *rotten barrels* erklärt.

12 Karin Priester, *Populismus. Historische und aktuelle Erscheinungsformen*, Frankfurt/M., New York 2007, S. 32 ff.

13 Cas Mudde, Cristóbal R. Kaltwasser, *Populism. A Very Short Introduction*, Oxford 2017, S. 34.

Hinzu kommt, dass populistische Bewegungen auf konkrete Ereignisse reagieren, die sie als Gelegenheit zur Mobilisierung nutzen. Hierzu zählten in der Vergangenheit Korruptionsskandale, islamistischer Terrorismus, die sogenannte Flüchtlingskrise, die Finanz- und Eurokrise sowie in jüngster Zeit die Pandemie- und Energiepolitik. Gleichwohl gibt es strukturelle Gründe für den Aufstieg des Rechtspopulismus, die mit dem eingangs beschriebenen Prozess der Devolution verbunden sind. Hierzu zählt erstens die Empfänglichkeit der klassischen Massenmedien für den provokativen Stil rechtspopulistischer Politiker, die infolge der Kognitionsasymmetrie und der zunehmenden politischen Differenzierung und Komplexität innerhalb der Bürgerschaften auf gestiegene Resonanz stößt. Aufgrund ihrer Präferenz für Konflikte und Skandale in der Berichterstattung liefern die Massenmedien Populisten eine anhaltende, wenn auch zumeist negative, mediale Repräsentation. Zudem hat sich infolge der Digitalisierung der politischen Kommunikation eine Form von Gegenöffentlichkeit herausgebildet, die die normative Filterfunktion der klassischen Massenmedien umgeht. Wenn die klassischen Medien über Rechtspopulismus berichten, dominiert dabei oftmals eine negative Bewertung beziehungsweise eine unterschwellige Delegitimierung. Die digitale Gegenöffentlichkeit umgeht diese normative Filterung, da es mittels der Neuen Medien möglich ist, ein eigenes politisches *framing* zu betreiben und eigene Themen medial zu platzieren. Zudem können Populisten im Rahmen der digitalen Gegenöffentlichkeit die normative Filterfunktion der klassischen Medien als eine Form politischer Zensur oder Propaganda skandalisieren und Misstrauen gegenüber deren Berichterstattung säen.

Zweitens besteht seit einiger Zeit trotz der gewachsenen Politisierung ein erheblicher Mangel an Parteidifferenzen in wichtigen Themenfeldern. Die sozialdemokratischen und christdemokratischen »Parteien der Mitte« haben sich stark angeglichen, und auf dem Feld der Kulturpolitik haben sich auch die Ränder der politischen Kräfte angenähert. Verstärkt wurde dies durch eine längere Zeit verwendete *t.i.n.a.*-Rhetorik (*there is no alternative*) auf Seiten politischer Eliten und vor allem durch die devolutionäre Schwächung der Kerninstitutionen der Demokratie, insbesondere der Parteien und der Parlamente, die keine grundlegenden politischen Alternativen repräsentierten und verhandelten. Demgegenüber symbolisieren Rechtspopulisten mit ihren Schlagworten *there is an alternative* und *take back control* die Rückkehr der demokratischen Politik. Sie stehen symbolisch für eine politische Alternative, die wählbar ist, einen parteipolitischen Unterschied macht und sich in den gesellschaftlichen Trend der Politisierung einfügt.

Hinzu kommt, dass der Rechtspopulismus eine Revitalisierung der »erlösenden«[14] Seite der Demokratie verspricht, wodurch er demokratische Handlungsmacht symbolisiert. Er verkörpert eine wirkmächtige Abkehr vom Pfad der sich als alternativlos beschreibenden Politik. Auch in dieser Hinsicht erweist sich der Populismus als ein Korrelat der Politisierung, da er die eine lange Zeit in der Öffentlichkeit nur schwach repräsentierte Strukturpolitik verkörpert und dabei der Politisierung auch eine affektive Dimension verleiht.[15] Er politisiert und repräsentiert negative Emotionen wie Wut, Hass und Empörung, die lange Zeit von der öffentlichen politischen Bühne der repräsentativen Institutionen liberaler Demokratien verbannt worden waren, obgleich sie unter bestimmten Umständen durchaus angemessen sein können.[16]

Den Hass und die Wut gegenüber der politischen Klasse, die Rechtspopulisten wie Donald Trump mit Parolen wie *lock her up!* (»Sperrt sie ein!« – eine auf Hillary Clinton gemünzte Parole) schüren, kann man mit Recht als unzivilisiert verdammen. Allerdings steckt hinter dieser politisierten Straflust insoweit ein rationaler Kern, wie die Mitglieder der oberen Ränge der politischen Klasse keinen sozialen Abstieg fürchten müssen – im Gegensatz zu nicht wenigen Normalbürgern. Für politische Verfehlungen haben sie meist keine schwerwiegenden Konsequenzen zu befürchten, und zuweilen werden sie in eine gut dotierte Position »wegbefördert«.[17]

Der Rechtspopulismus lebt von einem *demokratischen Ressenti-*

14 Margaret Canovan, »Trust the People! Populism and the Two Faces of Democracy«, in: *Political Studies* 47 (199), S. 2-16.

15 Mikko Salmela, Christian von Scheve, »Emotional Dynamics of Right- and Left-wing Political Populism«, in: *Humanity & Society* 42 (2018), S. 434-454.

16 Amia Srinivasan, »The Aptness of Anger«, in: *The Journal of Political Philosophy* 26 (2018), S. 123-144.

17 Zahlreiche empirische Nachweise hierzu finden sich in den populären Veröffentlichungen von Arnim. Die Publikationen des als »Parteienkritiker« apostrophierten von Arnims weisen deutliche Überschneidungen mit dem politischen Denken des Populismus auf; Hans Herbert von Arnim, *Die Arroganz der Macht und wer sie bedient*, München 2017.

ment. Es entsteht aus dem offenkundigen Widerspruch zwischen der öffentlichen Bekräftigung demokratischer Werte in der Selbstbeschreibung der politischen Regime und einer diesen Werten widersprechenden politischen Wirklichkeit, in der politische Herrschaft maßgeblich von politischen Eliten dominiert wird. Dieser Widerspruch ist keine neue Erscheinung, denn er ist strukturnotwendig in die repräsentative Demokratie eingebaut. Allerdings ist infolge der Devolution der Widerspruch zwischen den demokratischen Idealen und der politischen Wirklichkeit im Bewusstsein der Bürgerschaft größer geworden. In der empirischen Einstellungsforschung erscheint er als zunehmend größer werdende Kluft zwischen der Zustimmung zur Demokratie als einem Ideal und der konkreten Unzufriedenheit mit der Art und Weise, wie die demokratischen Regime in den Augen ihrer Bürger empirisch funktionieren.[18] Der Prozess der Politisierung verleiht diesem Widerspruch beziehungsweise der größer gewordenen Unzufriedenheit mit den demokratischen Regimen in den Bürgerschaften eine Sprengkraft, weil sie ihn zu einem politischen Thema gemacht hat. Für populistische Bewegungen, Parteien und Politiker stellt er die Chance dar, mittels einer elitenkritischen und basisdemokratischen Rhetorik das demokratische Ressentiment zu artikulieren und zu repräsentieren.

Der anstößige Stil und das zuweilen unprofessionelle Auftreten einiger Rechtspopulisten sollen Nichtzugehörigkeit zur politischen Elite und zur politischen Klasse symbolisieren. Dies geschieht vor dem Hintergrund gewachsener Elitenskepsis, die auch dadurch befördert wird, dass die politische Elite in zunehmendem Maß akademisch geprägt ist. Ihre Mitglieder entstammen häufiger der Oberklasse oder der gehobenen Mittelklasse, als dies früher der Fall war. Der Elitensoziologe Hartmann spricht deshalb von einer teilweisen »Verbürgerlichung der politischen Elite«.[19] Die in der Ge-

18 Mónica Ferrin, Hanspeter Kriesi, »Demokratieverständnisse und -bewertungen in Europa: Ergebnisse der 6. Welle des European Social Survey«, *ESS Topline Results* 4 (2014); Robert S. Foa, Andrew Klassen u.a., *The Global Satisfaction with Democracy Report 2020*, Cambridge 2020. Foa/Klassen u.a. stellen fest, dass im Jahre 2019 der höchste jemals gemessene Wert an Unzufriedenheit mit der Demokratie erreicht worden ist, der insbesondere die etablierten Demokratien betrifft. Die Ausnahme von diesem Befund sind die asiatischen Demokratien.

19 Michael Hartmann, *Soziale Ungleichheit. Kein Thema für die Eliten?*, Frankfurt/M., New York 2013, S. 66 ff; vgl. auch Michael Hartmann, »Politische Eli-

sellschaft stärker gewordene soziale Schließung[20] bildet sich mithin in der politischen Elitenrekrutierung ab, was populistische Gegenreaktionen provoziert. Zwar versammeln auch rechtspopulistische Parteien viele Akademiker bürgerlicher Herkunft in ihren Reihen, insbesondere in den Parlamenten, aber durch ihren populistischen Stil können sie diesen Umstand besser verschleiern.

Drittens erodiert in den repräsentativen Demokratien infolge der zunehmenden Differenzierung, der sozioökonomischen Polarisierung nach dem Ende des demokratischen Kapitalismus und der fortschreitenden Kognitionsasymmetrie die »soziale Homogenität«.[21] Mit diesem Begriff hatte Hermann Heller, sozialdemokratischer Theoretiker der Weimarer Republik, politiktheoretischer Antipode Carl Schmitts und Vordenker der Politikwissenschaft, auf einen sozialpsychologischen Zustand hingewiesen, der der Sache nach bereits von Aristoteles zu den Voraussetzungen politischer Vergemeinschaftung gezählt wurde. Er bezeichnet die soziokulturelle wie sozioökonomische Grundlage dessen, was ich oben unter Rückgriff auf Richard Rorty als Wir-Identität beschrieben habe. Wesentliche Bestandteile der sozialen Homogenität sind nach Heller vor allem ein gewisses Maß an »sozialer Angeglichenheit« und ein »Wirbewußtsein und -gefühl«.[22] Heller wies zwar zu Recht darauf hin, dass soziale Homogenität »niemals Aufhebung der notwendig antagonistischen Gesellschaftsstruktur bedeuten«[23] kann, aber Demokratien können ihre bemerkenswerte Fähigkeit zur Repräsentation von Differenz nur dann zur Geltung bringen, wenn sie zugleich über ein hinreichendes Maß an sozialer Kohäsion infolge eines bestimmten Maßes an sozialer Homogenität verfügen. Diese soziale Homogenität ist ihrerseits nichts Vorpolitisches oder gar Natürliches, sondern sie ist zu einem großen Maße das artifizielle Resultat von vergangener Homogenisierungspolitik, die sich auf die

te und Einkommensverteilung in den USA seit 1945«, in: *Leviathan* 37 (2009), S. 281-304.

20 Michael Hartmann, *Der Mythos von den Leistungseliten. Spitzenkarrieren und soziale Herkunft in Wirtschaft, Politik, Justiz und Wissenschaft*, Frankfurt/M., New York 2002.

21 Hermann Heller, »Politische Demokratie und soziale Homogenität«, in: ders., *Gesammelte Schriften*, Band 2, Leiden 1971, S. 421-433.

22 Ebd., S. 428 f.

23 Ebd.

Konstruktion einer Nationalkultur,[24] aber auch auf die Gestaltung sozioökonomischer Verhältnisse bezieht. Als »reflexive Homogenität«[25] ist die soziale Homogenität der politischen Gestaltung zugänglich und stellt selbst ein Konstrukt dar.[26] Allerdings sind unter den Bedingungen der devolutionären Veränderung demokratischer Gesellschaften die Hürden für eine Homogenisierungspolitik hoch. Infolge der Radikalisierung von Selbstbestimmungsansprüchen[27] und dem Bedeutungszuwachs individualistischer Normen und Identitätsmuster in der politischen Kultur[28] sind pflichtgebundene Normen des Gemeinschaftsbezugs und kollektive Identitäten unter Druck geraten. Insbesondere starke Solidaritäts- und Gemeinschaftspflichten werden hierdurch geschwächt. Sie werden nicht mehr kollektiv-reziprok als ein notwendiges Element demokratischer Bürgerschaft anerkannt. Zumindest ein Teil der Bürgerschaft würde eine als solche erkennbare soziale Homogenisierungspolitik deshalb als illegitime Zumutung deuten. Daraus folgt, dass die soziale Heterogenisierung und die mit ihr einhergehende zunehmende Differenzerfahrung zwar von populistischen Parteien als ein Problem politisiert werden kann, sie sich aber – unter den gegebenen Bedingungen – nur sehr schwer politisch verändern lässt.

Die soziale Homogenität wird auch dadurch vermindert, dass

24 Ernst Gellner, *Nationalismus und Moderne*, Hamburg 1991, S. 83ff.

25 Claus Offe, »›Homogeneity‹ and Constitutional Democracy. Coping with Identity Conflicts through Group Rights«, in: *The Journal of Political Philosophy* 6 (1998), S. 113-141, hier S. 119.

26 Vgl. aber zur Homogenität als einer *Voraussetzung* der Legitimität des demokratischen Mehrheitsprinzips und dadurch gerechtfertigter politischer Entscheidungen Hellers liberalen Widerpart Hans Kelsen: »Der Anwendung des Majoritätsprinzips sind gewisse, gleichsam natürliche Schranken gesetzt. Majorität und Minorität müssen sich miteinander verständigen können, wenn sie sich miteinander vertragen sollen. Die tatsächlichen Voraussetzungen für die gegenseitige Verständigung der an der sozialen Willensbildung Beteiligten müssen also gegeben sein: eine kulturell relativ homogene Gesellschaft, insbesondere gleiche Sprache«; Hans Kelsen, *Vom Wesen und Wert der Demokratie*, Tübingen 1929, S. 65f. Der von Kelsen hervorgehobene letzte Punkt wird von zeitgenössischen Befürwortern supra- und transnationaler Demokratie oftmals nicht beachtet.

27 Blühdorn, »Das postdemokratische Diskursquartett«.

28 Klaus Armingeon, Lisa Schädel, »Social Inequality in Political Participation. The Dark Side of Invividualisation«, in: *West European Politics* 38 (2015), S. 1-27; Howe, »Eroding Norms and Democratic Deconsolidation«; Reckwitz, *Die Gesellschaft der Singularitäten.*

infolge von anhaltender Zuwanderung und einer vernachlässigten politischen Integration die Gruppe der Zugewanderten und die Gruppe der Bürgerschaftsmitglieder in den Demokratien immer weiter auseinandergehen. Dadurch entsteht ein relativ großes Segment an Menschen, die dauerhaft auf einem Staatsgebiet leben, aber dort über nur eingeschränkte Bürgerrechte verfügen. Sie sind »Subjekte zweiter Klasse«, können als ein vermeintlich »fremdes« Kollektiv markiert werden und sind damit eine Zielscheibe für rechtspopulistische Agitation. Zudem hat sich in den Demokratien ein Multikulturalismus herausgebildet, woraus sich eine verstärkte Differenzerfahrung ergibt. Hinzu kommen die mit dem Niedergang des demokratischen Kapitalismus einhergehende sozioökonomische Ungleichheit und das über sozial selektive Bildungsinstitutionen erzeugte Bildungsgefälle. All diese Differenzen und die mit ihnen einhergehenden Konflikte wurden bisher nicht hinreichend repräsentiert und dadurch nicht politisch integriert. Die erodierende soziale Homogenität und den Verlust einer belastbaren Wir-Identität, die für Solidaritätspflichten einstehen kann, erfahren die Bürger deshalb auch vermehrt in ihrer Lebenswelt, und nicht wenige von ihnen deuten sie als eine Bedrohung. Dieses Bedrohungsgefühl kann – in Form der Angst vor dem Statusverlust – ich-bezogen sein,[29] es kann sich aber auch auf ein Kollektiv beziehen, in Form der Angst vor einem Niedergang einer Gemeinschaft, der Auflösung der größeren sozialen und politischen Bindungen und damit des gemeinschaftlichen Vertrauens.[30] Der Rechtspopulismus schließt hier in doppelter Weise an. Er verspricht sozialpolitische Kompensationen und Statuserhalt sowie die Wiederkehr

29 Vgl. Heinz Bude, *Gesellschaft der Angst*, Hamburg 2014, S. 60 ff. Die subjektive Angst vor Statusverlust und die objektive Gefährdung können freilich auseinandergehen. Mit Blick auf die objektive Gefährdung diagnostiziert Groh-Samberg, dass sich etwa die Hälfte der deutschen Bevölkerung innerhalb einer »Zone des gesicherten Wohlstands« befinde; Olaf Groh-Samberg, »Ökonomische Ungleichheiten. Armut und Reichtum«, in: Herbert Obinger, Manfred G. Schmidt (Hg.), *Handbuch Sozialpolitik*, Wiesbaden 2019, S. 833-862, hier S. 853.

30 Vgl. Robert D. Putnam, »E Pluribus Unum. Diversity and Community in the Twenty-first Century«, in: *Scandinavian Political Studies* 30 (2007), S. 137-174. Kritisch hierzu Maria Abascal und Delia Baldassari, »Love Thy Neighbor? Ethnoracial Diversity and Trust Reexamined«, in: *American Journal of Sociology* 121 (2015), 3, S. 722-782, die sinkendes Vertrauen durch den Anstieg sozioökonomischer Ungleichheit erklären.

einer vergangenen, vermeintlich großartigen ethnischen oder kulturellen Gemeinschaft. Er reagiert damit auf die Erfahrung erodierender sozialer Homogenität und abnehmender Integration infolge fehlender Differenz- und Konfliktrepräsentation mit dem Versprechen einer ethnischen und kulturellen Re-Homogenisierung. Diese Programmatik einer retrograden Homogenisierung wird von vielen akademischen Beobachtern als eine Bedrohung und als ein offenkundiger Rückfall interpretiert, als eine Regression. Dabei sollte indes nicht übersehen werden, dass sie bei ihren Adressaten anders gedeutet wird. Rechtspopulisten werden von ihren Kritikern oftmals als Musterrepräsentanten eines *paranoid style of politics* betrachtet,[31] aber für ihre Anhänger repräsentieren sie eine Politik der Hoffnung.

Viertens wird die devolutionär bedingte Erhöhung politischer Differenzierung und Komplexität in zunehmendem Maße bewusst. Wie bereits gezeigt, steigt die Zahl der an der politischen Kommunikation Beteiligten an; diese differenziert sich auf mehreren Ebenen und es kommt zu einer Diffusion von Verantwortung. Wer über was mit welchen Folgen entschieden hat, ist infolge der komplexen Formen des Regierens jenseits des Staates, innerhalb des Exekutivföderalismus der EU sowie außerhalb der parlamentarischen Arenen in den zahlreichen Konsensrunden, Kamingesprächen, Expertenkommissionen, Bürgerdialogen, zivilgesellschaftlichen Konsultationen und Gipfeltreffen immer schwerer zu sagen. Die überbordende Komplexität der Politik führt nicht nur dazu, dass das Sartori-Kriterium verletzt wird, sie bringt auch mit sich, dass die Bürger selbst bemerken, dass sie politisch den Überblick verlieren. In dem Maße, wie zugleich die Steuerungskapazität aus dem politischen Leben der Demokratien schwindet, gewinnt ein Teil der Bürgerschaft den Eindruck von Kontrollverlust und Steuerungsversagen. Es entsteht der Eindruck, die drängendsten Probleme würden ignoriert oder zerredet, folgenreiche Entscheidungen würden nicht mehr getroffen oder seien zumindest nicht mehr klar zurechenbar – wo niemand sichtbar Macht ausübt, ist auch niemand mehr verantwortlich – und es mangele an klarer politischer Führung. Die Konjunktur von Verschwörungstheorien ist vor diesem Hintergrund nachvollziehbar. Sie ist ein Symptom des

31 Richard Hofstadter, »The Paranoid Style in American Politics«, in: *Harper's Magazine*, November 1964.

Verschwindens demokratischer Steuerung und Verantwortung. Je weniger Macht offen sichtbar ist und politisch verantwortet wird, desto mehr stoßen Theorien über den klandestin-illegitimen Gebrauch von Macht auf Resonanz. Die oftmals karikierende und ins Absurde führende Darstellung solcher Theorien in der Öffentlichkeit sowie der Umstand, dass die politischen Eliten verschwörungstheoretische Diskurse tabuisieren, kann darüber hinwegtäuschen, dass das Phänomen in der Bevölkerung deshalb weit verbreitet ist.[32]

Die Kampagnen und Mobilisierungsstrategien rechtspopulistischer Politiker reagieren auf diese Probleme des devolutionären Wandels. Sie setzen nicht, wie die meisten anderen Parteien und Politiker, auf langwierige Verhandlungen, Bürgerdialoge und den Einsatz von Expertenkommissionen. Stattdessen nehmen sie klare Verantwortungszuschreibungen vor. Sie stehen für eine simple Form der Mehrheitsherrschaft und propagieren einfache Politikrezepte. An ihren Kampagnen und Programmen wird oft kritisiert, bei ihnen handele es sich um einfache Antworten auf komplexe Probleme. Wenn mit »einfach« gemeint ist: einfach zu verstehen, dann muss man diesem Einwand im Lichte des eingangs beschriebenen Sartori-Kriteriums entgegenhalten, dass Demokratien genau dies benötigen: einfache Antworten. Politische Antworten auf öffentliche Probleme sind nicht richtig, weil sie einfach sind, aber in einer Demokratie müssen die politischen Antworten einfach zu verstehen sein. Andernfalls sind sie auf demokratischem Wege nicht zu vermitteln. In der Demokratie müssen die politischen Institutionen, Abläufe und Handlungsoptionen von den *Normalbürgern* verstanden werden. Es wäre unrealistisch anzunehmen, dass hierfür das gleiche Maß an Informationsbeschaffung, Fachkenntnis, Durchdringung der jeweiligen Politikprogramme und

32 Die Aussage »Regardless of who is officially in charge of governments and other organisations, there is a single group of people who secretly control events and rule the world together« halten laut einer Erhebung 21 Prozent der Befragten in Dänemark, 31 Prozent in Deutschland, 36 Prozent in Frankreich, 45 Prozent in Italien und 56 Prozent in Spanien für »definitiv wahr« oder »wahrscheinlich wahr« (YouGov, »Globalism 2020, Fieldwork Dates 30. 07.-24. 08. 2020«, ⟨https://docs.cdn.yougov.com/b3mr9egnto/Globalism2020%20TBI%20Tech%20%26%20Society.pdf⟩, letzter Zugriff 04. 11. 2022. Sobald politische Eliten verschwörungstheoretische Deutungsmuster selbst verwenden, wie dies bei Donald J. Trump und Viktor Orban der Fall ist, zeigen sich die politische Relevanz und elektorale Resonanz verschwörungstheoretischen Denkens.

Positionen sowie die theoretische Syntheseleistung vorausgesetzt werden können, wie dies vielleicht in akademischen und vor allem in fachpolitischen Kontexten der Fall ist. Vor dem Hintergrund der Devolutionsdiagnose lassen sich jedenfalls die Empfänglichkeit von Teilen der Bürgerschaft für populistische Parolen sowie die Resonanz für die simplifizierenden Kampagnen rechtspopulistischer Parteien als naheliegende Reaktionsweisen deuten. Die *populistische Simplifizierung* stellt mithin eine Strategie dar, die auf Probleme der Devolution antwortet. Die zunehmende Komplexität wird mit einfachen Verantwortungszuschreibungen gekontert. Karin Priester hat dem Populismus deshalb eine Neigung zum »detektivischen Materialismus«[33] attestiert, dessen Kennzeichen das Fahnden nach Schuldigen für soziale und politische Problemlagen ist. Man kann den detektivischen Materialismus als personalisierend und verkürzt verdammen, aber er hat eine genuine Verbindung zur Demokratie, da für demokratisches Regieren, im Sinne des Minimalmodells der repräsentativ-demokratischen Elitenherrschaft, die *personale Verantwortung* derjenigen, die Herrschaft ausüben, eine ganz wesentliche, wenn nicht sogar *die* wesentliche Dimension der Legitimation von Herrschaft ist.

Der politischen Differenzierung hält der Populismus ein Modell des einfachen Durchregierens entgegen, in der eine infolge von beschleunigter Globalisierung und Europäisierung entmachtete Regierung ihre Steuerungskompetenzen zurückerhalten soll. Auf die Kognitionsasymmetrie schließlich antwortet er mit einer Entwertung komplizierter Wissensbestände und fachlicher Qualifikationen der Expertenklasse, denen gegenüber der gesunde Menschenverstand und die unmittelbare lebensweltliche Erfahrung aufgewertet werden. Gerade im Kontext des Aufstiegs eines kognitivistischen Politikverständnisses, das Politik im Lichte des Paradigmas der Wissensgesellschaft interpretierte, das auch in den sozialdemokratischen, linken und liberalen Parteien Fuß gefasst hat[34] und institutionell in der Aufwertung und Einbindung politischen Expertenwissens resultierte, stellt die populistische Strategie der Auf-

33 Karin Priester, *Rechter und linker Populismus. Annäherungen an ein Chamäleon*, Frankfurt/M., New York 2012, S. 165.

34 Jill Lepore zeigt dies exemplarisch anhand der US-amerikanischen *Democratic Party*; Jill Lepore, *These Truths. A History of the United States*, New York 2019, S. 694ff.

wertung des lebensweltlichen Wissens auf Seiten der Bürgerschaft eine durchaus erfolgreiche Strategie der Differenzmarkierung im Parteienwettbewerb dar. Und auch in dieser Hinsicht erweist sich der Populismus als eine reaktiv-defensive politische Kraft und als Widerstandslager gegen modernisierungsbedingte Asymmetrien, wie sie in der Aufwertung von Expertenwissen, aber auch in den durch die Akademisierung der politischen Elite bedingten Mentalitätsdifferenzen und Stilunterschiede in der öffentlichen Rhetorik zum Ausdruck kommen.

Fünftens hat sich in jüngerer Zeit eine neue Konfliktlinie zwischen Öffnung und Schließung herausgebildet, die ältere Konfliktlinien (Kapital gegen Arbeit, Stadt gegen Land usw.) ergänzt und überlagert.[35] Infolge der politisch gewollten, wachsenden Interdependenz der politischen Ordnungen, der Zunahme grenzüberschreitender Kommunikation, der Liberalisierung der Kultur und Ökonomie und aufgrund der erhöhten Mobilität haben sich Veränderungsprozesse vollzogen, die Gegenreaktionen und damit einen Konflikt zwischen Befürwortern von weiterer Öffnung auf der einen und Befürwortern von Schließung auf der anderen Seite auslösen. Insbesondere der Niedergang des demokratischen Kapitalismus bedeutete hierbei einen Politisierungsschub hinsichtlich des Konflikts zwischen Öffnung und Schließung, denn zuvor konnten »Öffnungsverluste«, etwa im Zuge von technologisch entstandener oder rationalisierungsbedingter Arbeitslosigkeit, durch wohlfahrtsstaatliche Leistungen kompensiert werden. Zudem wurden Öffnungsprozesse so gestaltet, dass etwa Arbeitsmigration nur sehr partiell zur heimischen Arbeitskraft in Lohnkonkurrenz trat und mittels Schließung die etablierten Arbeitskartelle ihre Positionen schützen konnten. Nun aber werden Öffnung und Schließung zum Gegenstand eines politischen Konflikts. Obwohl viele regierende Parteien durchaus Schließungspolitik betrieben haben und betreiben, wurde dieser Konflikt aufgrund der Vorherrschaft des liberalen Diskurses in der Öffentlichkeit (»Weltoffenheit statt Abschottung«) und im Parteienwettbewerb lange Zeit nicht hinreichend symbolisiert und repräsentiert. Die dadurch entstehende Repräsentationslücke wird gegenwärtig von rechtspopulistischen Parteien genutzt,

35 Hanspeter Kriesi, »Restructuration of Partisan Politics and the Emergence of a New Cleavage Based on Values«, in: *West European Politics* 33 (2010), S. 673-685.

die sich durch ihre Programmatik, aber vor allem auch mittels ihrer Verwendung von Schließungsparolen (*Build that wall!*) als Parteien der Schließung positionieren.

Wichtig ist in diesem Zusammenhang neben der den Rechtspopulisten ein Alleinstellungsmerkmal verschaffenden Ablehnung von Immigration überdies die von einigen rechtspopulistischen Parteien und Politikern offensiv vertretene protektionistische Wirtschaftspolitik. Zwar sind die medial dominante Berichterstattung, die Meinungspublizität in der politischen Öffentlichkeit und insbesondere wirtschaftsnahe Publizisten dem Protektionismus gegenüber zumeist skeptisch eingestellt, dies gilt aber nicht für andere Teile der Bevölkerung. Mittels protektionistischer Maßnahmen die heimische Wirtschaft zu schützen, ist in den Bürgerschaften entwickelter Wirtschaftsgesellschaften weit populärer, als es der mediale Diskurs vermuten lässt.[36] Überdies stellt eine protektionistische Positionierung im Parteiensystem auf Seiten populistischer Parteien im Kontext von nationalen Ökonomien mit einem relevanten Binnenmarkt und in der Globalisierung unter Druck geratenen alten Industriesektoren eine rationale Reaktion auf das drohende Ende des demokratischen Kapitalismus dar.

In der Summe muss man den Aufstieg des Rechtspopulismus im Sinne der Devolutionsthese als das Ergebnis einer umfassenden, beschleunigt seit den 1970er Jahren wirkmächtigen Modernisierung begreifen, die nicht nur durch ökonomische, sondern auch durch politische und kulturelle Liberalisierungsprozesse gekennzeichnet ist. Diese bringt, wie alle Prozesse sozialen Wandels, Gewinner und Verlierer hervor, da Individuen, Gruppen, Klassen und Milieus unterschiedlich von diesen Prozessen in Politik, Wirtschaft und Kultur betroffen sind und die Bedeutung dieser Prozesse unterschiedlich interpretieren. Während die Liberalisierung in den Augen mancher

36 Bruce Stokes, »Americans, Like Many in Other Advanced Economies, Not Convinced of Trade's Benefits«, in: Pew Research Center, September 2018, ⟨https://www.pewresearch.org/global/2018/09/26/americans-like-many-in-other-advanced-economies-not-convinced-of-trades-benefits/⟩, letzter Zugriff 05.01.2022. Gegenwärtig bleibt abzuwarten, ob protektionistische Politikoptionen auch auf die Agenda der nichtpopulistischen Parteien und Politiker gelangen werden, wobei die gegenwärtigen geopolitischen Dynamiken eine zentrale Rolle spielen werden. Joe Biden hat jedenfalls mit dem sogenannten *Inflation Reduction Act* Trumps protektionistische Politik weitergeführt, wenn nicht sogar intensiviert, dies jedoch nicht öffentlich als Teil seiner Agenda beschrieben.

einen Gewinn darstellt (und ihnen mehr Freiheit, Geld, Ansehen, Selbstverwirklichungschancen und den Bedeutungszuwachs von ihnen geschätzter Werte und Ideen einbringt), befürchten andere einen entsprechenden Verlust. Die Rechtspopulisten beanspruchen die Repräsentation derjenigen, die sich für Verlierer halten oder fürchten, in Zukunft zum Lager der Verlierer zu gehören. Hiermit korrespondiert die wesentlich *defensive* Ausrichtung der meisten rechtspopulistischen Parteien, modernisierungsbedingte Veränderungsprozesse zu verlangsamen oder aufzuhalten. Diese defensive Programmatik und reaktive Ausrichtung im Sinne eines politischen Retrogradismus, der indes oftmals mit einer aggressiven Rhetorik im Sinne des populistischen Stils einhergeht, ist neben dem Fehlen militärischer Organisationsformen die wesentliche Differenz zu neofaschistischen Parteien und faschistischen Ideologien.[37] Vor diesem Hintergrund ist es offenkundig verkürzt, die Erfolge rechtspopulistischer Parteien und Politiker allein auf Vorurteile und rassistische Einstellungen zurückzuführen. Gegen eine solche Deutung der jüngeren rechtspopulistischen Welle wendet Michael J. Sandel deshalb ein:

> Die harte Realität ist, dass Trump gewählt wurde, weil er eine unerschöpfliche Quelle von Ängsten, Frustrationen und legitimen Beschwerden anzapfte, auf die die Mainstreamparteien keine überzeugende Antwort hatten. In einer ähnlichen Misere befinden sich die Europäischen Demokratien.[38]

37 Wolfgang Streeck, »Taking Back Control? The Future of Western Democratic Capitalism«, in: *Efil Journal of Economic Research* 1 (2018), S. 30-47, hier S. 40. Differenzen zwischen Populismus und Faschismus bestehen vor allem auf der Ebene der Ideologie und der Organisationsformen. Die engsten Überschneidungen zwischen Populismus und Faschismus lassen sich im Populismus von Juan Perón in Argentinien und Getulio Vargas in Brasilien ausmachen. Sowohl Perón als auch Vargas sind durch faschistische Ideen beeinflusst worden, und sie haben Anleihen bei der Propagandatechnik und dem wirtschaftspolitischen Korporatismus des italienischen Faschismus gemacht. Allerdings haben sie, bei aller repressiv-illiberalen Beschränkung der politischen Freiheit, weder einen demokratischen Verfassungsstaat zerstört noch haben sie eine expansionistische Außenpolitik verfolgt oder eine systematische Massenverfolgung betrieben; tatsächlich haben sie gegenüber der oligarchischen Struktur ihrer Länder die politische Partizipation erweitert, Robert O. Paxton, *The Anatomy of Fascism*, New York 2004, S. 197; Federico Finchelstein, *From Fascism to Populism in History*, Oakland 2017.

38 Michael J. Sandel, *The Tyranny of Merit. What's Become of the Common Good*, London 2020, S. 21 f.

Tatsächlich ist ein wichtiger Grund für den Zuspruch, den Rechtspopulisten erfahren, dass die etablierten politischen Kräfte in den Augen von deren Wählerschaft kein Angebot machen, das als Versprechen der Besserung der Lage erscheint. Die Unzufriedenheit der Bürger wird deutlich, wenn man das Demokratieverständnis europäischer Bürger mittels drei Indizes abfragt. Ferrin und Kriesi unterscheiden einen liberalen Index, der in erster Linie elektorale und rechtsstaatliche Komponenten von Demokratie erfasst, einen sozialen Index, der auf die Verringerung von Einkommensungleichheit und den Schutz vor Armut abhebt, und einen direktdemokratischen Index, der auf direkte Bürgerbeteiligung mittels Volksabstimmungen abzielt. Bemerkenswert ist, dass die Bürger in etablierten Demokratien die liberale Dimension als zumindest mittelmäßig verwirklicht ansehen, aber bei den beiden anderen Dimensionen von Demokratie (direkte Demokratie sowie die Minderung sozialer Ungleichheit), die sie ebenso wichtig einschätzen wie die liberale Dimension, besonders unzufrieden sind.[39] Damit kann der Rechtspopulismus an eine verbreitete Unzufriedenheit mit demokratischen Regimen anschließen. Allerdings propagiert er als rechter Retropopulismus ein Ideal, das unter den gegebenen Bedingungen der Devolution nur schwer zu realisieren ist, da er Liberalisierungsschritte rückgängig machen müsste, an die sich viele Bürger westlicher Regime bereits gewöhnt haben. Er reagiert auf die Folgen der Devolution in erster Linie protestförmig, Protest ist aber kein Regierungsprogramm. In diesem Zusammenhang stellt sich eine Frage, die in der Populismusforschung bisher nur in Ansätzen behandelt worden ist, nämlich ob der Populismus auch als ein *Regime- und Regierungsprojekt* politisch von Bedeutung sein könnte, das grundlegende institutionelle Veränderungen westlicher Demokratien mit sich bringt.[40]

39 Ferrin/Kriesi, Demokratieverständnisse und -bewertungen in Europa, S. 11 ff.

40 Der Integrationsgrad populistischer Parteien wird infolge der vorherrschenden Deutung, Populisten bildeten immer Außenseiter- und Anti-Establisment-Parteien, häufig unterschätzt. Matthia Zulianello kommt in seiner vergleichenden Meta-Analyse von 66 populistischen Parteien in 33 europäischen Ländern zu dem Ergebnis, dass vierzig Prozent der populistischen Parteien Regierungsverantwortung tragen und sechzig Prozent kooperative Interaktionen innerhalb des Parteiensystems aufweisen. Neben der Fidesz-Regierung in Ungarn nennt Zulianello die serbische CHC/SNS sowie die russischen Marionettenparteien LDPR, SR und RODINA als einzige Fälle, in denen zwischen populistischer Partei und institu-

Nadia Urbinati hat mit Blick auf die dafür nötige Transformation des Populismus zu einer gestaltungsfähigen politischen Kraft argumentiert, es gelte, zwischen Populismus als einer »popularen Bewegung« und Populismus als einer »herrschenden Macht« zu unterscheiden.[41] Sie meint, der Populismus sei gegenwärtig nicht nur als ein Protestphänomen oder als eine minoritäre Kraft in einer Koalitionsregierung relevant. Unter anderem im Rekurs auf die italienische Fünf-Sterne-Bewegung und die spanische Partei Podemos, aber vor allem auf einer theoretischen Ebene argumentiert sie, der Populismus müsse auch als ein Regierungs- und Regimeprojekt demokratietheoretisch reflektiert werden. Er sei auf dem Weg, die überkommene Parteiendemokratie liberal-repräsentativer Prägung abzulösen, da Letztere ihre Versprechen nicht habe einhalten können. Aufgrund der Entstehung einer global agierenden Oligarchie im entgrenzten Finanzkapitalismus sei die Ausübung politischer Souveränität unglaubwürdig geworden und nur noch als ein »Phantom«[42] existent. Zudem nehme die sozioökonomische Polarisierung und das Abschmelzen der Mittelschicht einem großen Teil der Bürgerschaften die Aussicht auf ein würdiges soziales und politisches Leben.[43] Hinzu komme schließlich die Transformation politischer Kommunikation, die das dyarchische Wechselspiel zwischen Meinung und Gegenmeinung organisierter Kollektive, die sich von der Leitlinie der Regierungspolitik in der Öffentlichkeit abgrenze, zugunsten einer monoarchischen Form von Kommunikation desorganisierter und zerstreuter Publika abgelöst habe. In diesem transformierten soziopolitischen Kontext sei die hergebrachte Form der liberal-repräsentativen Parteiendemokratie nicht mehr lebensfähig. Sie bringe infolge ihrer Dysfunktionalität den Populismus als das Projekt einer Regimetransformation hervor:

tionellem Status quo eine symbiotische Beziehung besteht, d. h. im weiten Sinne illiberal-undemokratische Regimestrukturen vorherrschen. Ein Grenzfall, den auch Zulianello nicht eingehender behandelt, ist die polnische PiS-Regierung; Matthia Zulianello, »Varieties of Populist Parties and Party Systems in Europe. From State-of-the-Art to the Application of a Novel Classification Scheme to 66 Parties in 33 Countries«, in: *Government & Opposition* 55 (2020), S. 327-347.

41 Nadia Urbinati, *Me the People. How Populism Transforms Democracy*, Cambridge, London 2019, S. 15.

42 Ebd., S. 4.

43 Ebd.

»Populismus ist, in allen Hinsichten, ein Produkt der Defekte der Parteiendemokratie«.[44] Das Ziel dieses neuartigen Populismus als eines Regierungs- und Regimeprojekts sei die Etablierung einer »populistischen Demokratie«,[45] die in Zukunft an die Stelle der repräsentativ-liberalen Demokratie treten könnte. Sie weise zwei Kernmerkmale auf. Erstens, die direkte Bezugnahme einer politischen Führungsfigur auf eine weitgehend passive Massenbasis, die sich als das »einzig wahre Volk« verstehe und die eigene Position zur einzig legitimen erkläre. Zweitens, die überragende Bedeutung einer dauerhaften Kommunikation dieser Führungsfigur mit einer rezeptiven »Zuhörerschaft« als ihrem politischen Resonanzkörper. Angestrebt werde hierdurch eine Form direkter Repräsentation, bei der alle vermittelnden Institutionen und Instanzen der repräsentativen Demokratie wie Parteien, zivilgesellschaftliche Organisationen und Bewegungen sowie die öffentliche Meinung zugunsten eines zentral organisierten, sich als einzige legitime Position beschreibenden Partikularismus ausgeschaltet werden beziehungsweise diesem untergeordnet sind.

Während dieses Modell der »populistischen Demokratie« ein theoretisches Konstrukt ist, das Urbinati nur hinsichtlich einiger Aspekte und nicht systematisch anhand empirischer Populismen illustriert und das insofern nicht als die theoretische Reflexion eines existierendes Regimes oder einer Regierungspraxis gelten kann, wurde von Attila Bartha, Zsolt Boda und Dorottya Szikra[46] im Rückgriff auf die theoretische Literatur ein Idealtyp populistischen Regierens entworfen, den sie anhand des Falls der Sozialpolitik der Fidesz-Regierung in Ungarn empirisch unterfüttern. Tatsächlich kann die seit dem Jahr 2010 im Amt befindliche Regierung Viktor Orbáns und deren institutionelle Umgestaltung des ungarischen Gemeinwesens als wohl aussagekräftigster Fall für die Frage gelten, ob sich empirisch außerhalb des lateinamerikanischen Kontexts die Entstehung und Konsolidierung eines genuin populistischen Regimes und einer entsprechenden Regierungspraxis beobachten lassen. Ein solches populistisches Regieren mit institutionellen Fol-

44 Ebd., S. 208.

45 Ebd., S. 4.

46 Attila Bartha, Zsolt Boda, Dorottya Szikra, »When Populist Leaders Govern. Conceptualising Populism in Policy Making«, in: *Politics and Governance* 8 (2020), S. 71-81.

gen auf der Regimeebene müsste also die Prozess-, Inhalts- und die Strukturdimension von Politik betreffen. Alle drei Dimensionen gehen in Barthas, Bodas und Szikras Idealtyp populistischen Regierens ein.[47] Sie definieren auf der Inhaltsebene populistisches Regieren durch den selektiven und okkasionellen Rückgriff auf heterodoxe Programmatiken. Populistisches Regieren sei insofern ideologisch nicht festgelegt, allerdings sei es weder willkürlich noch inkrementell. Vielmehr suche es innovative und vor allem weitreichende Reformen anzustoßen, die sich an einem anvisierten Mehrheitswillen orientierten, ohne dabei die Position von Minderheiten zu berücksichtigen. Hinsichtlich der Prozesse und institutionellen Strukturen charakterisieren sie es durch einen Zentralismus, in dem etablierte Abläufe und vor allem Institutionen umgangen oder außer Kraft gesetzt werden. Es sei nicht dezidiert antiinstitutionell, richte sich aber gegen intermediäre Vermittlungsinstanzen und suche vor allem Vetopositionen auszuschalten. Dies kombiniere es mit einer direkt-einseitigen Kommunikation der politischen Führung mit der Wählerschaft. Auf der Ebene der Diskurse, mit der die handelnden Akteure ihre Politik rechtfertigen beziehungsweise diese diskursiv vorbereiten, zeichne sich populistisches Regieren schließlich dadurch aus, dass es mit einem emotionalisierten, manichäischen Krisendiskurs unterlegt werde, in dem eine Wir-Sie-Frontstellung sowie Feindbilder eine zentrale Rolle spielen.

Bei ihrer empirischen Fallanalyse der Sozialpolitik der Fidesz-Regierung können Bartha, Boda und Szikra nahezu alle Elemente ihres Idealtyps auffinden.[48] Auf der inhaltlichen Ebene kombinierten die von der Orban-Regierung durchgeführten Reformen in heterodoxer Weise Elemente aus unterschiedlichen politischen Programmatiken. Neben die Senkung des Spitzensteuersatzes, die Kürzung der Bezugszeit von Arbeitslosenhilfe von neun auf drei Monate und die Einführung einer *flat tax* (neoliberale Programmatik) traten die Frühverrentungsmöglichkeit für ihre Enkelkinder betreuende Großmütter (konservative Programmatik) sowie die Nationalisierung des Vermögens privater Pensionsfonds und die Schaffung eines Programms öffentlicher Arbeitsbeschaffung (sozialdemokratische Programmatik). Auf der prozessualen und institutionellen Ebene neutralisierte die Regierung die Vetomacht

47 Bartha u. a., »When Populist Leaders Govern«, S. 73 ff.

48 Ebd., S. 75 ff.

von Verfassungsgericht und parlamentarischer Opposition. Sie beendete den korporativen Tripartismus und führte, in Form landesweiter Befragungen der ungarischen Haushalte, mehrere »nationale Konsultationen« durch. Reformen wurden zumeist zu Beginn einer Legislaturperiode und in schnellem Tempo durchgeführt. Da die meisten Reformpläne nicht im jeweiligen Wahlprogramm angekündigt wurden, kamen die Reformen überraschend und stießen auf keine organisierte Gegenwehr. Auf der diskursiven Ebene schließlich dominierte zunächst ein Produktionismus, in dem Ungarn als eine »arbeitsbasierte Gesellschaft« ehrlicher und hart arbeitender Menschen beschrieben wurde. Gegen die Macht des Finanzkapitals wurden Fidesz und insbesondere Viktor Orbán selbst als die »Retter der Nation« inszeniert. Seit dem Jahr 2015 wurde dieser produktionistische Diskurs verdrängt durch einen xenophoben Diskurs, in dem vor allem ein Bedrohungsszenario durch die Migration muslimischer Menschen sowie eine »übergriffige« europäische Bürokratie gezeichnet wurde. Hinzu kamen eine antisemitische Kampagne gegen George Soros beziehungsweise die Central European University und eine Kampagne gegen die »Gender-Ideologie«, die eine Gefahr für den nationalen Zusammenhalt und die ungarischen Familien darstelle.

Die Analyse von Bartha, Boda und Szikra ist aufschlussreich, obgleich sie vor allem das Politikfeld der Sozialpolitik in den Blick nimmt und die konstitutionellen Veränderungen selektiv thematisiert. Allerdings handelt es sich bei der Fidesz-Regierung um einen besonderen Fall, da die Fidesz-Partei mit einer Zweidrittelmehrheit in das ungarische Parlament einzog und deshalb über eine große institutionelle Macht verfügte. Vor diesem Hintergrund verwundert es nicht, dass ein Element ihres Idealtyps populistischen Regierens in diesem Fall nicht vorlag: das Umgehen der demokratischen Institutionen. Denn es war ja gerade ihre auf dem verfassungsmäßig vorgesehenen Weg zustande gekommene institutionelle Macht im Parlament, die es der Fidesz-Regierung ermöglichte, ihre weitreichenden Reformen umzusetzen. Zu beachten ist überdies, dass Populismus, wie eingangs beschrieben, ein kontextrelatives Phänomen ist, weshalb sich die Frage stellt, inwieweit der Fall Ungarns verallgemeinerbar oder übertragbar ist auf kulturell, soziostrukturell und politisch abweichende Kontexte, insbesondere in Westeuropa. Trotz der Beteiligung populistischer Parteien an

Koalitionsregierungen hat sich hier jedenfalls bisher kein genuin populistischer Regierungsstil oder ein spezifisch populistisches Regime herausgebildet. In diesem Kontext stellt der Populismus bislang weiterhin ein primär reaktiv-protestförmiges Phänomen dar. Dieser reaktive Zug des Populismus wird in der Literatur immer wieder verkannt. Mehr noch, in der in der Einleitung der Angriffsthese zugeordneten Literatur zum Demokratiewandel herrscht die Tendenz vor, gegenwärtige Demokratieprobleme einseitig als vor allem durch den Populismus verursacht darzustellen. Beispielhaft sei hier Diamonds monokausales Erklärungsmuster zu dem von ihm ausgemachten weltweiten Rückzug demokratischer Regime angeführt. Diamond zufolge ist ein »Großteil dieser negativen Dynamik von einer Kraft hervorgerufen worden: dem Populismus«.[49] Meine Erklärung des Populismus spricht hingegen dafür, dass sich unter der Oberfläche des in der Öffentlichkeit ausgetragenen Streits zwischen »guten Demokraten« und »schlechten Populisten« tiefer liegende Problemstellungen für demokratische Regime verbergen. Die auch für Teile der Populismusforschung charakteristische, verkürzte Dichotomie zwischen illiberalem Populismus und liberaler Demokratie verschleiert die devolutionäre Transformation demokratischer Regime. Sie gleicht sich dem »detektivischen Materialismus« an, wenn sie nach »den Schuldigen« für einen unerwünschten politischen Strukturwandel sucht.

In der Summe hat sich der Populismus als eine ernstzunehmende Alternative zur liberal-repräsentativen Demokratie in Stellung gebracht. Die starke Aufmerksamkeit, die er auf sich zieht, kann dabei den Sachverhalt verdecken, dass er nicht die einzige sich entwickelnde Alternative zur liberal-repräsentativen Demokratie ist. In den beiden folgenden Abschnitten will ich deshalb mit der Expertokratie und der partizipativen Governance zwei weitere Alternativen in den Blick nehmen. Auch sie stellen realpolitische Versuche dar, die sich infolge der Devolution verschärfenden Legitimations- und Effektivitätsprobleme zu lösen und Politik neu zu orientieren. Im Kontext der Corona-Pandemie hat insbesondere die Expertokratie an Bedeutung gewonnen.

49 Larry Diamond, »Breaking Out of the Democratic Slump«, in: *Journal of Democracy* 31 (2020), S. 36-50, hier S. 41.

2.2 Die dünne Ideologie der Expertokratie

Im Kontext devolutionär transformierter Regime ist die Expertokratie weder einfach zu bestimmen noch normativ eindeutig zu beurteilen. Historisch lassen sich zur ersten Orientierung zwei historische Stränge des politischen Denkens unterscheiden, in denen die politische Nutzung von Expertenwissen, die Rationalisierung von Politik oder das Ziel der Verwandlung von Politik in wissenschaftlich fundierte Technik eine Rolle gespielt haben. Der *utopisch-politische* Strang dieses Denkens besteht aus Entwürfen und Programmatiken, die auf eine Rationalisierung oder Abschaffung von Politik zum Zweck der gemeinwohlorientierten Verwaltung der öffentlichen Angelegenheiten abzielen. Wichtige Beiträge zu diesem Strang reichen von Platons *Staat*[50] über Francis Bacons *Nova Atlantis*[51] und Saint-Simons Industrialismus[52] und dessen Fortsetzung bei Engels[53] und Lenin[54] bis hin zu Karl Mannheims Entwurf einer geplanten Demokratie[55] sowie Thorstein Veblens[56] Ideen technokratischer Revolution und der sich auf ihn berufenden Bewegung der *technocrats*.[57] Der *soziologisch-diagnostische* Strang dieses Denkens hingegen, etwa bei James Burnham[58] und Daniel Bell zu finden,[59] hebt eher deskriptiv auf die gewachsene Bedeutung von fachlicher Expertise für Politik ab und prognostiziert die tendenzielle Ersetzung von Politikern durch wissenschaftlich ausgebildete Fachleute. Helmut Schelskys Modell der Techno-

50 Platon, *Der Staat*, Hamburg 1998.

51 Francis Bacon, »Nova Atlantis«, in: Klaus J. Heinisch (Hg.), *Der utopische Staat*, Reinbek 1989, S. 171-215.

52 Michael Vester, *Die Frühsozialisten 1789-1848, Band 1*, Reinbek bei Hamburg 1970.

53 Friedrich Engels, »Die Entwicklung des Sozialismus von der Utopie zur Wissenschaft«, in: *Marx-Engels-Werke*, Bd. 19, Berlin (Ost) 1973, S. 210-228.

54 Lenin, *Staat und Revolution. Die Lehre des Marxismus vom Staat und die Aufgaben des Proletariats in der Revolution*, Berlin 1949.

55 Karl Mannheim, *Freiheit und geplante Demokratie*, Köln, Opladen 1970.

56 Thorstein Veblen, *The Engineers and the Price System*, New York 1921.

57 Henry Jr. Elsner, *The Technocrats. Prophets of Automation*, Syracuse 1967.

58 James Burnham, *The Managerial Revolution. What Is Happening in the World Now*, London 1941.

59 Daniel Bell, *The Coming of Post-industrial Society. A Venture in Social Forecasting*, New York 1973.

kratie[60] kann als besonders prägnantes Beispiel für diese Linie gelten.

Wie im Folgenden zu sehen sein wird, unterscheidet sich die gegenwärtige Form der Expertokratie von den beiden historischen Strängen. Vor allem ist sie gegenwärtig als eine »dünne Ideologie« politisch relevant. Dünne Ideologien zeichnen sich dadurch aus, dass sie zwar Auffassungen über das Wesen der Politik beinhalten und normative Aussagen darüber treffen, was gute Politik auszeichnet, aber darüber hinaus nur rudimentär inhaltlich bestimmt sind und mit Inhalten angereichert werden müssen.[61] Als eine dünne Ideologie ist die zeitgenössische Expertokratie deshalb programmatisch flexibel und ideologisch nicht festgelegt. Bislang existiert keine zeitgemäße theoretische Analyse und Begriffsbestimmung von Expertokratie, die diesen flexiblen Charakter der zeitgenössischen Expertokratie konzeptuell erfasst und mit dem jüngeren Demokratiewandel in Beziehung setzt. Trotz der Arbeiten Helmut Willkes[62] und Jason Brennans[63] fehlen zeitgemäße politik- und demokratietheoretische Beiträge zur Theorie der Expertokratie.[64] Vor allem mangelt es an einem Konzept der Expertokratie, das deren Chancen und Grenzen im Kontext demokratischer Regime zu bestimmen erlaubt und sie konzeptuell von verwandten Konzepten wie dem der Technokratie auf analytisch sinnvolle Weise abgrenzt. Den Kontrast zwischen Technokratie und Expertokratie will ich im Folgenden mit Blick auf deren Umsetzungsmöglichkeiten im Kontext demokratischer Normen näher bestimmen.

Die Verbindung von fachspezifischem Wissen mit politischer Autorität und die Kopplung des Expertenstatus mit Herrschaftsbefugnissen sind offenkundig undemokratisch. Demokratische

60 Helmut Schelsky, »Der Mensch in der wissenschaftlichen Zivilisation«, in: ders., *Auf der Suche nach Wirklichkeit. Gesammelte Aufsätze zur Soziologie der Bundesrepublik*, München 1979, S. 449-486.

61 Eingeführt wurde das Konzept von Michael Freeden; vgl. ders., »Is Nationalism an Distinct Ideology?«, in: *Political Studies* 46 (1998), S. 748-765.

62 Helmut Willke, *Demokratie in Zeiten der Konfusion*, Berlin 2014.

63 Jason Brennan, *Gegen Demokratie. Warum wir die Politik nicht den Unvernünftigen überlassen dürfen*, Berlin 2017.

64 Ausnahmen sind Alexander Bogner, *Die Epistemisierung des Politischen. Wie die Macht des Wissens die Demokratie gefährdet*, Ditzingen 2021; Laura Münkler, *Expertokratie. Zwischen Herrschaft kraft Wissens und politischem Dezisionismus*, Tübingen 2020.

Legitimation beruht nicht auf exklusivem Wissen, sondern auf Zustimmung und dem freien Zugang zu dem Wettbewerb um diese Zustimmung unter Bedingungen politischer Gleichheit. Und auch die gewachsene Bedeutung von bürgerschaftlicher Partizipation und die zunehmenden Ansprüche auf Selbstbestimmung infolge der partizipatorischen Revolution unterminieren technokratisch begründete Herrschaftsansprüche, weil sie eine mit dem geistesaristokratischen Status des Expertentums in Spannung befindliche Aufwertung der je individuellen Subjektivität der Bürger mit sich bringen. Der Prozess der Politisierung wiederum führt zu einer Steigerung des gesellschaftlichen Kontingenzbewusstseins, das eine technokratische Verengung des Möglichkeitsraums und eine Negation von Entscheidungsmöglichkeiten im Zeichen vermeintlicher Sachzwänge und technologischer Gegebenheiten, die von den Experten nur mehr exekutiert werden müssten, als unplausibel und unzeitgemäß erscheinen lässt. Im Kontext der eingangs beschriebenen expansiven Politisierung wirkt das Modell eines »technischen Staats« im Sinne Schelskys[65] deshalb wie die antiquierte Utopie eines wissenschaftlichen Planstaats aus dem Geiste des Denkschemas der total verwalteten Welt.

Schelskys Aufsatz über den »Mensch in der wissenschaftlichen Zivilisation«[66] stand im Zentrum der »Technokratiediskussion«,[67] einer Debatte über die Bedeutung von Wissenschaft und Technik für Politik und Demokratie. Schelsky argumentiert in diesem für das Konzept der Technokratie immer noch maßgeblichen Aufsatz spekulativ-prognostisch. Sein Erkenntnisinteresse war, die aus der »Verwissenschaftlichung unserer Welt und unseres Lebens«[68] ableitbaren Folgen für die menschliche Subjektivität und Gesellschaft prognostisch herauszuarbeiten. Dies mündet in eine Neuformulierung des Verdinglichungstheorems, die das von Saint-Simon bis zu Engels und Lenin in der Linken verfochtene Projekt einer Verwandlung von Politik und Wirtschaft in Verwaltung technokratisch (um-)deutet. Schelskys Kernthese ist: Infolge der Ausbreitung von Wissenschaft und Technik, die sich in allen menschlichen Daseins-

65 Schelsky, »Der Mensch in der wissenschaftlichen Zivilisation«.

66 Ebd.

67 Claus Koch, Dieter Senghaas (Hg.), *Texte zur Technokratiediskussion*, Frankfurt/M. 1970.

68 Schelsky, »Der Mensch in der wissenschaftlichen Zivilisation«, S. 449.

bereichen zeige, bilde sich eine neue Form der Zivilisation heraus, die »technische Zivilisation«.[69] In ihr träten dem Menschen nicht mehr die Zwänge der Natur entgegen, sondern die der Struktur und den Institutionen der technischen Zivilisation inhärenten »Sachgesetzlichkeiten«,[70] die den Menschen ihre Logik aufzwängen. Schelsky prognostiziert vor diesem Hintergrund die Transformation des Staates in einen technischen Apparat, in dem der »Sachzwang«[71] die Staatsräson darstelle. Diese allmähliche Herausbildung des technischen Staates lasse die Idee der Demokratie sinn- und gegenstandslos werden.

Zur Illustration technokratischen politischen Denkens ist Schelskys Modell weiterhin aufschlussreich. Technokratie ist in diesem im Wesentlichen die Exekution von »Sachzwängen«. Wie Schelsky zu Recht ausführt, verspricht Technokratie damit eine grundlegende Transformation von Herrschaft. Die Herrschaft von Menschen über Menschen transformiere sich in eine technische Superstruktur von Sachgesetzlichkeiten, in der niemand mehr herrsche. Insbesondere im Kontext zunehmender Politisierung wird der wirklichkeitsfremde Gehalt dieser Prognose jedoch offenkundig. Schelskys Aufsatz ist deshalb ein gedankliches Experiment geblieben. Sein Konzept eines technischen Staats ist eine aus der Zeit gefallene Utopie. Lübbe erklärt das Veralten des technokratischen Modells damit, dass die Verwissenschaftlichung des gesellschaftlichen Lebens nicht zur Reduktion von Kontingenz führt, sondern im Gegenteil das Anwachsen von politisch zu bewältigender Ungewissheit mit sich bringt. Wissenschaftlich-technische Innovation ist nicht nur ein Element politischer, sozialer und ökonomischer Planung zur Beherrschung von Kontingenz, sondern sie sorgt selbst für Ereigniskontingenz. Sie bringt Probleme mit sich, die im Vorwege weder abgeschätzt noch zentral gesteuert oder beurteilt werden können:

> Wegen der wachsenden faktoriellen Bedeutung prinzipiell nicht vorhersehbaren Wissens gleicht der Verlauf der wissenschaftlich-technischen Zivilisation immer weniger einer Planrealisation. Er gleicht eher einer Evolution, die gewiss auch über Planrealisationen verläuft – das aber in Interaktion mit

69 Ebd., S. 457.
70 Ebd., S. 456.
71 Ebd., S. 468.

den unvorhersehbaren und in diesem Sinne kontingenten innovatorischen Effekten, die aus der Praxis von Forschung und Entwicklung resultieren.[72]

Aufgrund der Dialektik zwischen wissenschaftlich-technisch informiertem Kontrollwissen und einer dezentralen Dynamik, die unabsehbare Folgen in lokal, sektoral und regional unterschiedlichen Kontexten erzeugt, wachse »zugleich der Bedarf an sektoraler, aber eben auch regionaler und lokaler Selbstorganisation«.[73] Direkte Partizipationsansprüche und die Zunahme von Selbstorganisation sind die funktionalen Korrelate einer nur begrenzt geplanten, sich großteils ungesteuert entwickelnden wissenschaftlichen-technischen Zivilisation, die den Bereich des politisch zu Entscheidenden gerade nicht reduziert, sondern vielmehr ausweitet.[74]

Zugleich wächst der Bedarf an wissenschaftlich rationalisiertem und evidenzbasiertem Regieren, was nicht zuletzt an der im öffentlichen Diskurs oftmals präsenten Begründung von Politiken durch fachlich ausgewiesene Expertise oder auch nur fachlicher Beratung ablesbar ist. Es besteht damit eine bemerkenswerte Gleichzeitigkeit von demokratischer Ablehnung der Herrschaft der Experten einerseits und der im politischen Diskurs präsenten expertokratischen Rechtfertigung von Politik seitens demokratisch gewählter Amtsträger oder zumindest der Einbindung von Expertenwissen in die Willensbildung, Entscheidung, Implementation und Beurteilung von Politik andererseits. Haring beschreibt diese eigentümliche Situation folgendermaßen: »Zwar sind die utopischen Ansätze der Technokratie kaum noch aktuell als Gegenentwurf zum demokratischen Staat; die Idee, Fachwissen als wichtigen Faktor in den politischen Prozess einzubinden, hat hingegen kaum an Aktualität verloren.«[75] Politische Programme und folgenreiche politische

72 Hermann Lübbe, »Technokratie. Politische und wirtschaftliche Schicksale einer philosophischen Idee«, in: *WeltTrends* 18 (1998), S. 39-61, hier S. 57.

73 Ebd., S. 59.

74 Vor dem Hintergrund dieses Zusammenhanges ist es folgerichtig, dass sogar die politische Klasse der VR China, in der Herrschaftslegitimation und Amtsrekrutierung expertokratisch erfolgen, seit einiger Zeit mit dezentralen Governance-Modellen experimentiert, die als funktionale Äquivalente von Partizipation und Selbstorganisation wirken sollen; Hubert Heinelt (Hg.), *Modernes Regieren in China*, Baden-Baden 2014. Das zeigt, dass Expertokratie und partizipative Governance keine Gegensätze sind, sondern verbunden werden können.

75 Sophie Haring, »Herrschaft der Experten oder Herrschaft des Sachzwangs? Tech-

Entscheidungen werden aus diesem Grund in der Öffentlichkeit zumeist nicht ausschließlich demokratisch gerechtfertigt, etwa mit Verweis auf eine Mehrheitsentscheidung oder den Willen des Volkes. Sie werden ebenfalls durch Rekurs auf Fachwissen und wissenschaftliche Expertise begründet. Im Kontext der Corona-Pandemie ist dieser Umstand besonders augenfällig geworden. Aber der politische Bedeutungszuwachs und die politische Umstrittenheit von fachlicher Expertise stellen keineswegs eine Besonderheit der Pandemiepolitik dar. Ein hervorstechendes Beispiel aus dem Feld der Wirtschaftspolitik etwa ist Wolfgang Schäubles Begründung seiner Austeritätspolitik im Kontext der Eurokrise. Schäuble begründete diese im deutschen Bundestag mit Verweis auf ein Forschungspapier der an der Harvard-Universität lehrenden Wirtschaftswissenschaftler Carmen Reinhart und Kenneth Rogoff, dem zufolge eine Schuldenquote über 90 Prozent des Bruttoinlandsprodukts zu einem signifikanten Absinken des Wirtschaftswachstums führe.[76] Zahlreiche weitere einflussreiche Befürworter der Austeritätspolitik nutzten dieses Papier zur fachwissenschaftlichen Unterfütterung ihrer Position, wodurch es eine große politische Relevanz bekam und öffentliches Interesses erhielt. Es wurde so selbst zum Gegenstand einer nicht nur wissenschaftlich, sondern auch politisch geführten Kontroverse.[77] Ausgangspunkt dieser Kontroverse war die von anderen Forschern vorgebrachte These, das Papier von Reinhart und Rogoff sei empirisch fehlerhaft, enthalte Rechenfehler und gewichte Daten auf suggestive Weise.[78] Diese wissenschaftliche These wiederum fand in der politischen Öffentlichkeit Verbreitung und wurde unter anderem zur Kritik von Reinhart und Rogoff verwendet, die als politisierende Wissenschaftler kritisiert wurden, die eine eigene politische Agenda verfolgten. Dieser Vorwurf wiegt schwer, da

nokratie als politikwissenschaftliches ›Problemensemble‹«, in: *Zeitschrift für Politik* 57 (2010), S. 243-264, hier S. 261.

76 Carmen Reinhart, Kenneth S. Rogoff, »Growth in a Time of Debt«, in: *American Economic Review* 100 (2010), S. 573-578.

77 Hauke Janssen, »Schäuble, ›Excel und die Sparpolitik‹«, in: *Der Spiegel*, 27.04.2013, ⟨https://www.spiegel.de/politik/deutschland/faktencheck-zu-wolfgang-schaeubles-sparpolitik-a-895740.html⟩, letzter Zugriff 04.11.2022.

78 Thomas Herndon, Michael Ash, Robert Pollin, »Does High Public Debt Consistently Stiffle Economic Growth? A Critique of Reinhart and Rogoff«, in: *PERI Working Paper* 322 (2013).

er die Unparteilichkeit von Reinhart und Rogoff in Zweifel zieht. Die Autorität von Experten, die politikrelevantes Wissen formulieren, beruht nicht nur auf ihrer fachlichen Expertise, sondern in gleichem Maße auf ihrer »Reputation der Unparteilichkeit«.[79] Um Autorität zu entfalten, müssen Experten unvoreingenommen und objektiv erscheinen. Rogoff konterte den Vorwurf der Parteilichkeit mit der Behauptung, gegen ihn werde eine politische Kampagne geführt. Er beschrieb sich als das Opfer einer politischen »Hexenjagd«, die ihn an die McCarthy-Ära erinnere, und er bezichtigte seine Kritiker aus der Wissenschaft, selbst eine politische Agenda zu verfolgen.[80] Die Kritik, er und seine Koautorin propagierten eine politische (Austeritäts-)Agenda, suchte er unter anderem mit der folgenden Aussage zu entkräften: »Ist unsere Forschung politisch motiviert [...]? Nein, wir sind Zentristen, unsere akademische Forschung war immer durchweg apolitisch.«[81]

Das Beispiel zeigt nicht nur, dass wissenschaftliche Aussagen und fachliche Expertisen für die Begründung folgenreicher politischer Entscheidungen eine wichtige Rolle spielen. Er zeigt auch, dass eine politisch relevant gewordene Wissenschaftskommunikation einer Politisierungsdynamik unterworfen wird. Sie geht dadurch selbst in politische Kommunikation über (»wir sind Zentristen«). Ich werde diesen Zusammenhang weiter unten noch eingehender behandeln, will aber zunächst die naheliegende Frage beantworten, warum es zur expertokratischen Begründung von Politik kommt, obwohl sie keineswegs die faktensichere und politischen Streit vermeidende Grundlage schafft, die sie verspricht. Oder anders formuliert: Warum entsteht die expertokratische Ideologie und warum kann sie sich in einem demokratischen Kontext behaupten?

79 Peter M. Haas, »Policy Knowledge: Epistemic Communities«, in: Neil J. Smelser, Paul B. Baltes (Hg.), *International Encyclopedia of Social & Behavioral Sciences*, Amsterdam u. a. 2001, S. 11578-11586, hier S. 11581.

80 Patrick Bernau, »›Eine Hexenjagd‹ – Kenneth Rogoff über seine Excel-Fehler«, in: *Fazit – Das Wirtschaftsblog*, Oktober 2013, ⟨https://blogs.faz.net/fazit/2013/10/22/kenneth-rogoff-ueber-excel-fehler-hexenjagd-2818/⟩, letzter Zugriff 04. 11. 2022; Robert Pollin, »Response to Charges Concerning the Herdon/Ash/Pollin Replication of Reinhart and Rogoff's ›Growth in a Time of Debt‹«, in: *PERI Research Brief*, Januar 2014, S. 4.

81 Kenneth Rogoff, »FAQ on Herndon, Ash and Pollin's Critique of ›Growth in a Time of Debt‹«, 2013, S. 4, ⟨https://scholar.harvard.edu/files/rogoff/files/faq_on_hap_update.pdf⟩, letzter Zugriff 04. 01. 2022.

Infolge der Politisierung wächst der Bereich des politisch zu Gestaltenden immer weiter und im Zuge der partizipatorischen Revolution müssen immer mehr Akteure eingebunden oder symbolisch im Sinne einer »Politik des Gehörtwerdens«[82] berücksichtigt werden. Zugleich verliert die demokratische Politik im Sinne einer demokratisch legitimierten, zweckrationalen Steuerung an Bedeutung. Gunnell drückt diesen Zusammenhang mit den folgenden lakonischen Worten aus: »Die Regierungstätigkeit weitet sich immer weiter aus, aber es gibt keine Zunahme rationaler öffentlicher Kontrolle.«[83] Unter Berücksichtigung der Zunahme bürgerschaftlicher Partizipation kann man dies in die Formel übersetzen: Die Regierungstätigkeit weitet sich immer weiter aus und die Beteiligung der Bürgerschaft nimmt zu, aber es gibt keine Zunahme rationaler öffentlicher Kontrolle. Die rationale öffentliche Kontrolle der gemeinsamen Angelegenheiten gehört jedoch zu den Kernversprechen der Demokratie. Man kann dies als das *demokratische Kontrollversprechen* bezeichnen.[84] Infolge der Devolution entsteht nun aber eine normativ wie pragmatisch problematische Lücke zwischen dem demokratischen Versprechen von öffentlicher Kontrolle auf der einen Seite und dem Mangel an dieser Kontrolle auf der anderen Seite. Die Ideologie der Expertokratie setzt dort an. Sie bietet nicht nur eine Erklärung für den Mangel an politischer Kontrolle, sie verspricht zudem ein Heilmittel für den

82 Matthias Fatke, »Die Politik des Gehörtwerdens. Zurück zum direktdemokratischen Musterländle?«, in: Felix Hörisch, Stefan Wurster (Hg.), *Das grün-rote Experiment in Baden-Württemberg*. Wiebaden 2017, S. 305-332.

83 John G. Gunnell, »The Technocratic Image and the Theory of Technocracy«, in: *Technology and Culture* 23 (1982), S. 392-416, hier S. 415.

84 Hierzu treffend Castoriadis: »Die demokratische Politik ist, im Bereich der Tatsachen, die Handlungsweise, die versucht, die Zufälligkeit unserer gesellschaftlich-geschichtlichen Existenz in ihren wesenhaften Bestimmungen soweit irgend möglich zu reduzieren«; Cornelius Castoriadis, »Demokratie als Verfahren und Demokratie als System«, in: ders. (Hg.), *Autonomie oder Barbarei, Ausgewählte Schriften*, Band 1, Lich 2006, S. 43-67, hier S. 64. In der sich auf Lefort und Castoriadis berufenden Strömung der radikalen Demokratietheorie wird dieses demokratische Kontrollversprechen zugunsten der »Kontestation« und »permanente[n] Befragung« verabschiedet; Oliver Flügel-Martinsen, *Radikale Demokratietheorie zur Einführung*, Hamburg 2020, S. 82. Demokratie und Totalitarismus unterscheiden sich tatsächlich dadurch, dass in der Demokratie der »Ort der Macht« strukturell leer bleiben soll. Aber Demokratie und Totalitarismus haben ein verbindendes Element: das politische Kontrollversprechen.

Kontrollverlust: die politisch zur Geltung gebrachte wissenschaftliche Rationalität.

Auch die Kognitionsasymmetrie und die Zunahme politischer Differenzierung und Komplexität befördern expertokratische Tendenzen der Politikbegründung. Sie erhöhen nicht nur den Bedarf an spezifischem Wissen im politischen Prozess, sondern führen auch dazu, dass dieses Wissen ungleich in der Bevölkerung streut. Politikfeldspezifisch sowie mit Blick auf den politischen Prozess als Ganzen stehen sich infolgedessen kleine Akteursgruppen und Netzwerke mit Insiderwissen und große Outsider-Gruppen gegenüber.[85] Der Bedarf an wissenschaftlichem Wissen im politischen Prozess, vor allem hinsichtlich seiner öffentlichen Darstellung, resultiert damit auch aus dem Umstand, dass die Lücke zwischen Insidern und Outsidern kommunikativ überbrückt werden muss. Die Wissenschaft als eine besonders vertrauenswürdige Institution, der die meisten Errungenschaften moderner Zivilisation zugeschrieben werden, scheint hierfür gut geeignet zu sein. Es ist mithin nicht nur Steuerungswissen, das sich politische Akteure von ihr erhoffen, sondern überdies Legitimation.

Allerdings kann Wissen in der Demokratie nicht aufgrund seines wissenschaftlichen Status, sondern nur durch Zustimmung politische Geltung erhalten.[86] Expertise bekommt in einem demokratischen Kontext dadurch einen ambivalenten Charakter. Das führt unter anderem dazu, dass politische Akteure expertokratisch handeln mögen oder auch eine expertokratische Agenda verfechten, aber zugleich nur selten programmatisch offen für mehr Expertokratie werben.[87] Überdies beschreiben sich expertokratische

85 Frank Fischer, *Technocracy and the Politics of Expertise*, Newbury Park u. a. 1990, S. 16.

86 Richard Rorty, »Der Vorrang der Demokratie vor der Philosophie«, in: ders., *Solidarität oder Objektivität. Drei philosophische Essays*, Stuttgart 1988, S. 82-125.

87 So fordern in der Klimapolitik expertokratische Akteure wie die *scientists for future* und Greta Thunberg, die Politik solle »auf die Wissenschaft hören«, und sie geben der »*vox scientifica*« den Vorzug vor der »*vox populi*«; Mattia Zulianello, Diego Ceccobelli, »Don't Call it Climate Populism. On Greta Thunberg's Technocratic Ecocentrism«, in: *The Political Quarterly* 91 (2020), S. 623-631. Zugleich vertreten sie jedoch keine offen antidemokratische Agenda, etwa in Form der Forderung nach Abschaffung demokratischer zugunsten expertokratischer Institutionen. Der deutsche Ableger von *Extinction Rebellion* wiederum setzt sich für eine Ergänzung der repräsentativen Demokratie durch eine strukturierte und

Akteure zumeist auch nicht selbst als expertokratisch oder versuchen diese Bezeichnung zu vermeiden. Dies stellt eine Parallele zum Populismus dar, dessen Vertreter sich ebenfalls nur selten selbst als populistisch beschreiben. Wie bereits deutlich wurde, gibt es noch eine weitere Gemeinsamkeit. Wie der Populismus ist auch die Expertokratie eine dünne Ideologie. Während der Populismus allerdings auch auf die *politics*-Dimension abzielt, also politische Konflikte thematisiert, handelt es sich bei der Expertokratie um eine dünne Ideologie, die sich primär auf die *policy*-Dimension bezieht und konkrete Politikfelder adressiert. Gegenüber der *politics*-Dimension von Politik nimmt sie hingegen eine abwertende Position ein. Das Versprechen der Expertokratie ist *policy without politics* – gute Sachpolitik ohne politischen Streit.[88]

Was sind die Kernmerkmale der Expertokratie? In der Literatur, so etwa bei Putnam[89] oder Centeno,[90] wird sie als eine Geisteshaltung beschrieben, die vor allem bei naturwissenschaftlich-technisch ausgebildeten politischen Akteuren anzutreffen ist. Phänomenologisch sind in ihr die folgenden Elemente vorherrschend:

moderierte Bürgerversammlung ein, bei der neben den ausgelosten Mitgliedern auch Interessenvertreter, Betroffene sowie Experten eine beratende Rolle spielen sollen. Im »Leitfaden für Bürger*innenversammlungen« von *Extinction Rebellion Deutschland* heißt es zum Ziel dieser Versammlung allerdings eher weniger ergebnisoffen: »Die Regierung muss eine Bürger*innenversammlung einberufen, die die *notwendigen Maßnahmen* für Klimagerechtigkeit und gegen die ökologische Katastrophe erarbeitet«; Extinction Rebellion Deutschland, »Der Extinction Rebellion Leitfaden für Bürger*innenversammlungen«, o.O., o.J., S. 24, ⟨https://extinctionrebellion.de/documents/289/Extinction_Rebellion_Leitfaden_fur_Burger_innenversammlungen_m7k2YN6.pdf⟩ letzter Zugriff 04.01.2022. Hervorhebung hinzugefügt.

88 Die Formel *policy without politics* hat Vicente Navarro im Kontext von Gesundheitspolitik geprägt; ders.: »Policy without Politics. The Limits of Social Engineering«, in: *American Journal of Public Health* 93 (2003), S. 64-67. Passenderweise wird die Wendung *policy without politics* auch verwendet, um den oftmals so als »technokratisch« bezeichneten Politikmodus der EU vor dem Ende des *permissive consensus* zu beschreiben. »Technokratisch« meint hier die Abwesenheit von politischem Konflikt.

89 Robert D. Putnam, »Elite Transformation in Advanced Industrial Societies. An Empirical Assessment of the Theory of Technocracy«, in: *Comparative Political Studies* 10 (1977), S. 383-412.

90 Miguel A. Centeno, »The New Leviathan. The Dynamics and Limits of Technocracy«, in: *Theory and Society* 22 (1993), S. 307-335.

- Die expertokratische Mentalität versteht sich selbst als antiideologisch und jenseits von rechts und links.
- Sie beschreibt sich als wissenschaftsaffin, rationalistisch, geistesaristokratisch und gemeinwohlorientiert. Charakteristisch ist hierbei die Berufung auf eine höhere Rationalität, die sich wissenschaftlich-fachlicher Expertise verdanke.
- Gegenüber politischen Konflikten ist sie ablehnend bis skeptisch eingestellt, da diese als irrational, borniert oder als Folge böswilliger Absichten interpretiert werden.
- Sie ist methodenmonistisch, das heißt, expertokratisches politisches Denken setzt an die Stelle eines pragmatisch-pluralistischen *do whatever works* oder eines *Muddling-through*-Ansatzes, wie er in Demokratien dominiert, ein wissenschaftlich-methodisch oder disziplinär festgelegtes Vorgehen.
- Die Demokratie betrachtet sie entweder ablehnend oder aber als ein instrumentell nützliches, dabei zugleich zu restringierendes Hilfsmittel. Demokratie wird als ein notwendiges Übel oder als ein (Hilfs-)Mittel zur Erzeugung anderweitig nicht zu beschaffender Legitimation verstanden. Als solche muss sie auf der Ebene der Willensbildung eingeschränkt werden, damit ihr Kernprinzip der gleichen Autonomie dort gerade nicht zu Geltung kommt. In dieser Hinsicht hat Expertokratie eine Affinität zur »simulativen Demokratie«.[91]
- Der technische Fortschritt und die materielle Produktivität erhalten im expertokratischen Denken den Vorrang vor Fragen der normativen Richtigkeit oder der sozialen Gerechtigkeit. Gute expertokratische Politik rechtfertigt sich über ihre prozedurale und effektive Rationalität, die messbar ist und nicht von kontingenten normativen Erwägungen im Rahmen eines Wertpluralismus abhängt.
- Expertokratisches politisches Denken ist politikskeptisch im Sinne einer grundlegenden Skepsis gegenüber der *politics*-Dimension von Politik, insbesondere gegenüber dem Artikulieren und Austragen von Konflikten, dem Streit über Werte, der offenen Willensbildung und der öffentlichen politischen Kritik.

91 Ingolfur Blühdorn, *Simulative Demokratie. Neue Politik nach der postdemokratischen Wende*, Berlin 2013.

Die Tatsache, dass bei Putnams Text aus dem Jahre 1977[92] ein bürokratieaffiner Etatismus, eine »staatsfreundliche« Haltung sowie eine Präferenz für zentrale Planung und Steuerung zu Kernelementen der expertokratischen Mentalität zählen, bei Centeno,[93] dessen Beitrag Anfang der 1990er Jahre erschien, jedoch nicht mehr, ist ein Zeichen für ihren historisch veränderlichen und zeitgebundenen Charakter. Vor dem Hintergrund der historischen Wandlungsfähigkeit, wie sie sich in den unterschiedlichen Bestimmungen in der Geschichte der wissenschaftlichen Reflexion des Phänomens ausdrückt, ist die obige additive Zusammenstellung von Merkmalen als eine phänomenologische Annäherung und erste Orientierung zwar hilfreich, aber zum Zweck der Analyse sollte sie erweitert werden. Benötigt wird eine konzeptuelle Erfassung von Expertokratie, die ihrem historisch wandlungs- und anpassungsfähigen Charakter Rechnung trägt. Genau zu diesem Zweck ist es sinnvoll, Expertokratie als eine dünne Ideologie zu verstehen, das heißt als eine bestimmte Beschreibung von Politik und Gesellschaft, die eine nur schwache inhaltliche Prägung hat.

Wie der Populismus ist auch die Expertokratie dualistisch beziehungsweise manichäisch. Sie ist eine Ideologie, die den politischen Raum zwischen zwei Gruppen aufteilt. Expertokratie beschreibt den politischen Raum als geprägt durch den Unterschied zwischen den kognitiv-fachlich Kompetenten und den kognitiv-laienhaft Inkompetenten. Gute Politik erscheint in der expertokratischen Ideologie als wissenschaftsbasierte *policy without politics*, die vor allem durch wissenschaftliche Verfahren und fachliche Expertise bestimmt werden soll, mindestens aber durch diese ergänzt werden muss. Die *vox scientifica* wird in der expertokratischen Ideologie, analog zur *vox populi* im Populismus, simplifiziert und monistisch dargestellt. Sie suggeriert, »die Wissenschaft« böte eindeutige und einfache – das heißt ohne Umweg über den konfliktreichen Weg der unwägbaren und irrationalen *politics* in eine *gute policy* zu übersetzende – Erklärungen, Prognosen und Lösungen an. Die expertokratische Ideologie diskreditiert entsprechend all diejenigen als unvernünftig, verantwortungslos und unmoralisch, die der *vox scientifica* nicht hinreichend Gehör schenken oder Geltung verschaffen.[94]

92 Putnam, »Elite Transformation in Advanced Industrial Societies«.

93 Centeno, »The New Leviathan«.

94 Den Begriff der »vox scientifica« übernehme ich von Zulianello, Ceccobelli,

Im Unterschied zur Ideologie der Technokratie, wie sie von Schelsky expliziert wurde, ist die Ideologie der Expertokratie nicht utopisch. Vor allem geht es ihr nicht um eine grundlegende Gesellschaftsumgestaltung. Sie ist durchaus programmatisch, setzt aber zugleich punktuell und problemorientiert an. Deshalb hat Expertokratie meist eine politikfeldspezifische Ausprägung und fokussiert spezifische Politikfelder, beispielsweise in der Klima- und Umweltpolitik oder der Wirtschaftspolitik. Zudem steht sie für eine epistemisch-fachwissenschaftliche Rationalisierung weiterhin personal bestimmter Herrschaft. Dies gilt auf der einen Seite für die politische Klasse, die im expertokratischen Modell weiterhin als Ausführende eines wissenschaftlich begründeten, vermeintlich notwendigen politischen Programms sowie zur Legitimationsbeschaffung als hilfreiche Assistenz – oder als ein notwendiges Übel – angesehen wird. Auf der anderen Seite gilt dies aber auch für die Experten selbst, die ihr Expertenwissen in der Öffentlichkeit, den entsprechenden Beratungsgremien oder im Rahmen anderer Körperschaften und institutioneller Foren vertreten und als Repräsentanten wissenschaftlicher Institute und Fächer einer vernünftigen Politik in Erscheinung treten. Das Versprechen der Expertokratie besteht dabei darin, dass eine von Experten geleitete Politikgestaltung im Gegensatz zur machtbasierten Entscheidungsfindung eine höhere Fähigkeit besitzt, nicht nur kollektive Probleme zu lösen, sondern auch Ergebnisse zu erzielen, die das Gemeinwohl befördern. In dieser Denkweise üben demokratisch gewählte Volksvertreter eine der Politikgestaltung vor- und nachgelagerte Integrations- und Vermittlungsfunktion aus, indem sie wissenschaftlich begründete politische Programme umsetzen und diese gegenüber der Bürgerschaft vertreten. In einem expertokratischen Regime wären Politiker deshalb keineswegs überflüssig, nur stellten sie ein in der Öffentlichkeit und im Staatsapparat wirksames Hilfspersonal zur Legitimationsbeschaffung und Implementation dar. Gemäß der expertokratischen Ideologie soll die politische Klasse nicht führen, sondern *ausführen*, was ihnen die fachwissenschaftliche Expertise vorgibt.

Expertenwissen sollte, der expertokratischen Ideologie zufolge, die politische Entscheidungsfindung nicht bloß informieren, son-

»Don't Call it Climate Populism. On Greta Thunberg's Technocratic Ecocentrism«.

dern vielmehr das Movens für politisches Handeln sein. Demokratische Legitimität muss laut expertokratischem Credo deshalb durch epistemische Legitimität überlagert oder zumindest ergänzt werden. Legitim sei, was durch wissenschaftliche Experten als vernünftig im Hinblick auf ein durch die Expertise bestimmtes Problem definiert wird. Das diese Perspektive kennzeichnende expertokratische politische Denken versteht beide Handlungsbereiche, den der Wissenschaft und den der Politik, als potentiell durch ähnliche Logiken gekennzeichnet. Allerdings betrachten Expertokraten demokratische Institutionen und Prozesse als instabile und diskontinuierliche Hindernisse für die rationale Politikgestaltung.[95] Hierbei sind vor allem drei Eigenheiten demokratischer Politik ausschlaggebend: Erstens die kurzfristige Taktung bei der Bestimmung der politischen Leitlinien infolge regelmäßiger Wahlen; zweitens das im Medium der öffentlichen Meinung stattfindende Dauerplebiszit über die Regierungspraxis; drittens die Freigabe der Meinungs- und Willensbildung für eine Einflussnahme heterogener Interessengruppen, die öffentliche Politik aus dem je eigenen Blickwinkel partikularer Interessen, Identitäten und Anliegen deuten und hierbei perspektivisches Wissen nutzen. Aus der Sicht expertokratischen Denkens erwachsen daraus Hürden für den Transfer wissenschaftlichen Wissens in die politische Praxis. Diese sind aber nicht prinzipieller Natur. Expertokratie sieht Politik vielmehr als verwissenschaftlichungsfähig an, insoweit nämlich die Unwägbarkeiten des politischen Prozesses mittels expertokratischer Rationalisierung minimiert werden.

Damit befindet sich die Expertokratie auf einer Mittelposition zwischen Technokratie auf der einen Seite und wissenschaftlicher Politikberatung auf der anderen Seite. Sie ist weniger anspruchsvoll als die utopische Idee der Technokratie, geht aber über die wissenschaftliche Politikberatung hinaus. Technokratie ist die Utopie einer angewandten Ingenieurwissenschaft der öffentlichen Angelegenheiten. Sie verspricht die Abschaffung von Politik beziehungs-

95 Vgl. die von Hendriks dokumentierten Beschreibungen der Demokratie von Akteuren, die mit dem niederländischen Energiewendeprogramms befasst waren: »Demokratische Institutionen werden als kurzsichtig und interessenbasiert angesehen« und »sie erzeugen Instabilitäten und Inkonsistenzen«; Carolyn M. Hendriks, »Policy Design without Democracy? Making Democratic Sense of Transition Management«, in: *Policy Sciences* 42 (2009), S. 341-368, hier S. 350.

weise deren Auflösung in Verwaltung und Sozialtechnologie. Wissenschaftliche Politikberatung hingegen ist auf allgemeiner Ebene zunächst nur das »institutionalisierte Liefern wissenschaftlicher Informationen an politisch Handelnde«.[96] Weingart und Lentsch ergänzen diese konventionelle Definition so, dass sich dieses Liefern von Informationen auf eine wenn auch zunächst nur vage bestimmte, politisch vorgegebene Problemstellung bezieht. Dabei gehe es primär um die »Identifizierung, Diagnose, Bearbeitung oder gar Lösung politischer Probleme«[97] mittels der entscheidungsbezogenen Bereitstellung wissenschaftlichen Wissens. Damit ist bereits die wissenschaftliche Politikberatung ein voraussetzungsreiches Unterfangen. Sie setzt voraus, dass tatsächlich ein authentischer Beratungsbedarf und -wille seitens derjenigen besteht, die Herrschaft ausüben. Die wissenschaftliche Expertise muss mithin der politischen Entscheidung tatsächlich vorgelagert sein und diese beeinflussen. Zudem nimmt sie an, dass es möglich ist, Gegenstand, Umfang, Methoden, Instrumente und Folgen wie Nebenfolgen des politischen Entscheidens wissenschaftlich so bestimmen, prognostizieren und evaluieren zu können, dass auf dieser Basis reflexiv wie prospektiv bessere politische Entscheidungen getroffen werden können. Und schließlich setzt sie voraus, dass es gelingt, das wissenschaftliche Wissen auf eine praktisch anwendbare Art und Weise zu vermitteln und als Information in den politischen Prozess einzuspeisen – ohne das dabei für wissenschaftliches Wissen charakteristische, theoretische wie empirische Kontextwissen mitliefern zu müssen.

Die Expertokratie befindet sich in der Mitte der beiden Pole Technokratie und wissenschaftliche Politikberatung, weil sie politisches Handeln nicht technokratisch zu ersetzen sucht, es aber auch nicht bloß beratend beeinflussen will. Sie erhebt nicht nur den Anspruch, Gegenstand, Umfang, Methoden, Instrumente und Folgen wie Nebenfolgen des Regierens wissenschaftlich bestimmen, prognostizieren und evaluieren zu können. Sie will auch dessen Ziele

96 Martin Thunert, »Politikberatung in der Bundesrepublik Deutschland seit 1949«, in: Ulrich Willems (Hg.), *Demokratie und Politik in der Bundesrepublik 1945-1999*, Opladen 2001, 223-242, hier S. 224, zitiert nach Peter Weingart, Julius Lentsch, *Wissen – Beraten – Entscheiden. Form und Funktion wissenschaftlicher Politikberatung in Deutschland*, Weilerswist 2008, S. 43.

97 Ebd.

und normative Standards setzen. Die folgende Tabelle fasst die wesentlichen Merkmale der drei Idealtypen zusammen:

	Ziel	**Mittel**	**Status**
Technokratie	Ersetzung von Politik	wissenschaftliche Sozialtechnologie	Vorrang der Wissenschaft vor der Politik
Expertokratie	Verwissenschaftlichung von *policies* durch wissenschaftliche Problemdefinition und Lösungsansätze	praktische Umsetzung wissenschaftlicher Expertise in Politikfeldern	Komplementarität von Wissenschaft und Politik
Politikberatung	Präzisierung und Lösung politisch vorgegebener Probleme	wissenschaftliche Information für Politiker	Nachrangigkeit der Wissenschaft gegenüber der Politik

Abbildung 2: Technokratie, Expertokratie und Politikberatung als Idealtypen

Als dünne Ideologie muss sich die Expertokratie, wie der Populismus auch, mit politischen Inhalten und Programmen anreichern oder aber mit »dicken« Ideologien wie etwa Neoliberalismus, Konservatismus oder Sozialismus verbinden, um politikfähig zu werden. Expertokratie als eine dünne Ideologie zu konzeptualisieren, wie hier vorgeschlagen, trägt damit auch der Tatsache Rechnung, dass historisch sowohl die Linke als auch die Rechte expertokratische Politikansätze verfolgt haben.[98]

Wie eingangs deutlich wurde, ist das Verhältnis zwischen Expertokratie und Demokratie ambivalent. Die expertokratische Unterscheidung zwischen den Kompetenten und den Inkompetenten ist eine antidemokratische Unterscheidung. Zugleich ist die experto-

98 Eduardo Dargent, *Technocracy and Democracy in Latin America. The Experts Running Government*, New York 2015; Thomas Etzemüller, *Die Romantik der Rationalität. Alva und Gunnar Myrdal – Social Engineering in Schweden*, Bielefeld 2010; Carlos Huneeus, »Technocrats and Politicians in an Authoritarian Regime. The ›ODEPLAN Boys‹ and the ›Gremialists‹ in Pinochet's Chile«, in: *Journal of Latin American Studies* 32 (2000), S. 461-501.

kratische Ideologie in einem demokratischen Regimekontext auf eine externe, demokratieaffine Legitimationsbeschaffung angewiesen. Sie muss ihre antidemokratische Ausrichtung verschleiern.[99] Auf der pragmatischen Ebene muss sie das expertokratische Anliegen mit der demokratischen Politik vermitteln, da Expertokraten alleine nicht politikfähig sind und es auch nicht ihr Ziel ist, die Berufspolitik gänzlich zu ersetzen. Expertokraten benötigen, wie Centeno sagt, »jemanden, der ihnen die ›schmutzige Arbeit‹ abnimmt und sicherstellt, dass ihre *policies* ohne ›unproduktiven‹ Widerstand implementiert werden«.[100] Legitimationsbeschaffung ist im Kontext demokratischer Regime mit einer explizit antidemokratischen Programmatik und einer offensiven Ablehnung demokratischer Prozeduren nicht zu erreichen. Haring hält deshalb zu Recht fest, dass das »grundlegende Problem« der Expertokratie die Legitimation ist.[101] Aus diesen Gründen ist Expertokratie im Kontext demokratischer Regime zunächst nur eine embryonale oder supplementäre Form von Politik, die sich hinter dem Rücken demokratischer Prozesse oder in ihrem Windschatten fortentwickeln kann. Vor diesem Hintergrund besteht der argumentative Hauptansatzunkt expertokratischer Politikansätze vor allem in der Behauptung, dass das *policy-making* ohne eine wissenschaftliche Problemidentifikation und von Expertise geleitete Zweck-Mittel-Bestimmung der Lösungswege zum Scheitern verdammt sei. Das heißt, es geht der Expertokratie nicht darum, im Prozess der demokratischen Meinungs- und Willensbildung bereits vorgenommene Zielbestimmungen umzusetzen und auf diesem Wege zu einer erhöhten Rationalität bei der Zielerreichung zu gelangen, wie dies etwa die Politikberatung beansprucht. Expertokratie beansprucht vielmehr das, was ein demokratisches Entscheiden im Sinne eines macht- und interessenbasierten oder vorgeprägten Pfaden folgenden Entscheidens stets verfehle: eine korrekte Problemidentifikation sowie die Entwicklung einer gemeinwohlorientierten und problemadäquaten Lösung.

Die expertokratische Politikgestaltung stellt demokratische Politik damit nicht nur als zunehmend abhängig von wissenschaftlichem Expertenwissen dar. Sie verweist sie auf einen nachgelager-

99 Fischer, *Technocracy and the Politics of Expertise*, S. 24.

100 Centeno, »The New Leviathan«, S. 324.

101 Haring, »Herrschaft der Experten oder Herrschaft des Sachzwangs?«, S. 249.

ten, nur mehr exekutierenden Platz. Ein Beispiel hierfür liefert eine kurze, aber programmatische Interview-Äußerung des ehemaligen Direktors des Potsdam-Instituts für Klimafolgenforschung, Hans Joachim Schellnhuber. Schellnhuber macht darin eine systematische Unterscheidung zwischen wissenschaftlicher Politikberatung und expertokratischer Politikgestaltung. Auch die nachgelagerte instrumentelle Rolle gewählter Repräsentanten kommt darin paradigmatisch zum Ausdruck. Mit Blick auf die politische Funktion der Klimaforschung führte Schellnhuber in diesem Interview aus, dass die »Rolle der Klimaforschung« darin bestehe, »die Problemfakten auf den Tisch zu knallen und Optionen für geeignete Lösungswege zu identifizieren«. Problem- und Lösungsdefinition werden von Schellnhuber damit den Experten zugewiesen. Beides grenzt er von der »Rolle der Politik« ab, die darin bestehe, für die Anerkennung des Problems sowie den Vollzug dieser Lösungen »den Bürgerwillen zu mobilisieren, um wissensbasierte Entscheidungen umzusetzen«.[102] Schellnhuber plädiert mithin dafür, demokratische Willensbildung durch epistemische Legitimität und Expertise zu verdrängen beziehungsweise jene auf einen nachgeordneten, nur mehr instrumentellen (»umsetzen«) Platz zu verweisen.

Aus dieser von Schellnhuber formulierten expertokratischen Perspektive erscheint es als legitim, was wissenschaftliche Experten im Hinblick auf ein bestimmtes wissenschaftlich festgelegtes Ziel in sachgerechten wissenschaftlichen Verfahren in der jeweiligen Expertengemeinschaft als normativ geboten oder notwendig definieren. Die Ziele und die geeigneten Wege der Zielerreichung sind nicht durch demokratisch gewählte Repräsentanten zu bestimmen. Zugleich bleibt die expertokratische Politik, wie Schellnhuber sie aus der Klimaforschung ableitet, darauf angewiesen, dass die politische Klasse und gewählte Amtsträger in der Lage sind, die im Sinne Centenos[103] vermeintlich dreckige Arbeit zu tun. Sie sollen, nachgelagert, »den Bürgerwillen [...] mobilisieren«, um die Folgebereitschaft zu erzeugen, die notwendig ist, um ein Problem zu lösen, das

102 Joachim Müller-Jung, »Im Gespräch: Klimaforscher Schellnhuber. ›Ich glaube nicht an den Masterplan für die Welt‹«, in: *FAZ.NET*, 19. 06. 2012, ⟨http://www.faz.net/aktuell/wissen/klima/im-gespraech-klimaforscher-schellnhuber-ich-glaube-nicht-an-den-masterplan-fuer-die-welt-11791864.html⟩, letzter Zugriff 10. 11. 2022.

103 Centeno, »The New Leviathan«, S. 324.

zuvor durch die wissenschaftliche *community* der Umwelt- und Klimaforscher definiert worden ist. Es handelt sich hierbei also nicht, im Sinne Deweys, um Antworten auf im demokratischen Prozess entdeckte öffentliche Probleme, sondern die Lösungsvorschläge sollen einer Logik der expertokratischen Problemdefinition folgen, die durch eine Aristokratie von Fachleuten vorgenommen wird.

Aus der Sicht der Expertokratie besteht der Mangel demokratischer Politik darin, dass diese sich, vermittelt über den Wahlmechanismus und die öffentliche Meinung, gegenüber (veränderlichen) Einstellungen einigermaßen responsiv verhält beziehungsweise normativ auch responsiv verhalten soll und dadurch »Instabilitäten und Inkonsistenzen«[104] erzeugt. Es fehlt ihr an dem aristokratischen Filter fachlicher Expertise. Im Zentrum expertokratischer Politik steht deshalb die Strategie, den Prozess der *Problemdefinition zu entdemokratisieren*, indem dieser nicht nur wissenschaftlichen Verfahren und einem entscheidungsbezogenen Expertenwissen unterworfen wird, sondern auch selbst als ein wissenschaftlich zu behandelnder Prozess beschrieben wird. Während die wissenschaftliche Politikberatung Wissen für Probleme bereitstellt, die bereits im demokratischen Prozess der Meinungsbildung als Problem identifiziert wurden, setzt Expertokratie weitreichender und früher an, da sie auch die Identifikation und Deutung von Problemen verwissenschaftlichen und auf einen exklusiven Kreis von Fachleuten begrenzen will. Während im klassischen Modell von demokratischer Politik eine Trennung von Politik und Wissenschaft vorherrscht, die jeweils Zweck-Mittel-Kalkülen folgt – die Politik legt die Ziele fest, die Wissenschaft stellt wissenschaftliches Wissen über Handlungsoptionen und Handlungsfolgen bereit –, greift die Strategie der expertokratischen Verwissenschaftlichung auch auf die Ebene der Zielbestimmung durch. Das heißt, es geht damit nicht darum, für demokratisch bestimmte Ziele nachgelagert die geeigneten Mittel zu identifizieren, sondern es sollen mittels wissenschaftlicher Expertise auch die politisch zu verfolgenden Ziele bestimmt werden.

Allerdings widerspricht die expertokratische Strategie der Verwissenschaftlichung nicht nur dem fortschreitenden Prozess der Politisierung, sie führt sogar in ein Politisierungsparadox. Der Ver-

104 Hendriks, »Policy Design without Democracy?«, S. 350.

such, den Streit um Problemdefinitionen von der politischen Agenda zu nehmen, zum Beispiel mit der Forderung, die Debatte müsse »versachlicht« und einer objektiven wissenschaftlichen Rationalität unterworfen werden, kann seinerseits eine Politisierung von Expertise hervorrufen. Dieser eigendynamische Politisierungsprozess von Expertise zeigte sich beispielsweise im Kontext der in großen Teilen durch den Verweis auf wissenschaftliche Expertise begründeten Corona-Politik. Diese rief weitere politischen Einfluss suchende Wissenschaftsakteure und politisierende Experten auf den Plan, die eine gewissermaßen »oppositionelle« fachliche Expertise politisch zur Geltung bringen wollten und konträre pandemiepolitische Positionen vertraten. Zudem bietet die expertokratische Strategie der entpolitisierenden Verwissenschaftlichung, auch das hat die Corona-Politik gezeigt, eine Angriffsfläche für einen antielitären Entlarvungsdiskurs, der die politisch zur Geltung gebrachte Expertise als eigeninteressiert oder ideologiegetrieben anprangert und die Umstellung von demokratischer auf epistemische Legitimität skandalisiert.[105] Denn was aus der Sicht der Expertokraten als eine vernünftige und wohlwollende Versachlichung erscheint, stellt sich aus der Sicht der Bürgerschaft zuweilen als anmaßender Paternalismus dar. Sich als entmündigt begreifende Bürger können infolgedessen im Umgang mit politisch zur Geltung gebrachter Expertise eine Hermeneutik des Misstrauens entwickeln. Diese weist zum einen eine Überschneidung mit der populistischen Elitenkritik auf, die unpädagogisch den konventionellen gesunden Menschenverstand preist, das demokratische Gleichheitsprinzip in den Vordergrund stellt und auf die Verquickung von Macht und Expertenwissen hinweist. Zum anderen folgt dies aus den nach der partizipatorischen Revolution gestiegenen Ansprüchen an Bürgerbeteiligung, der Aufwertung des Bürgerwissens sowie der partizipatorischen Kritik an fachwissenschaftlicher Expertise und dem Anspruch der Fachwissenschaft, überlegenes Wissen hervorzubringen. Die partizipatorische Revolution hat nicht allein das politische System im engeren Sinne erfasst, sondern erstreckt sich nunmehr auch auf die

105 Im Sinne des Ausspruchs des britischen Konservativen Michael Gove: »Ich denke, die Menschen in diesem Land haben genug von den Experten«; Henry Mance, »Britain has had enough of experts, says Gove«, in: *Financial Times*, 03.06.2016, ⟨https://www.ft.com/content/3be49734-29cb-11e6-83e4-abc22d5d108c⟩, letzter Zugriff 08.11.2022.

Wissenschaft und überträgt die Forderung nach politischer Mitbestimmung auch auf diesen Bereich.[106]

Partizipative Governance, die im folgenden Abschnitt behandelte dritte Reaktion auf die devolutionäre Transformation, knüpft genau an diesen Umstand an. Sie wird durch erhöhte Ansprüche auf Beteiligung und das Erfordernis der Einspeisung von Bürgerwissen in den politischen Prozess angetrieben.

2.3 Beteiligung nach der partizipatorischen Revolution

Während die Protagonisten der partizipatorischen Revolution in den 1970er Jahren auf eine umfassende Demokratisierung abzielten und hierfür vor allem eine direktdemokratische Beteiligung in Politik, Wirtschaft und Kultur einforderten,[107] wird Beteiligung gegenwärtig anders realisiert: als partizipative Governance.

»Governance« ist ein sozialwissenschaftlicher Begriff, der den Wandel des Politikmachens im Kontext veränderter gesellschaftlicher Bedingungen reflektieren soll. Governance ist zugleich ein politisches Beteiligungs- und Regierungskonzept, das von Organisationen wie der Weltbank und der EU-Kommission wie auch von heterogenen zivilgesellschaftlichen Gruppen verwendet wird, um formelle wie informelle Arten der Beteiligung oder des Regierens einzufordern, zu rechtfertigen oder zu beschreiben, die sich von älteren repräsentativen wie korporatistischen Formen unterscheiden.[108] Der Ausdruck »Governance« ist infolgedessen inhaltlich diffus, weshalb ihm attestiert wurde, ein »leerer Signifikant« zu sein, der Herrschaftsverhältnisse verschleiere, Machtausübung ausblende und Politik folglich einseitig unter dem Aspekt der Regelgenese und Problemlösung thematisiere.[109] Im Folgenden wird

106 Paul Feyerabend hat das prägnant mit seiner Parole »Bürgerinitiativen statt Erkenntnistheorie!« ausgedrückt; vgl. Paul Feyerabend, *Erkenntnis für freie Menschen*, Frankfurt/M. 1980, S. 37. Die darin zum Ausdruck kommende Entgegensetzung von Engagement mit Epistemologie wirkt freilich aus der Zeit gefallen, da politische Bewegungen und Initiativen heutzutage mit ihren eigenen Standpunktepistemologien aufwarten.

107 Fritz Vilmar, *Strategien der Demokratisierung*, 2. Bde., Darmstadt 1974.

108 Mark Bevir, »Governance«, in: *Encyclopedia Britannica* 2016, ⟨https://www.britannica.com/topic/governance⟩, letzter Zugriff 05. 01. 2022.

109 Claus Offe, »Governance – ›empty signifier‹ oder sozialwissenschaftliches For-

auf diese Kritik noch einzugehen sein, aber zunächst ist festzuhalten, dass das Konzept in gewisser Weise die zuvor skizzierte Transformation von Politik und Demokratie infolge der partizipativen Revolution sowie die aufgrund der Politisierung der Gesellschaft stattfindende Diffusion politischen Handelns in alle Sphären der Gesellschaft hinein reflektiert.[110] In diesem Sinne ist der Gebrauch des Konzepts in der Politikwissenschaft ein semantischer Indikator für einen Wandel von Politik. Wesentlich für das Governance-Konzept im sozialwissenschaftlichen Kontext ist, dass dessen Vertreter seinen Gebrauch mit der These begründen, die Struktur von Politik habe sich grundlegend verändert. Ein staatszentriertes Verständnis von Politik und Regieren im Sinne des Staat-Gesellschaft-Paradigmas sei nicht mehr realitätsgerecht.[111] Erstens habe auch die Gesellschaft eine politische Qualität erhalten, wodurch, zweitens, die staatliche Steuerungsfähigkeit ab- und die Kooperationsnotwendigkeit zugenommen habe.[112] Der Begriff »Governance« diene der Beschreibung und Analyse dieser neuartigen, zunehmend komplexen politischen Konstellation, in der »Staat, Markt und Netzwerke als komplementäre Steuerungsformen«[113] betrachtet werden müssten. Mit dem Konzept geht zudem eine Semantik einher, die den Abbau von Machtverhältnissen und eine stärker kooperativ-egalitäre Politik suggeriert. Sie transportiert einen Nachhall der emanzipatorischen Versprechen der partizipatorischen Revolution. Hubert Heinelt beispielsweise argumentiert, das Governance-Konzept erfasse eine neuartige »horizontale« Form der »Koordination«:

schungsprogramm?«, in: Gunnar Folke Schuppert, Michael Zürn (Hg.), *Governance in einer sich wandelnden Welt*, Wiesbaden 2008, S. 61-76.

110 Hubert Heinelt, *Demokratie jenseits des Staates. Partizipatives Regieren und Governance*, Baden-Baden 2008, S. 22 ff.; Hal K. Colebatch, »Governance as a Conceptual Development in the Analysis of Policy«, in: *Critical Policy Studies* 3 (2009), S. 58-67, hier S. 62.

111 Zu diesem Paradigma siehe Ernst Forsthoff, *Der Staat der Industriegesellschaft. Dargestellt am Beispiel der Bundesrepublik Deutschland*, München 1971.

112 Nicolai Dose, »Von Government zu Governance. Regieren unter veränderten Bedingungen«, in: Karl-Rudolf Korte, Timo Grunden (Hg.), *Handbuch Regierungsforschung*, Wiesbaden 2013, S. 53-60, hier S. 54 ff.

113 Arthur Benz, »Einleitung. Governance – Modebegriff oder nützliches sozialwissenschaftliches Konzept?«, in: ders. (Hg.), *Governance – Regieren in komplexen Regelsystemen*, Wiesbaden 2004, S. 11-28, hier S. 21.

Governance bedeutet eine andere Art der Koordinierung gesellschaftlicher Interaktionen: weg von der Unterordnung und Steuerung der Gesellschaft durch den Staat (sei es eine parlamentarische oder präsidenzielle, eine Verhandlungs-/Konsens- oder Wettbewerbs-, eine direkte oder repräsentative Demokratie) hin zu horizontalen und kommunikationsbasierten Modi von Koordinierung durch Verhandeln (»bargaining«) und Argumentieren (»arguing«).[114]

Gegenüber diesem Begriffsverständnis von Governance ist der Begriff der *partizipativen Governance* spezifischer. Er ist stärker auf Inklusion und Beteiligung hin angelegt. Er bezieht sich auf die Einbindung von zivilgesellschaftlichen Organisationen und Bürgern, das heißt, mit ihm geraten auch personale Akteure in den Blick und er akzentuiert Governance als eine zeitgemäße Variante bürgerschaftlicher Partizipation. Wesentlich ist hierbei allerdings, dass die Bürger in Governance-Arrangements *nicht* als Gleiche unter Gleichen miteinander agieren. Sie sind in Netzwerke eingebunden, in denen sie unter Bedingungen der Ungleichheit mit Verbandsvertretern, Vertretern des Staates, Experten usw. verhandeln, argumentieren, Stellungnahmen verfassen und zuweilen auch politische Entscheidungen treffen. Diese informale Netzwerkstruktur von Governance unterscheidet sich gerade durch ihre Abkehr vom Prinzip der formalen Gleichheit, wie es etwa im demokratischen Wahlverfahren institutionalisiert und künstlich hergestellt wird und normativ im Prinzip *one person, one vote* zum Ausdruck kommt.

Dennoch werden in der Literatur mit dem Konzept der partizipativen Governance anspruchsvolle beteiligungsorientierte Gehalte und vor allem das Versprechen von mehr Demokratie verbunden. Frank Fischer, ein zentraler Vertreter des partizipatorischen Governance-Ansatzes, definiert ihn in diesem Sinne zum einen als ein Konzept zur Weiterentwicklung partizipatorischer, bürgerorientierter Demokratiemodelle der 1970er und 1980er Jahre, zum anderen versteht er ihn als ein Konzept zur partizipativen Verwirklichung deliberativer Demokratie. Fischer weist zugleich auf die Bedeutung

114 Heinelt, *Demokratie jenseits des Staates*, S. 37. Vgl. die sparsame Definition bei Rhodes: »Governance bezieht sich auf das Regieren mit und durch Netzwerke«; Rod A. Rhodes, »Understanding Governance. Ten Years On«, in: *Organization Studies* 28 (2007), S. 1243-1264, hier S. 1246. Das trifft den Kern des Problems von Governance für demokratische Legitimation, weil sich Netzwerke per definitionem nicht demokratisieren lassen.

kontextueller und institutioneller Faktoren bei der Umsetzung und Ausgestaltung von partizipativer Governance hin. Bei der Analyse von partizipativer Governance müssten sozioökonomische, kulturelle wie politische Kontexte beachtet werden, etwa mit Blick auf die Auswirkungen der Verteilung von Machtressourcen und Beteiligungskompetenzen. Zudem gelte es, die große Varianz der verfahrensmäßigen Designs und institutionellen Ausgestaltungen von Formen partizipativer Governance in Betracht zu ziehen, die von deliberativen *mini-publics* bis hin zu partizipativen Bürgerhaushalten reicht. Tatsächlich sind die Unterschiede zwischen diesen Formen erheblich. Partizipative Bürgerhaushalte umfassen neben Beratschlagungen auch verbindliche politische Entscheidungsbefugnisse, wohingegen *citizen's juries* und *citizen's assemblies* den Beteiligten nur eine Beratschlagung und die Abgabe von Empfehlungen ermöglichen. In Anbetracht der Tatsache, dass die deliberativen *mini-publics* dem Großteil der Bürger unbekannt sind, können deren demokratische Legitimität und Effektivität als gering veranschlagt werden.[115]

Trotz der damit angebrachten kontextualistischen Vorbehalte gegenüber einem generischen Verständnis von partizipativer Governance und seines eigenen Hinweises auf die Vielgestaltigkeit der jeweiligen Umsetzungsformen nennt Fischer wesentliche Elemente partizipativer Governance. »Essentiell«[116] für partizipative Governance sei es, dass mittels direkter Beteiligung von Bürgern die folgenden Ziele erreicht würden:

115 Carol Pateman, »Participatory Democracy Revisited. APSA Presidential Address«, in: *Perspectives on Politics* 10 (2012), 7, S. 7-19, hier S. 8 ff. Allerdings sind, auch infolge des Falls der Abschaffung des verfassungsmäßigen Verbots von medizinisch nicht notwendigen Abtreibungen in Irland, die unter anderem durch den Vorschlag einer *citizen's assembly* angestoßen wurde, *mini-publics* mittlerweile bekannter und sie breiten sich – im Unterschied zu Beteiligungsformen mit weitreichender politischer Entscheidungskompetenz – mehr und mehr aus. Siehe hierzu Roland Roth, »Auf der deliberativen Welle reiten? Anmerkungen zur Karriere von Losverfahren in der Bürgerbeteiligung«, in: *eNewsletter Netzwerk Bürgerbeteiligung* 2 (2020), S. 1-9.

116 Frank Fischer, »Participatory Governance: From Theory to Practice«, in: David Levi-Faur (Hg.), *The Oxford Handbook of Governance*, Oxford 2012, S. 457-471, hier S. 458.

- eine egalisierende Verteilung politischer Macht;
- eine gerechtere Verteilung von Ressourcen;
- eine Dezentralisierung des Entscheidungsprozesses;
- ein transparenter Austausch von Wissen und Informationen;
- die Entstehung von Kooperationsbeziehungen und Dialogen;
- die bessere Verwirklichung von *accountability*.[117]

Bemerkenswerterweise taucht in Fischers Liste eine der wichtigsten Kategorien der politikwissenschaftlichen Analyse nicht auf: die Interessendurchsetzung. Das suggeriert, im Rahmen partizipativer Governance würde die Durchsetzung von Interessen keine Rolle spielen. Hierzu passt, dass im politikwissenschaftlichen Governance-Diskurs zuweilen eine eigentümlich politikferne Semantik verwendet wird, in der anstelle von »Steuerung« oder »Herrschaft« zumeist von »Koordination« oder »Management« die Rede ist.

Neben der instrumentellen Dimension, in der partizipative Governance mit der Erreichung bestimmter inhaltlicher Ziele verbunden wird, nennt Fischer eine intrinsische Dimension, in der Partizipation als ein Eigenwert aufgefasst wird und die er mit älteren Theorien der demokratischen Partizipation in Verbindung bringt. Hinzu kommt bei ihm noch eine dritte, transformative Dimension. Partizipative Governance führe zu einer Veränderung der beteiligten Bürger selbst. Durch deren politische Beteiligung würden bei ihnen sowohl die politischen Kompetenzen, die Fischer vor allem als deliberative Kompetenzen versteht, als auch deren Selbstermächtigung und Selbstwertgefühle (*empowerment*) und deren Gemeinsinn (*community capacity*) gefördert.[118] Wesentlich ist schließlich noch die kognitive Dimension von partizipativer Governance. Fischer zufolge entstehen durch sie neue Formen der Expertise, die von »Bürger-Experten-Allianzen«[119] geprägt seien. Dadurch werde das politische Wissen sowohl auf Seiten der Bürger als auch auf Seiten der Experten gesteigert.

Expertokratie soll Legitimität aus der wissenschaftlichen Begründung und Unterfütterung politischer Entscheidung mittels fachlich zertifizierter und validierter Evidenz, Erklärung, Evaluation und Prognose schöpfen. Partizipative Governance hingegen

117 Ebd.
118 Ebd., S. 459f.
119 Ebd., S. 468.

zielt auf einen kooperativ und kollaborativ angelegten politischen Prozess der Entscheidungsfindung mittels der Einbindung von Bürgern als (regional, funktional, interessenbasiert, kooptativ oder selbstbestimmt definierten) *stakeholdern* wie als kompetenten Mitentscheidern, deren lebensweltliches Wissen aus ihrer Betroffenenperspektive zur Geltung gebracht werden soll.

In den letzten Jahrzehnten ist es zu einer eindrucksvollen Zunahme an partizipativen Governance-Arrangements gekommen, die oftmals mit dem Versprechen einhergehen, die demokratischen Regime demokratischer und effektiver zu machen. Bemerkenswert ist in diesem Zusammenhang allerdings auch, dass die dadurch erreichte Partizipationsausweitung sowie die mit ihr verbundenen politischen Veränderungen, wie etwa der Anerkennung unkonventioneller Protestformen, der Zunahme und Ausweitung von Transparenz,[120] mit einer seit den 1980er Jahren einsetzenden Tendenz zunehmender sozialer Ungleichheit hinsichtlich Einkommen und Vermögen einhergingen.[121] Im Lichte dieser zunächst paradox anmutenden Gleichzeitigkeit von zunehmender Partizipation und der politischen Öffnung repräsentativer Demokratien auf der einen Seite und steigender sozioökonomischer Polarisierung auf der anderen Seite halten Shipman, Edmunds und Turner Folgendes fest:

> Die generelle Zunahme von Ungleichheit seit den 1980er Jahren ereignete sich in Ländern, die im Allgemeinen stärker demokratisch geworden waren, was sich anhand von Indikatoren wie Freiheit und Fairness von Wahlen, der Verantwortlichkeit von Politikern und öffentlichen Ämtern, lokaler und regionaler Autonomie und dem Informations- und Bildungsgrad der Bürgerschaften ablesen lässt. Dies hat dazu geführt, dass sich traditionelle Verständnisse von Demokratisierung in ihr Gegenteil verkehrt haben.[122]

Auch Russel J. Dalton – selbst ein politischer Verfechter von mehr Beteiligung und wissenschaftlicher Vordenker der partizipatori-

120 Carolyn Ball, »What Is Transparency?«, in: *Public Integrity* 11 (2009), S. 293-308.

121 Evelyne Huber, John D. Stephens, »Income Inequality and Redistribution in Post-Industrial Democracies. Demographic, Economic and Political Determinants«, in: *Socio-Economic Review* 12 (2014), S. 245-267; OECD, *Divided We Stand. Why Inequality Keeps Rising*, Paris 2011; Thomas Piketty, *Das Kapital im 21. Jahrhundert*, München 2014.

122 Alan Shipman, Jane Edmunds, Bryan S. Turner, *The New Power Elite. Inequality, Politics and Greed*, London 2018, S. 261.

schen Revolution – kommt in seiner Studie über den Zusammenhang zwischen Partizipation und sozialem Status in den entwickelten Demokratien Westeuropas, der USA, Ostasiens, Australiens und Neuseelands zu dem ernüchternden Fazit, dass die Zunahme von partizipativer Governance empirisch *nicht* zu mehr sozialem und politischem Ausgleich geführt hat. Zwar haben sich die Einfluss- und Beteiligungsmöglichkeiten *de jure* in einem bisher nie dagewesenen Maße erweitert, doch *de facto* sei dieser Prozess durch das fundamentale Problem der über Bildungs- und Einkommensungleichheiten vermittelten *sozioökonomischen Partizipationslücke* gekennzeichnet. Es habe sich im Laufe der vergangenen Jahrzehnte seit dem Einsetzen der partizipatorischen Revolution verschärft und stelle gegenüber anderen statusbedingten politischen Disparitätsfaktoren wie Ethnizität, Migration und Gender nunmehr die primäre Ursache politischer Disparität dar. Wie Dalton in dem Resümee seines Buches betont, erfasse es alle politischen Beteiligungsformen, sei also keineswegs auf nichtelektorale Partizipation begrenzt:

> Während sich die Gelegenheiten zur Partizipation deutlich erweitert haben, sind in der Bürgerschaft die Fähigkeiten und Ressourcen zur Nutzung dieser neuen Zugangswege ungleich verteilt. Dieses Buch zeigt, dass bei allen Arten des politischen Handelns eine durchgängige sozio-ökonomische Partizipationslücke besteht. Der Bildungsgrad einer Person, und zu einem geringeren Grad der soziale Status, sind ein starker Prognosefaktor in Bezug darauf, wer sich beteiligt. Das betrifft die Beteiligung an Wahlen sowie nichtelektorale Aktivitäten, die von der politischen Kontaktaufnahme über die Zusammenarbeit mit lokalen *community*-Gruppen bis hin zum Protest reichen.[123]

Dieser Prozess beinhaltet auch die sinkende Wahlbeteiligung der unteren Schichten, während die sozioökonomisch Bessergestellten nicht nur weiterhin zur Wahl gehen, sondern darüber hinaus das erweiterte Angebot an nichtelektoralen Beteiligungsmöglichkeiten stärker wahrnehmen und es auch selbst mit prägen.[124] Sie tun es

123 Russel J. Dalton, *The Participation Gap. Social Status and Political Inequality*, Oxford 2017, S. 210.

124 Zu ähnlichen Ergebnissen gelangt Toralf Stark in seiner Untersuchung nichtelektoraler Partizipation seit den 1970er Jahren in Deutschland, Finnland, Italien, Niederlande, Österreich, Großbritannien und den USA. Neben politi-

deshalb, weil sie aufgrund ihres Status über die für diese anspruchsvolleren Beteiligungsformen notwendigen Fähigkeiten und Ressourcen verfügen und zudem ein politisches Selbstbild haben, das diesen stärker expressiv orientierten Aktivitäten besser entspricht. Dalton zufolge bringt dieser Umstand ein Dilemma mit sich. Auf der einen Seite sei die Ausweitung politischer Partizipation im Prinzip begrüßenswert, denn sie entspreche der Idee der Demokratie; auf der anderen Seite führe sie jedoch – unter den gegebenen Bedingungen der steigenden sozialen Ungleichheit und der Abnahme der Wahlbeteiligung unterer Schichten – zur Vertiefung politischer Ungleichheit und zur sinkenden Repräsentation sozioökonomisch schwächerer Gruppen. Dalton resümiert, die »Ausweitung von Partizipation in alten und neuen Beteiligungsformen hatte den Preis einer gewachsenen Lücke zwischen den politisch Reichen und den politisch Armen«.[125] Mit anderen Worten: Die Hoffnungen auf mehr Freiheit, Gleichheit und Solidarität, die früher mit der partizipatorischen Revolution verbunden wurden und gegenwärtig mit partizipativer Governance verknüpft werden, erfüllen sich nicht. Mehr Partizipation führt nicht zu mehr Demokratie, weil sie in hohem Maße sozial selektiv ist.[126] Die Kernbereiche von Herrschaft werden weiterhin von effektiver demokratischer Beteili-

schem Wissen sind Bildung und Einkommen die zentralen Faktoren politischer Beteiligung und Einflussnahme. »Es zeigt sich einmal mehr«, resümiert Stark, »dass vor allem die individuelle Ressourcenausstattung darüber entscheidet, wer politischen Einfluss ausübt«; Toralf Stark, *Demokratische Bürgerbeteiligung außerhalb des Wahllokals. Umbrüche der politischen Partizipation seit den 1970er Jahren*, Wiesbaden 2019, S. 454.

125 Ebd., S. 212.

126 Bereits 1984 warnte Max Kaase in seinem einschlägigen Aufsatz vor den Effekten, den die partizipatorische Revolution auf die politische Gleichheit haben werde: »Wie die Partizipationsforschung durchweg gezeigt hat, leiden alle anderen Formen der politischen Partizipation jenseits der Wahl unter einer starken Verzerrung zugunsten der ressourcenstärkeren Teile der Bevölkerung. Da die politischen Präferenzen dieser Teile in der Regel nicht die der Gesamtbevölkerung widerspiegeln, gibt es allen Grund zu der Annahme, dass ohne eine ausreichende Institutionalisierung neuer Partizipationsformen die politische Ergebnisgleichheit beeinträchtigt würde, was zu sozialen Konflikten und Delegitimierung führen würde; Max Kaase, »The Challenge of the ›Participatory Revolution‹ in Pluralist Democracies«, in: *International Political Science Review* 5 (1984), S. 299-318, hier S. 314.

gung abgeschirmt und die Verteilung von Machtmitteln innerhalb der Bürgerschaften ist ungebrochen asymmetrisch. Aufgrund der Vermehrung der Entscheidungsbeteiligten und der *stakeholder* im Kontext partizipativer Governance entstand, wie ausgerechnet der Konservative Niklas Luhmann erkannte, eine »Intransparenz der Machtverhältnisse mit Begünstigung der Insider, die genau dies durchschauen und in diesem trüben Wasser sehen und schwimmen können«.[127]

Bei Fischers oben referierter Definition partizipativer Governance handelt es sich deshalb eher um einen normativen Wunsch- und Forderungskatalog als um eine empirische Analyse. Bang hat vor diesem Hintergrund eine scharfe, aber gut begründete Kritik der Idealisierung partizipativer Governance als einer vermeintlich demokratischen politischen Praxis formuliert. Er prägt zur Beschreibung des Phänomens der Verklärung von elitärer Beteiligung der Insider mit einer inklusiven Partizipationsrhetorik, die unter anderem durch die Sozialwissenschaft entwickelt worden sei, die Begriffe »Neue Expertenbürgerschaft« und »Republikanischer Elitismus«. Bang zufolge ist die Überführung des partizipatorischen Diskurses in die Praxis von politischer Führung und Entscheidungsfindung zudem ein Indiz für die Entstehung eines neuen Bilds von Bürgerschaft, in dem der Anspruch auf Expertise, Vorzüglichkeit und Tugendhaftigkeit mit einem undemokratischen Elitismus vermählt wird. Demokratie und bürgerschaftliche Beteiligung entkoppeln sich.[128] Die von Bang kritisierte Herauslösung demokratischer Werte und Praktiken aus elitären Beteiligungsmodellen und -praktiken einer sich selbst als »Gute Demokraten« missverstehenden Partizipationsbürgerschaft erfolgt nicht zufällig. Sie ist, wie die Entstehung expertokratischer und populistischer Reaktionsmuster, ein Effekt der Devolution, insbesondere der Kognitionsasymmetrie. Hierdurch ist eine *Partizipationsaristokratie* entstanden. Diese besteht aus akademisch ausgebildeten, sozioökonomisch bessergestellten Bürgergruppen, die nicht nur versiert im Umgang mit den partizipativen Governance-Arrangements sind und über-

127 Niklas Luhmann, »Die Zukunft der Demokratie«, in: ders., *Soziologische Aufklärung. Band 4, Beiträge zur funktionalen Differenzierung der Gesellschaft*, Wiesbaden 2005, S. 131-138, hier S. 132.

128 Henrik P. Bang, »Among Everyday Makers and Expert Citizens«, in: Janet Newman (Hg.), *Remaking Governance*, Bristol 2005, S. 159-179, hier S. 160.

mäßigen politischen Einfluss haben, sondern auch das Selbstbild eines Bürgers pflegen, der besser ist als die normale Wahlbürgerschaft.[129]

2.4 Undemokratische Alternativen

Wie lassen sich die drei umrissenen politischen Reaktionen – Expertokratie, Populismus und Governance-Partizipation – auf das Problem der Devolution von einem normativ an der Demokratie orientierten Standpunkt aus beurteilen? Wie zu sehen sein wird, handelt es sich bei ihnen um komplementär defizitäre nachdemokratische Politikansätze.[130]

Für Fürsprecher von Expertokratie, die weiterhin im Geltungsbereich der Demokratie argumentieren wollen, besteht ein normatives Dilemma, da sich demokratische und expertokratische Prinzipien widersprechen und nicht gleichzeitig vertreten lassen. Entweder wird die Legitimität von Politik an demokratische, das heißt gleichheitsbasierte Verfahren zur Bestimmung der Werte, Ziele und Probleme des Regierens geknüpft oder aber an fachliche Kompetenz vormundschaftlicher Experten und deren wissenschaftlich fundierte Expertise. Dass dieses Dilemma auf anderem Wege als der normativen Entscheidung für eines der beiden Prinzipien – expertokratische oder demokratische Legitimität – nicht lösbar ist, zeigt sich an dem Spagat zwischen Expertokratie und Demokratie, den Helmut Willke zu schlagen versucht. Er will den Widerspruch zwischen beiden unter anderem durch ein arbeitsteiliges Modell lösen, demzufolge »grundlegende Wertungsfragen«[131] demokratisch entschieden werden sollen, wohingegen »eine ganze Reihe von komplexen Problemen nach Vorbild der Zentralbanken abge-

129 Im Unterschied zu dem in der Literatur oftmals verwendeten Ausdruck »Partizipationselite« bringt der Begriff der Partizipationsaristokratie diesen Aspekt besser zur Geltung.

130 Die folgende Beurteilung greift die in Selk u. a., »In der Demokratiefalle? Probleme der Energiewende zwischen Expertokratie, partizipativer Governance und populistischer Reaktion« vorgebrachten Argumente auf und entwickelt diese weiter.

131 Helmut Willke, *Demokratie in Zeiten der Konfusion*, Berlin 2014, S. 87.

schichtet und an Expertenparlamente delegiert werden« sollten.[132] Dieser Vorschlag scheitert bereits daran, dass der Bestimmung von Problemen und entsprechender Lösungen Wertungsfragen zugrunde liegen, die nicht unabhängig von Problemdefinitionen und Lösungsmöglichkeiten sind.

Solche Deutungskonflikte lassen sich als ein Symptom asymmetrischen Wissens und als Folge der Politisierung von Wissen begreifen. Feyerabends bereits zitierte Parole »Bürgerinitiativen statt Erkenntnistheorie!«[133] drückt in polemischer Form die Antwort partizipativer Governance auf dieses Problem aus. Lösen lassen sich Wissenskonflikte unter Bedingungen der Politisierung, so die Annahme, nicht durch bessere Forschung von Experten, sondern nur durch die bürgerschaftliche Beteiligung bei der Wissensproduktion. Das oben zitierte Konzept Fischers von partizipativer Governance bringt diese Hoffnung ebenfalls zum Ausdruck.[134] Durch bürgerschaftliche Beteiligung in Form von partizipativer Governance würden nicht nur politische Macht, Wissen und Informationen egalitärer verteilt und transparent gemacht, sondern es komme auch zu einer Transformation der Beteiligten selbst. Einerseits würden die Bürger kompetenter, andererseits müssten sich die Experten gegenüber bürgerschaftlichen Einwänden und Anliegen öffnen. Bei allen Beteiligten steige die Fähigkeit zur Perspektivenübernahme und Beurteilung politischer Entscheidungen im Lichte heterogener Wissensbestände. Kognitionsasymmetrie, so die Hoffnung, lasse sich durch partizipative Einbindung von Bürgern überwinden. In dieser Hinsicht reflektiert partizipative Governance einen Wandel der politischen Kultur, der das zivilgesellschaftlich-partizipatorische Verständnis von Bürgerschaft aufwertet und dabei auch das (wissenschaftliche) Wissen in einen Gegenstand von bürgerschaftlicher Inklusion verwandelt hat.[135]

Im Lichte der empirischen Ergebnisse der Beteiligungsforschung scheitert partizipatorische Governance jedoch an dem Problem der

132 Ebd.

133 Feyerabend, *Erkenntnis für freie Menschen*, S. 87.

134 Fischer, *Technocracy and the Politics of Expertise*; ders., »Participatory Governance. From Theory to Practice«, in: David Levi-Faur (Hg.), *The Oxford Handbook of Governance*, Oxford 2012, S. 457-471.

135 Vgl. hierzu mit starkem Fokus auf »Laienforschung« Peter Finke, *Citizen Science. Das unterschätzte Wissen der Laien*, München 2014.

politischen Differenzierung und der Komplexitätszunahme. Mit Blick auf die politische Differenzierung entsteht im Kontext von partizipativer Governance aufgrund der oben beschriebenen sozioökonomischen Beteiligungslücke eine *zivilgesellschaftliche Partizipationsaristokratie*. Diese besteht aus informierten Aktivbürgern, die sich von der restlichen Bürgerschaft als »bloßer« Wahlbürgerschaft unterscheiden und das Selbstbild »hervorragender Demokraten« ausbilden. Dieses Phänomen der partizipativen Aristokratisierung ist genereller Natur, denn partizipative Governance inkludiert nur einen geringen Teil der Bürgerschaft, sie ist nicht skalierbar und setzt zumeist themen- und problemspezifisch an einzelnen Politikfeldern und lokalen Kontexten an. Mit Blick auf die Komplexitätszunahme kann sie aus diesem Grund das Problem der Zunahme von Variablen, die zum Verständnis des politischen Lebens erfasst werden müssen, nicht lösen. Sie kann es nur punktuell, themenspezifisch und für eine kleine Gruppe von Bürgern lindern.

Das verweist auf ein Problem von weitreichender Bedeutung. Es besteht darin, dass die Idee der Füllung von Legitimationslücken mittels partizipativer Governance-Arrangements auf lokaler Ebene zwar sinnvoll sein kann, aber mit Blick auf die Regimeebene unzureichend ist. Ein wichtiger Grund für die Entstehung von partizipativer Governance als Konzept ist ja nicht allein der Umstand, dass Bürgerinitiativen, Gewerkschaften, Kirchen oder Unternehmen bei der kollektiv verbindlichen Entscheidung eine Rolle spielen und, sofern sie organisiert sind, auch intern einen politischen Prozess der Regelsetzung aufweisen und insgesamt Teil des herrschaftlichen Regierungsprozesses geworden sind. Hinzu kommt neben der politischen Differenzierung und Vermehrung der politisch relevanten Akteure das gesellschaftliche Bewusstsein für den politischen Charakter dieses Sachverhalts, was wiederum Selbst- und Mitbestimmungsansprüche hervorruft und einen erhöhten Bedarf an Legitimation von Macht- und Herrschaftsausübung erzeugt. Die Idee, dieser Bedarf lasse sich mittels partizipativer Governance befriedigen, basierte auf der Annahme, man könne auf die mit Differenzierung, Komplexität und Politisierung einhergehenden Probleme dergestalt reagieren, dass der erhöhte Bedarf an Regulierung und Legitimität erzeugenden Modi der Konfliktaustragung durch ein differenziertes Netz aus Partizipationsverfahren sowie mittels spontaner und informeller Beteiligung von Bürgergruppen befriedigt werde, was wiederum zu einer gestiegenen Folgebereitschaft auf Seiten der Bürgerschaft führe. Wie man heute sehen kann, handelt es sich hierbei um eine nur kontextabhängig und punktuell sinnvolle Vorgehensweise, die aber hinsichtlich der zwecks demokratischer Legitimation notwendigen *Masseninklusion* unzulänglich bleibt. Dies gilt jedenfalls dann, wenn man sich Franz L. Neumanns Definition von Demokratie in Erinnerung ruft, der zufolge Demokratie die Massenbeteiligung an der Verwirklichung von Freiheit ist.[136] Mehr noch: Im Kontext dessen, was ich als das Ende des demokratischen Kapitalismus beschrieben habe, ist mit einer weitergehenden sozioökonomischen Polarisierung zu rechnen, die sich auch im Partizipationsverhalten niederschlagen wird. Anstelle einer partizipativen Masseninklusion wird es zukünftig vielmehr zu einem Anwachsen aristokratischer Partizipation kommen. Diese ist zur Lösung der Legitimationsprobleme devolutionär transformierter Regime unzulänglich.

Populismus schließlich wird begünstigt durch die Legitimationsprobleme devolutionär veränderter Regime, wobei er in den letzten Jahren primär in Gestalt des Rechtspopulismus politisch relevant wurde. In gewisser Hinsicht knüpft der zeitgenössische Rechtspopulismus sogar an die uneingelösten Versprechen der partizipatorischen Revolution an, denn zu den Forderungen rechtspopulistischer Parteien gehört die Einführung oder Ausweitung direktdemokratischer Elemente. Allerdings verbinden sie dies mit einer retrograden Programmatik, die primär defensiv oder wiederherstellend ausgerichtet ist. Mit der Modernisierung einhergehende Liberalisierungs- und Öffnungspolitiken sollen verlangsamt, verhindert oder umgekehrt werden.[137] Damit verhält sich der Rechtspopulismus gegenüber der Politisierung ambivalent oder sogar paradox. Einerseits ist er selbst ein Treiber von Politisierung, die Politisierungsdynamik stellt für ihn eine Chance zur Mobilisierung dar. Andererseits zielt er in seiner retrograden Programmatik auf die Wiederherstellung einer gesellschaftspolitischen Konstellation,

136 Franz L. Neumann, »Die Wissenschaft der Politik in der Demokratie«, in: Heinrich Schneider (Hg.), *Aufgabe und Selbstverständnis der Politischen Wissenschaft*, Darmstadt 1950, S. 20-40, hier S. 23.

137 Bei den beiden salientesten und kontextunabhängigsten Positionen rechtspopulistischer Parteien, Antieuropäisierung und Antiimmigration, zeigt sich dieser reaktive und retrograde Zug rechtspopulistischer Politik besonders deutlich.

die der Zeit vor der partizipativen Revolution ähneln würde. Die Programmatik des zeitgenössischen Rechtspopulismus soll die Politisierung der Gesellschaft im Nachgang der ausgreifenden Protestbewegung, die hierzulande mit der Chiffre 1968 bezeichnet wird, rückgängig machen.

Mit Blick auf die anderen Dimensionen der Devolution lassen sich im Rechtspopulismus eigentümliche Antwortstrategien finden. Die Ausdifferenzierung von Governance-Netzwerken und die sich vertiefende Kluft zwischen Bürgerschaft und politischer Klasse kontert er mit einem antielitären Politikstil und einer Programmatik der Rückkehr zum »einfachen« nationalstaatlichen Regieren. Diese retrograde Programmatik verknüpft er mit einer Simplifizierungsstrategie, die den Common Sense der Bürgerschaft preist und das lebensweltliche Wissen gegenüber Experten, zivilgesellschaftlichen Aktivbürgern und der Berufspolitik der politischen Klasse aufwertet. Dabei kann sich der Rechtspopulismus auf die Deutung der Demokratie als »Volksherrschaft« berufen. Von besonderer Bedeutung ist hierbei seine Strategie der retrograden Simplifizierung. Sie symbolisiert, wie der populistische Antielitismus generell, das demokratische Versprechen, Politik könne eine einfache Tätigkeit im Dienste der »einfachen Leute« sein. Sie stößt gerade im Kontext der Probleme, die mit dem Prozess der Devolution einhergehen, bei einigen Teilen der Bürgerschaft auf Resonanz. Allerdings »löst« der Populismus, als protestförmige Reaktion, die Probleme der Kognitionsasymmetrie und der Differenzierung nur auf einer symbolischen Ebene. Im Kontext der Devolution ist Politik keine einfache Tätigkeit. Das Ende des demokratischen Kapitalismus schließlich beantwortet der Rechtspopulismus programmatisch mit einer Affirmation der Vergangenheit des »guten alten« Industriekapitalismus, wobei er zwischen einer liberalen und einer sozialkonservativen wirtschaftspolitischen Position changiert.

Wie oben gezeigt, erhält der Populismus eine andere politische Bedeutung, wenn man ihn als eine Form der Regierungspraxis betrachtet. Hierbei spielt in erster Linie der Rechtspopulismus eine Rolle, denn im Kontext westlicher Demokratien gibt es bisher keine Erfahrungen mit linkspopulistischen Regierungen, die darauf hindeuteten, dass der Linkspopulismus sich zu einer aktiven politischen Kraft entwickeln könnte, die zur Durchsetzung grundlegender Strukturreformen in der Lage wäre. Mit Blick auf den Rechtspopulismus als *Regierungsprojekt* ändert sich das Bild, wie gezeigt, erheblich. Dessen Praxis, vor allem in dem paradigmatischen Fall Ungarns, und vielleicht auch in Polen, weist auf eine sozial-konservativ bis illiberale Antwort auf die Probleme der Devolution hin, die mit teilweise weitreichenden Strukturreformen verbunden ist.[138] Die Politisierung und die Kognitionsasymmetrie werden dabei durch eine weitreichende Beschränkung der politischen Freiheit und insbesondere des politischen Wettbewerbs sowie einen konzertierten Einsatz von Meinungskontrolle eingedämmt; Komplexität und Differenzierung wiederum beantworten rechtspopulistische Regierungen mit einer Stärkung der Exekutive, einer Zentralisierung des politischen Entscheidens und entsprechend rasch durchgeführten und teilweise weitreichenden politische Reformen; auf das Ende des demokratischen Kapitalismus schließlich reagieren sie mit einem teilweise eklektizistischen, auch neoliberale Elemente aufweisenden, aber in der dominanten Tendenz sozial-konservativen Sozialstaatsumbau, der durch einen Diskurs »christlich-nationalen Zusammenhalts« unterfüttert wird. Es zeigt sich, dass zwischen dem Populismus als einer Reaktion und Populismus als einer Regierungspraxis wesentliche Unterschiede bestehen, aber im Kontext der populistischen Reaktion zur Geltung gebrachte Motive – zuvörderst einer Parteien-, Justiz- und Medienkritik, die das Bild einer vollkommenen institutionellen Korruption zeichnet – in der Regierungspraxis auf eine entdemokratisierende Politik hinauslaufen. Der Populismus stellt als ein Protestphänomen einen Problemindikator dar, als Regierungsprojekt führt er hingegen zu einer entdemokratisierenden Antwort auf die Devolutionsprobleme. Besonders auffällig sticht hierbei seine Beschränkung der politischen Freiheit hervor. Es handelt sich um eine Form des politischen Illiberalismus, die eigentümlich mit dem populistischen Antielitismus verbunden ist. Die Beschränkung der politischen Freiheit ist für den Populismus als Regierungsprojekt zentral. Sie wird von ihm als ein Mechanismus zur Neutralisierung von korrupten Eliten gerechtfertigt. Aus der Perspektive der regierenden Populisten versagt das plu-

138 Elisabeth Bakke, Nick Sitter, »The EU's Enfants Terribles. Democratic Backsliding in Central Europe since 2010«, in: *Perspectives on Politics* 1 (2020), S. 22-37; Noemi Lendvai-Bainton, Dorotea Szelewa, »Governing New Authoritarianism: Populism, Nationalism, and Radical Welfare Reforms in Hungary and Poland«, in: *Social Policy and Administration* 55 (2021), S. 559-572.

ralistisch-freiheitliche System bei seiner Aufgabe der Kontrolle und Beschränkung von Eliten, vielmehr fördere es plutokratische und dekadente Tendenzen. Im Sinne dieses Verkehrungsarguments besteht ein zentraler Teil der populistischen Simplifizierungsstrategie darin, Korruption nicht durch mehr, sondern durch *weniger* politischen Pluralismus zu bekämpfen. Diesem *argumentum e contrario* zufolge ist gerade die Einschränkung des politischen Wettbewerbs und die Verminderung der politischen Offenheit ein Mittel gegen die Korruption der politischen Eliten und eine Voraussetzung guten Regierens.

In der Summe handelt es sich bei allen drei diskutierten nachdemokratischen Politikansätzen um politische Interventionsstrategien, die jeweils auf reale Probleme liberal-repräsentativer Regime infolge der Devolution antworten und die deshalb nicht allein durch normative Argumente aus dem politischen Feld geschlagen werden können. Allerdings sind sie komplementär defizitär. Durch ihre Bevorzugung von expertokratischer Legitimität verletzt die expertokratische Perspektive das Prinzip der politischen Gleichheit, wohingegen ihr paternalistischer Zug das Prinzip der Freiheit negiert. Die partizipative Governance wiederum verletzt sowohl das Prinzip politischer Solidarität als auch das Prinzip politischer Gleichheit, weil sie zur Entstehung einer Partizipationsaristokratie und der Vertiefung sozioökonomischer Disparitäten und politischer Einflussungleichheit führt. Der Populismus schließlich kann zwar in seiner protestförmigen Gestalt ein Indikator für Demokratieprobleme sein und damit zumindest potentiell einen Anreiz für politisches Lernen erzeugen, aber als ein Regierungsprojekt bedroht er das Prinzip der politischen Freiheit. Kurz gesagt: Bei jeder der drei Reaktionsstrategien werden die jeweils versprochene Verbesserung der Demokratie und die Reaktion auf Devolutionsprobleme um den Preis der Verletzung beziehungsweise der Negation eines grundlegenden Prinzips der Demokratie erkauft.

Reaktions-perspektive	Problemdiagnose	Leitidee	Demokratie-defizit
Expertokratie	Mangel an Rationalität und Kontrolle	Rationalisierung durch Expertise	Freiheits- und Gleichheitsdefizit
Partizipative Governance	Beteiligungsmangel	Beteiligung und Erhöhung der Bürger-kompetenz	Solidaritäts- und Gleichheitsdefizit
Rechts-populismus	Demokratiemangel und Elitenkorruption	Retrograde Simplifizierung und Illiberalismus	Freiheitsdefizit

Abbildung 3: Expertokratie, partizipative Governance und Rechtspopulismus

2.5 Negativer Sperrklinkeneffekt: das Scheitern demokratischer Politik

Es ist wahrscheinlich, dass die drei nachdemokratischen Politikansätze weiter an Bedeutung gewinnen werden. Eine Revitalisierung der Demokratie ist von ihnen indes nicht zu erwarten, vielmehr werden sie die Probleme der Verwirklichung demokratischer Prinzipien im Kontext der Devolution nur noch verschärfen. Für die demokratische Politik ergeben sich daraus schlechte Aussichten. Ist die Demokratie damit zum Scheitern verurteilt? Will man auf diese Frage eine Antwort finden, müssen zunächst die Kriterien bestimmt werden, anhand derer man beurteilen kann, ob demokratische Politik in Zukunft verwirklicht werden könnte. Dieses Kapitel abschließend wird zu prüfen sein, ob diese Kriterien unter Bedingungen der Devolution in der Praxis realisiert werden könnten.

Ich schlage vor, dies anhand von vier Kriterien (a-d) zu tun. Es handelt sich um metatheoretische Kriterien, die auf die Voraussetzungen der Verwirklichung demokratischer Prinzipien, Werte und Grundnormen abheben.

(a): Demokratie setzt, erstens, *epistemische Transparenz* voraus.[139] Diesem Kriterium zufolge müssen in demokratischen Regimen nicht nur essentielle Bedingungen der Meinungs- und Willensbildung wie Transparenz, Informationsfreiheit sowie eine umfassende mediale Darstellung von Politik und politisch relevanten Problemlagen und Konflikten gegeben sein. Bei diesen handelt es sich um notwendige, nicht aber um hinreichende Bedingungen für die demokratische Legitimation von Politik. Es dürfte offenkundig sein, dass die bloße Verfügbarkeit von Informationen nichts über deren politische Rezeption und Verwendung aussagt; mehr noch, eine große Menge an Informationen kann zu Überlastung und Desorientierung führen. Deshalb beinhaltet epistemische Transparenz mehr als den Zugang zu Informationen. Im Sinne der klassischen Idee der politischen Urteilskraft, aber auch mit Blick auf das eingangs beschriebene Sartori-Kriterium erfordert sie die *Verstehbarkeit* von Politik. Das beinhaltet die Möglichkeit der Herstellung von Sinnbezügen zwischen dem eigenen Handeln und der subjektiven Erfahrung in der Lebenswelt zum einen und dem medial vermittelten politischen Prozess zum anderen. Epistemische Transparenz verleiht dem politischen Handeln in der Demokratie Sinn und die demokratische Politik kann aus einer Beobachterperspektive verstanden und beurteilt werden.

(b): Zweitens setzt Demokratie das *Bewusstsein für die praktische Wirksamkeit* demokratischer Politik voraus, sei es in Form der direkten bürgerschaftlichen Beteiligung oder sei es als repräsentatives stellvertretendes Handeln. Hierbei geht es nicht nur darum, dass Handeln überhaupt möglich erscheint. Erforderlich ist, dass die Bürger das Bewusstsein haben, entweder selbst aktiv sein zu können oder aber Repräsentanten in dieser Rolle sehen, und zwar jeweils auf eine Weise, die einen praktischen Unterschied macht – und sei es nur infolge des Wahlakts. Wichtig ist hierbei der reflexiv-konstruktive Charakter dieses Kriteriums. Es erfordert nicht nur, dass Politik tatsächlich einen praktischen Unterschied macht, sondern auch, dass die Bürgerschaft ein Bewusstsein davon hat und dieses im Rahmen der Beteiligung an demokratischen Verfahren, Institutionen und Praktiken gewinnt.

(c): Drittens impliziert die Legitimierung von Politik mittels

139 Pierre Rosanvallon, *Die gute Regierung*, Hamburg 2016, S. 207ff.

demokratischer Institutionen ein gewisses Maß an *institutioneller Authentizität*. Dieses Kriterium besagt *nicht*, dass zwischen den demokratischen Prinzipien, Werten und Normen auf der einen Seite und der politischen Wirklichkeit auf der anderen Seite keine allzu große Lücke klaffen darf. Die Differenz zwischen Ideal und Wirklichkeit existiert generell in durch den Bezug auf institutionalisierte Normen legitimierten Formen politischer Herrschaft. Im Kontext politischer Institutionen ist eine Differenz zwischen normativ anspruchsvollen Handlungsnormen und empirischer Handlungswirklichkeit unvermeidbar. Allerdings müssen diese Normen, um operativ zu sein, von den Handelnden als gültig unterstellt werden können. Die Spannung zwischen Normgeltung und Wirklichkeit darf nicht einseitig aufgelöst werden. Deshalb zielt dieses Kriterium darauf ab, dass die institutionellen Normen und die politische Praxis zwar notwendigerweise auseinandertreten, sie gleichwohl aber in einem wirksamen Bezugsverhältnis stehen müssen. Das Verhältnis zwischen Faktizität und Geltung darf bestehen bleiben, es darf aber nicht einseitig in Richtung schierer Faktizität aufgelöst werden. Institutionelle Authentizität ist dann gegeben, wenn Institutionen die Geltung ihrer Normen trotz gegenläufiger Faktizität und normwidrigem Handeln glaubwürdig verkörpern können, etwa, indem sie politische Lernprozesse, eine zukünftige Annäherung an die Normen oder zumindest ein verlässlich erscheinendes Ausmaß an Normgeltung zum Ausdruck bringen. Schwindet die institutionelle Authentizität, dann verkümmern die institutionellen Normen zu *Geltungsfassaden*. Oder mit Hilfe einer bereits verwendeten Unterscheidung aus der institutionalistischen Korruptionstheorie formuliert: In einer Demokratie dürfen die Institutionen zwar *rotten apples* enthalten, das heißt, normwidriges Handeln aufweisen, aber sie dürfen nicht als *rotten barrels* erscheinen.

(d): Auch vor dem Hintergrund der immer gegebenen Spannung zwischen Norm und Wirklichkeit muss, viertens, schließlich noch das Kriterium der *potentiellen Redemokratisierung* gegeben sein. Sowohl Vertreter der partizipatorischen[140] als auch der sozialen Demokratietheorie[141] argumentieren, dass zur Demokratie die

140 Carol Pateman, *Participation and Democratic Theory*, Cambridge 1970; Benjamin Barber, *Starke Demokratie. Über die Teilhabe am Politischen*, Hamburg 1994.

141 Wolfgang Abendroth, »Zum Begriff des demokratischen und sozialen Rechts-

weiter gehende, über das liberal-repräsentative Demokratiemodell hinausgehende Demokratisierung von Staat und Gesellschaft gehört. In diesem Theorieansatz wird Demokratie normativ-teleologisch auf eine schrittweise Demokratisierung der gesamten Gesellschaft hin ausgelegt. Vertreter dieser Theorie argumentieren, dass die formale Demokratie liberal-repräsentativer Prägung nur eine halbierte Demokratie darstellt, die es zu überwinden gelte. Diese These ist offenkundig kontrovers, denn sie impliziert ein normativ anspruchsvolles Demokratiemodell. Etwas weniger kontrovers, jedenfalls hinsichtlich ihrer normativen Bedeutung, ist demgegenüber die unter anderem in der deliberativen Theorie vertretene These über positive Sperrklinkeneffekte in der wohlfahrtstaatlich und grundrechtlich verfassten Demokratie. Sie sorgten dafür, dass einmal erreichte Fortschritte der menschenrechtlichen Inklusion und wohlfahrtsstaatliche Institutionalisierung nur schwer wieder rückgängig gemacht werden könnten.[142] Empirisch ist diese These im Lichte der Diskussion über die »neoliberale Revolution«[143] und deren Folgen wohl korrekturbedürftig. Gegenüber diesen beiden Positionen dürfte das im Folgenden vorgeschlagene Kriterium jedenfalls unkontrovers sein. Es besagt, dass in demokratischen Regimen zumindest *der Verlust* demokratischer Freiheiten zukünftig *kompensiert oder rückgängig gemacht* werden können muss. So wie es zur Geltungsbedingung der Mehrheitsregel gehört, dass Minderheiten langfristig die Chance haben müssen, selbst zur Mehrheit zu gehören beziehungsweise die Mehrheit von ihrer Auffassung der Dinge zu überzeugen, muss der Verlust demokratischer Mitbestimmungschancen durch die Ermöglichung der Revision oder der

staates im Grundgesetz der Bundesrepublik Deutschland«, in: ders.: *Antagonistische Gesellschaft und Politische Demokratie. Aufsätze zur politischen Soziologie*, Neuwied, Berlin 1972, S. 109-138; David Salomon, »Zu Begriff und Geschichte der (sozialen) Demokratie«, in: Oliver Eberl, David Salomon (Hg.), *Perspektiven sozialer Demokratie in der Postdemokratie. Staat – Souveränität – Nation*, Wiesbaden 2017, S. 89-107.

142 Helmut Dubiel, »Domination or Emancipation? The Debate over the Heritage of Critical Theory«, in: Axel Honneth u. a.(Hg.), *Cultural-Political Interventions in the Unfinished Project of Enlightenment*, Cambridge, London, S. 3-16, hier S. 8, mit Bezug auf Habermas.

143 Wendy Brown, *Die schleichende Revolution. Wie der Neoliberalismus die Demokratie zerstört*, Berlin 2015; dies., *In the Ruins of Neoliberalism. The Rise of Antidemocratic Politics in the West*, New York 2019.

Kompensation mittels Mitbestimmungsgewinnen an anderer Stelle restituiert oder ausgeglichen werden. Das heißt, ein *negativer Sperrklinkeneffekt*, der Demokratieverluste dauerhaft vor politischen Korrekturen und einer zukünftigen Demokratisierung abschirmt, die erlittene Verluste an Demokratie von Restitution ausnimmt, ist mit der Idee der Demokratie normativ unvereinbar und führt in empirischer Hinsicht in Legitimationsprobleme.

Im Lichte dieser vier Kriterien betrachtet, so die dieses Kapitel abschließende These, bringen die beschriebenen Transformationsprozesse der Devolution nicht nur normativ problematische Tendenzen mit sich, sondern sie werden auch zu *praktisch unlösbaren* Problemen bei der Legitimation von Politik im Kontext demokratischer Regime führen. Es handelt sich wohlgemerkt um beobachtbare Tendenzen, deren empirische Wirksamkeit keineswegs eindeutig festzumachen ist. Das Folgende soll sie als theoretisch bestimmte Tendenzen mit Blick auf die vier Kriterien beziehen und auf den Begriff bringen.

Epistemische Intransparenz

Infolge der politischen Kognitionsasymmetrie und der Zunahme von Differenzierung und Komplexität wird es für die Bürgerschaft zusehends schwierig, bei der Beobachtung von Politik allgemeine Sinnbezüge herzustellen und ein Verständnis des politischen Prozesses im Ganzen zu gewinnen. Politik wird unübersichtlich und verwirrend, und die politischen Gesellschaften werden tendenziell *epistemisch intransparent*. Die demokratietheoretisch unterstellte Möglichkeit der Gesamtschau und die Beurteilung des politischen Prozesses *durch die Teilnehmer*, aus dem nicht alles politisches Handeln, aber doch essentielle Institutionen wie die Wahl von demokratischen Repräsentanten sowie die öffentliche Meinung ihre normative Substanz gewinnen, erscheint nicht mehr möglich.

Neben der Stiftung von Sinn ist die epistemische Transparenz von Politik eine Voraussetzung dafür, dass die Individuen ihre Anliegen, Interessen und Identitäten entweder selbst oder vermittelt über Parteien, Interessenverbände, Initiativen, Bewegungen und publizistische Meinungsmultiplikatoren in den Prozess der Meinungs- und Willensbildung sowie der Entscheidung zweckrational einbringen können. Unter Bedingungen der wachsenden Komplexität und Differenzierung und infolge der Zunahme an politisch zu entscheidenden Sachverhalten wachsen die Informationskosten und die Informationsunsicherheit. Dies gilt vor allem für diejenigen Bürger, die nicht aufgrund ihrer bildungsmäßigen und soziostrukturellen Position bereits über Informationen verfügen, die sich gleichsam kostenlos aus ihrer Position in wirtschaftlichen, kulturellen oder politischen Organisationen und Netzwerken ergeben, oder aber über sozioökonomische Ressourcen verfügen, sich diese Informationen zu beschaffen beziehungsweise beschaffen zu lassen. Deshalb handelt es sich bei der Kognitionsasymmetrie um einen Prozess, der nicht alle in der Bürgerschaft gleichermaßen betrifft. Vielmehr kommt es an der Spitze gesellschaftlicher und politischer Hierarchien zur Akkumulation von politischem Wissen. Wie gezeigt, erzeugt die Undurchsichtigkeit von Politik und Gesellschaft Machteffekte, die Insider begünstigt. Diese Differenz zwischen epistemischen Insidern und unwissenden Outsidern birgt Legitimationsprobleme, weil die Kognitionsasymmetrie und das Opakwerden von Politik mit einer erhöhten Sichtbarkeit von Politik einhergehen. Diese ist vor allem aufgrund des Prozesses der Politisierung, der Medialisierung und des Wandels zur »Zuschauerdemokratie«[144] gegeben. In diese Konstellation werden Kognitionsasymmetrie und epistemische Intransparenz in zunehmendem Maße bewusst und dadurch politisch.

Pierre Rosanvallon hat dieses Problem mit den Begriffen der »Lesbarkeit« und der »Sichtbarkeit« erfasst. Unter Lesbarkeit versteht Rosanvallon in etwa das, was ich als epistemische Transparenz bezeichnet habe. Für Rosanvallon ist sie aus zwei Gründen für demokratische Legitimation essentiell. Erstens haben wir es in den westlichen Demokratien mit einem Bedeutungszuwachs der Transparenznorm zu tun. Dadurch wird das Gebot der Offenlegung politisch relevanter Informationen auf immer mehr gesellschaftliche Bereiche ausgedehnt, so dass »mittlerweile in allen Sphären staatlichen Handelns die Zugänglichkeit von Informationen eingefordert« wird.[145] Damit wird wiederum das Bedürfnis nach Lesbarkeit im Sinne der bürgerschaftlichen Erwartung der Beurteilung und der Einordnung dieser Informationen gesteigert. Zweitens ist die

144 Bernard Manin, *Kritik der repräsentativen Demokratie*, Berlin 2007.

145 Pierre Rosanvallon, *Die gute Regierung*, Hamburg 2016, S. 207.

Lesbarkeit von Politik eine notwendige Voraussetzung für die normativ ebenfalls erwartete bürgerschaftliche Aneignung von Politik, die ihren Grund in der dominant dem republikanischen Muster folgenden Selbstbeschreibung der demokratischen Regime hat, die sich in ihrer öffentlichen Kommunikation und ihren Verfassungsnormen selbst als eine *res publica* bezeichnen. Die Lesbarkeit von Politik, als Praxis wie als Institutionenensemble, ist eine Voraussetzung für eine Aneignung durch die Bürgerschaft: »Die Institutionen und politischen Praxen müssen [...] lesbar sein, um angeeignet werden zu können«.[146] Im Umkehrschluss läuft das Unlesbarwerden von Politik auf »eine Form von Enteignung« hinaus.[147] Diese Enteignung ist jedoch nicht allein von der demokratietheoretischen Warte aus ein kritikwürdiges Phänomen, sondern sie wird auch zu einem *praktischen Problem*, weil den Enteigneten ihre Expropriierung zunehmend *bewusst wird*. Überspitzt formuliert, kann man dieses Problem so ausdrücken: In einer Massendemokratie mit einer größtenteils unpolitischen Bevölkerung ist die epistemische Intransparenz von Politik unproblematisch, wenn die Output-Leistung des Systems akzeptiert wird. In einer Massendemokratie mit einer politisierten Bevölkerung ist epistemische Transparenz dysfunktional, auch wenn die Output-Leistung akzeptiert wird. Rosanvallon meint zu Recht: »Diese große Kluft zwischen einer Sichtbarkeit, die ihr Reich vergrößert, und einer Lesbarkeit, die regrediert, befördert eine Spannung, die immer mehr Misstrauen und Enttäuschung heraufbeschwört.«[148]

Praktische Unwirksamkeit

Das Bewusstsein der praktischen Wirksamkeit demokratischer Politik wird durch den Prozess der Politisierung und die Zunahme von Partizipation befördert. Allerdings nimmt nur ein kleinerer Teil der Bürgerschaft aktiv an dieser Partizipationsausweitung teil. Ein größerer Teil ist kein Subjekt von Politisierung, sondern stellt dessen Beobachter beziehungsweise dessen Objekt dar. Während es an der Spitze der sozialen Hierarchie bis in die akademische Mittelschicht hinein zu einer gestiegenen politischen Inklusion und

146 Ebd., S. 209.
147 Ebd.
148 Ebd., S. 208.

den entsprechenden Erfahrungen der partizipationsaristokratischen Selbstwirksamkeit kommt, bildet sich weiter unten in der sozialen Hierarchie im Kontext der Erfahrung der Zunahme von soziopolitischer Ungleichheit ein entweder antipolitisches Bewusstsein heraus oder aber ein Frustrationsgefühl infolge des *Bewusstseins der Unwirksamkeit demokratischer Politik*. Zugleich wird infolge des übergreifenden Prozesses der Politisierung der Gesellschaft über immer mehr gesellschaftliche Sachverhalte entschieden. Dies geschieht im Rahmen einer departementalisierten Form von Politik, die aufgrund ihrer fragmentierten und polyzentrischen Struktur als im Ganzen ungesteuert und kopflos wirkt. Vor diesem Hintergrund sowie aufgrund von Politikblockaden in als besonders wichtig erachteten Politikfeldern wie dem der Klimapolitik,[149] aber auch im Kontext der Diagnose eines neoliberalen Konsenskorridors auf den Feldern der Sozial-, Finanz- und Wirtschaftspolitik provoziert diese Konstellation, besonders pointiert in der Literatur zur Theorie des Politischen, die Diagnose des Einbruchs eines postpolitischen Zeitalters. Sie erinnert an ältere Thesen einer Abdankung von Politik infolge der Globalisierung.[150] Politik, so die These, nähere sich in dem Maße bloßer Verwaltung an, wie grundlegende Fragen des Zusammenlebens und die Artikulation von Konflikten aus dem öffentlichen Raum verdrängt sowie im Rahmen wirtschaftsliberaler Diskurse wie marktförmiger oder marktähnlicher Regierungstechniken entpolitisiert würden.[151] Für Žižek etwa führt diese »postpolitische Suspension des Politischen« zur »Reduzierung des Staates auf den Status eines bloßen Polizeibeamten, der den (einvernehmlich festgelegten) Bedürfnissen der Marktkräfte und des multikulturalistisch-toleranten Humanitarismus dient«.[152]

In Wirklichkeit macht »die Politik« sehr wohl einen praktischen Unterschied und ihre Entscheidungen verändern kumulativ die Gesellschaft weitreichend. Da es sich hierbei jedoch um einen differenzierten, langzeitigen Prozess auf unterschiedlichsten Politikebe-

149 Erik Swyngedouw, »Apocalypse Forever? Post-political Populism and the Spectre of Climate Change«, in: *Theory, Culture & Society* 27 (2010), S. 213-232.

150 Jean-Marie Guéhenno, *Das Ende der Demokratie*, München, Zürich 1994.

151 Wolfgang Fach, *Das Verschwinden der Politik*, Frankfurt/M. 2008.

152 Slavoj Žižek, »Afterword. The Lesson of Rancière«, in: *Jacques Rancière, The Politics of Aesthetics. The Distribution of the Sensible*, London, New York 2006, S. 67-79, hier S. 72.

nen und Feldern handelt, entspricht er weder dem von Theoretikern der Postpolitik zugrunde gelegten Idealmodell »großer Politik« im Sinne einer disruptiven Politik der tiefgreifenden Entscheidungen in kurzen Zeiträumen mit unmittelbarer Wirksamkeit[153] noch korrespondiert er mit dem für die alltagsweltliche Legitimation der Demokratie wesentlichen, vor allem am Wahlzyklus orientierten Minimalmodell von Demokratie. Letzteres wurde in der wissenschaftlichen Literatur, unter anderem in Form der »volkstümlichen Demokratietheorie« zwar längst theoretisch dekonstruiert und empirisch widerlegt,[154] es ist aber für die lebensweltliche Reproduktion und die politische Rechtfertigung von Demokratie von zentraler Bedeutung. Diesem bereits mehrfach angeführten Modell zufolge besteht Demokratie im Kern aus der Übersetzung von Anliegen, Interessen und Identitäten auf Seiten der gesamten Bürgerschaft als Input in den politischen Prozess, mittels direkter Partizipation und der Wahl von Repräsentanten, woraus wiederum Entscheidungen und deren Implementation durch eine Regierungszentrale resultieren. Diese können dann als Output von der Bürgerschaft für gut oder schlecht befunden werden und sind insoweit die Grundlage für die reflexive Beurteilung der Politik im Sinne einer Auswahl der auf Zeit regierenden Eliten mittels Wahlen sowie ergänzender Verfahren. Was im Modell in den analytischen Aggregatkategorien »Input« und »Output« als Einheit erscheint, darf jedoch mit Blick auf die Wahrnehmung von Politik auf Seiten der Bürgerschaft nicht hypostasiert werden. Bei diesen Kategorien handelt es sich um Konstrukte zur wissenschaftlichen Beobachtung und Analyse von »politischen Systemen«, die als solche jedoch nicht den fragmentierten Bewusstseinszustand der zunehmend *diffusen Apperzeption von Politik* auf Seiten der Bürgerschaft widerspiegeln.

Das Verschwinden der epistemischen Transparenz, oder mit Rosanvallon: der Lesbarkeit von Politik, ist ein Schwinden der Voraussetzung von drei zentralen Ebenen der Beurteilung der Wirksamkeit von Politik durch die Bürgerschaft. Das Bewusstsein von der praktischen Wirksamkeit demokratischer Politik impliziert drei Ebenen der Beurteilung. Zum ersten beinhaltet es das politische

153 Jacques Rancière, *Das Unvernehmen. Politik und Philosophie*, Frankfurt/M. 2002; ders., *Zehn Thesen zur Politik*, Zürich, Berlin 2008.

154 Larry Bartels, Christopher H. Achen, *Democracy for Realists. Why Elections do not Produce Responsive Government*, Princeton 2016.

Urteilen der Teilnehmer in einer gemeinsamen Mitwelt, das sich auf die Frage nach dem Sinn des gemeinsamen Handelns bezieht, wie sie besonders prominent von Hannah Arendt zu einem vermeintlich universellen Modell von Politik entwickelt worden ist.[155] Darüber hinaus berührt es das Beurteilen von Zweck-Mittel-Relationen im Sinne einer zweckrationalen Beurteilung des eigenen Handelns oder des Handelns politischer Repräsentanten und Interessenvertreter, das hinsichtlich der Effizienz und Effektivität sowie der Opportunitätskosten instrumentell bilanziert wird, wie dies idealtypisch von Max Weber in seiner Kategorienlehre als Typus konstruiert worden ist.[156] Und schließlich beinhaltet es das, ebenfalls von Weber typisierte, Urteilen über die Wertrationalität eigenen Handelns und des Handelns politischer Repräsentanten, das dahingehend beurteilt wird, ob es geschätzte Identitäten und Werte zum Ausdruck bringt.[157]

Da alle drei Urteilsebenen die Lesbarkeit von Politik voraussetzen, sind sie sämtlich von der epistemischen Intransparenz betroffen, die die Beurteilung der Wirksamkeit von Politik in den genannten Hinsichten daher insgesamt erschwert. Allerdings kommt hierbei eine abschüssige Hierarchie der Rationalität ins Spiel, da nicht alle Urteilstypen in gleichem Maße von den Folgen fehlender Lesbarkeit betroffen sind. Am anspruchsvollsten ist die Ebene des arendtianischen Urteilens, da sie ein Abstrahieren und Abstandnehmen vom eigenen Standpunkt, eine intersubjektive Haltung des sich auf andere Einlassens und eine umfassende Perspektivenübernahme der Mitwelt erfordert. Der Mangel an epistemischer Transparenz wirkt sich deshalb auf dieser Ebene am stärksten aus. Weniger umfassend, aber hinsichtlich der zweckrational zu bilanzierenden Informationen über Handlungen relevanter Akteure anspruchsvoll ist die zweite Ebene, die weberianische Zweckrationalität. Auch hier führt das Unlesbarwerden von Politik dazu, dass eine zweckrationale Beurteilung der Politik und bilanzierende Betrachtung ihrer Wirkungen erschwert wird. Die dritte Ebene, die weberianische Wertrationalität, schließlich scheint am schwächsten

155 Hannah Arendt, *Was ist Politik? Fragmente aus dem Nachlass*, München, Zürich 1993, S. 39 ff.

156 Max Weber, *Wirtschaft und Gesellschaft. Grundriss der verstehenden Soziologie*, herausgegeben von Johannes Winckelmann, Tübingen 1980, S. 12 ff.

157 Ebd.

von der epistemischen Intransparenz betroffen zu sein, da sie sich primär auf symbolisches Handeln und die Darstellung von Politik bezieht. Sie wird durch die Zunahme an Sichtbarkeit, die Personalisierung von Politik sowie die symbolhafte Inszenierung von Identitäten und Werten seitens politischer Repräsentanten und Aktivisten im Kontext von »Mediokratie«[158] und »Politainment«[159] sogar befördert. Politik ist zumindest auf dieser Ebene auch deshalb weiterhin lesbar, weil die Beurteilung von Wertrationalität auf dem Wege der Nutzung eines dualistischen Moral-, Wert- oder Identitätsschemas besser simplifiziert werden kann, als dies hinsichtlich der zweckrationalen Beurteilung sowie bezüglich des politischen Urteilens in einer gemeinsamen Mitwelt der Fall ist.[160]

Institutionelle Heuchelei

Der Prozess der Devolution beschädigt die Glaubwürdigkeit der in den demokratischen Institutionen verkörperten normativen Versprechen, das heißt, ihre institutionelle Authentizität. Zum einen betrifft dies die auf der Input-Seite angesiedelten Normen der demokratischen Inklusion, die von Teilen der Bürgerschaft als nicht mehr operativ wahrgenommen werden. Zum anderen betrifft dies

158 Thomas Meyer, *Mediokratie. Die Kolonisierung der Politik durch die Medien*, Frankfurt/M. 2001.

159 Andreas Dörner, *Politainment. Politik in der medialen Erlebnisgesellschaft*, Frankfurt/M. 2001.

160 Die Simplifizierbarkeit von Wertkonflikten mittels binären Identitäts- und Moralschemata könnte eine Erklärung für den Bedeutungsgewinn von *culture wars, identity politics* und *wokeness* sein. Er wird in den gängigen Erklärungen dieser Phänomene durch einen sozialisationsbedingten Wertewandel und politischen Aktivismus nicht hinreichend beachtet. Eine klassen- oder gruppenbezogene zweckrationale Interessenpolitik lässt sich zwar ebenfalls simplifizieren, allerdings setzt sie Interessen zurechenbare ökonomische Identitäten voraus; Claus Offe, »Politische Herrschaft und Klassenstrukturen. Zur Analyse spätkapitalistischer Gesellschaftssysteme«, in: Gisela Kress, Dieter Senghaas (Hg.), *Politikwissenschaft. Eine Einführung in ihre Probleme*, Frankfurt/M. 1970, S. 155-189. Solche wirtschaftlichen Identitäten spielen in der politischen Kommunikation jedoch kaum noch eine Rolle. Von dem daraus resultierenden Mangel an zweckrationaler Interessenpolitik sind insbesondere schlechter qualifizierte und niedriger gebildete Bürgergruppen betroffen; siehe John Komlos, Hermann Schubert, »Die Entwicklung sozialer Ungleichheit und ihre politischen Implikationen in den USA«, in: *Wirtschaftsdienst* 3 (2019), S. 216-223, hier S. 223.

aber auch die auf der Output-Seite erfolgenden Legitimierungsprozesse mittels eines leistungs- wie verteilungsgerecht empfundenen Wirtschaftsmodells sowie problemlösungseffektiven Regierungshandelns. Das Ende des demokratischen Kapitalismus stellt in diesem Kontext eine politische Zäsur dar, weil der demokratische Kapitalismus eine zentrale Rolle bei der Output-seitig erfolgenden Legitimierung gespielt hat und bisher nicht zu sehen ist, auf welche Weise er ersetzt werden könnte. In demokratischen Regimen erodieren infolgedessen die Kernnormen sowohl der Institutionen der politischen Ökonomie (insbesondere der Normen der Leistungsgerechtigkeit und der Verteilungsgerechtigkeit) als auch der Institutionen der demokratischen Willensbildung und Einflussnahme auf Entscheidungen (die inklusive Berücksichtigung von Positionen und die Minderung von Einflussdisparitäten). Da die Normen in der öffentlichen Kommunikation bekräftigt werden, die institutionelle Wirklichkeit sich jedoch von ihnen entfernt, entsteht in der Bürgerschaft der Eindruck *institutioneller Heuchelei.*

Die Diagnose von Heuchelei ist seit der Aufklärung ein Teil soziologischer und politischer Zeitdiagnostik sowie ein Element des politischen Alltagsbewusstseins.[161] Auf der einen Seite ist Heuchelei lebensweltlich vertraut und wird in vielen Lebensbereichen als eine normale Erscheinung akzeptiert. Verantwortlich hierfür sind unter anderem diejenigen Aspekte von Heuchelei, die normativ unproblematisch sind oder eine zivilisierende Wirkung haben, indem sie für eine Flexibilität im Umgang mit Rollenkonflikten sorgen und das Verfolgen widersprüchlicher institutioneller Handlungsnormen erlauben. Eine solche Funktion übernehmen im Wissenschaftssystem etwa das Heucheln von Interesse für die langweiligen Forschungsbeiträge der Kollegen und im Kontext der Berufspolitik die geheuchelte Empörung über die politische Positionen der Gegenseite, die während der öffentlichen Auseinandersetzung erfolgt, dann aber hinter den Kulissen im Dienste der Kompromissfindung und des Arbeitsklimas wieder abgeschwächt wird. Auf der anderen Seite ist die Kritik der Heuchelei von Berufspolitikern (nach dem Motto »Wasser predigen, Wein trinken!«) ein für Demokratien unverzichtbares Element der Herrschaftskontrolle durch die öffentli-

161 David Runciman, *Political Hypocrisy. The Mask of Power from Hobbes to Orwell and Beyond*, Princeton 2008.

che Meinung. Hiervon zu unterscheiden ist, wenn in demokratischen Regimen ein Eindruck von *institutioneller Heuchelei* entsteht, der die zentralen politischen Institutionen der Demokratie betrifft. Dies berührt die legitimatorischen Grundlagen der Demokratie und geht mit einem Deutungswandel politischer Institutionen einher. Heuchelei erscheint dann nicht mehr als eine individuelle Eigenschaft, verfehlte Handlungsweise oder als ein notwendiges Übel des politischen Betriebs, sondern als eine institutionelle Eigenschaft. Die demokratischen Institutionen und der normale politische Betrieb werden dann als Fassaden interpretiert, hinter denen sich eine Plutokratie oder Oligarchie verbirgt.

Der Niedergang des demokratischen Kapitalismus begünstigt diesen Eindruck. Wolfang Merkel etwa diagnostiziert, »dass das Gleichheitsgebot der Demokratie durch eine doppelte Oligarchisierung in Mitleidenschaft gezogen wurde«. Er beschreibt sie als »die sozioökonomisch provozierte politische Selbstexklusion der unteren Schichten und die Selbstbefreiung des obersten 1 Prozents [...] der Einkommenshierarchie von der Sozialbindung ihres Eigentums bei gleichzeitigem maximalem politischem Einfluss«.[162] Während sich an der Spitze politischer Einfluss und sozioökonomische Zugewinne sammeln, verabschieden sich die unteren Schichten tendenziell aus der politischen Partizipation. Merkel selbst ist zwar der Meinung, »eine solche reduzierte Form der Demokratie wird vermutlich ohne akute Krisen weiterexistieren«,[163] aber es stellt sich die Frage, ob der von ihm beschriebene Umstand nicht doch schwerwiegendere Probleme mit sich bringt als nur die Verletzung des »Gleichheitsgebots«. Letztere ist sowohl in sozioökonomischer, regionaler und geschlechterspezifischer als auch in politischer Hinsicht in demokratischen Regimen durchaus die Regel.[164] Merkel

162 Wolfgang Merkel, »Schluss. Ist die Krise der Demokratie eine Erfindung?«, in: ders. (Hg.), *Demokratie und Krise. Zum schwierigen Verhältnis von Theorie und Empirie*, Wiesbaden 2015, S. 473-498, hier S. 496.

163 Ebd.

164 Vgl. hierzu etwa auch Downs' treffende Analyse politischer Ungleichheit in seinem Minimalmodell von Demokratie. Downs selbst hebt hervor, dass seine ökonomische Analyse der Demokratie »die inhärente Ungleichheit der politischen Macht in demokratischen Gesellschaften« aufzeigt; Anthony Downs, *Ökonomische Theorie der Demokratie*, Tübingen 1968, S. 251. Im Unterschied zur Wahlentscheidung setzt politische Einflussnahme spezialisiertes Wissen voraus,

verwendet deshalb nicht ohne Grund den Begriff der »Oligarchisierung«, der auf den Prozess der Entwicklung einer undemokratischen Herrschaftsstruktur verweist, in der die Wenigen über die Vielen herrschen und der somit etwas anderes ausdrückt als die Verletzung der Egalitätsnorm, die sich ja durchaus im Spannungsfeld zwischen demokratischer Faktizität und Geltung abspielen kann. »Oligarchisierung« ist ein Ausdruck, der auf eine strukturelle Transformation und die mit ihr verbundene institutionelle Heuchelei verweist. Historisch betrachtet lässt sich Merkels Stabilitätsthese zudem entgegenhalten, dass die Wahrnehmung von Tendenzen der Oligarchisierung eine Ursache für Legitimationsprobleme von demokratischen Regimen darstellte. In dieser Hinsicht dürfte die im Kontext der Demokratiekrisen heutiger Tage oftmals als Lehrstück verstandene Krise der Weimarer Republik tatsächlich ein Exempel abgeben.[165] Der Grund hierfür ist, dass die *antidemokratische Kritik* der Weimarer Demokratie nicht zuletzt eine Kritik der »diktatorischen Geldwirtschaft«[166] war, der die Demokratie in den Augen ihrer Kritiker nicht nur nichts entgegenzusetzen gehabt, sondern diese gar befördert und verschleiert habe. Die von Merkel beschriebene sozioökonomische Oligarchisierung stellt insofern ein Legitimationsproblem liberaler Demokratie dar, da sie unter Bedingungen der Politisierung von demokratischen Institutionen radikalen Entlarvungsdiskursen Vorschub leistet, die die liberale Demokratie als ein heuchlerisches System beschreiben, hinter dem sich eine Plutokratie verbirgt.

das Normalbürger nur um den Preis sehr hoher Kosten erlangen können und von dem sie im Vorwege nicht wissen, ob sie es tatsächlich erlangen und in Einfluss übersetzen werden. »Wenn wir«, ergänzt Downs, »zu dieser inhärenten Ungleichheit des Einflusses noch jene Machtungleichheiten hinzufügen, die durch die ungleiche Verteilung des Einkommens hervorgerufen werden, dann haben wir uns von der politischen Gleichheit der Bürger sehr weit entfernt«; Downs, *Ökonomische Theorie der Demokratie*, S. 252.

165 Vgl. Jens Hacke, *Existenzkrise der Demokratie. Zur politischen Theorie des Liberalismus in der Zwischenkriegszeit*, Berlin 2018.

166 Oswald Spengler, *Der Untergang des Abendlandes. Umrisse einer Morphologie der Weltgeschichte*, München 2006 [1918/1922], S. 1144.

Blockaden der Redemokratisierung: der negative Sperrklinkeneffekt

Für das letzte Kriterium, die potentielle Redemokratisierung, ist insbesondere der Problemkomplex der postnationalen Konstellation relevant. Im Kontext von Politisierung, der Ausweitung politischer Partizipation und vor allem der Differenzierung politischer Organisationen und Institutionen haben sich weitreichende Veränderungen ergeben, insbesondere durch die Zunahme des supra- und transnationalen Politikmachens, womit auch gestiegene Problemlösungskapazitäten und die Beteiligung von *affected communities* verbunden sind. Allerdings nimmt aufgrund der politischen Differenzierung in Gestalt des Wachstums an Netzwerken, Regimen und sektoral wie funktional differenzierten Governance-Konstellationen jenseits des Staates die Steuerungskapazität demokratischer Politik ab. Die Kerninstitutionen demokratischer Politik, vor allem die Parlamente, Parteien und die über eine gemeinsame Sprache, eine geteilte Identität und gemeinsam kommunikativ genutzten Foren und Arenen konstituierte öffentliche Meinung, werden durch das nun vielgestaltig differenzierte Regieren jenseits, oberhalb, unterhalb sowie quer zu nationalstaatlichen und demokratisch-institutionellen Kontexten geschwächt. Dem steht eine der gesellschaftlichen Pluralisierung und Differenzierung wie der gesellschaftlichen Verflechtung infolge von Globalisierung und Denationalisierung homologe und von deren Vertretern entsprechend als funktional und »alternativlos« gerechtfertigte Effektivitätssteigerung des postnationalen Regierens gegenüber.[167]

Die ausdifferenzierten Organisationen, Ämterstrukturen und Netzwerke der komplexen Governance entwickeln eine eigene Beharrungskraft und Entwicklungsdynamik. Sie bilden, vermittels der Entstehung einer trans- und supranationalen Fraktion innerhalb der politischen Klasse sowie im Verbandswesen und durch weitere beteiligte Akteure der privat-öffentlichen *policy*-Netzwerke, ein Interesse an sich selbst aus, in dessen Lichte ihnen eine nach- oder rückholende Demokratisierung als Machtverlust erscheinen müsste. Und schließlich entstehen politischen Gemeinwesen infolge ih-

167 Helmut Willke, *Dezentrierte Demokratie. Prolegomena zur Revision politischer Steuerung*, Berlin 2016.

rer Verwicklung in eine Interdependenzstruktur hohe Exit-Kosten, sobald sie einmal ein Teil des Geflechts postnationaler Governance geworden sind. Vor diesem Hintergrund wird die Verminderung der nationalstaatlichen Steuerungskapazität und der Chancen zur Selbstgesetzgebung in der kritischen politiktheoretischen Literatur als ein langfristig wirksamer, gleichsam festgefrorener Demokratieverlust beschrieben.[168] James Tully fasst die Gründe dafür in Gestalt von drei »illegitimen«[169] Entwicklungstrends zusammen:

- Erster Trend: Die Entwicklung eines globalen Konstitutionalismus regulatorischer Regime, die die kapitalistische Globalisierung rechtsförmig absichern und »nationale Verfassungen überstimmen und sie zwingen, ihnen zu entsprechen und die Wirtschaft von der Kontrolle existierender Nationalstaaten zu befreien«.[170]
- Zweiter Trend: Aufgrund der mit der transnationalen kapitalistischen Globalisierung einhergehenden Regulierungsnotwendigkeit entwickelt sich ein vielgestaltiges Governance-Geflecht, das politische Macht, die im Sinne demokratischer Machtpolitik genutzt werden könnte, zerstreut. Durch die »Entstehung vielschichtiger funktionaler Formen der Governance auf lokaler und globaler Ebene« entsteht eine »Dezentrierung und Zersplitterung der politischen Macht und der Formen der politischen Gemeinschaft«.[171]
- Dritter Trend: Die Trends der kapitalistischen Globalisierung und die Zersplitterung und Dezentrierung politischer Macht wirken auf die politische Meinungs- und Willensbildung sowie das politische Entscheiden in den hergebrachten demokratischen Institutionen *negativ zurück*, weil sie diesen die an Deliberation und formaldemokratische Verfahren gekoppelte Möglichkeiten zur Kontestation nehmen. Die Staaten selbst werden hierdurch keineswegs entmachtet, aber sie werden unfähiger zur demokratischen Machtpolitik. Für Tully besteht deshalb der »dritte Trend [...] im Verfall der demokratischen Deliberation

168 Joseph Vogl, *Der Souveränitätseffekt*, Zürich, Berlin 2015, S. 218 ff.

169 James Tully, *Politische Philosophie als kritische Praxis*, Frankfurt/M., New York 2009, S. 119.

170 Ebd.

171 Ebd., S. 120 f.

und Entscheidungsfindung innerhalb der traditionellen Institutionen der repräsentativen Nationalstaaten«.[172]

Diese Trends werfen die Frage auf, ob und wie die durch sie entstandene »postdemokratische Verfasstheit des Transnationalen«[173] redemokratisiert werden könnte. Maximalistische Konzepte nachholender Demokratisierung und globaler politischer Integration, die diesen Verlust kompensieren sollen,[174] lassen sich unterscheiden in Entwürfe einer Weltrepublik[175] und in Utopien kosmopolitischer Demokratie.[176] Beide stellen jedoch bis auf weiteres nur politikphilosophische Konstrukte ohne realpolitische Relevanz dar.[177] Sie setzen ein derart weitreichendes Maß an globaler Vergemeinschaftung und vor allem an umfassendem Machtverzicht auf Seiten der existierenden Staaten voraus,[178] dass sie auf lange Sicht keine Verwirklichungschancen haben werden. Die Annahme des diesen Entwürfen zugrunde liegenden kosmopolitischen Denkens, »dass bereits eine politische Basis besteht, auf der eine demokratischere Zukunft errichtet werden kann«, die langfristig die Gestalt »kosmopolitischer

172 Ebd., S. 122.

173 Kolja Möller, *Formwandel der Verfassung. Die postdemokratische Verfasstheit des Transnationalen*, Bielefeld 2015.

174 Andreas Niederberger, »Jenseits des Staates. Kosmopolitane Demokratietheorie im Zeitalter der Globalisierung«, in: Oliver Lembcke, Claudia Ritzi, Gary S. Schaal (Hg.), *Zeitgenössische Demokratietheorie. Normative Demokratietheorien*, Wiesbaden 2012, S. 417-444.

175 Ottfried Höffe, *Demokratie im Zeitalter der Globalisierung*, München 1999.

176 David Held, *Soziale Demokratie im globalen Zeitalter*, Frankfurt/M. 2007.

177 Im Unterschied zu dem demokratieinkompatiblen Modell des Schmitt'schen »Großraums«; Carl Schmitt, *Der Nomos der Erde im Völkerrecht des Jus Publicum Europaeum*, Berlin 1950. Es wird unter anderem aufgrund des Systemwettbewerbs mit der VR China und der Entstehung einer »multiplexen Weltordnung« zukünftig eine stärkere realpolitische Bedeutung erhalten; Amitav Acharya, »After Liberal Hegemony. The Advent of a Multiplex World Order«, in: *Ethics & International Affairs* 31 (2017), 3, S. 271-285. Siehe hierzu auch Henning Ottmann, *Geschichte des politischen Denkens. Das 20. Jahrhundert. Von der Kritischen Theorie zur Globalisierung*, Band. 4.2, Stuttgart 2012, S. 389 f. Kritisch zum Schmitt'schen Modell des Großraums Benno G. Teschke, »Fatal Attraction. A Critique of Carl Schmitt's International Political and Legal Theory«, in: *International Theory* 3 (2011), 2, S. 179-227.

178 Ottmann, *Geschichte des politischen Denkens*, S. 390.

Demokratie«[179] annehmen werde, fußt auf dem funktionalistischen Fehlschluss, dass die Entstehung globaler Probleme, die »alle« angehen, »ein Bewusstsein kosmopolitischer Zwangssolidarisierung«[180] und infolgedessen eine globale politische Ordnungsbildung nach sich zöge, in der »alle« repräsentiert wären.

In sektoralen oder funktionalen Governance-Arrangements im Kontext von Global Governance wiederum ist Demokratisierung prinzipiell unmöglich, weil Letztere per definitionem mit den Prinzipien von Demokratie als Selbstgesetzgebung vermittels Repräsentation einer verfassten Bürgerschaft und der Verwirklichung der politischen Gleichheit von individuellen Bürgern unvereinbar ist. Global Governance kann partizipativ, repräsentativ und responsiv ausgestaltet werden, demokratisch organisieren lässt sie sich nicht.[181] Somit bleibt die Möglichkeit der nachholenden Demokratisierung der postnationalen Governance und des Regierens jenseits des Staates im Rahmen einer Transformation dieser Strukturen in ein regionales Regime supranationaler Demokratie. Diese ist möglich, aber unwahrscheinlich. Der Grund hierfür sind drei Probleme, mit denen eine solche Politik konfrontiert ist.

- Das *Mobilisierungsproblem*: Nicht zufällig sind die Beiträge aus der Literatur, die eine solche Art der Demokratisierung anvisieren, geschichtsphilosophisch-evolutionistischer, normativ-kons-

179 David Held, »Kosmopolitische Demokratie und Weltordnung. Eine neue Tagesordnung«, in: Matthias Lutz-Bachmann, James Bohman (Hg.), *Frieden durch Recht. Kants Friedensidee und das Problem einer neuen Weltordnung*, Frankfurt/M. 1996, S. 220-239, hier S. 237.

180 Jürgen Habermas, »Die postnationale Konstellation und die Zukunft der Demokratie«, in: ders., *Die postnationale Konstellation. Politische Essays*, Frankfurt/M. 2013, S. 91-169, hier S. 168.

181 Dirk Jörke, Ingo Take, »Vom demokratischen zum legitimen Regieren«, in: *Politische Vierteljahresschrift* 52 (2011), S. 286-305. Wenn der Demokratiebegriff einseitig auf »Freiheit« hin ausgelegt wird, ist die »Demokratisierung« von Global Governance zumindest denkmöglich; so etwa bei James Tully, *Politische Philosophie als kritische Praxis*, und bei Catherine Colliot-Thélène, *Demokratie ohne Volk*, Hamburg 2011. Allerdings entfernt sich eine solche Denkbewegung weit von der Begriffsgeschichte und der normativen Institutionalisierung der Gleichrangigkeit von Freiheit *und* Gleichheit der Bürgerschaft in den demokratischen Regimen, so dass der Bezug auf die Demokratiesemantik an dieser Stelle unangemessen ist.

truktiver oder politisch-appellativer Natur.[182] Denn diejenigen politischen Bewegungen und Akteure, die sich praktisch für eine supranationale Demokratisierung einsetzen und hierfür eine Politik des Agendasetting betreiben, sind von nur marginaler realpolitischer Bedeutung. Sie verfügen über zu wenig Macht, um institutionelle Erhaltungsinteressen effektiv herauszufordern und außerhalb ihrer akademischen und aktivistischen Resonanzräume motivbildend diskursiv Einfluss zu nehmen. Ohne den Einsatz belastbarer Machtressourcen und interessierter Akteurskoalitionen ist auch der Übergang zu einer regional begrenzten supranationalen Demokratie nicht realisierbar.

– Das *Kommunikationsproblem*: Soll Supranationalisierung mit Demokratisierung einhergehen, dann muss ein zum Herrschaftsgebiet koextensiver Raum der Meinungs- und Willensbildung entstehen können, in dem die Bürgerschaft sich kommunikativ über die Regelung der gemeinsamen Angelegenheiten verständigt. Eine solche Verständigung ist jedoch nur mittels einer gemeinsamen Sprache möglich, da politisch gehaltvolle Kommunikation notwendig *sprachliche* Kommunikation ist.[183] Ein supranationales Gemeinwesen, das nicht über mindestens eine Sprache verfügt, die im Prinzip von der gesamten Bürgerschaft geteilt werden kann, ist kein demokratisches Gemeinwesen.[184] Das Problem besteht mithin darin, dass die für eine supranationale Demokratie notwendige gemeinsame Sprache nicht existiert.
– Das *Erhaltungsproblem*: Die Demokratisierung einer supranationalen politischen Struktur kann nur dann mit Unterstützung rechnen, wenn durch sie die Erhaltung des Verwirklichungsniveaus liberaler, demokratischer und sozialer Rechte garantiert

182 Ulrike Guérot, *Warum Europa eine Republik werden muss. Eine politische Utopie*, München 2017.

183 Peter Graf Kielmansegg, »Integration und Demokratie«, in: Markus Jachtenfuchs, Beate Kohler-Koch (Hg.), *Europäische Integration*, Wiesbaden 2006, S. 49-76, hier S. 58.

184 Das Kommunikationsproblem impliziert auch ein Identitätsproblem, da sich eine politisch belastbare Wir-Identität im Regelfall auf das Sprechen einer gemeinsamen Sprache gründet, was wiederum das Problem aufwirft, wie sich eine solche Wir-Identität ohne diese Grundlage herausbilden können sollte; Kielmansegg, »Integration und Demokratie«, S. 58.

werden kann, das diejenigen Bürger genießen, die zur Vergemeinschaftung ihres nationalstaatlich gesicherten Bestandes an Rechten motiviert werden sollen.[185] Der »Staatsbürgerstatus [muss] einen Gebrauchswert behalten und sich auch in der Münze sozialer, ökologischer und kultureller Rechte auszahlen«.[186] Insbesondere muss die Veränderung des Staatsbürgerschaftsstatus für die Bürgerschaft mit einem Erhalt demokratischer Rechte einhergehen. Wenn Supranationalisierung mit der Vergrößerung des politischen Verbandes einhergeht, dann steigt jedoch die Wahrscheinlichkeit des Verlusts an demokratischen und sozialen Rechten,[187] und es stellt sich somit die Frage, wie plausibel eine solche Erhaltungsgarantie den Bürgerschaften erscheinen würde. Könnten die Staaten und insbesondere ihre politischen Eliten im Lichte der bisherigen Erfahrung mit transnationaler und supranationaler Politik gegenüber ihren Bürgerschaften glaubhaft als »Garanten eines geschichtlich schon verwirklichten Niveaus der Freiheit«[188] auftreten? Mit der Vergrößerung durch Supranationalisierung kann zudem die Komplexität und Differenzierung weiter ansteigen.

Die Virulenz aller drei Probleme zeigt sich paradigmatisch anhand der Europäischen Union, die für deren Mitgliedsstaaten mit einem mehr oder minder schleichenden Demokratieverlust einhergegangen ist. Er hat sich im Zuge der Euro- und Finanzkrise vertieft und führte zur Stärkung der intergovernementalen Logik des europäischen »Exekutivförderalismus«.[189] Zum gegenwärtigen Zeitpunkt existiert keine Akteurskoalition, die die supranationale Demokrati-

185 Jürgen Habermas, »Warum der Ausbau der Europäischen Union zu einer supranationalen Demokratie nötig und wie er möglich ist«, in: *Leviathan* 42 (2014), S. 524-538.

186 Habermas, »Die postnationale Konstellation und die Zukunft der Demokratie«, S. 118.

187 Jörke, *Die Größe der Demokratie.*

188 Jürgen Habermas, »Stichworte zu einer Diskurstheorie des Rechts und des demokratischen Rechtsstaats«, in: ders., *Im Sog der Technokratie. Kleine politische Schriften XII*, Berlin 2013, S. 67-81, hier S. 80. Hervorhebung entfernt.

189 Anna Wenz-Temming, Jared Sonnicksen, »The Double Bailout. Assessing New Intergovernmentalism in the Euro-Crisis and the Implications for European Integration and Democracy«, in: *Journal of European Integration* 42 (2020), S. 937-953.

sierung der Union auf die Agenda setzen und hinreichende Macht hierfür mobilisieren könnte, um auf diesem Weg das Mobilisierungsproblem zu lösen.[190] Trotz der Ausbreitung der englischen Sprache besteht auch auf absehbare Zeit weder eine gemeinsame Öffentlichkeit noch eine hinreichende sprachliche Integration der Unionsbürgerschaften, die eine wechselseitige Verständigung aller ermöglichen würde.[191] Aufgrund der Größe und Heterogenität der EU ist schließlich auch nicht zu sehen, wie das Problem der Erhaltung demokratischer und sozialer Standards für alle glaubhaft gesichert werden könnte.

Auch als *polity* betrachtet und am Minimalmodell der Demokratie gemessen, genügt die Europäische Union dem damit vergleichsweise niedrig angesetzten normativen Standard demokratischer Legitimität nicht.[192] Weder weist sie einen wahlbasierten Elitenwettbewerb auf noch verfügt sie über eine von den Bürgerschaften als solche anerkannte beziehungsweise gemeinsam und miteinander genutzte öffentliche Sphäre, Parteienstruktur und parlamentarische Repräsentation, die effektiv die Funktion des Agendasettings, der Priorisierung von Themen und vor allem des politische Meinungen und einen Willen bildenden Streits über alternative Politikagenden übernehmen könnte. Auch fehlt der im Minimalmodell wesentliche Rückkopplungsmodus zwischen politischen Entscheidungen von regierenden Akteuren gegenüber einer Bürgerschaft. Und schließlich verletzt sie nicht nur aufgrund ihrer institutionellen Komplexität das für die nachhaltige Legitimation von Demokratie grundlegende Kriterium der Lesbarkeit. Demokratietheoretisch problematisch ist dabei nicht allein, dass die komplexe

190 Claus Offe, *Europa in der Falle*, Berlin 2016, S. 14 f.

191 Kielmansegg ging noch davon aus, dass es kein »›technisches‹ Problem« ist, dass man sich wechselseitig nicht verständigen kann, »weil es keine ›technische‹ Lösung dafür gibt«; Kielmansegg, »Integration und Demokratie«, S. 58. Mittlerweile ist es jedoch vorstellbar, dass es in nicht allzu ferner Zeit eine technische Lösung dafür geben könnte; vgl. Eliza Strickland, »Baidu's AI Can Do Simultaneous Translation Between Any Two Languages«, in: *IEEE Spectrum*, 23. 10. 2018, ⟨https://spectrum.ieee.org/tech-talk/artificial-intelligence/machine-learning/baidu-ai-can-do-simultaneous-translation-between-any-languages⟩, letzter Zugriff 10. 11. 2022.

192 Offe, *Europa in der Falle*, S. 156 ff.; Andreas Follesdal, Simon Hix, »Why There is a Democratic Deficit in the EU: A Response to Majone and Moravcsik«, in: *Journal of Common Market Studies* 44 (2006), S. 533-562.

EU-Governance das vom Durchschnittsbürger kognitiv einholbare Maß überschreitet und nur für mit ihr befasste Experten und beteiligte Insider verständlich ist. Ein weiteres wesentliches Problem für die demokratische Legitimation der Europäischen Union ist ihre institutionell unklare Identität. Was für die wissenschaftliche Beobachtung der EU und die Diskussion über ihre Identität und die Möglichkeit ihrer typologischen Einordnung ein interessantes Forschungsproblem abgibt,[193] ist aus der Perspektive der politischen Beurteilung durch die Bürgerschaft ein Legitimationsproblem. Denn infolge dieser unklaren Identität bleibt fragwürdig, welche ihrer Institutionen und Akteure welche Funktionen im Prozess des Regierens übernehmen und welchen normativen Standards und Prinzipien sie dabei genügen müssen.[194]

Die Europäische Union verursacht die gegenwärtigen Probleme bei der Verwirklichung demokratischer Normen und Prinzipien nicht, allerdings verschärft sie diese. Maurizio Bach[195] hat dies mit-

193 Wilhelm Knelangen, »Regierungssystem sui generis? Die institutionelle Ordnung der EU in vergleichender Sicht«, in: *Zeitschrift für Staats- und Europawissenschaften* 3 (2005), S. 7-33.

194 Dies war so lange kein praktisches Problem, wie der »permissive Konsens« vorherrschte. Aus ihm gewannen diejenigen Beiträge über das »Demokratiedefizit« der EU Plausibilität, die bestritten hatten, dass das Minimalmodell von Demokratie oder gar ein anspruchsvolleres Modell den normativen Maßstab zur Beurteilung der Europäischen Union abgeben sollte; Adrienne Héritier, »Elements of Democratic Legitimation in Europe. An Alternative Perspective«, in: *Journal of European Public Policy* 6 (1999), S. 269-282; Andrew Moravcsik, »In Defence of the ›Democratic Deficit‹. Reassessing Legitimacy in the European Union«, in: *Journal of Common Market Studies* 40 (2002), S. 603-624. Allerdings haben das Schwinden der lange Zeit funktionalen Output-Legitimation nebst wachsender Kompetenz und Eingriffstiefe europäischen Regierens, das gestiegene Bewusstsein über dessen Verteilungswirkungen, die daraus folgende Politisierung der EU und der wachsende Euroskeptizismus sowie die Herausbildung einer *Debtor-creditor*-Machtdifferenz zwischen den Mitgliedsstaaten dazu geführt, dass sich die »demokratische Frage« bezüglich der EU nun auch wieder und auch jenseits wissenschaftlicher Fachdebatten stellt; Giandomenico Majone, »From Regulatory State to a Democratic Default«, in: *Journal of Common Market Studies* 52 (2014), S. 1216-1223; Petr Kratochvíl, Sychra Zdenek, »The End of Democracy in the EU? The Eurozone Crisis and the EU's Democratic Deficit«, in: *Journal of European Integration* 41 (2019), S. 169-185; Wenz-Temming/Sonnicksen, »The Double Bailout«, S. 10 f.

195 Maurizio Bach, *Europa ohne Gesellschaft. Politische Soziologie der Europäischen Integration*, Wiesbaden 2015.

tels einer an den italienischen soziologischen Realismus der Demokratieanalyse,[196] insbesondere in seiner kritischen Fassung durch Norberto Bobbio, anschließenden Herrschaftsanalyse gezeigt. Bobbio[197] war der Auffassung, dass Demokratie im Rahmen nationalstaatlicher Regime bisher nur eingeschränkt realisiert wurde und auch nicht vollständig realisiert werden kann, da sich in diesen die folgenden demokratieaversen Tendenzen herausbilden: Oligarchisierung, Bürokratisierung und Expertokratie, die Herrschaft nicht sichtbarer Akteursgruppen sowie der strukturelle Vorrang partikularer Interessen vor dem Gemeinwohl.[198] Bach nutzt Bobbios Ansatz, um aus ihm ein heuristisches Schema für die Analyse der herrschaftssoziologischen Folgen der europäischen Integration für die Demokratie zu gewinnen.[199] Sein Ergebnis lautet, dass das Governance-System der Europäischen Union zu einer Intensivierung derjenigen Tendenzen beiträgt, die Bobbio als Ursachen für die »nicht eingehaltenen Versprechen der Demokratie«[200] im nationalstaatlichen Kontext analysiert hatte. Der Grund hierfür ist, dass der exekutivföderale Modus der EU die »Dominanz der Exekutiven« befördert und die Union keine Modi einer »öffentlichen Konfliktaustragung über Politikziele und Wertpräferenzen« aufweist. Ihre »sektorale und netzwerkartig strukturierte Kompromiss- und Konsenskultur«[201] sowie die »Bürokratisierung, Informalisierung und Arkanisierung der Entscheidungsprozesse«[202] führen zu einer Entfernung der politisch entscheidenden Akteure von den Bürgerschaften. Kurz gesagt, der Demokratiemangel in der EU resultiert aus deren eigener komplexer Struktur und aus dem, aus Sicht der Bürgerschaften, *opaken* Charakter des europäischen Regierens.[203]

196 Wilfried Röhrich (Hg.), *»Demokratische« Elitenherrschaft. Traditionsbestände eines sozialwissenschaftlichen Problems*, Darmstadt 1975.

197 Norberto Bobbio, »Die Zukunft der Demokratie«, in: *Probleme des Klassenkampfs* 15 (1985), S. 23-40, hier S. 25 ff.

198 Bach, *Europa ohne Gesellschaft*, S. 60.

199 Das von Bobbio genannte Versprechen einer politisch gebildeten Bürgerschaft übernimmt Bach nicht in seine Heuristik, obwohl es mit Blick auf seinen Gegenstand eigentlich nahegelegen hätte.

200 Bobbio, »Die Zukunft der Demokratie«, S. 25.

201 Bach, *Europa ohne Gesellschaft*, S. 82.

202 Ebd., S. 75.

203 Vgl. hierzu auch Claudia Wiesner, die den Demokratiemangel der EU auf sieben Problemfelder zurückführt: Überbürokratisierung, Expertendominanz,

Für den hier interessierenden thematischen Zusammenhang eines negativen Sperrklinkeneffekts ist insbesondere Bachs Prognose über die zukünftigen Demokratisierungschancen relevant. Sie lautet:

> Die fortschreitende europäische Integration hat nicht nur auf supranationaler Ebene ein weitgehend demokratiefernes und demokratieresistentes Herrschaftsgebilde hervorgebracht (»Demokratiedefizit«). Zieht man die konkreten institutionellen Kompetenzen und Entscheidungspraktiken in Betracht, dann ist offenkundig, dass ihr darüber hinaus eine markante und vermutlich *irreversible Tendenz zur endogenen Devolution* demokratischer Strukturen und Verfahren innewohnt.[204]

Bach begründete diese Prognose damit, dass eine Demokratisierung der EU vermittels der Übertragung von Souveränitätsrechten auf die supranationale Ebene nicht auf der realpolitischen Agenda stünde und zudem auch nicht zu sehen sei, wie über entsprechende institutionelle Reformen mittels einer Veränderung der Verträge ein Konsens erzielt werden könnte.[205] Wenn diese Einschätzung zutreffend ist, dann kommt es zu einer Situation des *lock-in*: Demokratieverluste durch supranationales und intergouvernementales Regieren in der EU wären weithin zu bemerken, sie erschienen aber als nicht kompensierbar. Der negative Sperrklinkeneffekt einer

Überkonstitutionalisierung, eine differenzierte Integration, die Effekte des Modus negativer Integration, das Fehlen einer Idee und Praxis des europäischen Gemeinwohls sowie eine nur schwach ausgebildete Bürgerschaftsidentität. Wie sie hervorhebt, resultieren diese Probleme nicht zuletzt aus der Komplexität der EU; Claudia Wiesner, *Inventing the EU as a Democratic Polity. Concepts, Actors and Controversies*, Cham 2019, hier S. 283 ff.

204 Bach, *Europa ohne Gesellschaft*, S. 59. Hervorhebung hinzugefügt.

205 Ebd., S. 83. Ähnlich Kielmansegg, der die Europäische Union in einem Dilemma gefangen sieht: Auf der einen Seite sei die EU auf demokratische Legitimität angewiesen, auf der anderen Seite sei sie aber nur begrenzt in der Lage, diese mittels institutioneller Demokratisierung zu erzeugen; Kielmansegg, »Integration und Demokratie«, S. 61. Aus diesem Grund habe die EU kein »Demokratiedefizit«: »Ein Defizit lässt sich beheben, wenn man nur will, ein Dilemma lässt sich nicht einfach auflösen, auch wenn man es will«; ebd., S. 77. Kielmanseggs These fußt auf der Diagnose, dass in Europa die Voraussetzungen zur Bildung eines *demos* nicht gegeben sind. Modelle der Demokratisierung, die ohne die Voraussetzung auskommen, setzen auf eine Stärkung der intergouvernementalen Komponente der EU; siehe Jared Sonnicksen, *Ein Präsident für Europa. Zur Demokratisierung der Europäischen Union*, Wiesbaden 2014, S. 220 ff.

nicht wieder restituierbaren Demokratie wäre eingerastet.[206] Abzuwarten bleibt dabei, inwieweit eine Rückkehr einzelner politischer Gemeinwesen zum Status quo ante, wie sie der Brexit repräsentiert, oder eine Auflösung der langfristig desintegrativen Wirtschafts- und Währungsunion der EU zu einer Redemokratisierung führen könnte oder aber ob diese infolge der auch weltgesellschaftlichen Interdependenz und der Schwächung nationalstaatlicher Demokratie, die Tully in seinen drei Entwicklungstrends beschrieben hat, keine Autonomiegewinne mit sich bringen werden. Letzteres würde dafür sprechen, dass sich der negative Sperrklinkeneffekt komplexer Governance im Kontext der devolutionären Transformation nicht mehr lösen lässt.

Diese Negativdiagnose wirft die Frage auf, ob die damit angezeigten praktischen Probleme im Register der Demokratietheorie gelöst werden können. Deshalb wird das nächste Kapitel der Frage nachgehen, ob die zeitgenössischen demokratietheoretischen Modelle, die in der radikalen Demokratietheorie, der Deliberationstheorie und dem Liberalismus enthalten sind, Perspektiven einer Erneuerung der Demokratie eröffnen können. Die Antwort auf diese Frage ist abermals negativ. Die devolutionäre Transformation entplausibilisiert die zentralen demokratietheoretischen Deutungen von Demokratie. Auch die Demokratietheorie weist keinen Weg aus der Devolution.

206 Siehe zum Nachweis des Bedeutungszuwachses »nichtmajoritärer Institutionen« und deren politischer Selektivität Armin Schäfer, Michael Zürn, *Die demokratische Regression. Die politischen Ursachen des autoritären Populismus*, Berlin 2021, S. 107 ff. Schäfer und Zürn resümieren, dass diese dazu beitragen, »dass kosmopolitische Politiken festgeschrieben werden und institutionell *einrasten*«; dies., *Die demokratische Regression*, S. 115. Hervorhebung hinzugefügt. Dies provoziere wiederum populistische Gegenreaktionen. Ihre Diagnose läuft damit auf ein Dilemma hinaus: »Es ist die Angst vor diesem Kosmopolitismus, der den Aufstieg der autoritären Populisten begünstigt hat. Der autoritäre Populismus wiederum gefährdet, wie wir gesehen haben, die liberalen Grundlagen der Demokratie. Im Ergebnis sind beide Konzeptionen in ihrer gegenwärtig praktizierten Form defizitär. Darin besteht das Dilemma der Demokratie in der Globalisierung«; dies., *Die demokratische Regression*, S. 194.

III. Das Scheitern der Demokratietheorie

Das vorhergehende Kapitel hat gezeigt, dass wesentliche Bedingungen demokratischer Politik nicht nur verletzt werden, sondern im Kontext der Devolution unerfüllbar geworden sind. Die demokratischen Glaubensartikel können infolge der Devolution nicht mehr realisiert werden, da sie ihre Verankerung in der politischen Wirklichkeit verloren haben. Das hat Folgen für die demokratietheoretische Reflexion demokratischer Politik. Wie im Folgenden anhand dreier zentraler demokratietheoretischer Ansätze gezeigt wird, werden Modelle von Demokratie, die die Devolution nicht mitreflektieren, anachronistisch. Die demokratietheoretischen Modelle der *radikalen Demokratietheorie*, der *Deliberationstheorie* und des *Liberalismus* scheitern, da sie sich auf eine in Auflösung befindliche Demokratie und vergehende gesellschaftliche Kontextbedingungen beziehen.

Es ist wichtig, in Rechnung zu stellen, dass es sich bei den Modellen, anhand derer diese These im Folgenden entwickelt wird, nicht um rein normative Modelle handelt. Wie das Minimalmodell von Demokratie als elektoraler Elitenwettbewerb werden auch sie mit dem Anspruch vorgebracht, normativ *und* realistisch zu sein. Sie formulieren normative Maßstäbe, an denen demokratische Regime gemessen werden sollten. Dabei beanspruchen sie, diese normativen Maßstäbe nicht von außen an die Wirklichkeit herantragen, sondern sie mittels einer Interpretation der real existierenden Praktiken und Institutionen und damit aus der politischen Wirklichkeit selbst zu gewinnen, die im Kreise relevanter Hörer als angemessen akzeptiert werden kann. Es handelt sich um demokratietheoretische Modelle, die den Anspruch erheben, die real existierende Demokratie zwar nicht im Sinne eines naiven Realismus oder einer Widerspiegelungstheorie, aber doch im Sinne einer »gerechtfertigten Behauptbarkeit«[1] einigermaßen wirklichkeitsgerecht darzustellen und sie nicht normativ willkürlich, sondern auch mit Blick auf ihren normativen Gehalt adäquat zu beschreiben. Ich werde im nächsten Kapitel argumentieren, dass eine solche

1 Hierzu Richard Rorty, »Hilary Putnam und die relativistische Bedrohung«, in: ders., *Wahrheit und Fortschritt*, Frankfurt/M., S. 63-91.

Beschreibung nicht mehr gelingt, da sich die Demokratietheorie in einer »Behauptbarkeitskrise« befindet. Das demokratietheoretische Paradigma ist zweifelhaft geworden. In diesem Sinne meine ich, dass sowohl die Idee der Demokratie als auch Demokratietheorien zunehmend *unplausibel* werden. Etablierte Ideen und Theorien werden in der Regel nicht durch eine Tatsache oder ein Gegenbeispiel widerlegt, sondern durch eine Summe an historischen Erfahrungen, die deren Glaubwürdigkeit unterminieren. Die Demokratietheorie wird von einem solchen Prozess der *Entplausibilisierung* getroffen. Es leuchtet infolgedessen nicht mehr ein, Demokratietheorie als ein fruchtbares wissenschaftliches Unterfangen zu beschreiben.

Die zentrale These dieses Kapitels lautet, dass eben dieser Aspekt der Demokratietheorie, also ihre Artikulation real existierender Demokratie, anachronistisch wird und die gerechtfertigte Behauptbarkeit der Theorien bezweifelt werden muss. Das zuvor demonstrierte Wegfallen der Voraussetzungen demokratischer Politik macht die Modelle zu rückwärtsgewandten Modellen. Sie supponieren eine vergangene Form von demokratischer Politik.[2] Die ihnen jeweils zugrunde liegende Demokratietheorie verwandelt sich damit in eine Theorie virtueller Demokratie. Ich werde diese These zunächst anhand eines aus der Theorie der radikalen Demokratie gewonnenen Modells von Demokratie diskutieren und anschließend zur Deliberationstheorie und der liberalen Demokratietheorie übergehen. Mir geht es im Folgenden allerdings nicht nur um eine abstrakte Modellrekonstruktion. Ich will die den Modellen zugrunde liegenden drei demokratietheoretischen Ansätze überdies in ihren historischen Entstehungskontexten nachvollziehen, weil die Modelle historische Erfahrungen aufnehmen und reflektieren. Sie stellen Reaktionen auf spezifische historische Konstellationen dar, die bei ihrer Deutung berücksichtigt werden müssen.

2 Dies gilt insbesondere für den republikanischen Ansatz der Demokratietheorie in seiner zivilgesellschaftlichen, neorömischen und radikalen Ausprägung. Die Frage nach der Aktualität republikanischen Denkens thematisieren Daniel Schulz, *Die Krise des Republikanismus*, Baden-Baden 2015, und Thorsten Thiel, Christian Volk (Hg.), *Die Aktualität des Republikanismus*, Baden-Baden 2016.

3.1 Das radikaldemokratische Modell

Der Begriff der radikalen Demokratietheorie ist ein Sammelbegriff, unter dem unterschiedliche Ansätze demokratietheoretischen Denkens zusammengefasst werden.[3] Trotz der Heterogenität der einschlägigen Texte lassen sich einige wesentliche Kerngedanken dieses Theorieansatzes identifizieren. Comtesse et al.[4] zufolge besteht der konzeptuelle Kern radikaler Demokratietheorie aus den folgenden drei Elementen:

- Der politische Bezug auf direkte Autonomie: radikale Demokratietheorie ist eine politische Theorie in dem Sinne, dass sie *praktisch-politisch* orientiert ist und auf eine umfassende gesellschaftliche *Demokratisierung* abzielt. Sie verfolgt die Idee der direkten Autonomie und erblickt deshalb in der »demokratischen Selbstregierung«[5] das anzustrebende politische Ideal. Die liberal-repräsentative Demokratie soll über den hergebrachten liberalen Politikmodus hinausgehend, diesen jedoch nicht abstrakt negierend, auf direkte Beteiligungsmöglichkeiten hin und hinsichtlich weiter fortschreitender Demokratisierung gedacht werden.[6]
- Der strategische Bezug auf Kontestation: radikale Demokratietheorie misst der *Kontestation* politischer Ordnungen, Institutionen und Praktiken eine wesentliche Bedeutung bei. Sie geht normativ davon aus, dass »grundsätzlich jede Institution und jede Norm legitimerweise zum Gegenstand kritischer Befragung durch alle (oder wenigsten durch alle Betroffenen) werden kann«.[7] Kontestation ist aber nicht nur eine normative Forderung, sondern sie stellt vor allem eine *erkenntnisleitende Prämisse der Theoriebildung* dar. Das heißt erstens, dass die radikale Demokratietheorie von einem *Primat des Politischen* ausgeht, und

3 Dies zeigt die Bandbreite der Autoren und Bezugstexte in Dagmar Comtesse u.a. (Hg.), *Radikale Demokratietheorie. Ein Handbuch*, Berlin 2019.

4 Dagmar Comtesse u.a., »Einleitung«, in: dies. u.a. (Hg.), *Radikale Demokratietheorie*, S. 11-21.

5 Ebd., S. 12.

6 Andreas Hetzel, »Radikalität«, in: Comtesse u.a. (Hg.), *Radikale Demokratietheorie*, S. 605-607, hier S. 604.

7 Comtesse u.a., »Einleitung«, S. 13.

zwar in dem Sinne, dass soziale Verhältnisse und Identitäten als politisch konstituiert und politisch veränderbar gedacht werden. Zweitens bedeutet es, dass liberale Demokratien mit Hilfe der Theorie auf potentielle Kontestationspunkte, im Sinne einer »kritischen Befragung«, hin analysiert und auch langfristig-strategisch herausgefordert werden sollen. Das Ziel ist, performativ mittels Theoriearbeit und diskursiv-kulturpolitischer Einflussnahme im metapolitischen Vorfeld akademischer Räume einen praktisch wirksamen Prozess der »Befragung« und langfristig eine dadurch unterstützte Praxis der Demokratisierung voranzutreiben. Ausgangspunkt dieses Veränderungsimpulses ist die These, dass »liberale Demokratien nie demokratisch genug gewesen sind«.[8]

– Der diagnostische Bezug auf Kontingenz: radikale Demokratietheorie reflektiert den Umstand, »dass moderne Gesellschaften von einer unausweichlichen *Kontingenz* geprägt sind«.[9] Die daraus resultierende Notwendigkeit einer vorübergehenden Einhegung der Kontingenz müsse durch eine stets provisorische politische Integration geleistet werden. Infolge der umfassenden gesellschaftlichen *Politisierung*[10] fixiert diese Institutionalisierung indes stets nur eine vorübergehende, nicht dauerhaft stabilisierte Ordnungskonstellation. Deren provisorischer Charakter soll sowohl in der politischen Praxis als auch in der Theoriebildung berücksichtigt werden.[11] Vertreter der radikalen Demokratietheorie lehnen aus diesem Grund die begrifflich-definitorische Festlegung einer vollendeten oder guten Demokratie, wie sie etwa im Republikanismus erfolgt,[12] als unzulässige Hypostasierung ebenso ab wie die normative (Letzt-)Begründung von

8 Flügel-Martinsen, *Radikale Demokratietheorie zur Einführung*, S. 9; vgl. auch Chantal Mouffe, »Preface. Democratic Politics Today«, in: dies. (Hg.), *Dimensions of Radical Democracy*, London 1992, S. 1-14, hier S. 1.

9 Comtesse u. a., »Einleitung«, S. 14. Hervorhebung hinzugefügt.

10 Ernesto Laclau, Chantal Mouffe, *Hegemony and Socialist Strategy. Towards a Radical Democratic Politics*, London, New York 2014, S. 146 ff.

11 Claude Lefort, Marcel Gauchet, »Über die Demokratie: Das Politische und die Instituierung des Gesellschaftlichen«, in: Ulrich Rödel (Hg.), *Autonome Gesellschaft und libertäre Demokratie*, Frankfurt/M. 1990, S. 89-122.

12 Dagmar Comtesse, »Republikanismus und radikale Demokratietheorie«, in: dies. u. a. (Hg.), *Radikale Demokratietheorie*, S. 746-762.

Prinzipien, wie dies die rawlsianisch und neokantianisch geprägte normative Demokratietheorie versucht.[13]

Zum Verständnis der Denkbewegung, die der Entwicklung der radikalen Demokratietheorie zugrunde liegt, muss man die veränderte politisch-gesellschaftliche Situation der Linken seit den 1970er Jahren in den Blick nehmen. Dadurch werden die wesentlichen Bezugspunkte der Theorie nachvollziehbar, und vielleicht erklärt dies auch die heutige Prominenz der Theorie innerhalb linksakademischer Milieus. Beachtet man insbesondere die Konsequenzen einiger spezifischer Entwicklungen des letzten Viertels des 20. Jahrhunderts für linke und insbesondere für linksradikale Politik, zeigt sich, dass die radikale Demokratietheorie als eine Antwort auf das in dieser Zeit entstandene *Orientierungs- und Organisationsproblem* der radikalen, das heißt *systemtransformativen* linken Politik interpretiert werden muss.

Was ich eingangs als Ende des demokratischen Kapitalismus sowie als Differenzierung des politischen Lebens beschrieben habe, umfasste historisch unter anderem den Zusammenbruch des Staatskommunismus, samt seiner mittel- und langfristigen Effekte für die wohlfahrtsstaatliche Integration und die sozialpolitischen Zugeständnisse in den westlichen Demokratien, sowie den parallel ablaufenden Niedergang des Eurokommunismus sowie kommunistischer Parteien und ihrer Vorfeldorganisationen im Westen. Insbesondere gerieten hierdurch transformative linke Wirtschaftsmodelle ins Hintertreffen, wohingegen die (neo-)liberale Wirtschaftspolitik zum dominanten Paradigma avancierte. Zugleich kam es zu einem Bedeutungsgewinn des zivilgesellschaftlichen Handelns und zum Aufblühen vielfältiger neuer sozialer Bewegungen und Initiativen wie der Alternativ-, Hausbesetzer-, Autonomie-, Friedens-, Umwelt-, Anti-AKW-, Anti-Psychiatrie-, Kinderladen-, Dritte-Welt, Frauen-, Behinderten-, Schwulen- und Lesbenbewegung.[14] Diese sind, unabhängig von ihrer jeweiligen politischen Prägekraft, sinn-

13 Vgl. hierzu Regina Kreide, Martin Nonhoff, Jörg Schaub (Hg.), »Politische Theorie in der Krise«, Sonderheft *Mittelweg 36* 25 (2016), S. 2.

14 Roland Roth, Dieter Rucht (Hg.), *Die sozialen Bewegungen in Deutschland seit 1945. Ein Handbuch,* Frankfurt/M., New York 2008; vgl. auch Sven Reichardt, *Authentizität und Gemeinschaft. Linksalternatives Leben in den siebziger und frühen achtziger Jahren*, Berlin 2014.

fälliger Ausdruck des Prozesses der Politisierung verschiedenster Bereiche der Gesellschaft und ein Ferment der partizipatorischen Revolution. Die Auflösung des Sowjetblocks schließlich bahnte der Hegemonie des liberalen Staats- und Gesellschaftsmodells den Weg. Spätestens hiermit schien sowohl das marxistisch-leninistische als auch das eurokommunistische Modell von Systemalternativen widerlegt worden zu sein.[15]

Für die weiterhin das Ziel einer Systemtransformation verfolgende radikale Linke, die also die politische Programmatik der »Systemopposition«[16] fortführen wollte, stellte sich in dieser Konstellation die Frage, welche neuen Organisationsformen und Handlungsstrategien angemessen wären. Einerseits musste nun der augenfälligen Differenzierung und Komplexität sich selbst als links verstehender Akteure, Anliegen und Politikformen Rechnung getragen werden; andererseits galt es aber auch, die ideelle und die strategische Einheit linker Politik zu wahren, um den gesellschaftlich umfassenderen Transformationsanspruch linker Politikideen nicht preisgeben zu müssen, sondern vielmehr praktisch werden lassen zu können.

Im intellektuellen und universitären Kontext wurde diese Frage dadurch verschärft, dass die nun stärker universitär geprägte und sich akademisierende Linke allmählich ihr überliefertes geistiges Bezugssystem und insbesondere ihre übergreifenden Leittheorien verlor.[17] Sie konnte sich nicht mehr einer marxistischen Geschichtsphilosophie versichern, da diese im Kontext des welthistorischen Niedergangs seines praktischen Verifikators, der Sowjetunion, nunmehr unplausibel erscheinen musste. Die sozialdemokratische Option eines progressiv-evolutionären Gradualismus wiederum, die mittels kleinteiliger, aber kumulativ wirkmächtiger Reformschritte das Ganze im Sinne eines transformativen Reformismus verändern sollte, erschien im Kontext einer neokonservativen Wende un-

15 Vgl. Francis Fukuyama, *Das Ende der Geschichte: Wo stehen wir?*, München 1992; Jürgen Habermas, »Vorwort zur Neuauflage 1990«, in: ders., *Strukturwandel der Öffentlichkeit. Untersuchungen zu einer Kategorie der bürgerlichen Gesellschaft*, Frankfurt/M., S. 11-53.

16 Michael Th. Greven, *Systemopposition. Kontingenz, Ideologie und Utopie im politischen Denken der 1960er Jahre*, Opladen 2011.

17 Vgl. Philipp Felsch, *Der lange Sommer der Theorie. Geschichte einer Revolte 1960-1990*, München 2015.

glaubwürdig. Hierfür standen nicht nur die Regierungen unter Ronald Reagan und Margaret Thatcher, sondern auch das Scheitern von Francois Mitterands ambitionierter linksreformistischer Politik während dessen erster Amtszeit.[18]

Poststrukturalismus und postmoderne Rationalitätskritik schließlich untergruben den Anspruch auf einen privilegierten Erkenntnisstandpunkt avantgardistischer Intellektueller. Vor allem aber kritisierten sie das Modell eines integrativ-umfassenden Wissens, das als »große Erzählung« delegitimiert wurde und deshalb keine politische Leitfunktion mehr erfüllen konnte.[19] Sie ließen den Geltungsanspruch des emanzipatorischen Universalismus des Marxismus bestenfalls noch als eine partikulare Position neben anderen erscheinen, wenn sie ihn nicht sogar vollends destruierten. Neben der Frage nach der richtigen Organisationsform und dem angemessenen institutionellen Bezug tauchte somit eine weitere Frage auf, nämlich die Frage nach der theoretischen Orientierung radikaler linker Politik.

An diese politischen Fragen schließt die radikale Demokratietheorie an. Ihre Antwort ist inhaltlich von einer einnehmenden Schlichtheit. Die Theorie bietet eine Interpretation von Politik an, in der Demokratie gewissermaßen als der *Universalschlüssel* erscheint, der alle Organisations- und Orientierungsprobleme der Linken aufzuschließen verspricht. Dieser Stoßrichtung entsprechend formulierte Laclau im Jahr 1990 die programmatische These, dass die »Radikalisierung der Demokratie« in zunehmendem Maße den »Referenzpunkt für die Konstruktion einer Neuen Linken« darstellen werde.[20] Nur mittels eines radikalisierenden Verständnisses von Demokratie könne die Linke nach dem Fall des Staatskommunismus ein umfassendes transformatives Projekt verfolgen. Dann seien die Pluralität und Differenzen linker Akteursgruppen und Bewegungen gerade kein Hindernis, sondern vielmehr ein Vehikel der radikalen Veränderung: »Wir sind mit einer zunehmen-

18 Simon Reid-Henry, *Empire of Democracy. The Remaking of the West since the Cold War*, London 2019, S. 191 ff.

19 Jean-Francois Lyotard, *Das postmoderne Wissen. Ein Bericht*, Graz, Wien 1986, S. 112 ff.

20 Ernesto Laclau, »New Reflections on The Revolution of Our Time«, in: ders., *New Reflections on The Revolution of Our Time*, London, New York 1990, S. 3-85, hier S. 82.

den Zersplitterung der sozialen Akteure konfrontiert, die jedoch keineswegs eine Nostalgie nach der verlorenen ›universellen Klasse‹ hervorruft, sondern vielmehr die Quelle für eine neue Militanz und einen neuen Optimismus sein muss.«[21] In einem Schlüsseltext der radikalen Demokratietheorie, Laclaus und Mouffes *Hegemony and Socialist Strategy. Towards a Radical Democratic Politics*,[22] steht deshalb die These im Zentrum, dass die »tiefgreifende subversive Kraft des demokratischen Diskurses«[23] für eine radikale Linke den strategischen Bezugspunkt bilden müsse. Zum einen könnten dadurch die differenzierten und pluralen Bewegungen miteinander verkoppelt werden, zum anderen erlaube der Bezug auf die Demokratie eine dezidiert sozialistische Transformationsstrategie. Laclau und Mouffe argumentierten, »die sozialistischen Forderungen sollten daher als ein internes Moment der demokratischen Revolution betrachtet werden«.[24]

Im Unterschied zu dem instrumentellen Verhältnis, das die orthodox-marxistische Linke zur Demokratie unterhielt, wird Demokratie in der radikalen Demokratietheorie indes nicht allein als instrumentell nützliches Symbol für sozialistische Agitation und Propaganda sowie als eine institutionelle Gelegenheitsstruktur zum Machtgewinn beschrieben. Sie erhält auch einen Eigenwert, weil sie, wie vor allem Claude Lefort argumentiert, die »Legitimität des Konfliktes«[25] verkörpere und die »Offenhaltung der gesellschaftlichen Identität«[26] gewährleiste. Das zentrale Argument hierfür ist Leforts These, dass in der Demokratie die Repräsentation von Macht derart symbolisiert werde, »dass sie *ein leerer Ort ist*, und die so den Abstand zwischen Symbolischem und Realem wahrt«.[27] Diese vielzitierte Formulierung wird in der liberalen Lefort-Rezeption so interpretiert, dass in demokratischen Regimen der Wahlmodus und der politische Wettbewerb zur Elitenzirkulation und dem Austausch von Personen führen, die Herrschaftsämter besetzen.[28]

21 Ebd.

22 Laclau/Mouffe, *Hegemony and Socialist Strategy*.

23 Ebd., S. 139.

24 Ebd., S. 140.

25 Lefort/Gauchet, »Über die Demokratie«, S. 91.

26 Ebd., S. 108. Hervorhebung entfernt.

27 Lefort zitiert nach Flügel-Martinsen, *Radikale Demokratietheorie zur Einführung*, S. 81. Hervorhebung hinzugefügt.

28 So auch die Erläuterung von Flügel-Martinsen: »Demokratie distanziert dem-

Diese Deutung ist zwar nicht falsch, aber einseitig; sie verfehlt die Pointe von Leforts Idee, die über die klassische liberale Demokratiedeutung im Sinne des Minimalmodells hinausgeht, die den periodischen, wettbewerblichen und verfahrensförmig organisierten Regierungswechsel ebenfalls zum bestimmenden Kriterium von Demokratie machte. Mindestens genauso wichtig wie die Möglichkeit der (Ab-)Wahl ist für Lefort und die an ihn anschließende Strömung der radikalen Demokratietheorie, wie Flügel-Martinsen dies formuliert, die Wahrung des »Abstand[s] zwischen Symbolischem und Realem«.[29] Demokratische Regime halten im politischen Leben Alternativen zur Faktizität präsent, ja sie befördern sogar performativ die politische Kontestation und das Bewusstsein von Kontingenz.[30] In der Demokratie werde auf diesem Wege die gesellschaftliche Identität offen gehalten, und Kontestation und Konflikt über die Gestaltung der Gesellschaft werden als legitim und normativ erwartbar institutionalisiert.

Die Institutionalisierung legitimer Konflikte ist aus der Perspektive radikaler Demokratietheorie eine Institutionalisierung offener Konflikte, weil in der Demokratie keine bestimmten Konflikte mehr als primär oder alleingültig ausgezeichnet werden könnten. Damit entfällt nicht nur die im Marxismus als Kernkonflikt beschriebene Dominanz der Konfliktlinie zwischen Kapital und Arbeit, negiert werden auch alle anderen Versuche, bestimmte Konflikte als allein wesentlich auszuzeichnen. Gerade deshalb erlaube es die Demokratie, im Unterschied zu allen anderen Herrschaftsformen, heterogene gesellschaftliche Anliegen, wie sie in Parteien und Öffentlichkeit sowie in den zahlreichen Initiativen und Bewegungen der Alternativgesellschaft vorgebracht wurden und werden, diskursiv miteinander zu verkoppeln. Sie könnten als Glieder einer

nach immer wieder reflexiv die gegenwärtigen Inhaber*innen der Macht, indem sie sie nur als vorübergehende Inhaber*innen akzeptiert«; ders., *Radikale Demokratietheorie zur Einführung*, S. 81. Zu Leforts Liberalismus siehe Julian Nicolai Hofmann, Dirk Jörke, »Liberalismus oder Barbarei: Claude Lefort und die französische Totalitarismusdiskussion«, in: *Leviathan* 50 (4), S. 529-555.

29 Flügel-Martinsen, *Radikale Demokratietheorie zur Einführung*, S. 81.

30 Marchart drückt dies in seiner Lesart von Lefort so aus, dass »in einer Demokratie die allgemeine Bedingung der Abwesenheit eines positiven Grundes nicht verdunkelt, sondern institutionell anerkannt und diskursiv aktualisiert wird«; Oliver Marchart, *Die politische Differenz. Zum Denken des Politischen bei Nancy, Lefort, Badiou, Laclau und Agamben*, Berlin 2010, S. 149.

Kette demokratischer Anliegen egalitär miteinander verbunden und schließlich im Rahmen eines linken Transformationsprojekts allesamt zur Geltung gebracht werden.

Diese Thesen bewegen sich auf der Ebene einer politikphilosophischen Interpretation der »Logik« der Demokratie, die die politischen Implikationen und den spezifischen Umgang mit Kontingenz und Konflikt in der Demokratie freilegen soll.[31] Sie sagen noch nichts über ein Demokratiemodell im Sinne einer Beschreibung eines Regimetyps und seiner institutionellen wie praktischen Elemente aus, obgleich Lefort und Gauchet auf einer abstrakten Ebene die Zivilgesellschaft als eine institutionelle Sphäre sowie die Menschenrechte als institutionelle Verankerungen von Demokratie hervorheben.

Generell macht es der häufig mehrdeutig, offen und bewusst unsystematisch gehaltene poststrukturalistische Charakter radikaler Demokratietheorien nicht gerade einfach, ein kohärentes Demokratiemodell im Sinne eines Regimemodells zu rekonstruieren – unter anderem auch deshalb, weil die Beschreibung und begriffliche Definition von Demokratie in der radikalen Demokratietheorie wie erwähnt zuweilen als eine Hypostasierung gedeutet und abgelehnt wird. Am ehesten geeignet für die Rekonstruktion eines Demokratiemodells sind die Arbeiten Chantal Mouffes, die in der demokratietheoretischen Diskussion oft als die einflussreichste Vertreterin radikaler Demokratietheorie gilt. Von Interesse sind an dieser Stelle allerdings weder die diskurs- und hegemonietheoretischen Grundlagen ihres politischen Denkens noch deren Beziehung zur politischen Theorie ihres Koautors Ernesto Laclau.[32] Ich kann mich

31 Neben der Abgrenzung vom Marxismus spielt hierfür Leforts Kritik des Politikbegriffs der empirischen Sozialwissenschaft, insbesondere der feldlogischen und systemtheoretischen Soziologie, eine wichtige Rolle. Lefort argumentiert, die politische Konstituierung des Gegenstandes der Sozialwissenschaft infolge der demokratischen Revolution werde durch die Sozialwissenschaften nachträglich verschleiert, da diese Politik als eine Funktion oder als einen Bereich der Gesellschaft beschreiben; Marchart, *Die politische Differenz*, S. 126 f. Diese Argumentation weist frappierende Parallelen auf zu dem wichtigen Werk von Siegfried Landshut, *Kritik der Soziologie. Freiheit und Gleichheit als Ursprungsproblem der Soziologie*, München u. a. 1929.

32 Für die hier interessierende Fragestellung irrelevant, aber für eine politische Einordnung bedeutsam ist Karin Priesters Freilegung mystischer und gegenaufklärerischer Traditionsbestände im politischen Denken Laclaus und Mouffes; Ka-

zum Abschluss auf eine Darstellung der Grundidee ihrer Demokratietheorie und eine grobe Skizze des daraus rekonstruierbaren Demokratiemodells beschränken.

Mouffe schließt in ihrer Demokratietheorie unter anderem an Carl Schmitts politischen Existentialismus an. Insbesondere folgt sie dessen Liberalismuskritik und teilt Schmitts Diagnose, der Liberalismus sei unfähig, politische Gegnerschaft zu denken und ihr eine institutionell tragfähige Form zu geben. Zwar gehörten Liberalismus und Demokratie aus historischen Gründen zusammen, aber das Dominantwerden des Liberalismus führe zu einer Zerstörung der Demokratie.[33] Mouffe grenzt sich aber von Schmitts Antiliberalismus ab und kritisiert dessen essentialistischen Volksbegriff. Kollektive Identitäten müssten vielmehr als kontingente Konstruktionen und Ergebnis einer, wie sie in ihrer diskurstheoretischen Adaption von Gramscis Hegemonietheorie formuliert, »hegemonialen Artikulation« betrachtet werden.[34]

Mouffe verfolgt nicht das Ziel, einen Links-Schmittianismus zu entwickeln,[35] doch Schmitts politisches Denken ist für sie ein Vehikel, ihre These von der Unhintergehbarkeit von Konflikten und der selbstdestruktiven Verdrängung dieser Untergehbarkeit durch den Liberalismus zu untermauern. Diese These ist von zentraler Bedeutung für ihr Modell von Demokratie, in dem sie diese als eine bestimmte Umgangsweise mit Konflikten beschreibt. In der Demokratie könne nämlich die mit Konflikten immer gegebene Möglichkeit von *Feindschaft* (Antagonismus) in politische *Gegnerschaft* (Agonismus) transformiert werden. Demokratie sei, mit anderen Worten, die der Unhintergehbarkeit von Konflikten angemessene institutionelle Politikform. Tatsächlich stellt Mouffe die Transformationsleistung der Verwandlung des Antagonismus in Agonismus

rin Priester, *Mystik und Politik. Ernesto Laclau, Chantal Mouffe und die radikale Demokratie*, Würzburg 2014; siehe hierzu auch Ingo Elbe, »Die postmoderne Querfront. Anmerkungen zu Chantal Mouffes Theorie des Politischen«, in: Rote Ruhr Uni, ⟨http://www.rote-ruhr-uni.com/cms/texte/article/die-postmoderne-querfront⟩, letzter Zugriff 10. 11. 2022.

33 Chantal Mouffe, »Introduction. The Democratic Paradox«, in: dies., *The Democratic Paradox*, London 2000, S. 1-16.

34 Chantal Mouffe, »Carl Schmitt and the Paradox of Liberal Democracy«, in: dies. (Hg.), *The Challenge of Carl Schmitt*, London 1999, S. 38-53, hier S. 51.

35 Chantal Mouffe, »Introduction. Schmitt's Challenge«, in: dies. (Hg.), *The Challenge of Carl Schmitt*, London 1999, S. 1-6, hier S. 5.

als die zentrale Funktion der Demokratie dar: »Als Hauptaufgabe der Demokratie könnte man die Umwandlung des Antagonismus in Agonismus ansehen.«[36]

Agonismus bezeichnet bei Mouffe ein Verhältnis wechselseitig als legitim angesehener Gegnerschaft in einer Gemeinschaft, die zwar ohne gemeinsames Maß für Rationalität und kollektiv geteilte Zielvorstellungen auskommt, die aber zumindest eine Wertegemeinschaft ist[37] und auf einer Vorherrschaft demokratischer Werte basiert.[38] Wie in pluralistischen Demokratietheorien wird auch im demokratietheoretischen Denken Mouffes die soziale Integration durch Pluralität gekennzeichneter demokratischer Gemeinwesen durch den Bezug auf die gemeinsam geteilten Werte von Freiheit und Gleichheit sowie die Zustimmung zu den politischen Institutionen gewährleistet.[39] Die Gegnerschaft innerhalb der Bürgerschaft erstreckt sich mithin darauf, was die Werte Freiheit und Gleichheit bedeuten und wie sie im Rahmen gegebener Institutionen praktisch realisiert werden sollten. Im Mouffe'schen Demokratiemodell geht es damit in der Politik erstens um die Reproduktion des Verhältnisses des Agonismus und zweitens um das Austragen der agonistischen Gegnerschaft.

Institutionell und verfahrensmäßig bleibt Demokratie in den Texten Mouffes vergleichsweise unbestimmt. Sie stellt sich Demokratie im Wesentlichen nach dem Westminstermodell vor, das heißt, sie hebt die klare Unterscheidung zwischen der Regierung und der Opposition sowie deren öffentliche Repräsentation als bestimmende Momente von Demokratie hervor. Dabei gelten ihr die gängigen Institutionen repräsentativer Demokratie wie Parlamente und Parteien als demokratisch, minoritären Institutionen wie Verfassungsgerichten hingegen weist sie keine demokratische Funktion zu. Vor allem aber betont sie die konfrontative Logik des Kampfs

36 Chantal Mouffe, *Über das Politische. Wider die kosmopolitische Illusion*, Frankfurt/M. 2007, S. 30.

37 Chantal Mouffe, »Democratic Citizenship and the Political Community«, in: dies. (Hg.), *Dimensions of Radical Democracy*, London 1992, S. 225-239, hier S. 235.

38 Chantal Mouffe, »Radical Democracy: Modern or Postmodern?«, in: dies., *The Return of the Political*, London 1997, S. 9-22, hier S. 18.

39 Chantal Mouffe, »Democracy, Power and ›The Political‹«, in: dies., *The Democratic Paradox*, London 2000, S. 17-35, hier S. 19; dies., »Was bedeutet ›agonistische Politik‹?«, S. 29.

um die Mehrheit als wesentliches Merkmal von Demokratie. Als wichtige Akteure beschreibt sie zudem politische Bewegungen, deren Aufgabe sie indes nicht antiinstitutionalistisch deutet. Der durch Bewegungen geleistete Aufbau politischer Macht und deren Einfluss auf die politische Agenda sollen zwar auf die Kerninstitutionen der Demokratie einwirken, diese Institutionen aber nicht ersetzen.[40]

In Mouffes demokratietheoretischen Texten kommt damit ein konventionelles Modell von Demokratie zum Ausdruck, das sich inhaltlich nur in Nuancen von einem linksliberalen Konfliktmodell von Demokratie unterscheidet, wie es etwa Ralf Dahrendorf oder Ernst Fraenkel entwickelt haben, und das die Austragung von Konflikten ebenfalls als wesentliche Aufgabe von Demokratie auszeichnet.[41] Allerdings hat Mouffe dieses Modell an eine veränderte politische Konstellation angepasst, in der die organisatorische, insbesondere verbandsförmige Verfasstheit von Konflikten abgeschwächt wurde und Protest und bewegungsförmige Politik an Bedeutung gewonnen haben. Das Eigentümliche an Mouffes Beschreibung von Demokratie liegt auf einer anderen Ebene, nämlich in ihrer theoretischen Deutung von politischer Dynamik und der Konstituierung kollektiver Identitäten unterhalb der Ebene der gemeinsamen Zugehörigkeit zu einem demokratischen Gemeinwesen. Mouffe wird nicht müde, an zahlreichen Stellen ihrer Texte darauf hinzuweisen, dass solche kollektiven Identitäten und die Formulierung eines gemeinsamen politischen Projekts, das gegen ein gegnerisches Projekt in Stellung gebracht werden kann, für das politische Handeln in der Demokratie wesentlich sei: »Das Kennzeichen demokratischer Politik ist die Konfrontation zwischen konkurrierenden hegemonialen Projekten.«[42] Um die Bildung der in den Hegemoniekämpfen konstruierten Identitäten und Projekte zu

40 Darin unterscheidet sich Mouffes Ansatz von antiinstitutionalistischen Varianten der radikalen Demokratietheorie, die der marxistischen Programmatik vom »Absterben des Staates« folgen, so etwa Miguel Abensour, *Demokratie gegen den Staat. Marx und der machiavellistische Moment*, Berlin 2012, oder ein neoblanquistisches Programm der Revolte mit einem dezentralen Kommunalismus verbinden, wie etwa bei Unsichtbares Komitee, *Der kommende Aufstand*, Hamburg 2010.

41 Ralf Dahrendorf, *Gesellschaft und Demokratie in Deutschland*, München 1965; Ernst Fraenkel, *Deutschland und die westlichen Demokratien*, Stuttgart 1973.

42 Mouffe, »Was bedeutet ›agonistische Politik‹?«, S. 42.

erklären, verbindet sie einen poststrukturalistischen Antiessentialismus mit einer »postmarxistischen«, nicht mehr klassentheoretisch fundierten Hegemonietheorie und einer lose an Freud angelehnten Affekttheorie.[43] Dieser Sichtweise zufolge sind Identitäten und politische Programmatiken und Projekte nicht Ausdruck einer dem politischen Handeln vorgängigen Natur oder eine Funktion sozioökonomischer Klassenverhältnisse, sondern das Ergebnis kontingenter Diskurse, in denen heterogene Forderungen mittels einer »Äquivalenzkette« und dem Ansprechen von Leidenschaften zu einem nach Vorherrschaft strebenden, übergreifenden politischen Projekt verbunden werden.

Bedeutsam ist hierbei auch die folgende These Mouffes: Nur wenn es zu einer Wir-gegen-Sie-Relation kommt, die die Form einer um Hegemonie streitenden Konfrontation zwischen einem rechten und einem linken demokratischen Projekt erhält, kann die Verwandlung von Antagonismus in Agonismus in der Demokratie dauerhaft gelingen. Man kann deshalb sagen, dass die argumentative Hauptstoßrichtung und die ideologische Funktion von Mouffes Demokratietheorie darin bestehen, eine theoretische Begründung zu liefern, warum ein linkes demokratisches Projekt aus funktionalen Gründen für die Reproduktion der Demokratie notwendig und im Interesse aller Demokraten ist.

Hieran knüpft auch Mouffes Erklärung des Aufstiegs des Rechtspopulismus seit den 1990er Jahren an. Der Rechtspopulismus sei eine Folge des Umstands, dass die für demokratische Politik im Sinne ihres dualistischen Westminstermodells wesentliche Konfrontation zweier Projekte und Identitäten, einem linken und einem rechten, nicht mehr gewährleistet gewesen sei,[44] denn infolge der Vorherrschaft liberalen Denkens sei es zu einer Verrechtlichung, Ökonomisierung und Moralisierung des politischen Lebens gekommen. Diese Versuche der Verdrängung des Politischen seien notwendigerweise erfolglos gewesen, da sie einen Mangel an politischer Kontestation erzeugt hätten. Diese Politisierungslücke habe der Rechtspopulismus mit seiner erfolgreichen Repolitisierungsstrategie füllen können. Denn da sowohl die Position des rechten wie des linken demokratischen Hegemonieprojekts zeitweise va-

43 Mouffe, *Über das Politische. Wider die kosmopolitische Illusion.*

44 Mouffe, »The ›End of Politics‹ and the Challenge of Right-wing Populism«.

kant geworden sei, sei die unausweichliche Wir-gegen-Sie-Logik nun in einem anderen Register ausgetragen worden, nämlich in Gestalt der Konfrontation zwischen neoliberaler Postpolitik und xenophobem Rechtspopulismus. In ihren jüngeren Schriften geht Mouffe allerdings davon aus, dass diese Konstellation durch eine Konfrontation zwischen einem rechtspopulistischen und einem linkspopulistischen Projekt abgelöst werden wird.[45]

In welcher Hinsicht werden nun der radikaldemokratische Theorieansatz insgesamt und das Mouffe'sche Demokratiemodell im Besonderen von dem Prozess der Devolution widerlegt? Die Eingangsthese dieses Abschnitts lautete ja, dass beide infolge der Devolution scheitern müssen. Zunächst erhält der Ansatz der radikalen Demokratietheorie dadurch Aktualität, dass er zwei Phänomene ins Zentrum der theoretischen Betrachtung rückt, die in der jüngeren Zeit politisch an Bedeutung gewonnen haben. Infolge des Aufstiegs des Populismus, des Aufkommens vielgestaltiger neuer sozialer Bewegungen sowie vor dem Hintergrund eines sich auf mehr und mehr gesellschaftliche Bereiche und Sachverhalte ausdehnenden Protests, der durch die Neuen Medien und den sich ausbreitenden »digitalen Aktivismus«[46] an Sichtbarkeit gewinnt, kam es zum einen zu einer ausgreifenden Politisierung der Gesellschaft. Dabei handelt es sich fraglos um eine Zunahme an Kontestation – einem Phänomen, das im Zentrum radikaler Demokratietheorien steht. Diese geht zum anderen mit einem verstärkten Bewusstsein für die kontingenten Fundamente politischer Ordnungen und Institutionen einher. Es schärft damit das Bewusstsein für die Chancen, über die unterschiedlichsten gesellschaftlichen Sachverhalte zu entscheiden. Auch deshalb wächst der Bereich des politisch Umstrittenen mehr und mehr an. Es haben sich zahlreiche junge Politikfelder herausgebildet, die noch vor einigen Jahrzehnten undenkbar schienen, und immer mehr vormals private Sachverhalte werden nun als öffentliche Sachverhalte behandelt.

Allerdings verbindet der Ansatz der radikalen Demokratietheorie seinen Fokus auf Kontestation und Kontingenz mit einem starken Demokratisierungspathos, das im Kontext des Prozesses der

45 Mouffe, *For a Left Populism*, London, New York 2018, S. 6.

46 Maik Fielitz, Daniel Staemmler, »Hashtags, Tweets, Protest? Varianten des digitalen Aktivismus«, in: *Forschungsjournal Neue Soziale Bewegungen* 33 (2020), S. 425-441.

Devolution zunehmend schal wirkt und normativ ins Leere läuft. Es wird appellativ und rhetorisch. Wie ich zuvor mit Blick auf die Ambivalenz der partizipatorischen Revolution und deren Weiterentwicklung im Kontext der Ausbreitung partizipativer Governance-Arrangements argumentiert habe, steigen zwar die Partizipationsansprüche und Beteiligungschancen auf Seiten bestimmter Milieus und Gruppen, aber hierbei entsteht nicht nur eine Partizipationslücke, sondern vor allem die für Demokratie wesentliche Dimension der politischen Gleichheit nimmt Schaden. Mehr noch, die Ansprüche auf demokratische Steuerung oder auch radikal-reformistische Umgestaltung der Gesellschaft mittels demokratischer Politik werden im Kontext undurchsichtiger Governance-Netzwerke systematisch frustriert.[47] Damit wird das politische Kernanliegen radikaler Demokratietheorie infolge der Devolution der Demokratie desavouiert: die der linken Seite des politischen Spektrums angesiedelte Fokussierung auf ein gehaltvolles und dezidiert egalitäres Verständnis von Autonomie, das im Kontext gesellschaftlicher Politisierung als eine umfassende Demokratisierung realisiert werden soll und in Form einer linken Machtpolitik zur Geltung gebracht werden müsste.

Die radikale Demokratietheorie ist deshalb mit ihrem Anspruch einer Neuorientierung linker Politik gescheitert. Obgleich viele einzelne Themen, die ursprünglich linken Bewegungen und Initiativen entstammen oder zumindest durch diese mitgeprägt wurde, mittlerweile in den jeweiligen Politikfeldern der Geschlechter-, Umwelt- und Kulturpolitik angekommen sind, ist die Verbindung der zahlreichen pluralistischen linken Bewegungen und Initiativen zu einem übergreifenden linken Transformationsprojekt, das die Kerninstitutionen der Gesellschaft verändern soll, nicht gelungen. Der letzte Versuch in dieser Hinsicht war die Antiglobalisierungsbewegung, die auch für die Entwicklung der radikalen Demokratietheorie wichtig gewesen ist und längere Zeit einen Bezugspunkt für Mouffes politisches Denken darstellte. Diese Bewegung hat zwar zu einer, im Jargon der radikalen Demokratietheorie ausgedrückt, kritischen Befragung liberaler Weltvergesellschaftung geführt, sie

47 Vor diesem Hintergrund ist es kein Zufall, dass die Postdemokratiediagnose sowie die Semantik der Postdemokratie, die beide eine Enttäuschung von linken Demokratisierungserwartungen zum Ausdruck bringen, unter anderem im Diskurs der radikalen Demokratietheorie entwickelt worden sind.

konnte diese aber höchstens verlangsamen und nicht institutionell umgestalten. Zudem wurde der Protest gegen die liberale Globalisierung frühzeitig von Akteuren der extremen Rechten betrieben und es bildete sich eine rechte Antiglobalisierungsbewegung heraus.[48] Heute stellt der Protest gegen die liberale Globalisierung ein Kernelement der Programme rechtspopulistischer Parteien dar, wohingegen die linke Globalisierungskritik im Kontext westlicher Regime weitgehend verstummt ist.

Das Scheitern radikaler Demokratietheorie lässt sich prägnant anhand von Mouffes Modell einer agonalen Demokratie aufzeigen, denn Mouffe geht es ja mit ihrer Demokratietheorie nicht nur darum, die Institutionen repräsentativer Demokratie gegenüber der Linken zu rechtfertigen. Ihre Theorie stellt in gleichem Maße eine demokratietheoretische Apologie linker Hegemoniepolitik dar. Das heißt, das Projekt einer sozialistischen Gesellschaftsumgestaltung soll als ein genuin demokratisches Projekt ausgewiesen werden, das nicht nur normativ auf Demokratie bezogen ist, sondern es soll vielmehr auch demonstriert werden, dass es aus der Logik der Demokratie selbst entspringe. Die Demokratie könne nur um Preis ihres Untergangs auf eine agonale Konfrontation eines linken und eines rechten Hegemonieprojekts verzichten. Allerdings stellen sich die eingangs genannten vier Probleme bei der Legitimation demokratischer Politik auch für Mouffes Demokratietheorie. Vor allem ist unklar, wie es unter Bedingungen einer differenzierten und unübersichtlichen Politik, der eine ebenso differenzierte und komplexe politische Kommunikation in der Öffentlichkeit korrespondiert, zur kohärenten Formulierung von gegen-hegemonialen Projekten kommen kann, die im Sinne einer sozialistischen Transformationsstrategie eine grundlegende institutionelle Reform praktisch vorantreiben könnten. Die, aller Bekenntnisse zu einem radikalen Pluralismus zum Trotz, letztlich dichotome Denkweise Mouffes, die stets auf die Notwendigkeit einer Wir-gegen-Sie-Struktur im demokratischen Meinungskampf im Sinne eines Konflikts zwischen einem linken und einem rechten Wirtschafts- und Gesellschaftsmodell abhebt, blamiert sich vor der Fragmentierung und Dezentrierung von Politik unter Bedingungen der Devolution. Diese Kritik trifft

48 Andrej Zaslove, »Exclusion, Community, and a Populist Political Economy. The Radical Right as an Anti-Globalization Movement«, in: *Comparative European Politics* 6 (2008), S. 169-189.

auch das ebenso dichotome Denkmodell Leforts, der argumentierte, dass nach der demokratischen Revolution nunmehr nur noch zwei Entwicklungsrichtungen offenstünden, die entweder zur »Demokratie oder zum Totalitarismus« führten.[49] Die Perspektive der Devolution spricht hingegen dafür, in Zukunft mit noch mehr Differenzierung, Gleichzeitigkeit des Ungleichzeitigen und vor allem Unübersichtlichkeit zu rechnen. Wahrscheinlich scheint eher eine Entwicklungsrichtung, die im Ergebnis *weder demokratisch noch totalitär* sein wird, weil sich in ihr populistische, expertokratische sowie partizipative Politikmodelle in Form einer neuen und eigenartigen Gleichzeitigkeit von Partizipation *und* Elitismus miteinander vermischen werden.

Im politischen Leben lässt sich zwar immer wieder der Versuch einer diskursiven Bildung von Äquivalenzketten von Seiten linker politischer Akteure beobachten, jüngst etwa mit Blick auf das Projekt eines *Green New Deal*, der als oberster Bezugspunkt zahlreicher linker Anliegen von Ökologie über die Wirtschafts- bis zur Sozialpolitik fungiert. Doch diese Versuche verbleiben stets auf einer programmatischen und appellativen Ebene. Obwohl sie von einigen linken Parteien und Politikern institutionell repräsentiert werden, kommt ihnen wenig praktische Relevanz zu. Vor allem gelingt es der zersplitterten Linken nicht, eine kollektive Wir-Identität zu konstruieren. Wie Mouffe selbst argumentiert,[50] führt radikaler Pluralismus aber genau dann zu einem Problem für die Demokratie, wenn kein demokratisches »Wir« mehr diskursiv konstruiert werden kann. Dies gelingt nicht, weil sich, im Angesicht überbordender Komplexität und Differenzierung und der mit ihnen einhergehenden Kognitionsasymmetrie, die Pluralität und der individuelle Eigensinn der Subjekte gegen eine diskursive Einfassung in eine Äquivalenzkette sperren.

In *Hegemony and Socialist Strategy. Towards a Radical Democratic Politics* argumentierten Mouffe und Laclau noch: »Die *Vervielfältigung der politischen Räume* und die *Verhinderung der Machtkonzentration an einer Stelle* sind also Voraussetzungen für jede wirklich demokratische Transformation der Gesellschaft.«[51] Heute

49 Marchart, *Die politische Differenz*, S. 143.

50 Mouffe, »Democracy, Power and ›The Political‹«, S. 20.

51 Laclau/Mouffe, *Hegemony and Socialist Strategy*, S. 161 f. Hervorhebung hinzugefügt. Das Zitat könnte als Rechtfertigung von Gewaltenteilung und Vetospielern

zeigt sich, dass Differenzierung und Demokratisierung nur bis zu einem bestimmten Punkt miteinander vereinbar sind. Es ist ein Maß an Differenzierung entstanden, das Demokratisierung nicht ermöglicht, sondern vielmehr strukturell verhindert. Historisch betrachtet, ist ja gerade die Verminderung der politischen Differenzierung, genauer gesagt, der feudalen Zersplitterung von Herrschaftsfunktionen, zunächst mittels des »Königsmechanismus« und sodann durch die Transformation des »Körpers des Königs« in eine »subjektlose Gewalt«, eine zentrale Voraussetzung für die moderne Demokratie gewesen.[52] Die polyzentrische Differenzierung und das Anwachsen von Komplexität unterminieren in Verbindung mit der Kognitionsasymmetrie insbesondere das auch von Mouffe selbst als wesentlich für die Konstituierung einer demokratischen Bürgerschaft erachtete »gemeinsame Band« sowie die Reproduktion eines Gemeinsinns im Sinne eines kollektiven »öffentlichen Anliegens [*public concern*]«.[53]

Bemerkenswerterweise wird das, was ich eingangs als den Verlust des Bewusstseins der praktischen Wirksamkeit von demokratischer Politik und den Zweifel an der institutionellen Authentizität beschrieben habe, von Mouffe in ihrer Postdemokratiediagnose ähnlich beschrieben. Mouffe zufolge würden die demokratischen Institutionen in der »Postdemokratie« zunehmend als nicht mehr authentisch demokratische Institutionen gedeutet.[54] Es entstehe eine »postpolitische« Konstellation, in der der Entscheidungscharakter von Politik und die für das Politische konstitutive Konfliktualität verdrängt würden. Infolge dieser »postpolitischen« Ver-

interpretiert werden. Allerdings liegt der Akzent hier auf der »Transformation der Gesellschaft«, das heißt, die im Zitat angesprochene Vermehrung von politischen Räumen und die Verhinderung der Konzentration von Macht werden als Voraussetzungen von *Transformationspolitik* gerechtfertigt und gerade nicht als den Status quo erhaltende Faktoren.

52 Siehe Norbert Elias, *Über den Prozess der Zivilisation. Soziogenetische und psychogenetische Untersuchungen. Zweiter Band: Wandlungen der Gesellschaft. Entwurf zu einer Theorie der Zivilisation.* Frankfurt/M. 1997, S. 132 ff.; Heide Gerstenberger, *Die subjektlose Gewalt. Theorie der Entstehung bürgerlicher Staatsgewalt*, Münster 2006.

53 Mouffe, »Democratic Citizenship and the Political Community«, S. 233, mit Bezug auf Oakshott.

54 Mouffe, »›Postdemokratie‹ und die zunehmende Entpolitisierung«, in: *Aus Politik und Zeitgeschichte* 1/2 (2011), S. 3-5.

drängung von bewusst wählbaren Handlungsoptionen werde die für das Politische konstitutive Kontingenz nicht als eine gezielt *realisierte Handlungskontingenz* im Sinne eines Legitimität stiftenden Hegemonieprojekts wahrgenommen, sondern erscheine als eine *erlittene Zufallskontingenz*. Der Regierungsstil Angela Merkels kann für diese von Mouffe kritisierte Art des postpolitischen Auf-Sicht-Fahrens und des Regierens mittels einer Rhetorik der Alternativlosigkeit, die Entscheidungen als einzig mögliche Reaktionen auf krisenhafte, nicht beeinflussbare äußere Umstände rechtfertigt, als paradigmatisch gelten.

Mouffes einige Zeit vor der rechtspopulistischen Welle der letzten Jahre erfolgte Warnung vor einem Erstarken des Rechtspopulismus spricht für ihre politische Urteilskraft und ihren Sinn für treffende Problemdiagnosen.[55] Ein großer Teil der Attraktivität ihrer demokratietheoretischen Schriften verdankt sich vermutlich vor allem ihrer pointierten Kritik an postdemokratischen Tendenzen der Gegenwartsgesellschaft. Ein fatales Problem für ihr eigenes Demokratiemodell entsteht jedoch aus dem Umstand, dass ihre Postdemokratie- und Postpolitikdiagnosen der Demokratisierungs- und Transformationsperspektive radikaler Demokratietheorie widersprechen, die durch das Modell doch eigentlich begründet werden soll. Das theoretische Demokratiemodell wird durch die Zeitdiagnose widerlegt.

3.2 Das deliberative Modell

Im Unterschied zur radikalen Demokratietheorie lässt sich der deliberative demokratietheoretische Ansatz nicht eindeutig einer politischen Strömung zuordnen. Betrachtet man ihn als einen politischen Theorieansatz, so lassen sich neben linksdemokratischen auch zentristische und expertokratische Auslegungen und Anwendungsvarianten ausmachen. Üblicherweise wird die deliberative Demokratietheorie jedoch den linken partizipationsorientierten Theorien zugeordnet.[56] Zugleich wurde der Theorie frühzeitig attestiert, sie blende diejenigen Probleme egalitärer Inklusionsbestre-

55 Mouffe, »The ›End of Politics‹ and the Challenge of Right-wing Populism«.

56 So etwa Manfred G. Schmidt, *Demokratietheorien. Eine Einführung*, Wiesbaden 2008, S. 236 ff.

bungen aus, die aufgrund von Statusungleichheiten und sozialen (Klassen-)Hierarchien eintreten.[57] Diese Ausblendung sei kein Zufall, da die Theorie von der irrigen Diagnose einer »Entkoppelung der Kultur von Klassenstrukturen«[58] ausgehe.

Vor diesem Hintergrund ist es bemerkenswert, dass in der Entstehungsphase des Ansatzes eine Variante des Konzepts deliberativer Demokratie existierte, die explizit *gegen* partizipatorische Demokratiekonzeptionen gerichtet war. Ihr Autor Joseph M. Besette hatte bereits 1980 eine Konzeption vorgeschlagen, bei der es sich womöglich um die erste semantisch als solche bezeichnete theoretische Konzeption von deliberativer Demokratie überhaupt handelt.[59] Besette entwickelte sein Konzept, um damit egalitär-demokratische Ansprüche auf direktdemokratische Beteiligung abzuwehren und den in den 1970er Jahren im Kontext der partizipatorischen Revolution laut gewordenen Vorwurf zu entkräften, die US-amerikanische Verfassung bringe eine aristokratische beziehungsweise elitäre Ordnung hervor.[60] Zu diesem Zweck bekräftigte er Madisons These, dass gewählte Repräsentanten das Gemeinwohl besser erkennen würden als die Bürger selbst. Diese Auffassung bilde »den Keim des Begriffs der ›deliberativen Demokratie‹«.[61] Laut Besette ist sie im Wesentlichen in der US-amerikanischen Realverfassung verwirklicht, denn deren Gefüge aus *checks and balances* und dem Wahlmechanismus setzten einen systemischen Deliberationsprozess in Gang.[62] Überdies seien dessen gewählte Repräsentanten aufgrund ihres überlegenen Wissens, ihrer Spezialisierung und ihrer Erfahrung in der Lage, deliberativ das Gemeinwohl zu ermitteln.[63] Diese

57 Lynn M. Sanders, »Against Deliberation«, in: *Political Theory* 25 (1997), S. 347-376, hier S. 369 f.

58 Jürgen Habermas, »Volkssouveränität als Verfahren«, in: ders., *Faktizität und Geltung. Beiträge zur Diskurstheorie des demokratischen Rechtsstaats*, Frankfurt/M. 1992, S. 600-631, hier S. 630.

59 Antonio Floridia, »The Origins of the Deliberative Turn«, in: André Bächtiger u. a. (Hg.), *The Oxford Handbook of Deliberative Democracy*. Oxford 2018, S. 35-54, hier S. 39.

60 Joseph M. Besette, »Deliberative Democracy. The Majority Principle in Republican Government«, in: Robert A. Goldwin, William A. Schambra (Hg.), *How Democratic Is the Constitution?*, Washington, London, S. 102-116, hier S. 107, 115.

61 Ebd., S. 105.

62 Ebd., S. 109 f.

63 Ebd., S. 105 f.

Form einer deliberativ-elektoralen Elitenherrschaft bezeichnet Besette mit dem irreführenden, die Herrschaft einer Minderheit verschleiernden Ausdruck »Herrschaft der deliberativen Mehrheit«[64] (bei der es sich eigentlich um die regierende Minderheit handelt), die legitimerweise regiere, weil nur sie das Gemeinwohl erkannt habe.

Auch wenn die politische Stoßrichtung von Besettes konzeptuellem Vorschlag offenkundig ist, stellt der Ansatz der deliberativen Theorie kein akademisches Reflexionsprogramm dar, das mit Blick auf ein bestimmtes politisches Problem eines politischen Lagers oder einer Strömung entworfen worden ist und das deshalb ausschließlich als ein theoretischer Lösungsvorschlag für ein solches genealogisch, pragmatisch oder funktional erklärt werden sollte. Allerdings wurde die deliberative Demokratietheorie mit Blick auf ein *metapolitisches* Problem entwickelt. Es besteht Habermas zufolge darin, dass die Legitimität demokratischer Regime eine adäquate, theoretisch zu entwickelnde und philosophisch begründete Demokratiedeutung voraussetzt. Nur im Lichte eines solchen Demokratieverständnisses, das nicht nur im akademischen Raum, sondern in der Bürgerschaft selbst vorherrschen soll, lassen sich Legitimitätsquellen und Funktionsgrenzen von demokratischer Politik erfassen. Die deliberative Demokratietheorie hat den Zweck, das »richtige paradigmatische Hintergrundverständnis von Demokratie«[65] zu bestimmen.

Auf einer allgemeineren wissenssoziologischen Ebene kann man den deliberativen Ansatz in der Demokratietheorie historisch mit den Folgen der Bildungsexpansion, der Akademisierung sowie der dadurch ausgelösten Öffnung von politischen Kommunikationsverhältnissen und der Vermehrung von Sprecherpositionen in der Öffentlichkeit in Verbindung bringen. Zudem gewann er auch im Kontext der Interpretation von modernen Gesellschaften als Wissensgesellschaften an Relevanz. Der Begriff der Wissensgesellschaft impliziert ein Verständnis von Gesellschaft, das, auch infolge der Bildungsexpansion, als wissenschaftlicher Reflexionsbegriff moderner Gesellschaften entstand und später auch in der allgemeinen Öf-

64 Ebd., S. 106. Hervorhebung entfernt.

65 Jürgen Habermas, »Drei normative Modelle der Demokratie. Zum Begriff deliberativer Politik«, in: Herfried Münkler (Hg.), *Die Chancen der Freiheit. Grundprobleme der Demokratie*, München, Zürich 1992, S. 11-24, hier S. 11.

fentlichkeit verwendet wurde. Er verweist nicht nur auf Wissen als einer Ressource für Innovation und Wachstum in ökonomischen Zusammenhängen, sondern hebt insbesondere, hierin dem Deliberationsansatz verwandt, »Reflexivität« und »Lernen« als zentrale Aufgaben von Subjekten und Organisationen der »Wissensgesellschaften« hervor.[66] Auch wenn man hinsichtlich dieser optimistischen Lernfähigkeitserwartung Skepsis anmelden mag, ist die Diagnose der »Wissensgesellschaft« in der Hinsicht wirklichkeitsgerecht, dass ein wesentliches Charakteristikum der Gegenwartsgesellschaft in der Zunahme an wissensbasierter kommunikativer Koordination besteht. Das ist notwendig der Fall, da in mehr und mehr gesellschaftlichen Lebensbereichen die traditionale Handlungsorientierung abnimmt. Das daraus resultierende Bewusstsein der Kontingenz von Institutionen ist nicht nur eine Voraussetzung für den Prozess der Politisierung, es führt auch dazu, dass mehr und mehr Sachverhalte in den unterschiedlichsten Lebensbereichen als *verhandelbar* aufgefasst werden. Mit je eigenen Akzenten wird dieser Umstand im Governance-Ansatz, in der radikalen Demokratietheorie und schließlich auch in der Deliberationstheorie reflektiert.

Darüber hinaus hängt die Entstehung des Deliberationsansatzes historisch mit innerwissenschaftlichen Schwerpunktverschiebungen und paradigmatischen Veränderungen zusammen, die aus dem »*lingustic turn*«[67] resultierten. Diese linguistische Wende implizierte eine paradigmatische Veränderung der Forschung zunächst in der Philosophie und benachbarten Disziplinen, die anschließend auch für die Sozialwissenschaft und die Demokratietheorie prägend geworden ist. Schnädelbach hat vorgeschlagen, sie mit Blick auf die Philosophie als Wende vom mentalistischen zum linguistischen Paradigma zu bezeichnen.[68] Folgenreich für das hier interessierende Thema ist, dass sich dadurch die Frageperspektiven von Theorie und empirischer Forschung verschoben haben. Während für das

66 Martin Heidenreich, »Die Debatte um die Wissensgesellschaft«, in: Stefan Böschen, Ingo Schulz-Schaeffer (Hg.), *Wissenschaft in der Wissensgesellschaft*, Opladen 2003, S. 25-51.

67 Richard Rorty (Hg.), *The Linguistic Turn. Recent Essays in Philosophical Method*, Chicago 1967.

68 Herbert Schnädelbach, »Philosophie«, in: Ekkehard Martens, Herbert Schnädelbach (Hg.), *Philosophie. Ein Grundkurs*, Bd. 1, Hamburg 1994, S. 37-76, hier S. 68 ff.

mentalistische Paradigma das Bewusstsein von Subjekten zentral ist, löste das neue Paradigma diese Perspektive durch eine auf Sprache fokussierte linguistische Konzeptbildungs- und Forschungsperspektive ab. Die daraus in der Theorie wie der empirischen Forschung folgende Konzentration auf Diskurse, sprachliches Handeln und Sprache schlug sich auch in der Demokratietheorie nieder, insbesondere in Gestalt der deliberativen Demokratietheorie.

Die deliberative Demokratietheorie wurde, auch über den deutschsprachigen Raum hinaus, stark durch Jürgen Habermas geprägt. Zwar ist sie weder ausschließlich mit seinem Namen verbunden noch repräsentiert sie den einzigen demokratietheoretischen Ansatz, der die linguistische Wende mitvollzieht. Aber das breit ausstrahlende Werk Habermas', vor allem dessen Verknüpfung von Demokratietheorie mit einer paradigmatisch auf eine intersubjektive Kommunikationsphilosophie hin orientierten Philosophie, hat maßgeblich dazu beigetragen, dass die deliberative Demokratietheorie als der heute einflussreichste diskurs- und kommunikationsorientierte Ansatz in der demokratietheoretischen Diskussion gelten kann.[69] Entsprechend unübersichtlich ist die Literatur zum deliberativen Ansatz und dessen empirischen Anwendungen. Gleichwohl lassen sich drei Kernideen des Ansatzes der Deliberationstheorie in der habermasianischen Prägung ausmachen:

– Der methodisch-normative Bezug auf kommunikative Intersubjektivität: Im Sinne des *linguistic turn* verschiebt sich der Fokus der Theorie von handelnden Subjekten und Kollektivsubjekten hin zu den zwischen den Subjekten bestehenden Kommunikationsverhältnissen. Die Theorie bezieht sich damit weder zuvörderst auf handelnde Subjekte, wie es bei einem liberalen Ansatz der Fall ist, der dem Prinzip des methodologischen In-

69 Neben den diskursethischen, gesellschaftstheoretischen und politiktheoretischen Schriften von Jürgen Habermas, vor allem *Faktizität und Geltung*, zählen unter anderem die Arbeiten von Bernard Manin, »On Legitimacy and Political Deliberation«, in: *Political Theory* 15 (1987), S. 338-368; James S. Fishkin, *Democracy and Deliberation. New Directions for Democratic Reform*, New Haven u. a. 1991, sowie John S. Dryzek, *Discursive Democracy. Politics, Policy, and Political Science*, Cambridge 1990, zu den *foundational texts* des deliberativen Ansatzes. Ich werde mich im Folgenden auf die habermasianische Variante der Deliberationstheorie konzentrieren, aber zum Ende des Abschnitts auf andere Varianten deliberativer Theorie eingehen.

dividualismus folgt, noch verfährt er wie ein republikanischer oder kommunitaristischer Ansatz, der im Sinne des methodologischen Holismus vorgeht und mit Bezug auf ein Kollektiv beginnt oder wie im Fall der radikalen Demokratietheorie die diskursive Konstruktion von Kollektiven und kollektiven Identitäten ins Zentrum stellt. Vielmehr fokussiert die deliberative Theorie primär auf das Kontinuum und die Kommunikationsverhältnisse, die sich zwischen den beiden Polen befinden, dem Subjekt auf der einen und dem Kollektiv auf der anderen Seite. Hauptgegenstand der Theorie ist damit der für Demokratie als relevant erachtete *kommunikative Zwischenbereich* von Individuen, Institutionen und der politischen Gemeinschaft. Dies hat eine methodische und analytische Bedeutung, da die Theorie dadurch konzeptuell auf intersubjektive Begriffe umgestellt wird. Diese Umstellung bringt aber auch normative Implikationen mit sich, insoweit zentrale Legitimationsideen der Demokratie nach ihrer entsprechenden konzeptuellen Reformulierung ihren normativen Gehalt wesentlich verändern. Eine »kommunikativ verflüssigte«[70] Volkssouveränität impliziert andere prozedurale und inhaltliche normative Maßstäbe als ein Verständnis von Volkssouveränität, das diese als Realisation des Willens eines konkreten Kollektivsubjekts oder als eine nach dem »Einfrieren« der Volkssouveränität in einer demokratischen Verfassung nur mehr fiktive staatsrechtliche Konstruktion begreift.[71] Aus diesem Grund entspringt aus dem konzeptuellen Bezug auf kommunikative Intersubjektivität auch eine veränderte Konzeption von Demokratie. Diese ist, so Habermas in einem programmatischen Aufsatz, normativ anspruchsvoller als das liberale Modell und normativ anspruchsloser als das Demokratiemodell des demokratischen Republikanismus und Kommunitarismus.[72]

– Der rekonstruktive Bezug auf Deliberation als Verständigung: Die intersubjektiven Kommunikationsverhältnisse werden von der Theorie in ihrer habermasianischen Version mittels eines *rekonstruktiven Vorgehens* hinsichtlich der in ihr sprachpragmatisch als »immer schon« gültig unterstellten Verständigungsnor-

70 Habermas, *Faktizität und Geltung*, S. 228.

71 So bei Martin Kriele, *Einführung in die Staatslehre. Die geschichtlichen Legitimationsgrundlagen des demokratischen Verfassungsstaates*, Opladen 1994, S. 273 ff.

72 Habermas, »Drei normative Modelle der Demokratie«.

men erfasst und in einen Katalog an *normativen Verfahrens- und Verhaltensregeln für den Diskurs* übersetzt. Diese heben auf eine freie, egalitär-offene, wahrheits- und gemeinwohlorientierte, authentische, rationale und auf Konsens orientierte Argumentationspraxis ab.[73] Das heißt, die Rekonstruktion der sprachpragmatischen Voraussetzungen von Kommunikation, die nur dann funktioniere, wenn idealisierende Unterstellungen hinsichtlich eines im konsensualen Sinne verständigungsorientierten Diskurses gemacht würden, werde in eine normative Idee von Verständigung im Sinne von Einverständnis infolge der Einhaltung prozeduraler und praktischer Normen überführt. Dadurch erhält das Konzept von Deliberation einen Doppelsinn. Zum einen bezeichnet der Begriff der Deliberation das Sichverständigen im Sinne von sich koordinativ abstimmen. Zum anderen meint es aber auch Verständigung im Sinne des Zu-einem-konsensualen-Einverständnis-Kommens, das in der Theorie an die Einhaltung der Verfahrens- und Praxisregeln geknüpft wird. Deliberation erscheint mithin als Prozess und Ergebnis zugleich. Die Rekonstruktion und eine normative Teleologie verschränken sich. Die Theorie gewinnt ihren normativen Fluchtpunkt damit aus der Rekonstruktion sprachlicher Kommunikation: »Verständigung wohnt als Telos der menschlichen Sprache inne.«[74] Überspitzt formuliert: Wo sprachliche Kommunikation ist, soll Konsens werden.

– Der politische Bezug auf kommunikative Rationalität: Die Theorie begreift Sprache weder primär in ihrer expressiven Funktion als ein schöpferisches Ausdrucksmittel noch als Streitquelle oder Waffe im Kampf um diskursive Vorherrschaft und auch nicht

73 Ein alternativer Begründungsweg ist die rawlsianische Rechtfertigung von Deliberation; so bei Joshua Cohen, »Deliberation and Democratic Legitimacy«, in: James Bohman, William Rehg (Hg.), *Deliberative Democracy. Essays on Reason and Politics*, Cambridge, London 1997, S. 67-91.

74 Jürgen Habermas, *Theorie des kommunikativen Handels.* Bd. 1, *Handlungsrationalität und gesellschaftliche Rationalisierung*, Frankfurt/M. 1988, S. 387. Vertreter der Deliberationstheorie sind der Auffassung, dass die Theorie aufgrund dieser sprachpragmatisch rekonstruktiven Verankerung nicht kritisiert werden kann, ohne einen performativen Selbstwiderspruch auf Seiten des Kritisierenden zu erzeugen. Ich lasse diesen Punkt auf sich beruhen, da er nur für die sprachtheoretische Grundlage der Theorie Geltung beanspruchen kann, nicht jedoch für die deliberative Demokratietheorie, die sich historisch-empirisch bewähren muss.

dominant strategisch als ein Instrument zur Interessendiplomatie, sondern in erster Linie als Medium der vernünftigen Verständigung. Für das Verständnis von Politik ergibt sich daraus ein *rationalistischer Politikbegriff*, der neben der Koordinationsfunktion von Politik auf vernünftige und gerechte Entscheidungen abhebt und die *Legitimität von Politik mit deren kommunikativer Rationalität zusammendenkt*. Politische Prozesse werden als zu rationalisierende betrachtet. Die Demokratie wird hierfür als die adäquate Regimeform gerechtfertigt und neu beschrieben. Genauer gesagt: Die deliberative Theorie begreift sich selbst als *die* Demokratietheorie in dem Sinne, dass sie zum einen neuartige Begriffe und Beschreibungen bereitstellt, mit denen der kommunikative Sinn von Demokratie überhaupt erst begriffen werden könne.[75] Zum anderen tritt sie dadurch als eine Rechtfertigungstheorie auf, die demokratische Herrschaft als einzig vernünftige Form von Herrschaft begründet. Ihr Anspruch ist mithin, die Legitimität der Demokratie als einzige Demokratietheorie begründen zu können.

Das vor diesem Hintergrund entwickelte Demokratiemodell des deliberativen Ansatzes lässt sich besonders prägnant anhand von Habermas' Demokratietheorie rekonstruieren. Wie bei der obigen Darstellung von Mouffes »radikalem« Demokratiemodell kann ich mich dafür auf eine Darstellung der Grundzüge des Modells beschränken, da es mir weder um eine Detailkritik noch eine Gesamtbeurteilung im Werk- und Rezeptionszusammenhang geht. Ziel ist vielmehr die Beurteilung, ob die Anlage des Modells unter Bedingungen der Devolution plausibel ist.

Zunächst ist es mit Blick auf die oben genannte dritte Kernidee wichtig zu sehen, dass Habermas nicht nur ein Demokratiemodell, sondern auch einen Begriff von deliberativer *Politik* entwickelt. Politik wird von ihm auf der einen Seite funktionalistisch-systemtheoretisch im Kontext einer soziologischen Differenzierungstheorie beschrieben. Hierbei führt er, wie in der systemtheoretischen Politiktheorie mit ihrem etatistischen Politikbegriff üblich, Politik mit staatlicher Politik eng. Er weist ihr im Einklang mit der funktionalistischen Tradition die Aufgabe des Treffens allgemeinverbind-

75 Habermas, *Faktizität und Geltung*, S. 349, 400.

licher Entscheidungen zu, die problemlösend und sozialintegrativ auf gesellschaftliche »Funktionslücken« und die »aufgestauten Probleme einer andernorts versagenden funktionalen, moralischen oder ethischen Integration«[76] reagierten. Politik erscheint hier gewissermaßen als ein institutionalisierter Ausfallmechanismus, dessen Funktion des Treffens kollektiv verbindlicher Entscheidungen immer dann nötig wird, wenn sowohl gesellschaftliche Selbstorganisation als auch funktionssystemspezifische Systemintegration vermittels subsystemischer Mechanismen nicht mehr gelingen. »Die Politik springt in Funktionslücken ein, die sich durch die Überlastung anderer gesellschaftlicher Integrationsmechanismen öffnen.«[77]

Auf der anderen Seite wird *demokratische* Politik von Habermas im Sinne der eingangs genannten Kernideen der Deliberationstheorie als mit einer verständigungsorientierten Kommunikationspraxis vermittelt aufgefasst, wobei sich Letztere vor allem auf die Prozesse der öffentlichen Meinungs- und Willensbildung erstrecke und die staatlichen Entscheidungsinstitutionen entsprechend beeinflusse. Politik hebe deshalb nicht, wie der systemtheoretische Ansatz behauptet, auf bloß verfahrenslegitimierte Entscheidungen ab. Die politische Kommunikationspraxis soll vielmehr auch die »rationale Lösung pragmatischer, moralischer und ethischer Fragen ermöglichen«[78] und die »Vermutung der Vernünftigkeit«[79] ihrer Ergebnisse und dadurch demokratische Legitimität begründen. Es gehe in der demokratischen Politik nicht nur um funktionale und effektive Entscheidungen im Rahmen legaler Verfahren, sondern ebenfalls um die vernünftige Erzeugung von Legitimität durch Legalität.

Um diese Auffassung von Demokratie mit Blick auf die real existierende Demokratie zu begründen und als wirklichkeitstauglich auszuweisen, geht Habermas auf eine, zumindest in dieser Hinsicht, ähnliche Weise vor wie Mouffe. Er schließt an ein existierendes Set an politischen Verhältnissen, Institutionen und Praktiken an und beschreibt dieses neu. Wie bei Mouffe sind der primäre Bezugspunkt hierbei die konventionellen Institutionen liberal-repräsentativer Demokratie. Im Unterschied zu Mouffe fokussiert sich Habermas allerdings nicht auf die Parteiform und die Logik

76 Ebd., S. 389.
77 Ebd., S. 386.
78 Ebd., S. 389.
79 Ebd., S. 365.

des Wechselspiels zwischen Regierung und Opposition, sondern er hebt insbesondere den Staat, vor allem die Parlamente und die exekutive Administration, sowie die Öffentlichkeit als zwischen Gesellschaft und Staat vermittelnde Sphäre hervor.

Das daraus resultierende Demokratiemodell ist im Wesentlichen ein *Flussmodell*, das auf die rationalisierenden Kommunikationsströme zwischen staatlichem Zentrum und gesellschaftlicher Peripherie abhebt. Dessen argumentative Hauptlinie ist das Herausarbeiten der »Rückbindung des politischen Systems an die peripheren Netzwerke der politischen Öffentlichkeit«.[80] Diese Rückbindung ist deshalb von zentraler Bedeutung, weil durch sie ein Rationalisierungseffekt erzeugt werde, aus dem die Legitimität demokratischer Politik hervorgehe. Wesentlich hieran sei, dass nur vor diesem Hintergrund, der von der Systemtheorie und anderen »realistischen« Politiktheorien nicht beachtet werde, die Politik überhaupt erst ihre oben genannte Funktion erfüllen könne. Bei der Rationalisierung von Politik handele es sich mithin nicht um eine extern an die Demokratie angelegte Norm, sondern um eine mit der Funktion von Politik in der Demokratie inhärent verbundenes Erfordernis. Politik in der Demokratie müsse deliberativ sein:

> Die deliberative Politik gewinnt ihre legitimierende Kraft aus der diskursiven Struktur einer Meinungs- und Willensbildung, die ihre sozialintegrative Funktion nur dank der Erwartung einer vernünftigen *Qualität* ihrer Ergebnisse erfüllen kann. Deshalb bildet das diskursive Niveau der öffentlichen Debatten die wichtigste Variable.[81]

Wie aber verbinden sich die Entstehung von Problemen und die in eine rationale Problemlösung einmündende vernünftige Meinungs- und Willensbildung miteinander? Habermas stellt sich dafür, vereinfacht dargestellt, in seinem Flussmodell von Demokratie die Dynamik des politischen Prozesses folgendermaßen vor. Die gesellschaftlichen Funktionssysteme erzeugten durch ihre eigensinnige Funktionsweise Probleme der Integration,[82] da sich diese negativ

80 Ebd., S. 362.

81 Ebd., S. 369.

82 Im Einklang mit der soziologischen Begriffsbedeutung meint Integration in diesem Kontext die Wiederherstellung der Strukturen sozialen Handelns; der Ausdruck hat nicht die politische Bedeutung von Integration, etwa im Sinne der Forderung nach der »Eingliederung« oder »Anpassung« von Zuwanderern o. Ä.

in der Lebenswelt auswirkt (das Wirtschaftssystem maximiert die Produktivität, zerstört dadurch aber die natürlichen Lebensgrundlagen, der Wohlfahrtsstaat sorgt präventiv für die Absicherung von Lebensrisiken, erzeugt dadurch aber die bürokratische Überregulierung der Lebenswelt usw.). Dies wiederum rufe zivilgesellschaftliche Initiativen hervor, die diese negativen Auswirkungen als ein politisch zu lösendes Problem artikulieren und es dadurch politisieren. Mittels der vielgestaltigen Foren und Instanzen der Öffentlichkeit speisten sie es in die kommunikativen Prozesse der Meinungs- und Willensbildung ein. Treffen sie hierbei auf eine breite Zustimmung, werde das Problem von der öffentlichen Meinung als ein solches anerkannt und zum politschen Thema. Das kommunikative Zusammenhandeln in der Öffentlichkeit erzeuge auf diese Weise kommunikative Macht, die vom politischen System und dessen Kerninstitutionen, Parlament und Administration, nicht ignoriert werden könne, vor allem dann nicht, wenn es ein Strukturproblem artikuliert, das durch tiefgreifende Veränderungen ausgelöst wird, die normalen Routinen des Alltags nachhaltig stört und in der Lebenswelt als krisenhaft oder problematisch erfahren wird.

Auch in einer solchen Situation wirke die kommunikative Macht nur auf das politische System ein, erobere es jedoch nicht. Vielmehr werden die vorgebrachten Anliegen und Gründe in dessen Institutionen gefiltert und hinsichtlich ihrer Verallgemeinerbarkeit geprüft. Ist Letzteres der Fall, übersetzten die Institutionen die Gründe in politische Entscheidungen, die mittels administrativer Macht, vor allem durch Rechtsetzung und die Verteilung von Geld, gesellschaftlich zur Geltung gebracht werden und Steuerungsleistungen erbringen. Auf diese Weise verschränkten sich im Rechtsmedium die Legitimität erzeugende kommunikative Macht und die – effektive Problemlösung mittels Steuerung ermöglichende – administrative Macht. Der kommunikative Fluss der Gründe aus der Zivilgesellschaft über die Öffentlichkeit in den Staat liefert die gesuchte Verbindung von rationaler Steuerung und vernünftiger Gesetzgebung.

Damit dieses zweistufige Flussmodell in der Wirklichkeit funktionsfähig ist, müssen nach Habermas drei anspruchsvolle Voraussetzungen erfüllt sein. *Erstens* setzt das Modell deliberativer Demokratie die Kultur einer »vitalen Bürgergesellschaft«[83] voraus, in der

83 Ebd., S. 447.

eine enge Kopplung zwischen »autonomer Bürgergesellschaft und unversehrter Privatsphäre«[84] besteht, so dass weder die Staatsgewalt noch Unternehmen und Verbände manipulativ oder überwachend auf die Privatsphäre der Bürger durchgreifen. Die Staatsbürgerrechte, als Abwehrrechte gegen die Staatsgewalt wie gegenüber Konzern- und Verbandsmacht, müssen mithin nicht nur auf dem Papier vorhanden sein, sondern auch eine »soziale Wirksamkeit«[85] erlangen, damit die Privatsphäre als eine Regenerationssphäre kommunikativen Handelns fungieren kann und Letztere nicht durch Manipulation verzerrt wird.

Die für die Rationalität der öffentlichen Meinung wesentliche »Resonanz« bemisst sich *zweitens* daran, dass sich die öffentlich vorgebrachten Gründe auf die »Zustimmung eines egalitär zusammengesetzten Laienpublikums stützen«.[86] Die kommunikative Partizipation an der Meinungs- und Willensbildung muss einerseits relativ egalitär sein und sozial streuen, andererseits muss sie vor dem Hintergrund einer bildungsmäßig auf einem hohen Niveau befindlichen politischen Kultur erfolgen:

> Resonanz finden öffentliche Diskurse nur im Maße ihrer Diffusion, also nur unter Bedingungen einer breiten und aktiven, zugleich *zerstreuenden* Partizipation. Diese wiederum erfordert den Hintergrund einer egalitären, von allen Bildungsprivilegien entblößten, auf ganzer Breite intellektuell gewordenen politischen Kultur.[87]

Drittens setzt das Modell voraus, dass die deliberative »Filterung« auf Seiten der Institutionen des politischen Systems tatsächlich nach dem klassischen Schema demokratischer Gesetzgebung funktioniert, demzufolge das Parlament eine *deliberierende* und *programmierende* Institution ist, die auf der Grundlage ihrer Deliberation vernünftig begründete Gesetze verabschiedet, die wiederum die Administration in ihrem exekutiven Handeln effektiv binden und in ihrem Handeln anleiten. Mit anderen Worten, das Parlament muss das exekutive Handeln nicht nur kontrollieren, sondern auch inhaltlich festlegen.[88]

84 Ebd., S. 446.
85 Ebd., S. 374. Hervorhebung entfernt.
86 Ebd., S. 440.
87 Ebd., S. 630.
88 Habermas selbst geht über dieses Erfordernis hinaus, wenn er postuliert, dass

Es dürfte auf der Hand liegen, dass sich alle drei Voraussetzungen im Lichte des von mir beschriebenen Prozesses der Devolution als wirklichkeitsfremd erweisen. Das Ende des demokratischen Kapitalismus und die Entstehung einer zivilgesellschaftlichen Partizipationsaristokratie laufen der Norm der egalitären und breit streuenden Partizipation, die Habermas ja als essentielle Voraussetzung einer demokratischen Resonanz in der Öffentlichkeit begreift, diametral entgegen. Der Prozess der Politisierung wiederum greift mittlerweile tief auf die von Habermas als Regenerationssphäre kommunikativer Machtbildung begriffene Privatsphäre durch und verändert ihren Charakter weitreichend. Hierbei spielen allerdings noch weitere Faktoren eine Rolle, an erster Stelle die Erosion der liberalen Freiheitsrechte gegenüber den Überwachungsagenturen des Staates infolge vermeintlicher Anti-Terror-Maßnahmen[89] sowie ein gesellschaftlicher Trend zur Selbstpreisgabe privatester Informationen gegenüber Medienkonzernen und Plattformen. Die politische Differenzierung im Sinne der im vorhergehenden Kapitel im Anschluss an Tully beschriebenen drei »illegitimen Trends« hin zu einem nachhaltigen Demokratieverlust schließlich unterminiert das Kerngefüge repräsentativ-parlamentarischer Demokratie und schwächt die Parlamente hinsichtlich ihrer Funktion der demokratischen Programmierung exekutiven Handelns. Im Kontext

sich in einer Demokratie die Bürger als *demokratische Rechtsautoren* verstehen können müssen. So zuletzt wieder in: Jürgen Habermas, »Interview with Jürgen Habermas«, in: André Bächtiger u. a. (Hg.), *The Oxford Handbook of Deliberative Democracy*, Oxford 2018, S. 872-882, hier S. 876. In der gekürzten deutschen Fassung des Interviews fehlt diese Passage. Habermas geht in dem Interview so weit, das Bewusstsein der Rechtsautorenschaft in der Bürgerschaft als eine Voraussetzung der demokratischen Integration zu beschreiben, wenn er konstatiert: »Der Zusammenhalt eines demokratischen Gemeinwesens beruht auf diesem Grundgedanken«; Habermas, »Interview with Jürgen Habermas«, ebd. Die direkte Rechtsautorenschaft ist allerdings in einer repräsentativen Demokratie sowohl begrifflich als auch hinsichtlich der konstitutionellen Norm des unabhängigen Mandats ausgeschlossen. Eine »demokratische Autorenschaft« der Bürger ist genau genommen nur mittels direktdemokratischer Verfahren möglich. Zudem steht die Semantik der Autorenschaft im Widerspruch zu zwei Kernmotiven von Habermas: der »Verflüssigung« von Volkssouveränität und der Verabschiedung der Bewusstseinsphilosophie.

89 Günther Frankenberg, *Staatstechnik. Perspektiven auf Rechtsstaat und Ausnahmezustand*, Berlin 2010.

der jüngeren Krisenpolitik von der sogenannten Flüchtlingskrise über die Finanzkrise bis hin zur Corona-Pandemie[90] hat sich dieser Trend verstärkt, und auch die gegenwärtigen geopolitischen Umstrukturierungsprozesse im Kontext des Niedergangs der »liberalen Weltordnung«[91] werden die Erosionstendenzen devolutionär transformierter Regime eher verschärfen als lindern.

Relevant ist in diesem Zusammenhang ein weiterer Aspekt politischer Differenzierung, auf den ich bislang nur kursorisch eingegangen bin: Die Ausweitung von Massenmedien mittels sozialer Medien und digitaler Plattformen lässt sich ebenfalls als ein Aspekt politischer Differenzierung begreifen. Die Massenmedien selbst sind zwar nicht im engen Sinne politische Institutionen oder berufspolitische Akteure, doch im Lichte des Fokus der Deliberationstheorie auf die politische Bedeutung von intersubjektiver Kommunikation in der Öffentlichkeit für das politische System zeigt sich, dass sie eine ganz wesentliche politische Funktion erfüllen und auch selbst über politische Macht verfügen.[92] In Anlehnung an Luhmann kann man sagen: Was die Bürger über Politik wissen, wissen sie durch die Massenmedien. Diese Tatsache zeigt die kaum zu überschätzende politische Bedeutung massenmedialer Kommunikation. Für Habermas übernehmen deshalb insbesondere die Qualitätsmedien und professionelle Journalisten als *gatekeeper* der politischen Massenkommunikation hierbei zentrale Schleusen-, Filter- und Verdichtungsfunktionen. Sie stellen das »Kernstück der deliberativen Politik«[93] dar. Werden jene Funktionen aber nun infolge der sozialen Medienrevolution und der politischen Plattform- und Messengerkommunikation über Twitter, Facebook, Telegram

90 Matthew Flinders, »Democracy and the Politics of Coronavirus. Trust, Blame and Understanding«, in: *Parliamentary Affairs* 74 (2021), S. 483-502.

91 Vgl. John Ikenberry, *A World Safe for Democracy. Liberal Internationalism and the Crises of Global Order*, New Haven und London 2020, S. 255-311; Christopher Daase, »Aufstieg und Fall der liberalen Weltordnung«, in: Florian Grotz (Hg.), *Neue Welt – andere Politik?*, Baden-Baden 2022, S. 159-177.

92 Dies zeigte sich zuletzt anhand der Politik der Sperrung als anstößig oder politisch ungewollt aufgefasster Inhalte während der Corona-Pandemie durch große Medienplattformen wie Facebook und YouTube. Die Tendenz zur Löschung oder Sperrung von Inhalten hat sich im Kontext des Ukraine-Kriegs verschärft.

93 Jürgen Habermas, »Political Communication in Media Society. Does Democracy Still Enjoy an Epistemic Dimension? The Impact of Normative Theory on Empirical Research«, in: *Communication Theory* 16 (2006), S. 411-426, S. 423.

usw. umgangen oder nur noch sehr eingeschränkt erfüllt, fällt ein rationalisierender Faktor der politischen Kommunikation aus. Es kommt zu einer kommunikativen Überlastung, die nicht in eine deliberative Konvergenz der Themen und Meinungen einmündet beziehungsweise nicht auf eine rationalisierende Themenbildung hinausläuft und dadurch das legitimierende Band löst, das, der Theorie zufolge, kommunikative und administrative Macht verbindet. Die Öffentlichkeit wird zu einer Sphäre, in der zwar mehr und mehr Stimmen ertönen, in der aber zugleich die Ressource des Zuhörens strukturell knapp wird.[94] Die digitalisierte Öffentlichkeit verliert ihre Funktion der Lenkung der Aufmerksamkeit auf Themen und der Konstruktion einer entsprechend kohärenten öffentlichen Meinung, an der sich politisches Entscheiden orientieren könnte.

Habermas selbst beurteilt diese Zersplitterung und Pluralisierung politischer Kommunikation in der Öffentlichkeit infolge sozialer Massenmedien sehr skeptisch. In einem jüngeren Interview erläuterte er:

> Ich weiß einfach nicht, wie in der digitalen Welt ein funktionales Äquivalent für die seit dem 18. Jahrhundert entstandene, aber heute im Zerfall begriffene Kommunikationsstruktur großräumiger politischer Öffentlichkeiten aussehen könnte. [...] Die klassischen Massenmedien konnten die Aufmerksamkeit eines großen nationalen Publikums bündeln und auf wenige relevante Themen lenken; das digitale Netz fördert die Vielfalt kleiner Nischen für beschleunigte, aber narzisstisch in sich kreisende Diskurse über verschiedene Themen. [...] Sobald die zentrifugalen Kräfte dieser »Blasen« bildenden Kommunikationsstruktur die Sogwirkung der inklusiven Öffentlichkeit aufwiegen, dürften sich konkurrierende öffentliche Meinungen, die für die Bevölkerung im Ganzen repräsentativ sind, nicht mehr ausbilden können.[95]

Jamie Susskind macht über dieses Problem des Zerfaserns hinaus vier mit der digitalen Medienrevolution einhergehende Gefahren für die demokratische Willensbildung aus.[96] Die verstärkte Kon-

94 Andrew Dobson, »Listening. The New Democratic Deficit«, in: *Political Studies* 60 (2012), S. 843-859.

95 Jürgen Habermas, »Moralischer Universalismus in Zeiten politischer Regression. Jürgen Habermas im Gespräch über die Gegenwart und sein Lebenswerk«, in: *Leviathan* 48 (2020), 1, S. 7-28, hier S. 27 f.

96 Jamie Susskind, *Future Politics. Living Together in a World Transformed by Tech*, Oxford 2018, S. 228 ff.

trolle medial vermittelter Wahrnehmung; die Fragmentierung medial vermittelter Wirklichkeit; die erhöhte Zahl anonymer öffentlicher Kommunikationen und damit einhergehend die Abnahme sozialer Kontrolle und der Verfall von bürgerlicher Kommunikationsethik; sowie die Störung des Vertrauens in öffentliche Kommunikation infolge des Einsatzes von computergenerierter Kommunikation mittels intelligenter *bots* und als Folge des Einsatzes von *deep fake*-Technologie. Für Richard Seymour wiederum entstehen mit der Nutzung von *big data* historisch neuartige Kontrolltechnologien, die schleichend in eine Expertokratie führen.[97] Selbst wenn man solche Prognosen nicht teilt, wird die Bedeutung der digitalen Medienrevolution für die politische Kommunikation sofort ersichtlich, wenn man sich vergegenwärtigt, dass nahezu die gesamte öffentliche politische Kommunikation medial vermittelt ist. Dieser zunächst trivial anmutende Sachverhalt erhält seine Bedeutung dadurch, dass, wie Greven erläutert, Medien »zu gesellschaftlich unvermeidlichen Voraussetzungen der Apperzeption, der über das Unmittelbare hinausgehenden Welterfahrung geronnen« sind. Aus diesem Grund gibt es, und das macht die politische Bedeutung medialer Kommunikation aus, »Vorstellungen vom politischen Gemeinwesen, von anderen ›Staaten‹ und von den meisten die politische Auseinandersetzung bewegenden Themen und Anlässen nur und ausschließlich als Medienkonstrukte«.[98] Mediale Kommunikation hat allerdings nicht nur eine epistemische Seite, sondern auch eine affektive Dimension, die für Prozesse der Vergemeinschaftung bedeutsam ist. Infolge der Vervielfältigung und Heterogenisierung von politischer Kommunikation nimmt diese kommunikative Grundlage für demokratische Vergemeinschaftung ab, da kommunikativ mehr Differenz produziert wird: »Wenn sich wirklich etwas ausschließt, dann ist es offene und freie Kommunikation und die Möglichkeit der Vergemeinschaftung.«[99]

Über dieses spezifische Problem digitaler Öffentlichkeit hinausgehend stellt sich die Frage, in welcher Hinsicht der deliberative Ansatz allgemein und weitere Aspekte des habermasianischen Demokratiemodells von dem Prozess der Devolution negativ berührt

97 Richard Seymour, *The Twittering Machine*, London 2020.

98 Michael Th. Greven, *Die politische Gesellschaft. Kontingenz und Dezision als Probleme des Regierens und der Demokratie*, Wiesbaden 2009, S. 215.

99 Armin Nassehi, *Muster. Theorie der digitalen Gesellschaft*, München 2021, S. 277.

oder gar widerlegt werden. Hinsichtlich der drei von mir identifizierten Kernideen des deliberativen Ansatzes fällt das Ergebnis diesbezüglich zunächst gemischt aus. Der methodisch-normative Bezug auf kommunikative Intersubjektivität ist auf einer metatheoretischen Ebene angesiedelt, die von der Devolution selbst gar nicht berührt wird. Allerdings könnte er für die diagnostische Funktion der Theorie durchaus ein Problem dargestellt haben, denn die aus ihm resultierende Aufmerksamkeit für öffentliche Kommunikationsflüsse und die dahinterliegende Dekonstruktion des konkretistischen Verständnisses der Volkssouveränität führten dazu, dass die Vertreter der Deliberationstheorie aufgrund ihrer Fokussierung auf die intersubjektive Prozessdimension von Politik die Bürger als handelnde Subjekte unterschätzt haben. Insbesondere haben sie deren in Teilen weiterhin konkretistisches Verständnis von Volkssouveränität falsch eingeschätzt. Anders formuliert: Womöglich war die Deliberationstheorie dem Fehlschluss oder auch Selbstmissverständnis unterlegen, dass eine paradigmatische »Verflüssigung« von Demokratie und ihrer Legitimationsideen in der Theorie gleichzusetzen ist mit einer auch lebensweltlich wirksamen »Verflüssigung« dieser Ideen im Bewusstsein der Bürger. So wird nachvollziehbar, warum einige Vertreter der Theorie das Ausmaß der Probleme der Legitimation der Demokratie und der Unverständlichkeit von Politik lange Zeit verkannt haben. Vor allem aber wurden sie aus diesem Grund vom Aufstieg des Populismus, der ja für eine konkretistische und ganz und gar nicht »verflüssigte« Idee der Volkssouveränität und eine simplifizierte Vorstellung von Politik steht, überrascht.[100]

Im Kontext der Devolution geraten der rekonstruktive Bezug auf Deliberation als Verständigung und der politische Bezug auf kommunikative Rationalität unter einen Rechtfertigungsdruck, weil sie nun als bloß normative Ideale erscheinen und nicht mehr als rekonstruktiv von der Natur der Sprache gedeckte, quasi-fun-

100 Diese These kann ich nur mittels anekdotischer Evidenz belegen, die aus meinem Besuch des einschlägigen Prager Colloquium on Critical Theory and the Social Sciences im Jahr 2018 stammt, an dem regelmäßig politische Theoretiker des deliberativen Ansatzes teilnehmen. In ihren Vorträgen widmeten sie sich auch dem Aufstieg des Populismus und thematisierten die Präsidentschaft Trumps. Im Zentrum stand hierbei die normative Kritik des Populismus, die sich mit sichtbarer Fassungslosigkeit und Ratlosigkeit hinsichtlich der Frage verband, wie es überhaupt dazu habe kommen können, dass ein Populist das Amt des US-amerikanischen Präsidenten einnahm.

damentale Voraussetzungen von politischer Kommunikation überhaupt. Und in dem Maße, in dem die politischen Debatten in der Öffentlichkeit, zuvörderst in den sozialen Massenmedien, antagonistisch, konflikthaft und unversöhnlich erscheinen, erscheint der deliberative Ansatz selbst unplausibel.[101] Dieser letzte Punkt wird noch deutlicher, wenn man konkret nach den Folgen der Devolution für das deliberative Demokratiemodell fragt und hierbei die eingangs genannten vier Kriterien der Legitimation demokratischer Politik zugrunde legt.

Das Kriterium der Verstehbarkeit von Politik erscheint aus der Binnenperspektive des deliberativen Modells von Demokratie zunächst nicht als problematisch, weil das Modell im Wesentlichen ein Flussmodell ist, das auf die kommunikativen Ströme zwischen zivilgesellschaftlichen Initiativen, einer lebendigen Öffentlichkeit und dem politischen System abhebt. Auf dieser Ebene stellt es nicht die Verstehbarkeit von Politik aus der Perspektive individueller Bürger ins Zentrum, sondern thematisiert rationalisierende Kommunikationsströme. Allerdings handelt es sich gleichwohl um ein Modell, das die Legitimität von demokratischer Politik an das subjektive Bewusstsein der Bürger knüpft, da es die »Vermutung der Vernünftigkeit« von Entscheidungen eben nicht nur aus einer theoretischen Beobachtungsperspektive auf Kommunikationsströme postuliert. Vielmehr müsse sich der politische Prozess *auch für die Bürger selbst* so darstellen, dass er vernünftige Ergebnisse hervorbringe. Habermas hat diese Auffassung jüngst in einem Interview explizit hervorgehoben: »Die liberale Demokratie ist eine so anspruchsvolle und zerbrechliche Regierungsform, weil sie nur *in den und durch die Köpfe ihrer Bürger* verwirklicht werden kann.«[102]

101 In dem Kontext zunehmender Konflikte und unversöhnlicher öffentlicher Debatten und dem Bedeutungsverlust deliberativer Theorie wird deshalb der Bedeutungsgewinn agonaler Demokratietheorie verständlich, der seit einigen Jahren zu beobachten ist.

102 Habermas, »Interview with Jürgen Habermas«, S. 879. Hervorhebung hinzugefügt. Ähnlich auch Cohen, »Deliberation and Democratic Legitimacy«, S. 73. Diese Sichtweise widerspricht der systemischen Auslegung der Deliberationstheorie, die die Demokratie im Sinne der Gedankenfigur der prästabilisierten Harmonie als ein System epistemischer Arbeitsteilung begreift; so bereits der eingangs zitierte Besette, »Deliberative Democracy«, S. 105 ff. Die Grundidee dieser systemischen Theorie ist, dass das »deliberative System« aus theoretischer Beobachtungsperspektive betrachtet vernünftige Ergebnisse hervorbringen

Dieses Erfordernis gilt umso mehr in einer Krise, die die normalen Routinen des politischen Alltags außer Kraft setzt. In diesem Fall kommt, aus der Perspektive des deliberativen Demokratiemodells, der zivilgesellschaftlichen Thematisierung von Problemen eine besondere Bedeutung für die öffentliche Deliberation und Legitimation zu. Man kann fragen, ob dieses Erfordernis in den jüngsten Krisen erfüllt worden ist. Zuvörderst gilt dies mit Blick auf die Euro- und Finanzkrise, die zwar durchaus zivilgesellschaftliche Proteste hervorrief, aber zugleich durch eine weitgehende Ratlosigkeit auf Seiten der Bürger gekennzeichnet gewesen ist, und zwar sowohl mit Blick auf die Handlungsoptionen als auch auf die wirklichen Gründe für die Krise, die primär als moralische Verfehlungen gedeutet wurden. Ähnliches ließe sich über die sogenannte Migrations- und Flüchtlingskrise sagen, die in Gestalt von PEGIDA überdies eine ganz eigene zivilgesellschaftliche Protestbewegung hervorgebracht hat.[103]

Die Kriterien des Bewusstseins der praktischen Wirksamkeit von demokratischer Politik und des Glaubens an die institutionelle Authentizität der Demokratie als eines institutionellen Gefüges wiederum berühren Kernaspekte des deliberativen Modells. Für Habermas sind sie wesentlich miteinander verknüpft, denn sobald sie nicht erfüllt sind, komme es zu einem »vitiösen Zirkel« aus »Legitimitäts- und Steuerungsdefiziten, die sich wechselseitig verstärken«.[104] Habermas argumentiert zwar, die Entstehung dieses Zirkels sei nicht strukturlogisch in die moderne Gesellschaft eingebaut und könne »allenfalls historisch«[105] erklärt werden. Aber

kann, auch wenn einige Bürgergruppen dies nicht erkennen, selbst irrational oder strategisch handeln und Teile des Systems nicht (mehr) deliberativ funktionieren; Jane Mansbridge, James Bohman u. a., »A Systemic Approach to Deliberative Democracy«, in: dies., John Parkinson (Hg.), *Deliberative Systems. Deliberative Democracy at the Large Scale*, Cambridge 2012, S. 1-26. Mansbridge u. a. argumentieren ferner, im demokratischen System würden vermittels des Zusammenspiels aller Systemelemente drei Funktionen erfüllt: epistemische (Hervorbringen der relevanten Gründe), ethische (Erzeugung wechselseitigen Respekts) und demokratische (plurale Inklusion). In Wirklichkeit handelt es sich hierbei nicht um Funktionen im wissenschaftlichen Sinn des Wortes, sondern bloß um Normen, die die Theorie postuliert.

103 Lars Geiges u. a., *Pegida. Die schmutzige Seite der Zivilgesellschaft?*, Bielefeld 2015.

104 Habermas, *Faktizität und Geltung*, S. 467.

105 Ebd.

aus Sicht der hier formulierten historischen Devolutionsdiagnose spricht zeitdiagnostisch vieles dafür, dass sich die demokratischen Regime in einen solchen Zirkel hineinbewegt haben. Und auch aus der Perspektive der deliberativen Theorie stellte sich damit die Frage, unter welchen Bedingungen demokratische Regime in der Lage sind, sich wieder aus ihm zu befreien. Aufgrund ihres *rekonstruktiven*, mit Blick auf politische Institutionen quasihegelianischen Ansatzes, der nur *ex post* Strukturen und Institutionen vernünftiger Problemlösung mittels deliberativer Politik freilegen kann, diese aber nicht prospektiv zu entwerfen vermag, kann die deliberative Demokratietheorie hierfür jedoch keine praktischen Anhaltspunkte geben. Konsequenterweise verlassen Habermas' Vorschläge zur Redemokratisierung, die vor allem auf eine weitere Supranationalisierung der Europäischen Union beziehungsweise eine Supranationalisierung der Demokratie abzielen, das rekonstruktive Terrain und erfolgen im quasi-kantianischen Modus eines präskriptiv-normativen Gedankenexperiments.[106]

In der Summe haben wir es mit einer *devolutionären Entplausibilisierung der deliberativen Demokratietheorie* zu tun. Diese findet ihren Niederschlag auch in jüngeren politischen Zeitdiagnosen von Habermas selbst, die von einer bemerkenswert skeptischen Beschreibung zeitgenössischer Demokratien gekennzeichnet sind. Anzeichen der mittels der Theorie rekonstruierten Möglichkeit der vernünftigen Steuerung und demokratischen Programmierung lassen sich hierbei nur selten ausmachen. Im Gegenteil, es trüben sich im Kontext der Devolution auch aus deliberativer Perspektive die Aussichten für die Demokratie mehr und mehr ein. Habermas beobachtet vor diesem Hintergrund, und in dieser Hinsicht im Einklang mit Mouffe, einen »inkrementalistische[n] Politikmodus einer Exekutive, die auf die Imperative eigensinniger Funktionssysteme nur noch reagiert«.[107] Zudem konstatiert er ein »Abbröckeln der staatsbürgerlichen Solidarität« infolge »einer politisch unbe-

106 Jürgen Habermas, »Warum der Ausbau der Europäischen Union zu einer supranationalen Demokratie nötig und wie er möglich ist«, in: *Leviathan* 42 (2014), S. 524-538.

107 Jürgen Habermas, »Stichworte zu einer Diskurstheorie des Rechts und des demokratischen Rechtsstaats«, in: ders., *Im Sog der Technokratie. Kleine politische Schriften XII*, Berlin 2013, S. 67-81, hier S. 72.

herrschten Dynamik von Weltwirtschaft und Weltgesellschaft«[108] und macht Tendenzen der »sozialen Deprivation und kulturellen Exklusion«,[109] der »Paralyse der Zivilgesellschaft«[110] sowie eine »Erosion der Demokratie«[111] aus. Und er stimmt auch der These zu, dass sich ein selbstverstärkender Zirkel aus sozialer und politischer Exklusion in den »marginalisierten und unterprivilegierten Gesellschaftsschichten« herausgebildet habe.[112] Der Postdemokratie-Diagnose schließlich attestiert er: »Ich habe den Begriff ›Postdemokratie‹ nicht erfunden. Aber es ist der richtige Begriff, um die politischen Auswirkungen der globalen Umsetzung neoliberaler Politik auf die Gesellschaft zu beschreiben.«[113]

In der deliberativ orientierten Forschungsliteratur wird auf die manifeste Entplausibilisierung der Theorie einerseits durch einen *mikrologischen Fokus* auf Deliberation in kleinen Räumen und andererseits durch ein *normatives Abrüsten* hinsichtlich des Anspruchs der Deliberationstheorie reagiert. Die erste Reaktion basiert auf der These, dass »Bürger bereitwillig deliberieren, wenn der Kontext stimmt«,[114] wobei in der Praxis zumeist kleinräumige und zeitlich verdichtete Kontexte eines »betreuten Beratens«,[115] zuvörderst in Form von veranstalteten deliberativen *mini-publics*, herausstechen. Die Leitperspektive der daraus resultierenden Forschungsrichtung ist, diese Kontexte nicht nur empirisch zu erforschen, sondern sie auch präskriptiv-praktisch mittels »deliberativer Stückwerktech-

108 Ders., »Vorpolitische Grundlagen des demokratischen Rechtsstaates«, in: ders., Joseph Ratzinger, *Dialektik der Säkularisierung. Über Vernunft und Religion*, Freiburg u. a. 2005, S. 16-37, hier S. 26.

109 Habermas, »Political Communication in Media Society«, S. 421.

110 Ebd., S. 422.

111 Habermas, »Interview with Jürgen Habermas«, S. 881.

112 Habermas, »Stichworte zu einer Diskurstheorie des Rechts«, S. 72.

113 Habermas, »Interview with Jürgen Habermas«, S. 881.

114 John S. Dryzek, André Bächtinger u. a., »The Crisis of Democracy and the Science of Deliberation«, in: *Science* 363 (2019), S. 1144-1146, hier S. 1146.

115 Den Ausdruck »betreutes Beraten« verdanke ich Jörg Kemmerzell. Der kritische Unterton des Ausdrucks ist insoweit gerechtfertigt, wie *mini-publics* »von oben« als ein Mittel zur Erhöhung der Regierbarkeit eingeführt und zum Akzeptanzmanagement benutzt werden, und gerade nicht als ein Mittel zur Demokratisierung. Siehe hierzu Daniel Kübler, Philippe E. Rochat u. a., »Strengthen Governability Rather Than Deepen Democracy. Why Local Governments Introduce Participatory Governance«, in: *International Review of Administrative Sciences* 83 (2020), S. 409-426.

nik« zu verbessern und politisch zur Geltung zu bringen.[116] Die deliberative Demokratietheorie stellt hierbei eine Hintergrundtheorie für ein stärker empirisch ausgerichtetes Forschungsprogramm dar, das mit einer praktischen Reformperspektive verbunden wird.

Dies gilt jedoch nicht für die zweite Reaktion. Sie zeigt sich in der Literatur vor allem darin, dass das Konzept der Deliberation nur mehr im Sinne von kommunikativer Koordination und Abstimmung definiert wird, wobei der teleologische Fluchtpunkt der konsensualen Verständigung entfällt und in der Folge die Nähe zu einem liberal-pluralistischen Demokratieverständnis entsteht. Gaus, Landwehr und Schmalz-Bruns beispielsweise nähern sich explizit einer pluralistischen Konzeption von demokratischer Legitimität an, wie sie etwa Ernst Fraenkel mit seiner Idee eines normativen Verfahrenskonsenses vertreten hat:

> In pluralistischen deliberativen Demokratien hängt die Legitimität politischer Entscheidungen nicht von einem (fast unmöglichen) substantiellen Konsens ab, sondern von einem Konsens über die normative Logik hinter dem demokratischen Prozess.[117]

Zugleich deuten sie den demokratischen Prozess als einen »dauerhaften und kontinuierlichen Lernprozess«[118] reflexiver politischer Kommunikation. Eine Deutung, die, wenn sie als normative Aussage verstanden wird, normativ anspruchsvoller als das pluralistische Modell ist. Sie ist allerdings auch normativ anspruchsloser als das ursprüngliche Modell von Habermas, demzufolge die Ergebnisse der Meinungs- und Willensbildung der »Vermutung der Vernünftigkeit« entsprechen müssen. Auch die ursprünglich egalitär-partizipatorischen Konnotation von deliberativer Demokratie bei Habermas ist hier nicht mehr präsent. Nicht egalitäre Deliberation und die »Rechtsautorenschaft« der Bürger sind das Ziel, sondern eine »kontinuierliche Rückkopplungsschleife über alle Bereiche

116 André Bächtinger, Claudia Landwehr, »Democracy in the Twenty-First Century. Toward New Models of Democratic Governance«, in: *SSRC Items 2018*, ⟨https://items.ssrc.org/democracy-papers/democracy-in-the-twenty-first-century-toward-new-models-of-democratic-governance/⟩, letzter Zugriff 19. 12. 2022.

117 Gaus/Landwehr/Schmalz-Bruns, »Defending Democracy against Technocracy and Populism«, S. 343.

118 Ebd., S. 345.

der politischen Kommunikation«,[119] den auch die Bürger als einen Lernprozess sollen deuten können.

Bächtiger et al.[120] diagnostizieren entsprechend eine Veränderung der normativen Ansprüche in der Theorieentwicklung des deliberativen Ansatzes und unterscheiden zwischen einer frühen und einer späteren Generation der Theorievertreter. Während die erste Generation, zu denen sie Habermas zählen, etwa hinsichtlich des politischen Einflusses ein strikt egalitäres Ideal des gleichen Einflusses verfochten hätte, sei die zweite Generation hiervon abgerückt. Nun gelte das Ideal der »gleichen Chance auf Einfluss«.[121] Diese Übernahme des liberalen Ideals der Chancengleichheit, so versichern sie, sei »kein Zugeständnis an die ›Realität‹, sondern ein Versuch, das Ideal genauer zu bestimmen«.[122] Bächtiger et al. selbst definieren den Begriff der Deliberation allerdings normativ derart anspruchslos, dass nahezu die gesamte Bandbreite politischer Kommunikation in der Gesellschaft unter ihre Begriffsbestimmung fällt, sofern jene nur die öffentlichen Angelegenheiten berührt und einen wechselseitigen Bezug hat:

> In diesem Band definieren wir Deliberation minimal als eine wechselseitige Kommunikation, die das Abwägen und Reflektieren von Präferenzen, Werten und Interessen in Bezug auf öffentliche Angelegenheiten [matters of common concern] beinhaltet.[123]

Sie heben explizit hervor, dass Deliberation nicht in einem Konsens enden müsse, um erfolgreich zu sein. Es sei oftmals ausreichend, wenn mittels Deliberation Konflikte geklärt und legitime Kompromisse geschlossen würden.[124] Dies stelle deshalb kein Problem für die Theorie dar, weil die Normen herrschaftsfreier Kommunikation nur Ideale darstellten, denen eine »angestrebte Qualität [aspirational quality]«[125] zukomme.

Wird Deliberation in extensionaler Hinsicht derart weit und in

119 Ebd., S. 343.

120 André Bächtiger, John S. Dryzek u. a., »Deliberative Democracy. An Introduction«, in: dies. (Hg.), *The Oxford Handbook of Deliberative Democracy*, Oxford 2018, S. 1-31.

121 Ebd., S. 6.

122 Ebd.

123 Ebd., S. 2. Hervorhebung entfernt.

124 Ebd., S. 13.

125 Ebd., S. 2.

intensionaler Hinsicht derart eng definiert, dann lässt sich in nahezu allen Instanzen der politischen Meinungs- und Willensbildung Deliberation beobachten. Diese Perspektive liegt auch dem systemischen Ansatz der Deliberationstheorie zugrunde. Dryzek et al. beispielsweise definieren in diesem Sinne ein deliberatives System auf folgende Art und Weise:

> Ein deliberatives System umfasst mehrere Orte der Deliberation (wie politische Exekutiven, Parlamente, Bürgerforen, alte und neue Medien und informelle Bürgerversammlungen), die bereits in vielen politischen Systemen, insbesondere in liberal-demokratischen, zu finden sind. Diese Orte sind miteinander verbunden, zum Beispiel durch den Druck, den soziale Bewegungen auf die Legislative ausüben, durch die Rechtfertigungen für die Handlungen, die führende Politiker gegenüber der Öffentlichkeit abgeben, und durch die Argumente, die Experten gegenüber führenden Politikern vorbringen.[126]

Diese Definition wirft nicht nur die Frage auf, worin sich das darin angedeutete Modell eines »deliberativen Systems« von dem liberal-repräsentativen Modell beziehungsweise einer liberalen Beschreibung des politischen Prozesses unterscheidet. Fragwürdig ist zudem, ob die expertokratischen und elitären Implikationen und die epistemische Engführung von Politik, die in der Definition anklingen, mit dem ursprünglichen Modell deliberativer Politik vereinbar sind. In jedem Fall zeigt diese Definition eine sehr erhebliche Absenkung normativer Standards innerhalb der Deliberationstheorie an.

Diese hier nur illustrativ skizzierte *normativ-deflationäre* Konzept- und Theorieentwicklung hat ein früher Vertreter der deliberativen Demokratietheorie, Robert E. Goodin, jüngst unter der titelgebenden Perspektive *If Deliberation is Everything, Maybe it's Nothing*[127] detailliert nachgewiesen. Goodin kommt zu dem Schluss, dass eine normativ entleerende Überdehnung des Konzepts der deliberativen Demokratie stattgefunden hat. Während die ursprüngliche Konzeption auf einen kooperativ erzielten rational

126 Dryzek/Bächtinger u. a., »The Crisis of Democracy and the Science of Deliberation«, S. 1146.

127 Robert E. Goodin, »If Deliberation is Everything, Maybe it's Nothing«, in: André Bächtiger u. a. (Hg.), *The Oxford Handbook of Deliberative Democracy*, Oxford 2018, S. 883-899.

motivierten Konsens zwischen sich wechselseitig Gründe gebenden und dabei politisch »gleichfreien« Beteiligten abgezielt habe, führte die Überdehnung des Konzepts in der jüngeren Theorieentwicklung dazu, dass nun auch strategische und pragmatisch motivierte Kompromisse zwischen Akteuren mit dem Deliberationsprädikat geadelt werden könnten, die hinsichtlich ihrer zur Verfügung stehenden Machtressourcen und Einflusschancen weder gleich noch frei seien.[128] Goodins Fazit lautet entsprechend: »Ein Ideal zu sehr zu strapazieren, bedeutet, es ganz aufzugeben.«[129] Aus der hier vorgeschlagenen Perspektive einer devolutionären Transformation lässt es sich als ein letzter Versuch verstehen, dass Konzept der deliberativen Demokratie auch im Angesicht von dessen devolutionärer Entplausibilisierung aufrechterhalten zu können.

3.3 Das liberale Modell

Oben wurde bereits auf ein liberales Modell der Demokratie Bezug genommen, und zwar auf das Minimalmodell von Demokratie. Freilich erschöpft sich das liberale politische Denken nicht im Minimalismus. Da es eine sehr große Zahl sich selbst als liberal bezeichnender Beiträge in der demokratietheoretischen Debatte gibt, stellt sich für die Diskussion das Problem der Unübersichtlichkeit des Diskurses. Zudem ist der Ausdruck »liberal« mehrdeutig. Was in der deutschen politischen Kultur unter »liberal« verstanden wird, entspricht nicht der Bedeutung, die dem Ausdruck in der US-amerikanischen Kultur zukommt. Erschwert wird eine Diskussion der liberalen Perspektive auf Demokratie schließlich dadurch, dass aus der Sicht eines entsprechend breiten Verständnisses von »liberal« viele Demokratietheorien als liberal klassifiziert werden könnten, insoweit sie Demokratie mit Grundrechten, Gewaltenteilung und Rechtsstaatlichkeit verbinden. Im Folgenden werde ich mit diesem Problem so umgehen, dass ich zunächst drei wesentliche Bezugspunkte liberalen politischen Denkens unterscheide, die für die liberale Deutung von Demokratie bedeutsam sind. Das rechtfertigt,

128 Ebd., S. 888.

129 Ebd., S. 893. Vgl. hierzu auch Christina Lafont, *Unverkürzte Demokratie. Eine Theorie deliberativer Bürgerbeteiligung*, Berlin 2021, die sich dieser Entwicklung entgegenstellt.

von einem liberalen Denken der Demokratie im Singular zu sprechen. Anschließend will ich drei unterschiedliche liberale Demokratiemodelle rekonstruieren, was wiederum der Varianz liberalen demokratietheoretischen Denkens Rechnung tragen soll. Wie ich abschließend argumentiere, sind alle Modelle infolge der devolutionären Transformation der Entplausibilisierung unterworfen und folglich nicht mehr überzeugend.

Das liberale politische Denken der Demokratie kann als ein Ansatz charakterisiert werden, für den drei Bezüge wesentlich sind:

- Der methodisch-normative Bezug auf das Subjekt: Für den liberalen Ansatz in der Demokratietheorie ist ein *methodologischer Individualismus* kennzeichnend, der die Erklärungs- und Deutungsperspektive auf ein subjektivistisches Vorgehen festlegt. »Subjektivistisch« ist hier nicht im Sinne eines epistemischen oder normativen Relativismus zu verstehen, sondern im Sinne einer *Subjektheuristik*, der zufolge Erklärungen und Interpretationen an den handelnden, beteiligten oder betroffenen Subjekten als Individuen festzumachen sind. Dieser Bezug hat zugleich eine normative Dimension, weil die Interessen, Anliegen, Identitäten und Rechte der Subjekte, deren Entfaltung wie deren Gefährdung, den normativen Fokus liberaler Theorie bilden.
- Der kategoriale Bezug auf die bürgerliche Gesellschaft: Der Hinweis auf diesen Bezug mag zunächst trivial erscheinen, da nahezu alle modernen politischen Theorien und Ansätze des politischen Denkens sich in irgendeiner Weise, affirmativ oder kritisch, auf Institutionen und Praktiken beziehen, die mit der bürgerlichen Gesellschaft verbunden sind. Allerdings ist der Bezug auf die institutionelle Struktur der bürgerlichen Gesellschaft insoweit charakteristisch für das liberale politische Denken, wie der Liberalismus dessen *Kerninstitutionen*, die Trennung von Staat und Gesellschaft, die Marktvergesellschaftung, das Privateigentum, die konstitutionell gesicherte Scheidung von Öffentlichkeit und Privatsphäre sowie die Institutionalisierung von Freiheit und Gleichheit vermittels liberal-repräsentativer Demokratie, *kategorial affirmiert*. Das bedeutet nicht, dass der liberale Ansatz im politischen Denken der Demokratie in dieser Hinsicht unkritisch ist oder keine institutionellen Reformperspektiven beinhaltet. Allerdings negiert er die Perspektive der Aufhebung

der bürgerlichen Gesellschaft, da seine Kategorien diese Gesellschaftsform und ihre institutionelle Kernstruktur reflektieren.
- Der paradigmatische Bezug auf das positive Recht als Fundament oder Bezugsgröße demokratischer Politik: Für den liberalen Ansatz ist ferner charakteristisch, dass er demokratische Politik primär *rechtsförmig konzeptualisiert*. Dies beinhaltet zum einen ein Verständnis von Recht als normativer Basis für demokratische Politik, vor allem in Form von Bürger- oder Menschenrechten, die in Form einer Verfassung mit kodifizierten Grundrechten positiviert werden. Zum anderen kommt dieser Bezug in der Perspektivierung politischen Handelns auf das Recht zum Ausdruck, der zufolge Politik nicht nur durch Recht eingegrenzt wird, sondern auch die Schaffung von Recht zum primären Ziel hat.

Wie diese Bezüge in liberalen Demokratietheorien jeweils gewichtet und angewandt werden, das variiert zum Teil erheblich. Vor allem aber unterscheiden sich liberale Theorien im Ausmaß der normativen Anforderungen, die sie an demokratische Regime stellen. Idealtypisch lassen sich hier drei Anspruchsniveaus unterscheiden. Hohe Anforderungen an die Verwirklichung demokratischer Normen und Prinzipien formuliert der starke politische Liberalismus. Liberalismus ist hierbei im US-amerikanischen Sinn des Wortes die Bezeichnung für eine melioristisch-progressive politische Strömung, die auf eine unter den Bedingungen der bürgerlichen Gesellschaft möglichst umfassende Verwirklichung von Demokratie abzielt. Dieser starke Liberalismus versteht sich als ein kritisches Korrektiv der existierenden, sich selbst als liberale Demokratien verstehenden politischen Regime. Er attestiert ihnen eine ungenügende Verwirklichung demokratischer Versprechen, geht aber zugleich von der Verbesserungsfähigkeit dieser Regime im Rahmen der bürgerlichen Vergesellschaftung aus. Davon zu unterscheiden ist der Liberalismus eines mittleren Anspruchsniveaus, der sich gegenüber diesen Regimen zwar nicht unkritisch verhält, aber das in ihnen bereits erreichte Niveau politischer Freiheit und Gleichheit hervorhebt. Er warnt vor der progressiven Position des starken Liberalismus, die uneinlösbare demokratische Versprechen abgebe und allzu weitreichende Reformen einfordere. Übermäßige Reformanstrengungen führten nicht nur zu Enttäuschung, sondern brächten auch einen demokratiegefährdenden Utopismus mit sich, der auf Kosten politischer Freiheit gehen müsse und selbstdestruktive Dynamiken freisetze. Das Credo dieses Typs Liberalismus lautet: »Sei vorsichtig mit deinen Wünschen – sie könnten in Erfüllung gehen!« Der Liberalismus des niedrigsten Anspruchsniveaus schließlich entspricht dem eingangs erwähnten Minimalmodell. Er stellt niedrige Anforderungen an demokratische Politik und Legitimation und verwirft die beiden anderen Typen als normativ überzogen und unrealistisch. Er entstammt zwar genealogisch der Tradition des liberal-konservativen Elitismus, der historisch von Vilfredo Pareto, Friedrich August von Hayek und Ludwig von Mises vertreten wurde, aber er geht nicht den in dieser Tradition zeitweise beschrittenen Weg hin zu einem politischen Autoritarismus.[130] Stattdessen sucht er Elitenherrschaft und Demokratie miteinander in Einklang zu bringen. Ihm zufolge zielt die Demokratie nicht auf die Abschaffung von Elitenherrschaft, sondern sie stellt nur eine bestimmte Organisationsform der Herrschaft von Eliten dar. Demokratie überwinde das *factum brutum* der Elitenherrschaft nicht, überführe es aber in einen elektoralen Elitenwettbewerb nebst Minderheitenschutz, rechtsförmiger Herrschaftsbegrenzung und institutionalisierter Opposition.

Der *starke politische Liberalismus* in der Demokratietheorie, der erste Typus, wird von Robert A. Dahl repräsentiert. Dahl zählt zu den maßgeblichen Autoren der normativ an der Demokratie orientierten Strömung innerhalb der US-amerikanischen Politikwissenschaft, die normative Kritik mit empirischer Forschung verbindet. Dahls Hauptwerke, zuvörderst *Democracy and Its Critics*,[131] hatten an vielen politikwissenschaftlichen Instituten US-amerikanischer Universitäten zeitweise den Status kanonischer Lehrtexte. Im Verlauf seiner langen Schaffenszeit hat Dahl in seinem Werk inhaltliche Positionswechsel vorgenommen; so vertrat er gegenüber der politischen Macht von Wirtschaftsverbänden zusehends kritischere Positionen.[132] Vor allem aber wuchs seine Skepsis gegenüber dem Versprechen des pluralistischen Denkmodells, das er selbst mitgeprägt hatte und demzufolge das Kräfteparallelogramm politischer

130 Vgl. hierzu Ishay Landa, *Der Lehrling und sein Meister. Liberale Tradition und Faschismus*, Berlin 2021.

131 Robert A. Dahl, *Democracy and Its Critics*, New Haven 1989.

132 Dahl, *After the Revolution? Authority in a Good Society.*

Akteure und nach Einfluss suchender Gruppen im institutionellen Setting liberal-repräsentativer Regime faire und dem Gebot der gleichen politischen Autonomie Genüge tuende Ergebnisse hervorbringen kann.[133] Insbesondere Dahls späte Beiträge eignen sich zur Darstellung des hohen normativen Anspruchsniveaus innerhalb dieses Typs liberaler Demokratietheorie.

Die Grundoperation der Dahl'schen Demokratietheorie zur Bestimmung normativer Ansprüche an politische Regime besteht im Kontrastieren der Beschreibung institutioneller Strukturen real existierender, sich selbst als Demokratie beschreibender Regime auf der einen Seite und der normativen Bestimmung von Prinzipien idealer Demokratie auf der anderen Seite. Letztere sollten Dahl zufolge zur kritischen Analyse genutzt werden, weil sie in den sich selbst als Demokratien beschreibenden Regimen westlicher Prägung bislang nur unzureichend verwirklicht worden sind. Diese real existierenden, im Lichte des demokratischen Ideals normativ ungenügenden Regime bezeichnet Dahl mit dem Begriff der Polyarchie. Polyarchien haben zwar ein historisch hohes Maß an politischer Inklusion und Mitbestimmungsmöglichkeit institutionalisiert – wie der Name »Polyarchie« zum Ausdruck bringt, verfügen »die Vielen« in ihnen über politische Rechte –, aber sie verwirklichen demokratische Prinzipien nur unvollständig. Aus diesem Grund handelt es sich bei der Dahl'schen Demokratietheorie um eine kritische Theorie, die darauf abzielt, den Unterschied zwischen Ideal und Wirklichkeit zu beschreiben, wobei Dahl darüber hinaus auch praktische Überlegungen zu Reformen anstellt, mit denen dieser Unterschied verringert werden könnte.[134]

Dahls normativer Ausgangspunkt ist die gleiche Autonomie der Individuen, die das einzig rechtfertigbare Prinzip zur Organisation und Legitimation von Herrschaft darstelle. Der Sinn der Demokratie sei es, dieses Prinzip institutionell und praktisch möglichst weitreichend zu realisieren. Zu den dafür nötigen Kriterien einer

133 Dahl, *Politische Gleichheit – ein Ideal?*, Hamburg 2006.

134 Zu den Reformvorschlägen Dahls zählt unter anderem die Einführung wirtschaftsdemokratischer und lottokratischer Elemente in das institutionelle Setting liberal-repräsentativer Regime. In dieser Hinsicht bewegt sich Dahl an der Grenze des einleitend umrissenen Bezugssystems des Liberalismus. Er vertritt jedoch keine systemtransformative Position der Überwindung der bürgerlichen Gesellschaft.

»idealen Demokratie« zählt Dahl in einem seiner jüngeren Texte die »wirksame Teilnahme«, die »Kontrolle der politischen Agenda«, den »Zugang zu Informationen« und »gleiches Stimmrecht«.[135] Wie insbesondere die Kriterien »gleiches Stimmrecht« und »Kontrolle der politischen Agenda« zeigen, handelt es sich bei Dahls idealer Demokratie um ein sehr anspruchsvolles und zugleich wirklichkeitsfernes Ideal. Die »Kontrolle der politischen Agenda« durch die Bürgerschaft ließe sich zum Beispiel nur durch die strikte Verminderung der politischen Arbeitsteilung zwischen Bürgerschaft und politischer Elite oder mittels anderer Mechanismen der Demokratisierung der Willensbildung erreichen, durch die die Bürgerschaft bei der Formulierung der politischen Agenda eine aktivere Rolle spielen könnte. In *Democracy and Its Critics* formuliert Dahl noch anspruchsvollere Kriterien. Dort ist nicht »Zugang zu Informationen« ein Kriterium von Demokratie, sondern »aufgeklärtes Verständnis«,[136] was man im Sinne des Sartori-Kriteriums in das Erfordernis aufgeklärten politischen Wissens auf Seiten der Bürgerschaft über den politischen Prozess übersetzen kann. Wie zuvor gezeigt, wird es in unseren politischen Regimen nicht erfüllt, wie auch Dahl konstatiert.[137] Darüber hinaus formuliert er in *Democracy and Its Critics* noch ein weiteres Kriterium: »Inklusion«.[138] Es erfordert die Beteiligung aller erwachsenen Herrschaftsunterworfenen am politischen Prozess. Auch dieses Kriterium wird gegenwärtig in allen politischen Regimen verletzt, denn es impliziert die Zuteilung von vollen Bürgerrechten an alle Erwachsenen, die dauerhaft im Herrschaftsbereich des jeweiligen Regimes leben.

Demgegenüber ist der empirische Regimetyp der Polyarchie durch zwei an der politischen Wirklichkeit orientierte Kriterien bestimmt.[139] In Polyarchien wird der Bürgerschaftsstatus zumindest einem relativ großen Teil der Erwachsenen verliehen (Kriterium des breiten Einbezugs). Und dieser Status beinhaltet das Recht, höchste Amtsträger abzulehnen und abzuwählen sowie die Chance zur politischen Beteiligung (Kriterium der Kontestation).

135 Dahl, *Politische Gleichheit – ein Ideal?*, S. 25.

136 Dahl, *Democracy and Its Critics*, S. 222.

137 Dahl, »The Problem of Civic Competence«, in: *The Journal of Democracy* 3 (1992), S. 45-59.

138 Dahl, *Democracy and Its Critics*, S. 222.

139 Ebd., S. 220.

Institutionell wird das in einer Dahl'schen Polyarchie durch eine Reihe institutioneller Strukturen ermöglicht, die im Prinzip in allen politischen Regimen verwirklicht sind, die wir gewohnheitsmäßig als liberal-repräsentative Demokratien beschreiben. Zu diesen Institutionen gehören: die Wahl von Amtsträgern, das regelmäßige Abhalten freier und fairer Wahlen, inklusives Wahlrecht im Sinne des Einbezugs aller Bürger, das passive Wahlrecht, die Meinungsfreiheit, der Zugang zu alternativen Informationsquellen sowie die Vereinigungsfreiheit zur Bildung von Interessenverbänden, zivilgesellschaftlichen Assoziationen und politischen Parteien.

Zwischen beiden Typen, der idealen Demokratie und der real existierenden Polyarchie, besteht eine Verbindung, denn Dahl versteht die Institutionen der Polyarchie als Instrumente zur Annäherung an die Kriterien der idealen Demokratie. Beispielsweise kann, Dahl zufolge, eine Annäherung an das Ideal-Kriterium »aufgeklärtes Verständnis« durch eine möglichst gute Funktionsweise der real existierenden Institutionen »Meinungsfreiheit«, »Zugang zu alternativen Informationsquellen« sowie »Vereinigungsfreiheit« erreicht werden.[140] Die Polyarchie ist für Dahl damit eine zwar normativ ungenügende, aber im Prinzip gerechtfertigte und vor allem selbstverbesserungsfähige politische Herrschaftsordnung. Wie er explizit betont, handelt es sich bei den Institutionen der Polyarchie indes nur um notwendige, aber nicht um hinreichende institutionelle Mittel zur Verwirklichung von Demokratie. Zudem ist mit dieser konzeptuellen Anlage der Dahl'schen Demokratietheorie eine empirische Forschungsperspektive eröffnet. Denn inwieweit die Kriterien idealer demokratischer Herrschaft von empirischen polyarchischen Regimen erfüllt oder verfehlt werden, welche Rahmenbedingungen in empirischen Regimen hierbei eine Rolle spielen (Dahl zählt hierzu vor allem die politische Kultur, die Struktur kollektiver und subkultureller Identitäten, die Größe des Landes sowie die jeweilige Verfassung) und welche externen Herausforderungen (hierzu zählt Dahl insbesondere das Entstehen von grenzüberschreitenden Politikfeldern infolge von Globalisierung und Europäisierung), das muss empirisch und kontextsensibel erforscht werden. Dahl selbst hat dies in unterschiedlichen Studien für einige Regime getan, insbesondere für die USA; an dieser Stelle

140 Ebd., S. 222.

gilt es jedoch nicht die Ergebnisse dieser Studien zu diskutieren, sondern zunächst das vergleichsweise hohe normative Niveau der kritischen Demokratietheorie Dahls aufzuzeigen. Insbesondere ist festzuhalten, dass Dahl zwar Ansätze von »Demokratie« in den real existierenden Polyarchien ausmacht, er aber die kritische Stoßrichtung seiner Theorie gerade aus dem Umstand heraus gewinnt, dass unsere gewohnheitsmäßig als Demokratien beschriebenen Regime in Wirklichkeit gar keine sind.

Im Kontrast zu Dahls kritischer Demokratietheorie verhält sich der *Liberalismus des mittleren Anspruchsniveaus* stärker affirmativ gegenüber seinen Bezugsregimen. Er lässt sich anhand des Ansatzes des Liberalismus der Furcht diskutieren, der von Judith N. Shklar entwickelt worden ist und jüngst von Jan-Werner Müller aktualisiert wurde.[141] Während Dahls Demokratietheorie einer empirisch orientierten und zugleich normativ-kritischen Politikwissenschaft zugerechnet werden kann, handelt es sich bei Shklars Ansatz im Kern um geisteswissenschaftliches und narratives politisches Denken. Entstanden ist ihr Ansatz im Problemzusammenhang des Kalten Krieges. Shklars Ziel war es, die westlichen Regime von den Herrschaftssystemen sowjetischen Typs sowie von anderen Regimeformen totalitärer und autoritärer Herrschaft abzugrenzen und sie diesen Regimen gegenüber auf eine besonders anschauliche Weise zu rechtfertigen. Gegenwärtig erlebt ihr Ansatz verstärktes Interesse.[142] Insbesondere Jan-Werner Müller[143] ist mit seiner Aktualisierung von Shklars liberaler Demokratiedeutung auf eine breitere publizistische Resonanz gestoßen, die über die demokratietheoretische Diskussion in akademischen Debattenräumen hinausreicht. Diese Renaissance harmoniert mit dem Zeitgeist devolutionär transformierter Regime, da der Liberalismus der Furcht eine primär negative Auffassung von Politik repräsentiert. Während Dahl Repräsentant einer links-reformistischen, empirisch-aufklärerischen

141 Die folgende Darstellung dieses Ansatzes greift zurück auf Veith Selk, »Das Veralten des Liberalismus der Furcht«, in: Thomas Linpinsel, Susanne Martin (Hg.), *Angst in Kultur und Politik der Gegenwart. Beiträge zu einer Gesellschaftswissenschaft der Angst*, Wiesbaden, S. 43-60.

142 Hannes Bajohr, Rieke Trimçev (Hg.), »Themenheft zur politischen Theorie von Judith N. Shklar«, in: *Zeitschrift für Politische Theorie* 9 (2018).

143 Jan-Werner Müller, *Furcht und Freiheit. Für einen anderen Liberalismus*, Berlin 2019.

und engagierten Politikwissenschaft war, die in der Tradition eines linken politischen Liberalismus Dewey'scher Prägung steht, verkörpert Shklars Ansatz demokratietheoretische Ernüchterung. Ihr geht es weder um die positiven Handlungs- und Befreiungspotentiale demokratischer Politik noch um eine Erneuerung des Leitbilds der zur politischen Selbstvervollkommnung fähigen Bürgerschaft. Der Liberalismus der Furcht ist pessimistisch, und sein Wiederaufleben ist ein Zeichen für die wachsende Skepsis gegenüber den progressiven Potentialen und Zukunftsaussichten der Demokratie.

Bedingt durch den ursprünglichen Problemkontext des Kalten Krieges, betont Shklar vor allem die Bedrohungspotentiale majoritärer Politik. Sie unterstreicht die Unterdrückungsgefahren, die von staatlichen Exekutivapparaten ausgehen. Shklars normativer Ausgangspunkt hierfür ist, Grausamkeit »an erste Stelle« zu setzen, da die Angst der Individuen vor Grausamkeit universal sei. Methodisch bedeute das, Institutionen und Praktiken aus dem Blickwinkel der Opfer von Grausamkeit zu betrachten und die Gefährdung von Individuen in den Mittelpunkt zu rücken. Letztere erklärt Shklar mit der menschlichen Bereitschaft, grausam zu handeln. Laut Shklar »gehört [es] zu den Tatsachen unserer politischen Wirklichkeit, dass die Opfer politischer Folter und Ungerechtigkeit oft nicht besser sind als ihre Peiniger. Sie warten nur darauf, mit ihnen die Plätze zu tauschen.«[144] Diese pessimistische Anthropologie verleiht Shklars Liberalismus der Furcht einen misanthropischen Zug. Aus ihr folgt für Shklar das Ziel der Bewahrung liberal-demokratischer Institutionen, da diese am ehesten geeignet seien, Grausamkeit zu minimieren. Der »Konservatismus einer allumfassenden Abscheu«,[145] den sie ihrem ideengeschichtlichen Gewährsmann Montaigne attestiert, kennzeichnet auch ihr eigenes politisches Denken. Die Institutionen der Demokratie erscheinen in diesem Zusammenhang nicht als politische Verkörperung sozialer Hoffnung, sondern als ein Abwehrmechanismus. Im Zentrum des Liberalismus der Furcht steht nicht Hoffnung auf Verbesserung, sondern Angst. Shklars Begründung liberal-demokratischer Institutionen verfährt mithin negativ. Die Institutionen der liberalen Regime werden nicht dadurch gerechtfertigt, dass sie den Individuen Besseres ermöglichen

144 Judith N. Shklar, *Ganz normale Laster*, Berlin 2014, S. 28.
145 Ebd., S. 43.

könnten, sondern ihre Existenzberechtigung besteht darin, dass sie Schlimmeres verhindern und das Individuum schützen. So betrachtet, wird in ihrer Theorie die »liberale Demokratie viel eher zu einem Überlebensrezept als zu einem Projekt, das die Vervollkommnung der Menschheit im Sinn hätte«.[146]

Shklar grenzt ihren Liberalismus der Furcht von zwei anderen Formen des Liberalismus ab. Sie unterscheidet zwischen einem Liberalismus der Rechte, der eine liberale Ordnung durch den Rekurs auf Freiheitsrechte begründet, und einem Liberalismus der Selbstvervollkommnung, der die Rechtfertigung der liberalen Ordnung darin erblickt, den Individuen zur Selbstentfaltung und Perfektionierung zu verhelfen.[147] Das Spezifische ihres eigenen Ansatzes besteht, wie bereits gesagt, darin, dass er eine liberale Ordnung auf einem anderen Wege rechtfertigt: durch Rekurs auf die angeblich allen Menschen gemeinsame Angst vor Grausamkeit.[148] Wie der Ur-Liberale Thomas Hobbes geht Shklar davon aus, dass es kein höchstes Gut gibt, das alle Individuen in gleichem Maße erstreben. Hingegen teilten sie die Auffassung, dass es ein größtes Übel gibt, vor dem sie Angst haben und das sie vermeiden wollen, nämlich eben das Erleiden von Grausamkeit.

Grausamkeit habe viele Gesichter. Zu diesen zählen an erster Stelle physische Verletzungen durch Gewalt und andere Formen körperlicher Grausamkeit, aber auch Formen moralischer Grausamkeit, zu denen symbolische Verletzungen gehören, zum Bei-

146 Ebd., S. 11.

147 In ihrem Aufsatz »Rechte in der liberalen Tradition« stellt Shklar dem »Liberalismus der Rechte« einen »Liberalismus der Rechtssicherheit« an die Seite. Während Letzterer die Idee der Rechtsstaatlichkeit ins Zentrum rückt, bezieht sich Ersterer auf das Locke'sche Naturrechtsdenken; Judith N. Shklar, *Der Liberalismus der Rechte*, Berlin 2017, S. 20-64, hier S. 29 ff. Ideenhistorisch einigermaßen schief, aber mit gewissermaßen sozialdemokratischen Konsequenzen für ihr Demokratiemodell bezieht sie sich dort positiv auf Rousseau. Die Utopie des Liberalismus der Furcht, von der wir wohlgemerkt »nicht erwarten sollten, sie je zu Gesicht zu bekommen«, sei eine »liberale Gesellschaft, in der die Regierung noch immer Zwang ausüben würde, aber nicht mehr als allgemein für nötig erachtet, und in der niemand so arm wäre, sich verkaufen zu müssen, und niemand so reich, andere kaufen zu können. Diese Formulierung stammt natürlich von Rousseau und sie dient dazu, den Liberalismus der Furcht mit einem demokratischen Ethos zu verbinden, das den Abbau sozialer Ungleichheiten verlangt«; Shklar, *Der Liberalismus der Rechte*, S. 40.

148 Judith N. Shklar, *Der Liberalismus der Furcht*, Berlin 2013.

spiel solche infolge verbaler Demütigung oder institutioneller Diskriminierung. Eine liberal-demokratische Ordnung zeichne sich dadurch aus, dass sie die Angst der Individuen vor Grausamkeit minimiert und den Opfern von Grausamkeit eine Stimme gibt, wobei der Schutz vor körperlicher Grausamkeit an erster Stelle zu stehen habe. Wer hingegen die moralische Grausamkeit an erste Stelle setze, bahne dem Tugendterror den Weg.[149]

Der zeitgenössische Shklar-Interpret und Demokratietheoretiker Jan-Werner Müller versteht den Liberalismus der Furcht vor allem als ein Antidot gegen den Populismus und sieht in ihm eine angemessene Reaktion auf die gegenwärtige Diskussion über das Scheitern des Liberalismus.[150] Für Müller stellt er ein Vorbild für einen erneuerten, lernfähigen demokratischen Liberalismus dar.[151] Vor allem aber beinhalte er praktische Vorschläge und Orientierungsmaßstäbe, mit denen die gegenwärtig stärker um sich greifende Angst in Furcht verwandelt werden könne. Er unterscheidet in diesem Sinne zwischen unpolitischer abstrakter Angst und konkreter, politisch bearbeitbarer Furcht.[152] Die Verwandlung von Angst in Furcht sei eine zentrale Aufgabe der Politik in liberalen Demokratien, für die Shklars Theorie der Wegweiser sein solle. Diese von Müller ins Spiel gebrachte Unterscheidung ist vor dem Hintergrund der devolutionären Demokratietransformation aufschlussreich, denn infolge dieser machen die Bürgerschaften die Erfahrung eines Kontrollverlusts. Demokratische Politik steuert das gesellschaftliche Geschehen nicht, vielmehr mutet sie wie ein situativ ansetzendes Krisenmanagement an, das die Zeit bis zur nächsten Krise überbrückt. Sie erscheint nicht als ein bewusstes Steuern, sondern als ein situatives Gegensteuern. Dadurch entsteht die Erfahrung eines Fortschrittsverlusts. Die Zukunft erscheint nicht als das Ergebnis politischer Zukunftsgestaltung, sondern als etwas, dem man ausgeliefert ist und auf das man mit Anpassungsstrategien reagiert, analog zu den Nationalstaaten, die im globalen

149 Shklar, *Ganz normale Laster*, S. 53.

150 Zu dieser Diskussion Patrick J. Deneen, *Why Liberalism Failed*, New Haven, London 2018; Edward Luce, *The Retreat of Western Liberalism*, New York 2017; Jean-Claude Michéa, *Das Reich des kleineren Übels. Über die liberale Gesellschaft*, Berlin 2014.

151 Müller, *Furcht und Freiheit*.

152 Ebd., S. 93 ff.

Konkurrenzkampf mittels Anpassungspolitik die Gunst »der Märkte« erlangen wollen. An die Stelle einer politischen Kultur sozialer Hoffnung tritt diffuse Angst, und es entsteht die politische Kultur des Risikos, der Unsicherheit und der Schwäche.[153]

Bedingt durch die Devolution sind wir mit einem politisch-kulturellen Problemkontext konfrontiert, der verstärkt negative Erwartungen erzeugt. Diese bilden sich im Zusammenhang einer widersprüchlichen Kultur der Unsicherheit heraus. Einerseits fassen viele Bürger staatliche Regulationsmaßnahmen und Verbote als unzumutbare Freiheitseinschränkung auf, andererseits beteiligen sie sich an einem medialen Diskurs, in dem Ansprüche auf den Status des Opfers ausgehandelt werden. In der politischen Kultur der Unsicherheit erscheinen Bürger als verletzliche Wesen, die geschützt werden müssen. Die öffentlichen Debatten drehen sich folglich vermehrt um Risiken und Gefährdungen und damit um den Anspruch darauf, als ein schützenswertes Opfer anerkannt zu werden. Der Liberalismus der Furcht erscheint in diesem Kontext als ein zeitgemäßes Ideal, trotz oder vielleicht auch gerade wegen seines Pessimismus. Insbesondere seine Universalisierung des potentiellen Opferstatus, der zufolge jeder Mensch unabhängig von Herkunft, Bildungsstand, Geschlecht und Klassenzugehörigkeit fürchte, ein Opfer von Grausamkeit zu werden, entspricht dem Zeitgeist. Er passt als normative Begründungstheorie zu einem politischen Diskurs, im dem sich sowohl nach Teilhabe an »Rettungspaketen« strebende Manager von Großbanken als auch Angehörige von schwachen Minderheiten um den Status des schützenswerten Opfers streiten. Hinzu kommt, dass der Liberalismus der Furcht zwar vor staatlichem Machtmissbrauch warnt, aber gegenüber den Chancen gestaltender demokratischer Politik stumm bleibt. Auch in dieser Hinsicht beinhaltet er die Erfahrung einer Enttäuschung mit der Demokratie.

Es ist dieser politische Erfahrungskontext, in dem Autoren wie Müller den Liberalismus der Furcht als eine politische Idee vorbringen, die ein normativ attraktives Verständnis von liberaler Demokratie artikuliere. Sie weise einen Ausweg, indem sie den Sinn liberaler und demokratischer Institutionen und Praktiken verdeutliche. Aus dem Zustand diffuser Angst lässt sich laut Müller ein Argument

153 Vgl. Frank Furedi, *The Politics of Fear. Beyond Left and Right*, London 2005.

für die liberale Demokratie gewinnen. Die gegenwärtige Aktualisierung des Liberalismus der Furcht stellt vor diesem Hintergrund einen Versuch dar, die liberal-demokratischen Institutionen auch in Zeiten der Enttäuschung über deren nicht eingehaltene Versprechen und einer sich ausbreitenden Demokratieskepsis zu retten. Der Liberalismus der Furcht ist ein Liberalismus für Zeiten negativer Erwartungen. Er negiert diese negativen Erwartungen nicht, sondern nutzt sie nach dem Vorbild von Shklars *Besser wird's nicht!* zur Rechtfertigung. Etwas Besseres als die altbekannten Institutionen real existierender liberaler Demokratie sei nicht zu erhoffen.

Shklars Demokratiemodell entspricht dieser rückwärtsgewandten Orientierung. Es ist durchweg konventionell und besteht aus dem klassischen Set liberal-demokratischer Institutionen und Praktiken, wie sie in der zweiten Hälfte des 20. Jahrhunderts im herrschenden politischen Diskurs kanonisiert wurden: Rechtsstaatlichkeit, Privateigentum, kapitalistische Marktwirtschaft und Machtteilung; Pluralismus, Toleranz und Meinungsvielfalt; eine repräsentative, konstitutionell beschränkte Regierung, die sich regelmäßig einem offenen (Parteien-)Wettbewerb stellen muss; eine aktive Zivilgesellschaft und eine politische Öffentlichkeit; die Minderung sozialer Notlagen durch den Wohlfahrtsstaat und moderate Umverteilung und progressive Besteuerung; sowie schließlich die Erziehung zur Demokratie. Shklars Demokratiemodell mutet an wie die Darstellung »freiheitlicher Demokratie« in einem Grundkurs zur staatsbürgerlichen Erziehung. Auf der institutionellen und praktischen Ebene fügt sie den altbekannten Rechtsinstituten, politischen Institutionen und der mit ihnen korrespondierenden bürgerlichen Gesellschaftsform real existierender westlicher Regime keine weiteren Institutionen und Verhaltensweisen hinzu. Sie gibt ihnen bloß eine spezifische Rechtfertigung. Ihr Sinn sei die Minimierung der Angst vor Grausamkeit.

Shklar schweigt sich allerdings über die genauen Wege der Minimierung von Grausamkeit aus. Mit Thomas H. Marshalls Beschreibung der Rechtsevolution in liberalen Regimen lässt sich ihr Modell in einer Weise rekonstruieren, die das treffen dürfte, was sie im Sinn hatte. Marshall zufolge haben sich in westlichen Regimen drei Rechtstypen historisch entwickelt: zuerst die negativen Schutz- und Abwehrrechte, sodann die politischen Partizipationsrechte im Kontext der Ausweitung des Wahlrechts und schließlich soziale Teilhaberechte im Zusammenhang mit der Entstehung des modernen Wohlfahrtsstaates.[154] Aus der Perspektive von Shklars Liberalismus lässt sich ihnen eine je eigene Funktion zuweisen. Die Schutz- und Abwehrrechte schützen das Individuum vor dem Staat, aber auch vor den Mitbürgern. Ihre Aufgabe ist, die Angst der Individuen vor illegalen Grausamkeiten zu minimieren, die von beiden ausgehen können. Die demokratischen Partizipationsrechte hingegen geben den Individuen die Chance der Teilhabe an der Meinungs- und Willensbildung. Auf diesem Wege können sie mitbestimmen, welche Grausamkeiten vom Staat verhindert werden sollen. Die sozialen Teilhaberechte schließlich gewähren ihnen ein sozioökonomisches Sicherheitsnetz. Sie minimieren dadurch die Angst, aufgrund einer unsicheren wirtschaftlichen Lage Grausamkeiten ausgesetzt zu werden. Sie ermöglichen ihnen, ohne Angst zu leben und zu handeln, zum Beispiel ohne Angst vor dem Verlust der ökonomischen Grundsicherung, der Trennung von einem gewalttätigen Beziehungspartner, der das Familieneinkommen beisteuert, oder dem Verlust der Arbeit, auf der ein grausamer Chef sein Unwesen treibt. Marshalls Set an Rechten und die durch sie geschaffenen Institutionen verkörpern mithin das Versprechen, diffuse Angst werde in kontrollierbare und persönlich erträgliche Furcht verwandelt.

Shklar betont, dass Rechte zur Minderung der Angst vor Grausamkeit wesentlich sind. Aber sie setzt nicht allein auf die angstmindernde Funktion gesicherter Rechte und entsprechender Institutionen. Im Unterschied zu Liberalen, die nur im Paradigma des Rechts denken, hebt sie zudem die Bedeutung von Tugenden hervor, zu denen sie die Einfühlung und den Perspektivenwechsel zählt. Sie sollen für eine umfassendere Erweiterung des Sinns für Grausamkeit sorgen, damit bislang unberücksichtigte Grausamkeiten entdeckt werden können. Hierfür seien vor allem Empathie, die Fähigkeit des Perspektivenwechsels und das Erzählen von Geschichten wichtig, in denen die Opfer eine Stimme erhalten. Durch Opfernarrative könne die soziale Distanz zwischen Menschen überwunden werden. Der Mensch ist für Shklar mithin nicht nur ein gefährliches, sondern auch ein emphatisches Wesen, das sich in den anderen hineinzuversetzen vermag. Doch je größer die soziale

154 Thomas H. Marshall, *Bürgerrechte und soziale Klassen. Zur Soziologie des Wohlfahrtsstaates*, Frankfurt/M., New York 1992.

Distanz zwischen Menschen sei, desto schwieriger werde es, dies zu tun. Vor allem die »gesellschaftlichen Entfernungen«[155] sorgten für Blindheit gegenüber fremden Erfahrungen von Demütigung, Grausamkeit und Ungerechtigkeit. Deshalb betont Jan-Werner Müller, es gelte, »vor allem denen, die sich als benachteiligt betrachten, genau zuzuhören«.[156] Müller hebt die Bedeutung der »Sensibilität« hervor, und er formuliert »die konkrete Aufforderung, erst einmal den Opfern zuzuhören«,[157] damit deren Behauptungen in einem Prozess öffentlicher Deliberation anschließend geprüft werden könnten.[158] Müller plädiert damit für eine deliberative Vorfahrtsregel, der zufolge die Stimmen der Schwachen zuerst Gehör finden sollten.

Vor allem in Gestalt von Müllers aktualisierter Fassung, aber auch in der ursprünglichen Form bei Shklar enthält der Liberalismus der Furcht, trotz seiner pessimistischen Anthropologie, auch Fortschrittsimpulse. Er verkörpert neben seiner Skepsis gegenüber der Politik, die in Shklars Texten weit stärker ausgeprägt ist als bei Müller, die Idee einer fortschreitenden Inklusion. Durch Verständigung und narrativ erzeugte Perspektivenübernahme könnten die negativen Effekte der sozialen Distanz zwischen den Menschen überwunden werden. Überdies impliziert das Demokratiemodell des Liberalismus der Furcht, dass Interessenkonflikte um Ressourcen, ökologische Gefährdungen und grausame Sozialverhältnisse in der Arbeits- und Familienwelt demokratieimmanent bewältigt werden können. Das institutionelle Gefüge liberaler Demokratie setzt er hierbei als einen erprobten und anpassungsfähigen Rahmen des Umgangs mit öffentlichen Problemen voraus. Und schließlich wendet sich Shklar zwar gegen den perfektibilistischen Bildungsliberalismus in der Tradition Humboldts[159] als einer Begründungstheorie für liberale Institutionen, nimmt aber dennoch an, dass eine progressive Bürgerkompetenz und Bildungsfähigkeit auf Seiten der Individuen so weit vorausgesetzt werden könnte, dass in der Bürgerschaft das mitfühlende Sensorium für Grausamkeiten immer

155 Shklar, *Ganz normale Laster*, S. 38.

156 Müller, *Furcht und Freiheit*, S. 83.

157 Ebd., S. 147.

158 Ebd., S. 138.

159 Wilhelm von Humboldt, *Ideen zu einem Versuch, die Gränzen der Wirksamkeit des Staats zu bestimmen*, Breslau 1851.

weiter verfeinert und hinsichtlich der relevanten Adressaten erweitert werden könnte.

Im *schwachen Liberalismus* des niedrigsten Anspruchsniveaus schließlich, dem letzten Typ der eingangs skizzierten drei liberalen Theorietypen, findet sich weder die Aussicht auf eine allmähliche Verbesserung der politischen Sensibilität der Bürgerschaft noch ein progressiver Reformimpuls. Dieser Typ liberaler Theorie erwartet von den Bürgerschaften kaum mehr als den Gang zur Wahlurne. Der repräsentative Text dieses Typs liberaler Demokratietheorie ist Joseph A. Schumpeters *Kapitalismus, Sozialismus und Demokratie.*[160] Das Buch ist sichtlich vom historischen Kontext seiner Niederschrift in den 1940er Jahren geprägt. Es hat aufgrund seiner weitreichenden Rezeption innerhalb der US-amerikanischen Politikwissenschaft Nachwirkungen in der Demokratietheorie der Nachkriegszeit gehabt, wozu allerdings auch viele kritische Reaktionen gehörten.[161] Vor allem aber beeinflusste es die Strömung in der Demokratietheorie, die als »demokratischer Elitismus« bezeichnet wird.[162] Diese zielte auf die theoretische Verknüpfung von demokratischer Legitimation mit der Elitenherrschaft. Nach der partizipatorischen Revolution hat dieser Ansatz merklich an akademischer wie politischer Resonanz eingebüßt. Der zentrale Grund hierfür ist, dass er die Rolle der Bürgerschaft auf ihre Funktion als einem Wahlvolk reduziert, dem über den Wahlakt und vereinzelte Meinungsäußerungen in der Öffentlichkeit hinaus kaum politische Bedeutung zukomme. Ich will ihn dennoch diskutieren, da seine niedrigen normativen Ansprüche an Demokratie insofern instruktiv sind, als selbst dieses anspruchslose liberale Demokratiemodell infolge der Devolution an der politischen Wirklichkeit scheitert.

Ausgangspunkt von Schumpeters minimaler Demokratietheo-

160 Joseph A. Schumpeter, *Kapitalismus, Sozialismus und Demokratie*, München 1972 [1942].

161 William E. Scheuerman, »Die politische Theorie konkurrierender Eliten. Joseph Schumpeter«, in: André Brodocz, Gary S. Schaal (Hg.), *Politische Theorien der Gegenwart I. Eine Einführung*, Opladen, Farmington Hills 2009, S. 397-434, hier S. 419 ff.

162 Wilfried Röhrich (Hg.), *»Demokratische« Elitenherrschaft. Traditionsbestände eines sozialwissenschaftlichen Problems*, Darmstadt 1975. Weitere Referenzautoren dieser Strömung sind Gaetano Mosca, Robert Michels, Walter Lippmann und Max Weber. Schumpeter übernimmt insbesondere von Weber und Lippmann Ideen.

rie ist eine Kritik an dem, was er die »klassische Lehre der Demokratie« nennt. Ihre Kernannahmen hätten sich als Fiktionen erwiesen. Erstens sei die Vorstellung illusorisch, dass es ein von der normalen Bürgerschaft erkennbares Gemeinwohl geben könne. Das sei aufgrund politischer Komplexität und eines irreduziblen Wertpluralismus unmöglich.[163] Zum Zweiten sei der Volkswille, das Herzstück klassisch-rousseauistischer Demokratiekonzepte, ein Mythos. Infolge der politischen Komplexität und der Arbeitsteilung zwischen Elite und Bürgerschaft könne die Bürgerschaft gar keinen kohärenten Willen über politische Streitfragen ausbilden. Aufgrund der strukturell bedingten Erfahrungs- und Verantwortungsarmut in denjenigen politischen Fragen, die über den Erfahrungshorizont des Normalmenschen hinausgehen, stelle sich bei den meisten Menschen in dieser Hinsicht ein »reduzierte[r] Wirklichkeitssinn«[164] ein. Ein rationaler Wille lasse sich nämlich nur in denjenigen Lebensbereichen bilden, in denen die Folgen des eigenen Handelns erfahren werden können, wodurch ein Verantwortungsgefühl erzeugt und zweckrationale Reflexionen in Gang gesetzt werden. In der Politik ist das für die normalen Bürger zumeist jedoch nicht der Fall, da die Bürgerschaft hier größtenteils in einer Zuschauerrolle verbleibe und Politik nur selektiv wahrnehme, in der Regel medial vermittelt und durch politische Propaganda getrübt. Der »Volkswille« existiere deshalb bloß als ein Legitimationskonstrukt von Politikern und als eine Rechtsfiktion institutioneller Verfahren. Aus diesem Grund könne der Volkswille weder als ein Explanans noch als eine normative Zielgröße der Theoriebildung fungieren. Da in der Politik das Volk, jedenfalls im normalen Lauf der Dinge, eine passive Größe sei, müsse die Demokratietheorie anerkennen, »daß in Wirklichkeit das Volk die Streitfragen weder stellt noch entscheidet, sondern daß diese Fragen, die sein Schicksal bestimmen, normalerweise für das Volk gestellt und entschieden werden«.[165] Die Fiktion des Volkswillens verschleiere mithin ein zentrales Faktum der Politik, das auch die Demokratie nicht aus der Welt schaffen könne: die »Tatsache der Führung«.[166] Drittens schließlich habe die »klassische Lehre« die Demokratie mit allerlei

163 Schumpeter, *Kapitalismus, Sozialismus und Demokratie*, S. 399 ff.
164 Ebd., S. 415.
165 Ebd., S. 420.
166 Ebd., S. 429.

anderen normativ erwünschten Zielen verbunden, wie etwa Wachstum oder Gerechtigkeit, und sich sogar selbst zu einem Endziel oder Selbstzweck erklärt. In Wirklichkeit sei die Demokratie aber gar kein Ziel, sondern nur eine »Methode«,[167] und zwar eine Methode der Auswahl von zur Herrschaft legitimierten Eliten.

Um die Logik dieser »Methode« näher zu bestimmen, entwickelt Schumpeter ein Analogieargument, das die Demokratie strukturanalog zum Kapitalismus erklärt. So, wie der Kapitalismus seine Aufgabe vermittels einer bestimmten Form des Konkurrenzkampfs eigeninteressierter Akteure und Organisationen um Profitchancen erfüllt, so erfüllt die Demokratie ihre Aufgabe vermittels einer bestimmten Form des Machtkampfs um Wahlstimmen. Der Kapitalismus erbringt seine Funktion (die Produktion von Gütern) gewissermaßen nur nebenbei und um den Preis des egoistischen Profitstrebens von Industriekapitänen; die Demokratie erbringt ihre Funktion (die Produktion von zu politischen Entscheidungen befugten Führern) ebenfalls nur nebenbei und um den Preis des egoistischen Machtstrebens von Eliten.[168] In beiden Fällen können die »Konsumenten« nicht bestimmen, was von den tonangebenden Elitengruppen angeboten wird, allerdings können sie unter dem gegebenen Angebot auswählen.

Man kann diese Sichtweise als liberal klassifizieren, obwohl Schumpeter in seinem Buch eine vernichtende Kritik am klassischen ökonomischen Liberalismus und dessen Modell vollkommen freier Konkurrenz entwickelt, da dieses dem organisierten Kapitalismus der Großunternehmung unter Bedingungen der staatlichen Regulation nicht entspreche. Die kapitalistische Maschine funktioniere auch, vielleicht sogar besser, unter den Bedingungen unvollkommener Konkurrenz. Solange der Prozess »schöpferischer Zerstörung« die kapitalistische Dynamik antreibe und auch unter den arrivierten Kapitalisten die Angst vor dem Untergang schüre, laufe die kapitalistische Maschine hervorragend.[169] Das Gleiche gelte für die Demokratie, nur dass in der Demokratie mit dem Wahlmecha-

167 Ebd., S. 428.

168 Ebd., S. 448.

169 Schumpeter vertritt in *Kapitalismus, Sozialismus und Demokratie* allerdings auch die These, dass der Kapitalismus seinem Ende entgegengeht, wofür er wohlgemerkt keine wirtschaftlichen, sondern soziokulturelle Gründe anführt. Die Zukunft der Demokratie beurteilt er weniger skeptisch.

nismus eine andere Institution die Angst vor dem Untergang (dem Machtverlust) hervorrufe. Hierbei sei es, solange eine Auswahlmöglichkeit besteht, ebenfalls unerheblich, dass der »freie Wettbewerb« um Stimmen allerlei Beschränkungen unterworfen sei. Eine zentrale liberale Idee in Schumpeters Ansatz ist damit, dass die normativ entscheidende Bezugsgröße der Demokratie die Konsumentscheidung der Individuen ist. Insoweit kann die Demokratie laut Schumpeter als eine Ordnung der Freiheit verstanden werden. Sie lasse den Individuen die Freiheit, das vorgebrachte Angebot abzulehnen oder anzunehmen. Auf dieser Analogie fußt Schumpeters Demokratiemodell. In seiner kürzesten Fassung lautet es:

> Demokratie bedeutet nur, daß das Volk die Möglichkeit hat, die Männer, die es beherrschen sollen, zu akzeptieren oder abzulehnen. Aber da es dies auch auf völlig undemokratischen Wegen entscheiden kann, mußten wir unsere Definition verengern durch Einführung eines weiteren Kriteriums zur Identifizierung der demokratischen Methode, nämlich des freien Wettbewerbs zwischen den Führungsanwärtern um die Stimmen der Wählerschaft.[170]

Im Kern läuft eine minimale Schumpeter-Demokratie damit auf das Vorhandensein kompetitiver Wahlen innerhalb eines Repräsentativsystems hinaus, in dem die Masse der Bürgerschaft zwischen den Teilen der Eliten, die nach Herrschaft streben, periodisch wählen kann. Historisch maßgebend ist hierbei für ihn die englische Westminster-Ordnung mit ihrem ausgeprägten Dualismus von einer die Regierung stützenden Parlamentsmehrheit und einer oppositionellen Parlamentsminderheit (als einer Regierung im Wartestand). Über diese Kernmerkmale hinaus stellt Schumpeter noch einige weitere Überlegungen hinsichtlich der nötigen Erfolgsvoraussetzungen der demokratischen »Methode« an.[171] Hierzu gehören unter anderem ein vergleichsweise hohes moralisches und intellektuelles Niveau der Bürgerschaft und der Politiker, die Eindämmung übermäßiger Politisierung, die Existenz rechtsstaatlicher Strukturen, ein Minderheitenschutz und das Vorhandensein einer systemloyalen und vor allem kompetenten Fachbürokratie, die politische Entscheidungen als solche anerkennt und implementiert. Doch

170 Ebd., S. 452.
171 Ebd., S. 460 ff.

hierbei handelt es sich eben um Voraussetzungen von Demokratie und nicht um Demokratie selbst. Den Kern dieses Demokratiemodells bildet allein die Idee, dass in der Politik stets eine politisch weitgehend passive Bürgerschaft den herrschenden beziehungsweise nach Herrschaft strebenden Eliten gegenübersteht, wobei »Demokratie« dann gegeben ist, wenn die Bürgerschaft regelmäßig vermittels kompetitiver Wahlen unter den Eliten auswählen kann, wer sie beherrschen soll.

Wie steht es um die aktuelle Bedeutung dieses Modells? Schumpeters Realismus bezüglich des Faktums der Elitenherrschaft, das in der zeitgenössischen Politikwissenschaft nicht selten unerwähnt bleibt, findet in der heutigen Demokratietheorie kaum Nachfolger. In akkommodierter Form ist die Grundfigur seines Modells von Demokratie jedoch weiterhin aktuell. Es wird zumeist so formuliert, dass Demokratie in der institutionalisierten, freien und kompetitiven Wahlmöglichkeit zwischen mindestens zwei politischen Optionen besteht, der Regierungslinie und einer (oder mehreren) oppositionellen Linie, die in der Regel durch Parteien oder andere organisierte Akteure repräsentiert werden. Dieses Verständnis von Demokratie ist nicht nur maßgebend für einige Ansätze der Demokratiemessung (so etwa bei Freedom House), es wird auch in jüngeren demokratietheoretischen Beiträgen vertreten. Christoph Möllers beispielsweise erklärt, die »Präsenz von organisierter Opposition« sei »das *einzige nennenswerte Kriterium* für eine demokratische Ordnung«.[172] Demokratie erfordere nur den regelmäßigen Wechsel von Mehrheiten und die Freiheit auf Seiten der Opposition, »öffentliche Aufmerksamkeit [zu] erringen und auf politische Herrschaft hin[zu]arbeiten«,[173] wobei »Opposition« hierbei in einem systemloyalen Sinne verstanden wird: »Die Opposition strebt die Form der Herrschaft an, gegen die sie eintritt.«[174] In normativ noch stärker reduzierter, nahezu homöopathisch ausgedünnter Form schließlich kehrt die minimale Demokratiekonzeption in Luhmanns Systemtheorie wieder. Luhmann schlägt vor, »unter Demokratie *die Spaltung der Spitze* zu verstehen: die Spaltung der Spitze des ausdifferenzierten politischen Systems durch die Unter-

172 Christoph Möllers, *Freiheitsgrade. Elemente einer liberalen politischen Mechanik*, Berlin 2021, S. 220. Hervorhebung hinzugefügt.

173 Ebd.

174 Ebd.

scheidung von Regierung und Opposition«.[175] Genau dann, wenn diese Unterscheidung in der Öffentlichkeit eines politischen Systems kommunikativ präsent ist, nicht durch Moralkommunikation oder andere kommunikative Codes gestört wird und zudem zur »Wahl«[176] gestellt werden kann, handelt es sich bei einem Regime um ein demokratisches politisches System.

Über diese minimalliberalen Restbestände des Elitismus in der Demokratietheorie hinaus sind auch die eingangs umrissenen drei Bezugsideen des Liberalismus im Kontext demokratischer Regime weiterhin relevant. Sie sind es vor allem deshalb, weil sie in die konstitutionell verankerten Leitnormen liberal-repräsentativer Regime eingeschrieben sind und einen Teil des kulturellen Selbstverständnisses der Bürgerschaften westlicher politischer Gesellschaften bilden. Allerdings schwinden im Zuge der devolutionären Transformation ihre Verwirklichungschancen. Der Bezug auf das Individuum als der entscheidenden normativen Bezugsgröße steht unter den Bedingungen der Devolution vor dem Problem eines inegalitären beziehungsweise neoaristokratischen Individualismus, wie ich ihn im Zusammenhang mit der Entstehung einer zivilgesellschaftlichen Partizipationsaristokratie beschrieben habe. Der institutionelle Bezug auf die Kerninstitutionen der bürgerlichen Gesellschaft durch liberales politisches Denken wiederum wird in dem Maße anachronistisch, wie diese Institutionen infolge des devolutionären Wandels ihre historische Gestalt nicht nur verändern, sondern selbst historisch werden. Dies betrifft etwa die größtenteils fiktiv gewordene Trennung von Staat und Gesellschaft sowie die Scheidung der Öffentlichkeit von einer strikt privaten Sphäre, die sich im Zangengriff einer sozial ausgreifenden Politisierung einerseits und einer Funktionalisierung des Privaten für verschiedenste sozioökonomische Zwecke andererseits befindet. Insbesondere aber gilt dies für die *devolutionär schwindende Demokratie*, die selbst eine vergehende Institution der bürgerlichen Gesellschaft darstellt. Der liberale Bezug auf das Recht als Fundament und Bezugsgröße demokratischer Politik schließlich wird insoweit demokratietheoretisch prekär, wie sich aufgrund der Devolution Recht und de-

175 Niklas Luhmann, »Die Zukunft der Demokratie«, in: ders., *Soziologische Aufklärung. Band 4, Beiträge zur funktionalen Differenzierung der Gesellschaft*, Wiesbaden 2005, S. 131-138, hier S. 132.

176 Ebd., S. 138.

mokratische Willensbildung entkoppeln. Recht ist weiterhin ein wesentliches Medium, Mittel und eine Bezugsgröße politischen Handelns, es verliert aber durch die Schwächung der Institutionen demokratischer Meinungs- und Willensbildung seinen Charakter als demokratisch generiertes Recht. Diesem Wandel der politischen Willensbildung und Entscheidungsfindung entspricht auf der Ebene der Rechtsnormen und der Rechtsform die Ausbreitung eines weichen Rechts, welches unbestimmte Rechtsbegriffe enthält. Auf der einen Seite erweitert es vor allem im Bereich repressiver Staatstätigkeit den Ermessensspielraum der Exekutiven[177] und erhöht so die Rechtsunsicherheit derjenigen, die sich gegenüber den Verwaltungsapparaten und der Polizei nicht zu wehren wissen; auf der anderen Seite eröffnet es in Gestalt »kooperative[r] Formen von Staatstätigkeit«[178] gegenüber den »Normadressaten« dort einen größeren Spielraum, wo die Herrschaft auf die Kooperationsbereitschaft ihrer »Adressaten« angewiesen ist.

Wie steht es in diesem Kontext um die Plausibilität der drei liberalen Modelle von Demokratie? Ich will nun zum Abschluss dieses Kapitels die drei liberalen Modelle einer Beurteilung im Lichte meiner Devolutionsdiagnose unterziehen. Vorab kann festgehalten werden, dass sich alle Modelle auf ein ähnliches institutionelles Setting beziehen – in erster Linie parlamentarische Repräsentationskörperschaften, Wahlen und die öffentliche Meinung –, das sie indes unterschiedlich deuten. Während Dahl durch seine Differenzierung zwischen dem demokratischen Ideal und der real existierenden Polyarchie in seine Theorie eine Kritikfolie einbaut, fehlt dieses kritische Distanznehmen bei Shklar und Schumpeter zu großen Teilen. Beide identifizieren »Demokratie« mit dem existierenden institutionellen Gerüst ihrer politischen Bezugsregime.

Dahls Demokratietheorie ist eine kritische Theorie, die Demokratie als ein zu erreichendes Ideal und nicht als eine institutionell bereits bestehende Wirklichkeit behandelt. Aus diesem Grund ist sie gegen die Kritik gefeit, sie verfehle die politische Wirklichkeit. Die kritische Spitze von Dahls Ansatz besteht ja gerade darin, die

177 Günther Frankenberg, *Staatstechnik. Perspektiven auf Rechtsstaat und Ausnahmezustand*, Berlin 2010.

178 Nicolai Dose, »Von Government zu Governance. Regieren unter veränderten Bedingungen«, in: Karl-Rudolf Korte, Timo Grunden (Hg.), *Handbuch Regierungsforschung*, Wiesbaden 2013, S. 53-60, hier S. 56.

empirischen politischen Bezugsregime seiner Theorie nicht als Demokratien, sondern als Polyarchien zu beschreiben. Allerdings setzt Dahl voraus, dass polyarchische Regime institutionelle Annäherungen an das Ideal der Demokratie sind und darüber hinaus demokratisiert werden könnten. Sie stellen gewissermaßen *Brückenregime* dar, die Wege zu einer in der Zukunft zu realisierenden Demokratie eröffnen. In dieser Hinsicht werden Dahls Demokratietheorie und seine progressive Modellkonstruktion vom Devolutionsprozess entplausibilisiert. Denn es kommt, wie gezeigt, infolge der Devolution zu einem politischen Zukunftsverlust, wobei insbesondere der im vorhergehenden Kapitel behandelte negative Sperrklinkeneffekt die politischen Regimestrukturen von einer zukünftigen Demokratisierung abschirmt. Kurz gesagt: Die Institutionen der polyarchischen Regime übernehmen nicht die Brückenfunktion, die Dahl ihnen zuschreibt. Deshalb hat Dahl selbst in den letzten Jahrzehnten seines Lebens zusehends skeptischere Positionen vertreten, mit denen er den Demokratisierungshoffnungen, wie sie in den 1990er und 2000er Jahren besonders prominent gewesen sind, kritisch gegenübertrat. So bestritt er die Möglichkeit der Demokratisierung der im Zuge der Globalisierung immer zahlreicher werdenden internationalen Organisationen[179] und attestierte der Transnationalisierung von Politik, in ein Dilemma zwischen effektivem Regieren jenseits des Nationalstaates und bürgerschaftlicher Beteiligung zu führen. Die Ausweitung transnationalen Regierens gehe auf Kosten demokratischer Partizipation.[180]

Das Demokratiemodell des Liberalismus der Furcht ist gegenüber dem kritischen Ansatz Dahls normativ anspruchsloser. Es identifiziert Demokratie mit dem klassischen Set an repräsentativ-liberalen Institutionen aus der zweiten Hälfte des 20. Jahrhunderts. Gleichwohl verbindet das Modell die Institutionen mit normativen Versprechen. Hierzu gehören die Erwartung politischen Lernens, die Überwindung sozialer Distanz und vor allem die Verwandlung von diffuser Angst in politisch beherrschbare Furcht – ein Versprechen, das nicht zuletzt im Kontext der lange Zeit an-

179 Robert A. Dahl, »Can International Organizations be Democratic? A Sceptic's View«, in: Ian Shapiro, Casiano Hacker-Cordón (Hg.), *Democracy's Edges*, Cambridge 1999, S. 19-36.

180 Robert A. Dahl, »A Democratic Dilemma: System Effectiveness versus Citizen Participation«, in: *Political Science Quarterly*, 109 (1994), S. 23-34.

dauernden Pandemiesituation attraktiv anmutete. Allerdings stellt sich die Frage, ob es sich hierbei um Ideale handelt, die unter den gegebenen Bedingungen und vor dem Hintergrund der beobachtbaren Entwicklungstendenzen realisiert werden können.

Die Devolution führt zur Desorientierung und zur Zunahme von diffuser Angst, die bei einem größer werdenden Teil der Bevölkerung nicht in konkrete Furcht verwandelt wird. Der Liberalismus der Furcht verkörpert vor diesem Hintergrund ein wirklichkeitsfremdes Ideal. Sein Demokratiemodell macht zwar geringe Voraussetzungen hinsichtlich der kommunikativen Rationalität im politischen Prozess, das Modell setzt aber voraus, in der Öffentlichkeit könne die Bürgerschaft soziale Distanz überwinden und empathisch fremde Verletzungserfahrungen nachempfinden. Diese Hoffnung auf ein wechselseitig empathisches Publikum erfüllt sich jedoch nicht. Die liberale Öffentlichkeit ist in hohem Maße eine Sphäre der Manipulation, der Desinformation, der Rationalisierung und der Ignoranz.[181] Der Fokus des Liberalismus der Furcht auf ein empathisches wechselseitiges Verstehen und dessen demokratietheoretische Implikationen wirken im Kontext der für die Debattenkultur sich nachteilig auswirkenden sozialen Medien, zusehends feindselig geführter identitätspolitischer Konflikte mit ihrer Tendenz zum politischen Tribalismus[182] und einer zugenommenen Sichtbarkeit von aggressiver politischer Kommunikation und negativen Emotionen in der Politik[183] als zwar normativ wünschbar, aber unrealistisch. Die liberalen Institutionen versagen zusehends bei der Erfüllung der ihnen vom Liberalismus der Furcht zugedachten Funktionen.

Die von Shklar und Müller geforderte Perspektivenübernahme und das wechselseitige Verstehen in der Öffentlichkeit werden durch das Problem der ungleichen Verteilung politischen Wissens erschwert, das ich als Kognitionsasymmetrie bezeichnet habe. Es stellt allgemein für liberal-demokratische Modelle ein Problem dar, ist aber für den Liberalismus der Furcht eine besonders schwer zu

181 Shawn W. Rosenberg, »Unfit for Democracy? Irrational, Rationalizing, and Biologically Predisposed Citizens«, in: *Critical Review* 29 (2017), S. 362-387.

182 Francis Fukuyama, »Against Identity Politics. The New Tribalism and the Crisis of Democracy«, in: *Foreign Affairs* 97 (2018), S. 90-114.

183 Uffa Jensen, *Zornpolitik*, Berlin 2017; Bernd Stegemann, *Wutkultur*, Berlin 2021.

überwindende Hürde. Während die Untertanen des Hobbes'schen *Leviathan* nur den Inhalt der Gesetzesbefehle des Souveräns kennen müssen, aber ansonsten nichts von Politik oder den Lebensumständen anderer Untertanen zu verstehen brauchen, gehört eine relativ hohe und zugleich egalitäre Verteilung politischen Wissens zu den Voraussetzungen demokratischer Vergemeinschaftung und Legitimation, um auf diesem Wege das Kriterium der Verstehbarkeit von Politik zu erfüllen. Der Liberalismus der Furcht setzt zudem voraus, dass die Bürger nicht nur die eigenen Interessen und Anliegen sowie die Wege zu deren politischer Verwirklichung gut kennen müssen, sie sollen zudem voneinander und insbesondere von fremden und sozial distanzierten Lebensumständen, von den mit ihnen verbundenen Grausamkeiten und den entsprechenden Ursachen und Veränderungsmöglichkeiten wissen. Wie gezeigt, ist das Wissen der Bürgerschaft über politische Problemlagen, über politische Institutionen und über allgemeine politische Zusammenhänge jedoch gering und ungleich. Infolge der Kognitionsasymmetrie und Komplexitätszunahme entsteht eine Eliten begünstigende Unübersichtlichkeit von Politik. Diejenigen, die über wenig politisches Wissen verfügen, wissen nicht, ob und von wem ihre Interessen vertreten, ignoriert oder verletzt werden; diejenigen hingegen, die über viel politisches Wissen verfügen, kennen ihre eigenen Interessen und die Wege zu deren Durchsetzung.

Shklar sah die Angst vor physischer Grausamkeit als wichtiger an als die Angst vor moralischer Grausamkeit. Im Lichte dessen lassen sich die in den letzten Dekaden besser gelungene Pazifizierung von privaten Sozialbeziehungen, die stärkere Aufmerksamkeit für institutionelle Gewalt, etwa in kirchlichen Einrichtungen und von Seiten der Polizei, sowie die Ächtung und teilweise Bestrafung von demütigender Sprache in den westlichen liberalen Regimen als Erfolge im Sinne des Programms des Liberalismus der Furcht deuten. Allerdings hatte Shklar auch auf die Bedeutung sozioökonomischer Angleichungspolitiken hingewiesen und diese mit dem Argument des negativen Egalitarismus begründet. Diesem Argument zufolge ist sozioökonomische Angleichung kein Selbstzweck. Ungleichheit stelle dann kein Problem dar, wenn es sich bei ihr um eine sozioökonomische Verschiedenheit ohne Angst handelt. Die Minderung von sozioökonomischer Ungleichheit durch Angleichungs- und Umverteilungspolitik sei hingegen nötig, sobald Ungleichheit

Grausamkeit zur Folge hat. Hier stehen an erster Stelle der Zwang, die an den eigenen Körper gebundene Arbeitskraft verkaufen zu müssen, und das Fehlen der Freiheit, »nein« sagen zu können. Die Auflösung des demokratischen Kapitalismus zehrt jedoch die soziomoralischen Motive für eine solche Ungleichheiten vermindernde Politik auf, an erster Stelle die übergreifende Solidarität. Wenn die Verteilungskämpfe härter werden, es scheinbar weniger zu verteilen gibt und größere Teile der Bürgerschaft eine schlechtere Zukunft für sich und ihre Kinder fürchten, dann schwindet auch die Bereitschaft zum solidarischen Teilen. Die ökonomisch belastbare Wir-Identität schrumpft, weil der Ressourcenpool kleiner zu werden droht. Richard Rorty hat die daraus folgende sozialpolitische Maxime des »man kann nicht allen helfen« als »ökonomische Triage« bezeichnet und meint: »Andere Menschen als Teil desselben ›Wir‹ zu betrachten, hängt nicht nur von der Bereitschaft ab, diesen Menschen zu helfen, sondern auch von der Überzeugung, dass man *in der Lage ist*, ihnen zu helfen.« Solidarität hängt ab von dem Glauben, dass »ökonomische Triage«[184] vermieden werden kann. Durch ökonomische Triage verkleinert sich der Kreis der Wir-Identitätsgruppe, gegenüber der man die Pflicht zur Umverteilung verspürt. Im Lichte von Rortys materialistischer Unterfütterung von Moral kann man sehen, dass auch Shklars Tugenden, Toleranz und Mäßigung, vor allem aber die Tugenden der Empathie und die gefühlsmäßige Überbrückung sozialer Distanzen, auf dem Boden wirtschaftlichen Erfolgs und egalitärer verteilten gesellschaftlichen Reichtums gedeihen. Der ihren Liberalismus kennzeichnende, obgleich auf negativem Wege begründete moralische Idealismus, der die relevante Wir-Identitätsgruppe in letzter Konsequenz auf die gesamte Menschheit ausweiten will, geht, wie Rorty hervorhebt, »mit wirtschaftlichem Erfolg einher«.[185] Vor diesem Hintergrund muss die soziale Frage gleich auf mehreren Ebenen ein Anliegen dieses Liberalismus sein. Dies wird auch von Müller so gesehen, der sein Plädoyer für einen zeitgenössischen Liberalismus der Furcht mit dem hoffnungsvollen Satz beschließt: »Vermachtete Märkte und oligarchische Formen des Rentierskapitalismus sind Herausforderungen, auf die auch der Liberalismus der Furcht antworten

184 Richard Rorty, »Who Are We? Moral Universalism and Economic Triage«, in: *Diogenes* 173 (1996), S. 5-15, hier S. 15.

185 Ebd., S. 9.

kann.«[186] Der Niedergang des demokratischen Kapitalismus ist für den Liberalismus der Furcht jedoch ein fatales Problem, denn er erschwert die soziale Angleichungspolitik im Sinne von Shklars negativem Egalitarismus und trocknet den ökonomischen Mutterboden der liberalen Tugenden aus.

Die Verbindung von Wahldemokratie und wohlfahrtsstaatlich abgefedertem, korporativ integriertem Kapitalismus bildete den Kern des demokratischen Kapitalismus. Sie hatte in den westlichen Demokratien über Dekaden zu einer sozialpolitischen Hebung des Lebensstandards der Bevölkerung geführt und dadurch in hohem Maße auch zur Legitimation des politischen Systems im Ganzen beigetragen. Die Minderung institutioneller wie interpersonaler Diskriminierung seit den 1970er Jahren bis heute, an die der zeitgenössische Liberalismus der Furcht normativ und konzeptionell anschließt, ist auch vor diesem Hintergrund zu sehen, da nämlich der wohlfahrtsstaatliche Kapitalismus und die sozialdemokratischen Umverteilungspolitiken die Voraussetzung für »postmaterielle« Politiken der Antidiskriminierung und der Kulturliberalisierung gewesen sind. Wenn aber infolge der Erosion des demokratischen Kapitalismus die materielle Basis des Postmaterialismus brüchig wird, wirft dies die Frage auf, was dies für die Zukunft postmaterialistischer Politik im Dienste der Minderung von Grausamkeit bedeutet. Ist eine Politik der schönen Seele auch ohne eine Politik des vollen Bauches möglich? Insoweit keine Wachstumszuwächse mehr zur die Mittelklasse besserstellenden Lohnsteigerung oder mittels Umverteilung zum sozialen Ausgleich verwendet werden, wird der politische Konflikt in Zukunft verstärkt Nachteile und Einschnitte zum Gegenstand haben. Und damit bräche auch die sozioökonomische Basis postmaterialistischer Anerkennungspolitiken weg, die für den Liberalismus der Furcht eine so große Rolle spielt. Die Angst vor moralischer Grausamkeit nähme wieder zu, ohne dass die Hoffnung bestünde, diese im Rahmen der hergebrachten politischen Institutionen in kontrollierbare Furcht zu verwandeln.

Das Ende des demokratischen Kapitalismus trug dazu bei, dass sich ein selbst verstärkender Zirkel von sozialer und politischer Ungleichheit herausbildete. Die Sinndeutung der Demokratie als Mechanismus zur Minderung der Angst aller wird dadurch unplau-

186 Müller, *Furcht und Freiheit*, S. 151.

sibel und die soziale Distanz innerhalb der Bürgerschaft wächst. Zumindest einem Teil der Bürgerschaft muss das Versprechen, die Politik führe zu einem Zustand, in dem man »ohne Angst verschieden sein« kann, unglaubwürdig oder gar verlogen vorkommen. Damit schwindet nicht nur das Bewusstsein praktischer Wirksamkeit demokratischer Politik, es erodiert auch das Vertrauen in die politischen Institutionen. Insoweit diese Grausamkeit nur sozial selektiv minimiert und nicht von allen in der Bürgerschaft als Adressaten einer Politik der Minimierung von Grausamkeit gedeutet wird, wird das Kriterium der institutionellen Authentizität verletzt.

Werden das Recht und die politischen Institutionen nicht als Mechanismen zur Minderung von Grausamkeit gedeutet, schwindet der Glaube an die institutionelle Authentizität der liberalen Regime. Infolge der devolutionären Transformation verschlechtert sich die Chance, dass diffuse soziale Angst in konkrete, politisch kontrollierbare und persönlich erträgliche Furcht verwandelt werden kann – jedenfalls für die gesamte Bürgerschaft. Die Funktion der Minderung von Angst vor Grausamkeit wird von den Institutionen sozial selektiv erfüllt. Nicht alle sind in gleichem Maße von sozialer Unsicherheit, sozioökonomischen Problemen, der Schwächung demokratischer Institutionen und der Aufweichung des Rechtsstaats geschützt: die Angst vor sozialem Abstieg und vor Kriminalität, schwere Krankheiten, psychische Probleme und ein frühzeitiger Tod, Demütigungen am Arbeitsplatz oder seitens staatlicher Behörden und in den Statuskämpfen der Öffentlichkeit – all das findet sich zuvörderst bei den Armen, Ungebildeten und Schwachen. Die in der Theorie gepriesenen Vorzüge der liberalen Institutionen – Rechtssicherheit, politische Beteiligung, soziale Sicherheit und wohlfahrtsstaatliche Leistungen – kommen hingegen vornehmlich den Reichen, Gebildeten und Starken zugute. Das Demokratiemodell des Liberalismus der Furcht wird anachronistisch. Die Grundlage, aus der es seine Plausibilität gewann – vermeintlich überschaubare Sozialverhältnisse, machtvolle demokratische Institutionen und ein demokratischer Kapitalismus, der ökonomische Triage verhinderte –, gehört der Vergangenheit an. Müller vermerkt diese Herausforderung, aber er reagiert darauf nur mit der idealisierenden Bekräftigung eines anachronistischen Sets liberaler Institutionen, das der Phase der erstarkenden Demokratie in der zweiten Hälfte des 20. Jahrhunderts abgelesen wurde. In dieser retrograden

Orientierung trifft sich der aktualisierte Liberalismus der Furcht mit dem Rechtspopulismus. Sowohl antipopulistische Liberale als auch Rechtspopulisten reagieren auf die devolutionären Herausforderungen der Gegenwart mit rückwärtsgewandten Rezepten. Ihre Orientierung ist auf eine bestimmte Weise folgerichtig, denn das liberale Demokratiemodell setzt funktionierende demokratische Institutionen und vitale Tugenden voraus. Infolge der devolutionären Transformation können diese Voraussetzungen jedoch nicht als gegeben unterstellt werden. Im Kontext einer politischen Wirklichkeit, die sich diesem Ideal nicht fügen will, wird vor allem die bloße Bekräftigung des Ideals liberaler Demokratie die devolutionäre Entdemokratisierung nicht stoppen können.

Kann zumindest das minimale Demokratiemodell Schumpeters bestehen? Wie gezeigt, formuliert es derart sparsame Anforderungen an politische Regime, dass es bis heute provokant oder gar zynisch wirkt. Umso bemerkenswerter, dass selbst dieses Modell von Demokratie im Zuge der Devolution nicht mehr greift und an der politischen Wirklichkeit scheitert.

Auf den ersten Blick scheint der Schumpeter'sche Minimalismus zumindest insoweit gegen die devolutionäre Entplausibilisierung gefeit zu sein, wie er keine anspruchsvollen Voraussetzungen bezüglich der wohlfahrtsstaatlichen Solidarität und des fairen politischen Wettbewerbs macht. Seine liberale Minimaldemokratie kann auch mit zunehmender sozialer Ungleichheit, kulturellem Egoismus und nur eingeschränkt freiem politischen Wettbewerb leben; vielleicht ist sie solchen Bedingungen sogar besser angepasst als andere Demokratiemodelle. Zumindest in der Theorie lassen sich das Ende des demokratischen Kapitalismus und der liberale Demokratieminimalismus miteinander vereinbaren. Allerdings unterlegte Schumpeter sein Demokratiemodell mit einer typisch liberalen Differenzierung zwischen Staat und Gesellschaft und warnte deshalb selbst vor der Politisierung der Gesellschaft.[187] Denn die Diffusion von Politisierung in die Gesellschaft hinein untergräbt die Staat-Gesellschaft-Unterscheidung und sie schränkt die Funktion der in Schumpeters Modell zentralen Wahl als dem Legitimationsverfahren politischer Herrschaft ein. In einer politischen Gesellschaft ist es nicht mehr ausreichend. Weitere Dimensionen der Devolution,

187 Schumpeter, *Kapitalismus, Sozialismus und Demokratie*, S. 463.

die zunehmende Kognitionsasymmetrie, das Wissensdefizit der Bürgerschaft und die damit gegebene Verletzung des Kriteriums der Verstehbarkeit von Politik, ziehen die Plausibilität seines liberalen Minimalismus ebenfalls in Zweifel. Denn auch Schumpeters Modell setzt voraus, dass die Bürger Regierungen im Lichte von deren Entscheidungen in einer Amtsperiode beurteilen, verantwortlich machen und bei der nächsten Wahl beurteilen und entsprechend abwählen beziehungsweise im Amt bestätigen können, wobei sie hierbei das konkurrierende Angebot der Opposition in ihre Beurteilung miteinbeziehen. Hierfür ist ein hohes Maß an politischem Wissen erforderlich, das sich sowohl auf die Sachfragen der Politik und die politischen Programme als auch auf die normativen Prinzipien der demokratischen Verfahren erstrecken muss. Schumpeter selbst schrieb, dass das Volk »Schwindlern und Querulanten« in die Arme laufen werde, falls es nicht »auf einem genügend hohen intellektuellen und moralischen Niveau« steht.[188]

Das wesentliche Problem für ein minimales Demokratiemodell Schumpeter'scher Prägung resultiert aber vor allem aus der letzten Dimension der Devolution: der steigenden Differenzierung. Denn die Differenzierung des politischen Lebens hat die Vermehrung vielgestaltiger Governance-Arrangements zu Folge, die nicht vermittels des formale Gleichheit institutionalisierenden Wahlmechanismus legitimiert werden und politische Ämter und Herrschaftsbefugnisse schaffen, die jenseits elektoraler Demokratie angesiedelt sind. Dies widerspricht dem liberalen Modell von Demokratie als einem Prinzipal-Agent-Verhältnis, in dem die Bürgerschaft der Prinzipal ist und die Politiker dessen Agent, der mittels Wahlen kontrolliert wird.[189] Durch diesen Aspekt der Devolution nimmt das Ausmaß an »gewählter« politischer Herrschaft immer weiter ab. Dass Herrschaft sich wettbewerblichen Wahlen stellen muss, stellt jedoch

188 Ebd., S. 467.

189 Der *locus classicus* hierfür ist John Lockes zweite Abhandlung; ders., *Zwei Abhandlungen über die Regierung*, Frankfurt/M. 2006 [1689]. Schumpeter macht sich zu Recht über Lockes Eigentumstheorie lustig. Ohne den ideologischen Nutzwert, den sie für die damaligen zur Herrschaft strebenden Klassen hatte, wäre diese absurde Theorie tatsächlich »unter aller Kritik gewesen«; so Schumpeter, *Kapitalismus, Sozialismus und Demokratie*, S. 394. Allerdings liegt das Locke'sche Prinzipal-Agent-Modell einer repräsentativen Regierung auch Schumpeters eigener Demokratietheorie zugrunde.

das Kernkriterium des Schumpeter'schen Demokratiemodells dar: »Das Volk« muss mittels kompetitiver Wahlen die Möglichkeit haben, diejenigen, »die es beherrschen sollen, zu akzeptieren oder abzulehnen«.[190] Wie gezeigt, können zwar einige Mitglieder der Bürgerschaft, als Partizipationsaristokraten, mittlerweile selbst an der Herrschaft partizipieren, ohne Politiker werden zu müssen, aber die Bürgerschaft im Ganzen vermag infolge der Devolution nur mehr eingeschränkt diejenigen auszuwählen, die sie beherrschen. Auch das minimale Demokratiemodell in der Nachfolge Schumpeters wird so zu einem anachronistischen Modell.

Was bleibt von den diskutierten Modellen und Theorien? Alle hier behandelten Modelle und Theorien von Demokratie scheitern. Sie malen gleichsam das Grau in Grau des demokratietheoretischen Diskurses. Die radikale Demokratietheorie geht von dem Bezugsproblem einer neoliberalen Hegemonie und dem Ausbleiben linker Transformationspolitik aus. Ihr Lösungsmodell agonaler Demokratie blamiert sich aber im Angesicht eines andauernden Unvermögens, eine linke gegenhegemoniale Äquivalenzkette zu etablieren. Die deliberative Theorie hingegen sieht einen Mangel an vernünftiger Politik und geht von dem Problem eines vorherrschenden Demokratiemissverständnisses aus, das durch die deliberative Deutung von Demokratie und Politik behoben werden soll. Im Kontext der devolutionären Transformation lässt sich ihr deliberatives Modell nur um den Preis der normativen Beliebigkeit aufrechterhalten. Hält sie hingegen an ihren normativen Aspirationen fest, wird sie unglaubwürdig. Im Lichte der Devolution, die sich sowohl in der pessimistischen Zeitdiagnose Mouffes als auch in Habermas' skeptischen Beobachtungen zur politischen Signatur der Gegenwart niederschlägt, sind die agonale und die deliberative Demokratiedeutung deshalb einer nachhaltigen Entplausibilisierung unterworfen. Das liberale Denken der Demokratie schließlich vermag die Demokratie nur mehr in einer rückwärtsgewandten und anachronistischen Form auf den Begriff zu bringen. Die Gestalt der Demokratie ist, in Theorie und Praxis, alt geworden.

190 Schumpeter, *Kapitalismus, Sozialismus und Demokratie*, S. 452.

IV. Strategien der Demokratievergewisserung

Das vorige Kapitel hat auf systematischer Ebene gezeigt, dass zentrale demokratietheoretische Ansätze und die aus ihnen abgeleiteten Modelle von Demokratie anachronistisch geworden sind. Sie stehen dem demokratieaversen Transformationsprozess der Devolution hilflos gegenüber. In diesem Kapitel geht es nun um eine andere Ebene des demokratietheoretischen Diskurses. Es entwickelt die These weiter, dass die Demokratietheorie infolge der Devolution einem Prozess der Entplausibilisierung unterworfen ist. Die Ausgangsüberlegung hierfür lautet, die Demokratietheorie als eine politisch konstituierte Subdisziplin der Sozial- und Politikwissenschaft zu verstehen, die genetisch-normativ mit demokratischen Regimen verschwistert ist. Im Anschluss an Richard M. Merelman kann sie als ein wissenschaftlicher Legitimationsdiskurs der Demokratie interpretiert werden. Die Devolution demokratischer Regime und die Entplausibilisierung der Theorie ziehen die Legitimationsfunktion dieses Diskurses jedoch in Zweifel. Dadurch werden sowohl das demokratietheoretische Paradigma als auch das Selbstverständnis und die fachliche Identität der Demokratietheorie erschüttert. Wie im Folgenden gezeigt wird, reagiert der demokratietheoretische Diskurs auf diese Delegitimierung mit Ausweichstrategien, die der Problemvermeidung und der kontrafaktischen Demokratievergewisserung dienen. Bevor nachfolgend sechs solcher Strategien anhand von exemplarischen Beispielfällen analysiert werden, führe ich zunächst das Konzept des Legitimationsdiskurses ein.

4.1 Die politische Konstituierung der Demokratietheorie

Demokratietheorien haben einen hybriden Charakter. Sie entsprechen nicht der Unterscheidung zwischen wertfreier empirischer Forschung und Wirklichkeitsdeutung auf der einen Seite und wertender normativer Beurteilung und Präskription auf der anderen Seite. Es handelt sich bei Demokratietheorien um normative Theorien, denn sie begründen oder verwenden Prinzipien, Wertmaßstäbe und Normen für die Beurteilung, Bewertung, Kritik oder

Rechtfertigung demokratischer Ordnungen, Institutionen und Praktiken. Demokratietheorien sind aber zugleich auch empirische Theorien, da sie im Unterschied zu philosophischen Theorien über Demokratie ein Teil des sozial- und politikwissenschaftlichen Forschungsdiskurses sind. Auch in ihren stark normativ angelegten Varianten haben sie einen Erfahrungsbezug. Trotz ihres zuweilen hohen Abstraktionsgrades reflektieren sie und beziehen sich auf die politische Wirklichkeit. Wie Demokratie in diesen Theorien verstanden und begrifflich bestimmt wird, variiert erheblich. Aber politik- und sozialwissenschaftliche Demokratietheorien haben stets einen empirischen Bezug, da sie entweder existierende politische Regime, Institutionen und Praktiken als demokratisch beschreiben oder diese als einen problemkonstitutiven Ausgangpunkt beziehungsweise als einen normativ-praktischen Referenzpunkt behandeln. Zudem sind Demokratietheorien praktisch orientiert. Sie gehen davon aus, dass existierende demokratische Regime praktisch verbessert werden können. Ihre normative Kritik und ihre empirische Beschreibung folgen einer praktischen Intention. Sie fragen normativ-evaluativ nach der Güte empirischer Regime und nach deren praktischen Verbesserungsmöglichkeiten. Kurzum: Demokratietheorien sind *praktisch-normativ orientierte erfahrungswissenschaftliche Theorien*. Dies gilt sowohl für die gemeinhin als »realistisch« qualifizierten als auch für die üblicherweise als »normativ« bezeichneten Demokratietheorien.[1]

In der Demokratietheorie überkreuzen sich normative Ausrichtung, empirische Bezugnahme und praktische Orientierung auch deshalb, weil die Demokratietheorie als ein Theorieparadigma genetisch vor allem mit der praktisch-politischen Erwägungen geschuldeten Entstehung der Politikwissenschaft als einer *Demokratiewissenschaft* verknüpft ist. Demokratiewissenschaft verbindet

1 Hiervon zu unterscheiden sind einerseits strikt philosophische Demokratiebegriffe, die von Erfahrung abstrahieren, und andererseits analytische Demokratiemodelle, die den Zweck haben, den Bereich möglicher Erfahrungsdaten im Sinne einer positivistischen, Hypothesen testenden Forschungslogik einzugrenzen. Bei der Konstruktion solcher Modelle spielen normative Annahmen und wertbasierte Entscheidungen eine wichtige Rolle, und auch im Kontext ihres Verwendungszusammenhanges kommen diese ins Spiel. Im Unterschied zu Demokratietheorien im hier gemeinten Sinne und den in ihnen entwickelten Demokratiemodellen sind forschungspragmatisch angelegte analytische Modelle aber selbst nicht normativ, weil sie keine Aussagen über ein Sollen treffen.

eine normative Orientierung mit empirischer Beschreibung in politischer Absicht. Insbesondere in der Phase der Herausbildung der etablierten Demokratien wohlfahrtstaatlicher und massenintegrativer Prägung nach dem Zweiten Weltkrieg ist die Demokratietheorie als ein Element der politischen und auch pädagogischen Ausrichtung akademischer Politikwissenschaft bedeutsam geworden.[2] In diesem »demokratischen Zeitalter«[3] entwickelte sich die Demokratietheorie zu einer wissenschaftlichen Reflexionsform demokratischer Regime in praktischer Absicht. Dabei war und ist das Verhältnis der Demokratietheorie zu ihren Gegenstandsregimen zwar durchaus kritisch, aber gegenüber der Idee der Demokratie verhält sie sich grundsätzlich affirmativ. Dies resultiert in erster Linie aus der politischen Konstituierung akademisch institutionalisierter Wissensproduktion[4] und der von politischer Protektion sowie von öffentlicher Finanzierung abhängigen Stellung akademischer Institutionen.

Zahlreiche Mitglieder der Gründergeneration der Politikwissenschaft in der frühen Bundesrepublik haben dafür argumentiert, dass Demokratie und Politikwissenschaft aufeinander verweisen, wodurch in die Wissenschaft und insbesondere in die Demokratietheorie ein normatives Element hineingetragen werde. Obgleich diese Erkenntnis im Zuge der Entstehung eines szientistischen Selbstmissverständnisses innerhalb von Teilen der Fachgemeinschaft sowie aufgrund der Normalisierung der Demokratie in Vergessenheit geriet, ist das Argument immer noch plausibel. Nicht nur die Demokratie ist auf eine wissenschaftliche Selbstreflexion und normative Artikulation angewiesen, auch Wissenschaft, als eine primär durch wissenschaftliche Kriterien bestimmte und in diesem Sinne freie Forschungspraxis, ist nur im Kontext institutionalisierter politischer Freiheit, insbesondere der Meinungs- und Wissenschaftsfreiheit, möglich. Da die für die wissenschaftliche

2 Deshalb ist das Konzept der Demokratiewissenschaft für die (Wieder-)Gründung der Politikwissenschaft in der jungen Bundesrepublik auch als ein Selbstbeschreibungskonzept relevant; Wilhelm Bleek, *Geschichte der Politikwissenschaft in Deutschland*, München 2001, S. 256 ff.

3 Jan-Werner Müller, *Das demokratische Zeitalter. Eine politische Ideengeschichte Europas im 20. Jahrhundert*, Berlin 2018.

4 Peter Wagner, *Sozialwissenschaften und Staat. Frankreich, Italien, Deutschland 1870-1980*, Frankfurt/M., New York 1990.

Praxis konstitutive Freiheit nur in einer Demokratie gesichert sei, so argumentierten die demokratiewissenschaftlich orientierten Gründungsväter der Politikwissenschaft, müsse die Politikwissenschaft sowohl forschungspraktisch als auch aus ihrem aufgeklärten Eigeninteresse heraus demokratiepolitisch engagiert sein und Demokratie als einen vorwissenschaftlich geltenden Wert anerkennen.

Hiergegen kann eingewandt werden, dass es zwar nicht mit Blick auf eine freie wissenschaftliche Kritik, aber doch zumindest im Sinne einer instrumentell angelegten, auf Herrschaftswissen spezialisierten empirischen Politikforschung wie einer Rechtfertigungswissen produzierenden akademischen Ideologieproduktion zahlreiche Beispiele für sozialwissenschaftliche Praxis im Kontext autokratischer und totalitärer Regime gibt.[5] Dennoch ist das grundlegende Argument nachvollziehbar. Ohne institutionell gesicherte Freiheit bleibt den politiknahen Disziplinen ein großer Teil ihres Gegenstandsbereichs versperrt; zumindest wäre ohne eine institutionell gesicherte Freiheit die wissenschaftliche Auseinandersetzung mit diesem vorentschieden. Eine realistische politikwissenschaftliche Analyse berührt unweigerlich Interessen und Herrschaftspositionen, ohne Freiheit ist sie deshalb nur sehr eingeschränkt möglich. Allerdings gilt auch, dass die politiknahe Sozialwissenschaft und die Politikwissenschaft im Besonderen und die mit ihr verbundene Theoriebildung als Reflexionsinstanz politischer Herrschaftsverhältnisse im Kontext demokratischer Regime nicht nur politisch konstituiert, sondern auch politisch restringiert wird. Beispielsweise wurde die Weichenstellung der westdeutschen Politikwissenschaft in Richtung einer im weiten Sinne demokratischen Herrschaftsformen affirmativ zugewandten Sozialwissenschaft nicht im herrschaftsfreien innerwissenschaftlichen Diskurs unter Austausch guter Gründe bestimmt, sondern außerwissenschaftlich-politisch entschieden.[6]

5 Zu Deutschland siehe Gideon Botsch, »›Politische Wissenschaft‹ im Zweiten Weltkrieg. Die ›Deutschen Auslandswissenschaften‹ im Einsatz 1940-1945«, Paderborn 2005; vgl. auch Susanne Ehrlich, Horst-Alfred Heinrich u. a. (Hg.), »Schwierige Erinnerung. Politikwissenschaft und Nationalsozialismus«, Baden-Baden 2015.

6 »Das Fach [Politikwissenschaft] hat sich nicht in einem innerwissenschaftlichen Prozess der Ausdifferenzierung von Fachgebieten und -disziplinen ausgebildet. Vielmehr wurde es den Universitäten in politisch-pädagogischer Absicht mit sanfter Regierungsgewalt aufgedrängt«, schreibt Günter C. Behrmann. Er fügt anschließend hinzu: »In der entstehenden Politikwissenschaft sind diese eigentüm-

Aus diesen Gründen sind große Teile der Subdisziplin Demokratietheorie ein wissenschaftlicher *Legitimationsdiskurs*. Das Konzept des Legitimationsdiskurses wurde von Richard M. Merelman mit Blick auf den US-amerikanischen politikwissenschaftlichen Pluralismus und insbesondere die pluralistische Demokratietheorie entwickelt. Merelman grenzte es von den gängigen Konzepten von Ideologie als falsches Bewusstsein oder einer unwahren Verschleierungserzählung ab. Ein Diskurs ist genau dann ein Legitimationsdiskurs, wenn er die grundlegende Funktionsweise eines politischen Regimes so beschreibt, wie es dessen Machthaber tun, und er diesen dadurch Unterstützung verschafft.

Ein Legitimationsdiskurs ist eine Gesamtheit von Ideen, Bildern oder Praktiken, die ein politisches Regime als so funktionierend darstellen, wie es seine Machthaber behaupten, und damit diejenigen unterstützen, die die Macht im Regime ausüben.[7]

Ein wissenschaftlicher Legitimationsdiskurs bekräftigt die von politischen Eliten propagierten Werte, Weltbilder und politischen Ordnungsvorstellungen. Er ist »kulturelle Munition für politische Machthaber«.[8] Obgleich in einem Legitimationsdiskurs die grundlegende politische Funktionsweise oder die Grundprinzipien eines Regimes affirmiert werden, lautet dessen politische Botschaft nicht, »›alles steht zum Besten‹«, sondern »›besser wird es nicht‹«.[9] Deshalb enthält ein Legitimationsdiskurs die Kritik an politischen Problemen und Fehlentwicklungen, er ist zudem wertend und kann weitreichende Reformvorschläge umfassen, die im gegenwärtigen demokratietheoretischen Diskurs ja auch zahlreich vorgebracht werden. Ein Legitimationsdiskurs beinhaltet allerdings immer die

lichen Umstände ihrer Institutionalisierung freilich von Anbeginn an relativiert und bald aus den gängigen Selbstdarstellungen ausgeblendet worden«; Günter C. Behrmann, »Die Verselbstständigung der Wissenschaft von der Politik. Gründung und Begründung einer neuen Fachwissenschaft«, in: Kurt Acham, Knut Wolfgang Nörr, Bertram Schefold (Hg.), *Erkenntnisgewinne, Erkenntnisverluste. Kontinuitäten in den Wirtschafts-, Rechts-, und Sozialwissenschaften zwischen den 20er und 50er Jahren*, Stuttgart 1998, S. 443-480, hier S. 448.

7 Richard M. Merelman, *Pluralism at Yale. The Culture of Political Science in America*, Madison 2003, S. 9. Hervorhebung entfernt.

8 Ebd., S. 12.

9 Ebd., S. 10.

Aussage, das Regime sei in seinen Grundstrukturen und Prinzipien legitim und selbstverbesserungsfähig.

Dieses Konzept lässt sich auf die Demokratietheorie übertragen. Im demokratietheoretischen Legitimationsdiskurs werden demokratische Regime mit ihren Kernelementen wie Grundrechten, Gewaltenteilung, Konstitutionalismus, Volkssouveränität, Parteien, Parlamenten, Repräsentation, aktiver zivilgesellschaftlicher Beteiligung und Rechtsstaatlichkeit als grundsätzlich legitim gerechtfertigt. Er schließt dabei die Kritik der unzureichenden Verwirklichung von demokratischen Werten wie Freiheit, Gleichheit und Solidarität ein und enthält Veränderungsvorschläge in Richtung von etwas mehr oder etwas weniger Partizipation und Bürgerdeliberation oder auch die Rechtfertigung von zivilem Ungehorsam, Kontestation und institutionellen Ergänzungen auf einzelnen Politikfeldern. In der Demokratietheorie sind Kritik an der unzureichenden Verwirklichung von demokratischen Idealen und praktische Reformvorschläge für die Verbesserung der Demokratie sogar die Regel. Wie eingangs gezeigt, qualifizieren aber auch führende Vertreter der radikalen Demokratietheorie die liberal-repräsentative Demokratie nicht als eine prinzipiell illegitime Regimeform. Selbst ein vom herrschenden Demokratieverständnis stark abweichender Ansatz wie McCormicks radikal-plebejische *machiavellian democracy*[10] zielt auf eine, wenn auch sehr weitreichende, institutionelle Ergänzung der liberal-repräsentativen Institutionen und nicht auf deren komplette Abschaffung.

Gemeint ist mit dem Idealtyp des Legitimationsdiskurses deshalb nicht, dass in wissenschaftlichen Legitimationsdiskursen die Diskurse der politischen Machthaber bloß wiederholt würden. Zwischen einem wissenschaftlichen Legitimationsdiskurs und dem Diskurs der Träger politischer Herrschaft bestehen Differenzen. In den Diskursen politischer Amtsträger und einem politikwissenschaftlichen Legitimationsdiskurs werden beispielsweise die Zivilgesellschaft, Parteien und Parlamente auf unterschiedliche Weise beschrieben. Gleichwohl teilen sie die Beschreibung der Kernstruktur des Regimes, auf welches sie sich beziehen, und zwar in der Hinsicht, dass beide es als ein in Grundzügen demokratisch funktionierendes Regime behandeln und dessen Kernstrukturen als

10 John P. McCormick, *Machiavellian Democracy*, New York 2011.

demokratisch qualifizieren. Inwieweit die konkreten Demokratietheorien oder andere politische Theorien und Aussagensysteme der Sozial- und Politikwissenschaft dem Idealtyp des Legitimationsdiskurses tatsächlich entsprechen, ist eine empirische Frage, die an dieser Stelle nur aufgeworfen werden kann. Es ist zudem offenkundig, dass es im Diskurs der Demokratietheorie Beiträge gibt, die diesem Idealtyp nicht entsprechen.

Mein Hinweis auf die Legitimierungsfunktion, die Teile der Politikwissenschaft und der Demokratietheorie erfüllen, ist dennoch wichtig, da die beschriebenen devolutionären Transformationsprozesse die Legitimationsfunktion der Demokratietheorie berühren. Die Devolution führt dazu, dass wissenschaftlich wie lebensweltlich betrachtet die Kernannahmen und damit das Paradigma der Demokratietheorie unplausibel werden. Die liberal-repräsentativen Regime, die von politischen Eliten und von akademischen Demokratietheorien als Demokratien beschrieben werden, erscheinen zusehends undemokratisch. Wie in der Einleitung gezeigt, wird dieser Umstand seit einiger Zeit in der politikwissenschaftlichen Debatte reflektiert. Insbesondere das Konzept der Postdemokratie stellt in diesem Zusammenhang den legitimationswissenschaftlichen Diskurs infrage. Er stößt im Kontext der Devolution mittlerweile auf große lebensweltliche Resonanz. In dieser Hinsicht ist der Begriff der Postdemokratie ein konzeptueller Indikator des Nachlassens der Überzeugungskraft der überlieferten Demokratiekonzeptionen, die unter dem Eindruck einer anhebenden Legitimationskrise demokratischer Politik eintritt. Es wird deshalb für Demokratietheorien schwieriger, die Grundstrukturen ihrer Bezugsregime als demokratisch und legitim zu qualifizieren. Dieses Problem wird im Demokratietheoriediskurs durch unterschiedliche Strategien beantwortet, die der Problemvermeidung durch Demokratievergewisserung dienen.

4.2 Strategien der Demokratievergewisserung

Demokratietheorien beschreiben westliche politische Regime als demokratisch. Zugleich sind sie Teil eines zunehmend skeptisch eingestellten Diskurses, der einen krisenhaften Prozess der Entdemokratisierung und zahlreiche Mängel dieser Regime diagnostiziert. Hieraus resultiert ein Widerspruch. Die Aufrechterhaltung der Demokratiesemantik und das normative Lob der Idee der Demokratie kollidieren mit lebensweltlich erfahrener und diskursiv reflektierter Enttäuschung von der Demokratie. Dieser Widerspruch wird in der Demokratietheorie durch unterschiedliche Strategien zur Vermeidung der Abkehr von der Demokratiesemantik aufgelöst. Diese können in vollentwickelten Theoremen oder ganzen Theoriegebäuden verkörpert sein, sie kommen aber auch in Form von Argumentationsfiguren, Begriffsprägungen und Hintergrundannahmen vor. Es handelt sich insgesamt um ein breites Repertoire einer demokratieaffirmativen Rhetorik.[11] In Anlehnung an das, was Albert O. Hirschman die »Rhetorik der Reaktion«[12] genannt hat, kann man es das *rhetorische Arsenal der Demokratievergewisserung* nennen.

Im Gegensatz zu der von Hirschman untersuchten angriffslustigen Rhetorik der Reaktion ist die zeitgenössische Rhetorik der Demokratievergewisserung defensiv. Während die Reaktionäre Zweifel säen wollten und die Ideale des Fortschritts frontal angriffen, geht es in heutigen Strategien der Demokratievergewisserung darum, Zweifel an der Zukunftstauglichkeit der Demokratie zu zerstreuen und Demokratie als lebens- und lernfähig zu beschreiben. Diese richten sich nicht, oder zumindest nicht primär, gegen einen konkreten politischen Gegner, ein bestimmtes politisches Lager oder an ein unentschiedenes Publikum. Es handelt sich zu einem großen Teil um eine *pro domo*-Rhetorik, die der Selbstvergewisserung dient. Der Kontext dieser Demokratievergewisserung ist die Erfahrung der Devolution. Es ist wichtig zu sehen, dass diese Erfahrung in der gegenwärtigen Demokratietheorie nicht negiert wird. Im Gegenteil, sie wird durch die mittlerweile zum Standardrepertoire der Demokratietheorie gehörende Beschreibung von Krisen oder Bedrohungen und Gefährdungen artikuliert. Das Ziel der Demokratievergewisserung ist hierbei, die im Kontext soziopolitischen Wandels aufkommenden Zweifel am Fortschrittsprozess und an dem mit ihm verknüpften

11 »Rhetorik« meint hier im Anschluss an eine wissenschaftssoziologische Definition des Begriffs »sprachliche Überzeugungsstrategien«; Fran Osrecki, »Rhetoriken der Wissenschaft«, in: Sabine Maasen, Mario Kaiser u. a. (Hg.), *Handbuch Wissenschaftssoziologie*, Wiesbaden 2012, S. 213-225, hier S. 213.

12 Albert O. Hirschman, *Denken gegen die Zukunft. Die Rhetorik der Reaktion*, München 1992.

Demokratiemodell zu akkommodieren, sie in den demokratietheoretischen Legitimationsdiskurs einzupassen und auf diesem Wege die Fortschrittstauglichkeit der Demokratie auch im Kontext einer Krisenerfahrung plausibel erscheinen zu lassen.

Im Folgenden werden sechs Strategien dieser Problemabschwächung präsentiert und anhand exemplarischer Texte illustriert. Dabei werden die Texte in Anlehnung an Skinners Interpretationsmethode gedeutet. Die Texte müssen dafür zum einen in einen explanatorischen Kontext gestellt werden, der über die Stoßrichtung des Textes Auskunft gibt, weil er über die Debatte informiert, in die der Text eingreift. Im vorliegenden Fall ist dies der Diskurs des Demokratieskeptizismus. Zum anderen muss die Performativität des Textes rekonstruiert werden, indem »die Bedeutung seines diskursiven Eingreifens« interpretativ bestimmt wird. Dies geschieht mittels einer Beschreibung dessen, was der Text, wenn man ihn als eine Handlung betrachtet, tut.[13] Mein Erkenntnisinteresse liegt hierbei nicht auf einer inhaltlichen Auseinandersetzung. Das Ziel ist vielmehr, die, zuweilen waghalsigen, Begriffsmanöver und rhetorischen Wendungen aufzuzeigen, die in der zeitgenössischen Demkratietheorie durchgeführt werden, um das Ende der Demokratie nicht denken zu müssen.

Geschichtsneutralisierung

Ein zentrales Mittel der Demokratievergewisserung ist die Neutralisierung von Geschichte. Mittels einer ahistorischen Semantik oder durch die rhetorische Bekräftigung der Dauerhaftigkeit von Demokratie werden die Endlichkeit demokratischer Regime und das historische Verblassen der Idee der Demokratie diskursiv ausgeblendet. Die Strategie der Geschichtsneutralisierung impliziert nicht die Neutralisierung von Geschichte überhaupt, sondern sie zielt auf die Neutralisierung derjenigen Aspekte von Geschichtlichkeit, die den demokratietheoretischen Diskurs infrage stellen könnten.

Da es sich um ein besonders wichtiges Mittel handelt, soll es im Folgenden anhand unterschiedlicher Beispielfälle aufgezeigt

13 Quentin Skinner, »Einleitung. Über Interpretation«, in: ders., *Visionen des Politischen*, Frankfurt/M. 2009, S. 7-17, hier S. 11.

werden. Es findet sich bereits in einführenden Darstellungen von Demokratie, wenn in diesen zwecks einer systematischen Darstellung von Demokratie von historischem Wandel abstrahiert wird oder Geschichte nur als eine Vorgeschichte der dann vermeintlich vollentwickelten »modernen Demokratie« thematisiert wird. Allerdings blenden nicht alle Darstellungen der modernen Demokratie die historischen Wurzeln und das geschichtliche Werden der Demokratie aus. Die historische Genealogie ist eine gängige Methode auch der theoretischen Demokratierekonstruktion und Deutung gegenwärtiger demokratischer Regime.[14] Das hier interessierende rhetorische Mittel der Geschichtsneutralisierung besteht demgegenüber darin, die moderne Demokratie zwar als eine historisch entstandene (und sich geschichtlich »weiterentwickelnde«, »anpassende«, »sich stets neu erfindende« usw.) Regimeform, Praxis oder Idee zu beschreiben, aber den damit notwendig gesetzten *historische Charakter der Demokratie selbst*, und das bedeutet: ihre zukünftige Endlichkeit, von der Beschreibung auszunehmen, sie kategorial auszublenden oder explizit zu negieren. Die Botschaft der demokratietheoretischen Geschichtsneutralisierung lautet: Die Demokratie hatte eine Geschichte, aber sie hat keine mehr.

Eine Funktion der Strategie der Neutralisierung von Geschichte besteht in der Vereinigung des Widerstrebenden. Auf der einen Seite wird von Krisen, Bedrohungen und Gefahren der Demokratie ausgegangen. Der vor einem Untergang oder Ende der Demokratie warnende zeitgenössische Krisendiskurs wird anerkannt und aufgenommen. Auf der anderen Seite geschieht dies aber in einer akkommodierenden Weise. Es bleibt eigentümlich folgenlos, da die Endlichkeit der Demokratie als historischer Regime kategorial ausgeschlossen oder als unmöglich suggeriert wird. Die Strategie der Geschichtsneutralisierung ermöglicht es mithin, einerseits die Krisenhaftigkeit der Demokratie anzuerkennen und vor Demokratiegefährdungen zu warnen, andererseits aber gleichzeitig ein Gefühl von Sicherheit zu vermitteln. Es entsteht der Eindruck, die Demokratie sei zwar bedroht, sie stehe aber nicht wirklich auf dem Spiel. Sie erscheint als krisengeplagt und zugleich geschichtsresistent. Als Zugeständnis an die Erfordernisse des Genres »kritischer« Demo-

14 Vgl. Richard Saage, *Demokratietheorien. Historischer Prozess – theoretische Entwicklung – soziotechnische Bedingungen. Eine Einführung*, Wiesbaden 2005.

kratietheorie[15] wird die Historizität der Demokratie nicht konsequent zu Ende gedacht.

Die Strategie der Geschichtsneutralisierung kann auf unterschiedliche Weise eingesetzt werden. Ihre Variationsbreite lässt sich deshalb am besten anhand von konkreten Fällen illustrieren. Der erste Fall ist die Umdeutung der *historischen* Diagnose der Postdemokratie in eine *unhistorisch-zeitlose* Diagnose, wodurch die im demokratieskeptischen Diskurs allgemein und in der Postdemokratiethese insbesondere implizierte Möglichkeit des Endes demokratischer Regime auf der rhetorisch-semantischen Ebene neutralisiert wird.

Ein Beispiel hierfür ist ein Beitrag Martin Saars. Er deutet die Diagnosen von Colin Crouch und Jacques Rancière, denen zufolge die ehemaligen Demokratien keine wirklichen Demokratien mehr sind, sondern historisch in ein nachdemokratisches Stadium der Postdemokratie eingetreten seien, auf eine demokratievergewissernde Weise um. In dieser »Umdeutung«[16] wird die Postdemokratie nicht als eine »Nicht-mehr-Demokratie« beschrieben. Postdemokratie stelle vielmehr den *Normalzustand* der Demokratie dar, der sich »im Alltag und im Normalfall demokratischer Praxis«[17] einspiele. Der Demokratie sei die Postdemokratie stets eingeschrieben: »Das Postdemokratische, Krisenhafte der Demokratie ist ihr immanent.«[18] Diese Neubeschreibung von Demokratie als irgendwie immer schon postdemokratisch macht »aus dem Topos der Postdemokratie eine Beschreibung eines selbst Demokratischen«.[19] So umgedeutet, verweist die Postdemokratiediagnose zwar auf Mängel demokratischer Mitbestimmung, sie zeigt aber nicht mehr, wie noch bei Crouch oder Rancière, ein historisches Ende der Demokratie an:

> Damit ist die Differenz zu Crouch und Rancière deutlich markiert: Postdemokratie – nämlich Demokratiedefizit, Demokratisierungsbedarf – ist

15 Kritisch zu diesem Genre Ingolfur Blühdorn, »Die Dialektik der Emanzipation. Kritische Soziologie in der Endlosschleife«, in: Hanna Ketterer, Karina Becker (Hg.), *Was stimmt nicht mit der Demokratie? Eine Debatte mit Klaus Dörre, Nancy Fraser, Stephan Lessenich und Hartmut Rosa*, Berlin 2019, S. 152-159.

16 Martin Saar, »Ohnmacht und Unfreiheit. Demokratische Politik nach der Postdemokratie«, in: Ulf Bohmann, Paul Sörensen (Hg.), *Kritische Theorie der Politik*, Berlin 2019, S. 473-493, hier S. 491.

17 Ebd., S. 492.

18 Ebd., S. 491.

19 Ebd.

nicht das Ende oder das Andere demokratischer Politik, sondern immer auch Teil ihrer Verfahren und Regularien, der Verfall des Demokratischen ist immer eine innere Möglichkeit noch der kleinsten demokratischen Praxis, die allzu schnell ganz von selbst in den Modus der Verwaltung und der monologisch verantworteten Effizienz zu kippen neigt.[20]

Zwar wird die Diagnose der Postdemokratie damit als relevant und zutreffend anerkannt, aber zugleich wird ihr so die kritische Spitze genommen. Sie wird zu einer Diagnose über Demokratiedefizite. Postdemokratie bedeutet in dieser Neubeschreibung nicht »das Ende oder das Andere demokratischer Politik«. Vielmehr gehöre das, was unter einer »Postdemokratie« diagnostiziert wird, in der noch existenten Demokratie zum »Alltag« und sei der »Normalfall«.

Eine zweiter Fall der rhetorischen Enthistorisierung besteht darin, die für die Demokratie als essentiell angesehenen politischen Ideen als historisch *entstanden* zu beschreiben, sie aber anschließend als *unendlich-unverlierbare Ideen* darzustellen. Ein Beispiel für diese Form der »Kontingenzverleugnung«[21] findet sich in Catherine Colliot-Thélènes »Schlussbetrachtung« ihres Buches *Demokratie ohne Volk*. Die Schlussbetrachtung, die sich unter anderem auch mit Krisendiagnosen der Demokratie auseinandersetzt, zieht die Schlussfolgerungen aus ihrer neokantianischen Demokratietheorie:

Kant dachte wohl nicht zu Unrecht, dass es Ideen gibt, die, wenn sie erst einmal formuliert worden sind, in der Geschichte der menschlichen Gesellschaften Punkte markieren, hinter die es kein Zurück mehr gibt: nicht, weil diese Ideen die Formen zukünftiger Gesellschaften entscheidend bestimmen würden, sondern weil sie, wenn sie erst in der Welt sind, *für alle Zeiten verfügbar und unter neuen Umständen wieder aktualisierbar* sind. In diesem Sinne hat das »Recht, Rechte zu haben« Geschichte gemacht. Von allen Faktoren, die unsere Welt ihre derzeitige komplexe Form gegeben haben, bleibt dieses Recht eine wesentliche Triebkraft für eine *stets mögliche* Demokratisierung, wenngleich diese niemals vollendet und niemals gegen Rückschritte gefeit sein wird.[22]

»Rückschritte«, heißt es dort, seien zwar eine ständige Möglichkeit, aber zugleich bestünde eine »stets mögliche Demokratisierung«, da

20 Ebd., S. 492.

21 Michael Th. Greven, »Verschwindet das Politische in der politischen Gesellschaft? Über Strategien der Kontingenzverleugnung«, in: Thomas Bedorf, Kurt Röttgers (Hg.), *Das Politische und die Politik*, Berlin 2010, S. 68-87.

22 Catherine Colliot-Thélène, *Demokratie ohne Volk*, Hamburg 2011, S. 242. Hervorhebung hinzugefügt.

das »Recht, Rechte zu haben« eine unverlierbare, der Geschichte nun mehr enthobene politische Idee sei. Colliot-Thélène konstruiert auf diese Weise einen vermeintlich ewigen demokratietheoretischen Ideenhimmel, dessen, um im Bild zu bleiben, leuchtende Sterne niemals verlöschen werden.

Ein dritter Fall der Strategie der Geschichtsneutralisierung ist das Modell einer ewigen Demokratiewiederkunft. Es findet sich in Klaus von Beymes Beitrag zur Postdemokratiediskussion.[23] Auch mit dieser Variante der Geschichtsneutralisierung soll die mehr und mehr ins Bewusstsein drängende Geschichtlichkeit und Vergänglichkeit der Demokratie abgewehrt werden. Von Beyme erkennt die Geschichtlichkeit politischer Regime im Sinne eines historischen Entstehens und Vergehens an und bestätigt, ganz im Sinne der Diagnose der Postdemokratie, die Einschätzung, die Demokratie befinde sich gegenwärtig in der Phase ihres Vergehens. In einem zweiten rhetorischen Schritt neutralisiert er diese Geschichtlichkeit aber wieder, indem er der Demokratiegeschichte ein zyklisches Geschichtsmodell unterschiebt, dem zufolge es nach dem Niedergang in der Zukunft zu einer Wiederkehr und damit zur Revitalisierung der Demokratie kommt. Er plausibilisiert dieses Modell in Anlehnung an die zyklischen Trends und Renaissancebewegungen in der Kunst, in der Post- und Neo-Stile aufeinander folgten. Und in Analogie hierzu prognostiziert er einen kommenden politischen Erneuerungszyklus, der, so auch sein Buchtitel, *Von der Postdemokratie* zur *Neodemokratie* führe.[24] Die Postdemokratie ist eine historische Realität, doch, so die Botschaft, der zyklische Geschichtsverlauf wird mit Notwendigkeit zu einer erneuten Blüte der Demokratie in Gestalt der Neodemokratie führen.

Nun will ich zwei Fälle anführen, in denen die Neutralisierung von Geschichte gewissermaßen zu einem Theorieprogramm gemacht wird. Interessanterweise stammen sie aus ganz entgegengesetzten theoretischen Richtungen.

Das erste Beispiel entstammt der dekonstruktiven *Demokratie im Präsens*,[25] die eine enthistorisierende Semantik zur ahistorischen Beschreibung von Demokratie nutzt. Die Demokratie wird hier-

23 Klaus von Beyme, *Von der Postdemokratie zur Neodemokratie*, Wiesbaden 2013.

24 Ebd. Hervorhebung hinzugefügt.

25 Isabell Lorey, *Demokratie im Präsens. Eine Theorie der politischen Gegenwart*, Berlin 2020.

bei als ein ewig andauerndes Werden *inszeniert.* Es ist in diesem Kontext wichtig zu sehen, dass es sich bei Loreys »Demokratie im Präsens« nicht um eine Theorie oder einen Begriff im sozialwissenschaftlichen Sinn dieser Wörter handelt. Die »Demokratie im Präsens« ist eine symbolisch-performative Formel, für die das Genre der Demokratietheorie als Vehikel für eine politische Parodie von Demokratietheorie benutzt wird.[26] Die »Demokratie im Präsens« kann zudem nicht dem Legitimationsdiskurs im oben eingeführten Sinn zugeordnet werden, weil Lorey die liberal-repräsentative Demokratie explizit ablehnt. Sie entwickelt eine systemkritische Demokratievergewisserung.

Ihr Ausdruck »Demokratie im Präsens« ist ein Symbol für eine plötzlich im politischen (Protest-)Geschehen auftauchende und dann – in den »Falten der Dauer«[27] – weiter werdende antisystemische Demokratie. Lorey führt dieses Symbol unter anderem mittels eines Rekurses auf die sogenannten Platzbewegungen ein.[28] Deren verbindendes Element ist die öffentlichkeitswirksame Besetzung von zentralen Plätzen und die Haltung »empörter Bürger«,[29] die gegenüber der jeweiligen politischen Ordnung »echte Demokratie« einfordern.

Die eigentliche Inspiration für Loreys Demokratiebeschreibung stammt jedoch aus der Theorie, genauer gesagt aus Derridas postmoderner Demokratietheorie. Insbesondere die Formel einer

26 In seiner Rezension des Buches schreibt Rabe, es ginge Lorey um »eine gründliche Rekonzeptualisierung von Demokratie«; Jens-Christian Rabe, »Wir, die Vielen. Isabell Lorey schlägt eine neue Demokratie vor«, in: *Süddeutsche Zeitung*, 13.10.2020. Das verfehlt den dekonstruktivistisch-politischen Charakter des Buchs und ist ungefähr so, als würde man Judith Butler attestieren, es ginge ihr um eine »gründliche Rekonzeptualisierung« von Geschlecht. Die Kategorie des natürlichen Geschlechts wird von Butler vielmehr zu politischen Zwecken parodiert und dadurch dekonstruiert. An diesen Ansatz schließt Lorey an. Parodieren meint in diesem Zusammenhang nicht das satirische Überzeichnen, sondern die parodistische Imitation hat den Zweck, dem Parodierten den Nimbus der Originalität und Authentizität zu nehmen.

27 Lorey, *Demokratie im Präsens*, S. 196.

28 Ebd., S. 144 ff.

29 Paolo Gerbaudo, »The Indignant Citizen. Anti-austerity Movements in Southern Europe and the Anti-oligarchic Reclaiming of Citizenship«, in: *Social Movement Studies* 16 (2016), S. 36-50.

Demokratie à venir, einer »kommenden Demokratie«,[30] ist für die Demokratie im Präsens maßgeblich. Loreys Interpretation der Formel lautet:

> *À venir* meint ein Kommen nicht als ein von der Gegenwart getrenntes Künftiges, sondern als das, was *im Kommen bleibt* – eine Bewegung oder Dynamik, die wiederkehrend in der Gegenwart stattfindet. [...] Derridas Figur des Kommenden meint nicht die Zukunft, sondern eher eine ausgedehnte, unvorhersehbare Gegenwart, die nicht ist, sondern im Werden bleibt. [...] Die Gegenwart, die im Kommen bleibt, ist ein Werden, eine Gegenwart, die andauert, in der Unvorhersehbarkeit der Bewegung.[31]

An diese paradoxe Rhetorik anknüpfend, beobachtet Lorey in den von den Platzbewegungen verkörperten Praktiken ein »Werden von Demokratie in der Gegenwart«,[32] auf das sie die Ausdrücke »präsentistische Demokratie« beziehungsweise »Demokratie im Präsens« münzt.

Die Darstellung der theoriestrategischen beziehungsweise begriffspolitischen Negation von Geschichte mittels einer spezifischen Beschreibung von Demokratie lässt sich am besten anhand von direkten Zitaten aufzeigen, in denen Lorey die »präsentistische« Demokratie beschreibt. Sie vermitteln einen Eindruck von Loreys Stil der karnevalesken Anrufung von »Demokratie«, in dem sie eine verrätselnde Rhetorik und die Technik des automatischen Schreibens mit dem Vokabular des bewegungsförmigen Politaktivismus zu einem parodistischen Demokratietheorie-*Happening* verbindet. In dieser Theorieperformance wird Demokratie mit vitalistisch-romantischen Beschwörungsformeln enthistorisiert. Von der »Demokratie im Präsens« heißt es dort:

30 Hierzu Luzia Sievi, *Demokratie ohne Grund – kein Grund für Demokratie? Zum Verhältnis von Demokratie und Poststrukturalismus*, Bielefeld 2017, S. 373 ff. Derrida behauptet einerseits, die Demokratie sei »für historische Transformationen nahezu beliebig offen und flexibel«; Jacques Derrida, *Schurken. Zwei Essays über die Vernunft*, Frankfurt/M. 2003, S. 46. Andererseits hebt er ihre »absolute und intrinsische Historizität« hervor, die aus der Entgrenzung von Kritik in der Demokratie resultierte. Sie könne sowohl zur Selbstverbesserung als auch zur Selbstgefährdung führen; ebd., S. 124. Mit Einschätzungen dieser Art liegt man natürlich immer irgendwie richtig.

31 Lorey, *Demokratie im Präsens*, S. 78 f.

32 Ebd., S. 143.

Sie ist ein Werden, ein unentwegtes Demokratisch-Werden in der Jetztzeit der konstituierenden Prozesse.[33]

Ihre Wiederholung in Zeit und Raum ist transversale Wiederkehr. Aus den affizierenden Machtbeziehungen heraus wiederholen und differenzieren sich Sprünge und Tänze des Widerstands, transversale Konstellationen, Verschuldungen auf Distanz.[34]

Ohne identitäre Bezüge unterstützt die präsentistische Demokratie immer situierte Formen der Transnationalisierung. Ihre instituierenden Praxen sind lokal und transnational zugleich, Neuzusammensetzungen von Sozialität und Raum, Konstellation von verschiedenen Zeiten. So ereignet sich Organisierung in den Sprüngen von Vergangenheit und Gegenwart, im Vielklang von längst Verstummten und heutigen Stimmen, so entsteht Demokratie im Präsens.[35]

Lorey versieht diese einerseits suggestive, andererseits an dadaistischen Nonsens erinnernde Beschreibung eines vermeintlich entzeitlichten Demokratiekarnevals mit einem normativen Prädikat. Die »Demokratie im Präsens« habe mit der angeblich repressiv-hierarchischen Logik herkömmlicher Zeitkategorien (nach den Schemata Anfang-Blüte-Ende und Vergangenheit-Gegenwart-Zukunft) gebrochen, wodurch der Verweis auf Zeitlichkeit in diesem Sinne beziehungsweise die herkömmliche Auffassung von Geschichtlichkeit als repressiv beschrieben werden. Indes: Jede Besetzung geht irgendwann zu Ende und kein Protestler harrt endlos auf der *plaza* aus. Die »Demokratie im Präsens« bleibe dennoch bestehen. Ihre Dauer trotze dem Lauf der Zeit: »Die Dauer selbst ist Vielfalt, keine vereinheitlichende hierarchisierende Zeitlichkeit.«[36] Die Semantik der »Demokratie im Präsenz« ist das rhetorische Vehikel eines programmatischen Ansatzes, der die liberal-repräsentative Demokratie kategorisch ablehnt und dieser die Utopie einer entzeitlichten, die historische Zeit angeblich verlassenden, immerzu präsenten Bewegungsdemokratie entgegensetzt.

Mein zweites Beispiel eines Theorieprogramms zur Neutralisierung von Geschichte ist das neoaristotelische Konzept einer evolu-

33 Ebd., S. 196.
34 Ebd., S. 197.
35 Ebd., S. 198.
36 Ebd., S. 135.

tionär entstehenden »Demokratie 4.0« von Manville und Ober.[37] Im Unterschied zu Loreys subversiv gemeintem Ansatz geht es Manville und Ober um eine wissenschaftliche Grundlegung von Demokratie. Sie beginnen ihren Text mit dem pflichtschuldig vorgebrachten Zugeständnis, es sei durchaus möglich, dass die Demokratie die gegenwärtigen Krisen und politischen Transformationsprozesse nicht überlebe; es gebe »viele Indikatoren für den Untergang«.[38] Anschließend setzen sie dann aber zu einer Interpretation von Demokratie und deren Geschichte an, die aus einer Verbindung aus darwinistischer Evolutionstheorie mit einem prädarwinistischen Essentialismus der ewigen Demokratieerneuerung besteht. Wie sie versichern, helfe ihre auf diesem Wege gewonnene Demokratiebeschreibung »die Befürchtung zu zerstreuen, dass [die Demokratie] ein für alle Mal sterben muss, wenn die Demokratie nicht in ihrer jetzigen Gestalt bestehen bleibt«.[39] Hier findet sich die eingangs erwähnte, für den Selbstvergewisserungsdiskurs von Teilen der heutigen Demokratietheorie typische Verbindung aus folgenlosem Krisengerede und demokratietheoretischer Rückversicherung mittels Geschichtsneutralisierung.

Die Grundidee ihres Ansatzes zur Neutralisierung von Geschichte lautet, dass »die Demokratie mehrere Phasen der evolutionären Anpassung durchlaufen hat; sie könnte kurz vor einer weiteren Neuerfindung stehen«.[40] Die Demokratie sei nämlich immer schon eine sich evolutionär akkommodierende Ordnungsform gewesen. Sie passe sich an ihr gewandeltes Milieu und die damit jeweils einhergehenden Herausforderungen an. Eine solche Neuerfindung der Demokratie stehe nun abermals bevor. Zugleich aber, und hier weichen Manville und Ober vom darwinistischen Modell eines historischen Wandels des Entstehens und Vergehens der Arten ab, habe sich trotz dieser Anpassung ein *essentieller Kern* der Demokratie über die historischen Epochen hinweg erhalten. Die (Neu-)Entwicklung der Demokratie sei »immer um einen ein-

37 Brook Manville, Josiah Ober, »In Search of Democracy 4.0. Is Democracy as We Know It Destined to Die?«, in: *IEEE Technology and Society Magazine*, März 2019, S. 32-42.

38 Ebd., S. 32.

39 Ebd., S. 36.

40 Ebd., S. 33.

heitlichen, wesentlichen Kern«[41] erfolgt. Dieser Kern bestehe aus der aristotelischen Trias von Gemeinschaft, Bürgerschaftsstatus und bürgerschaftlichen Normen von Gleichheit, Freiheit und Würde:

> Das aristotelische Modell der kollektiven Selbstregierung durch die Bürger […] definiert den wesentlichen Kern eines jeden demokratischen Systems – ganz gleich, wie einfach und klein oder wie umfangreich oder komplex es ist.[42]

Manville und Ober zufolge ist die philosophische Entdeckung dieses Kerns zwar in einer ganz bestimmten historischen Zeit erfolgt, eben in der Lebenszeit des Aristoteles. Aber bereits während der Urzeit des Menschen sei eine politische Vergemeinschaftung praktiziert worden, die diesen Kern aufgewiesen habe. Diese angebliche Urzeitdemokratie der Höhlenmenschen bezeichnen sie als »Demokratie 1.0«:

> Die Demokratie 1.0 scheint mit der Ankunft des biologisch modernen Menschen vor etwa 200 000 Jahren zusammenzufallen. Die Gewohnheit, nach den Werten Freiheit, Gleichheit und Würde zu handeln, entstand offenbar zusammen mit den hochgradig anpassungsfähigen körperlichen Merkmalen des genetisch modernen Menschen […]. Die prähistorischen Sammlergemeinschaften waren klein, wahrscheinlich nur ein paar Dutzend Individuen. Anthropologische Metastudien deuten jedoch darauf hin, dass sie dennoch in gewisser Weise »demokratisch« waren und zumindest unter erwachsenen Männern annähernd Gleichheit herrschte.[43]

Derart rückversichert – bereits der Urzeitmann lebte demokratisch –, konstruieren Manville und Ober die weitere Entwicklung der Demokratie über die klassische Stadtdemokratie des antiken Griechenlands (»Demokratie 2.0«) bis hin zur modernen repräsentativen Staatsdemokratie (»Demokratie 3.0«). Die Demokratie, so die Suggestion, ist ein seit Urzeiten immerwährend laufendes Programm. Es benötige bloß von Zeit zu Zeit ein *Update*, um neuartige Herausforderungen erfolgreich bewältigen zu können. Für das ihrer Meinung nach gegenwärtig nötige Update zur Entwicklung einer »Demokratie 4.0« entwerfen sie einige, allerdings nur vage

41 Ebd., S. 34.
42 Ebd., S. 35.
43 Ebd., S. 36.

umrissene, »Designprinzipien«,[44] die an dieser Stelle vernachlässigt werden können.

Manvilles und Obers Konstruktion ist spekulativ und inkonsistent. Spekulativ ist die These, dass die Entstehung der Demokratie (»Demokratie 1.0«) mit der natürlichen Lebensweise des Urmenschen zusammenfiel. Von frühhistorischen politischen Verhältnissen wissen wir, dass deren Varianz ziemlich groß war und von despotischen Ordnungen über egalitäre Strukturen bis hin zu anarchischen Verhältnissen reichte.[45] Inkonsistent ist Manvilles und Obers Begriffsgebrauch. Sie definieren den wesentlichen Kern der Demokratie nach dem Vorbild einer bestimmten historischen politischen Ordnung (der antiken griechischen Stadtgemeinschaft) als die kollektive Selbstregierung durch die Bürger. Zugleich behaupten sie, bei dem modernen repräsentativen System (»Demokratie 3.0«) handele es sich um eine Ordnung, die diesen wesentlichen Kern ebenfalls aufweise. Nach ihrer eigenen Definition müsste dieses repräsentative System jedoch als undemokratisch klassifiziert werden. Die Bürger regieren sich in ihm ja gerade nicht selbst, sondern werden von Repräsentanten beherrscht.

Entscheidend an der Erzählung von Manville und Ober ist deren rhetorisch-politische Funktion. Mit ihr liefern sie ein theoretisches Vokabular, das den angeblichen Kern der Demokratie der historischen Evolution entzieht. Ausgerechnet er soll der Geschichtlichkeit nicht unterworfen sein. Das ist die Erzählung einer Evolution, in der zwar vieles entsteht und wieder vergeht, aber eine ganz bestimmte Art nicht aussterben kann: die Demokratie.

Adaptive Neubeschreibung

Bei der Strategie der adaptiven Neubeschreibung steht der Wandel der Demokratie im Zentrum.[46] Demokratie verändere sich zwar,

44 Ebd., S. 40.

45 David Graeber, David Wengrow, *The Dawn of Everything. A New History of Humanity*, London 2021. Es ist möglich, dass die Entscheidungsfindung in prähistorischen Kleingruppen konsensual erfolgte, aber es macht wissenschaftlich keinen Sinn, dies »Demokratie« zu nennen, siehe Anthony Black, *A World History of Ancient Political Thought. Its Significance and Consequences*, Oxford 2016, S. 8 f.

46 Zur Neubeschreibung mit Blick auf den Begriff der Demokratie siehe Hubertus Buchstein, Dirk Jörke, »Redescribing Democracy«, in: *Redescriptions. Yearbook of Political Thought and Conceptual History* 11 (2007), S. 178-200.

aber sie bleibe – trotz des Wandels – eine Demokratie, gerade indem sie sich ständig verändere und anpasse. Das zentrale Mittel der adaptiven Rhetorik ist, dass der Wandel in die Demokratiesemantik und Begriffsbildung anpassend eingefügt wird. Die Ausgangsintuition dieser identitätserhaltenden Strategie der Begriffsumprägung kommt in dem folgenden Saward-Zitat zum Ausdruck:

> Die Idee der »Demokratie« hat *schon immer den Keim für ihre eigene Veränderung in sich getragen.* Heute ist das, was wir mit dem Begriff meinen, rasch dabei, vielfältiger, weniger symmetrisch, formbarer und komplexer zu werden. In diesem Sinne sollten wir eine entspannte Haltung gegenüber einer neuen, bunten Konzeption von prozeduraler Demokratie einnehmen.[47]

Saward beschreibt die Idee der Demokratie damit als immer schon im Prozess einer Transformation und Neubeschreibung befindlich. Begriffslogisch setzt er voraus, dass sich trotz der Transformation der Bedeutung des Begriffs die Kernidentität der Demokratie erhält. Soll das im demokratietheoretischen Diskurs semantisch abgebildet werden, so benötigt man dafür Beschreibungen von Demokratie, denen zufolge diese zwar ihre Erscheinungsweise oder ihre Form verändere, zugleich aber ihre Identität behalte. Diesen Zweck erfüllt das zentrale Mittel der adaptiven Neubeschreibung, das seit einiger Zeit in Beiträgen zum demokratietheoretischen Diskurs gehäuft vorkommt: die Erfindung von Bindestrichdemokratien und Kompositbegriffen. Die dadurch gewonnenen Begriffsprägungen können normativ unterschiedlich konnotiert sein und in heterogenen Verwendungszusammenhängen vorkommen. So kann der Wandel als eine positive Veränderung zu etwas Besserem beschrieben werden, der die vermeintlich starre »repräsentative Demokratie« in eine offenere »multiple Demokratie«[48] oder in eine elitenkritische »*monitory democracy*«[49] verwandele, die für zuvor nicht beachtete Probleme sensibel sei und eine elitenkritische Politik verbürge. Die Veränderung kann aber auch normativ neutraler in einem deskriptiv-diagnostischen Sinne beurteilt oder stärker

47 Michael Saward, »Reconstructing Democracy. Current Thinking and New Directions«, in: *Government and Opposition* 36 (2001), S. 559-581, hier S. 581. Hervorhebung hinzugefügt.

48 Paul Nolte, *Was ist Demokratie? Geschichte und Gegenwart*, München 2012, S. 421 ff.

49 John Keane, *The Life and Death of Democracy*, London 2009, S. 688 ff.

mit einem analytisch-vergleichenden Fokus begrifflich konstruiert werden. Ein Beispiel für Ersteres ist die Beschreibung der Transformation der »Parteiendemokratie« hin zu einer »Publikumsdemokratie«,[50] Letzteres ist hingegen die Perspektive des Begriffs der »Mehrebenen-Demokratie [multilevel democracy]«.[51] Schließlich kann die Veränderung auch als ein problematischer Prozess beschrieben werden, der die Demokratie zu einer nur noch episodisch sich ereignenden »flüchtigen Demokratie [fugitive democracy]«[52] werden lässt.

In der Summe werden durch diese Vorgehensweise neuartige Phänomene und strukturelle Veränderungen als etwas Ergänzendes, Verbesserndes, Neutrales oder als etwas normativ Problematisches beschrieben – die jedoch den Kern der Demokratie, ihr Demokratischsein, nicht berühren. Die Botschaft, die mit dieser Semantik der Bindestrichdemokratie und mit den Kompositbegriffen von Demokratie vermittelt wird, ist nicht, dass die Geschichte der Demokratie an ihr Ende gekommen ist. Vielmehr evoziert die Semantik der adaptiven Neubeschreibung die Hoffnung, dass die Demokratie zwar durchaus dem historischen Wandel unterworfen sei, ja, dass sie sich zwangsläufig verändere, dabei aber stets eine Demokratie bleibe, indem sie von einer Erscheinungsform in eine andere übergehe, gewissermaßen in Gestalt einer unendlichen Kette der Demokratien.[53] Der Sinn dieser rhetorischen Figur ist, eine

50 Manin, *Kritik der repräsentativen Demokratie*, S. 297 ff.

51 Fritz W. Scharpf, »Multilevel Democracy. A Comparative Perspective«, in: Nathalie Behnke, Jörg Broschek, Jared Sonnicksen (Hg.), *Configurations, Dynamics and Mechanisms of Multilevel Governance*, Cham 2019, S. 249-271.

52 Sheldon S. Wolin, »Fugitive Democracy«, in: *Constellations* 1 (1994), S. 11-25.

53 Die selbst dann nicht abreißt, wenn »illiberale Demokratien«, Fareed Zakaria, »The Rise of Illiberal Democracy«, in: *Foreign Affairs* 76 (1997), S. 22-43, »defekte Demokratien«, Wolfgang Merkel, Hans-Jürgen Puhle u. a., *Defekte Demokratie. Band 1: Theorie*, Wiesbaden 2003, oder »populistische Demokratien« entstehen, Takis S. Pappas, »Populist Democracies. Post-Authoritarian Greece and Post-Communist Hungary«, in: *Government and Opposition* 49 (2014), S. 1-23. Ähnlich Vorländer, der im Kontext von gestiegener Komplexität, politischer Medialisierung und grenzüberschreitender Probleme die repräsentative Demokratie selbst als problematisch begreift; Hans Vorländer, »Der Wutbürger – Repräsentative Demokratie und kollektive Emotionen«, in: Harald Bluhm, Karsten Fischer, Markus Llanque (Hg.), *Ideenpolitik. Geschichtliche Konstellationen und gegenwärtige Konflikte*, Berlin 2011, S. 467-478. Seine Prognose möglicher Zukunftsszenarien besteht ausschließlich aus Bindestrichdemokratien. Er unterscheidet: »reine

dauerhafte Anpassungsfähigkeit der Demokratie zu suggerieren. Demokratie könne auch inmitten turbulenten Wandels eine Anpassungsleistung erbringen, so dass sie sich in Zukunft als wieder stabilisiert oder gestärkt behaupten wird oder zumindest in einer Schrumpfform zu überdauern vermag.

Abschließend will ich einen besonders prägnanten Anschauungsfall für die Strategie der adaptiven Neubeschreibung präsentieren. Hierfür eignen sich jüngere Publikationen von Pierre Rosanvallon. Rosanvallon sticht auf der einen Seite mit seiner analytisch präzisen sowie diagnostisch umfassenden Beschreibung zeitgenössischer Probleme von Demokratie und der Veränderung demokratischer Praktiken und Institutionen hervor. Sie haben ihn zu einem der einflussreichsten und lesenswertesten Demokratiediagnostiker der Gegenwart gemacht. Auf der anderen Seite ist Rosanvallon stets bemüht, neben der Analyse von Krisenerscheinungen auch einen positiven Beitrag zur Verbesserung der Demokratie zu leisten. Insbesondere will er dort Lichtblicke der Demokratie ausmachen, wo man sie zuvor nicht vermutet hatte. Hierzu zählt etwa sein Vorschlag, Verfassungsgerichte und unabhängige Regulierungsbehörden, obgleich vom Prozess demokratischer Willensbildung größtenteils abgekoppelt, als demokratische Institutionen zu beschreiben:

> Das Besondere an ihnen ist, dass sie einen *indirekten* Charakter haben, da sie funktional im Dienste der Herbeiführung des Gemeinwohls stehen. Es gilt also, zwischen Institutionen zu unterscheiden, die einen demokratischen Status haben (deren Autorität sich aus den Wahlen ableitet), und solchen, die, aufgrund ihrer Ziele und Funktionsweise, eine demokratische *Qualität* haben.[54]

Auffällig an dieser Stelle ist Rosanvallons adaptive Semantik. Er deklariert eine undemokratische Funktionsweise zu einer demokratischen, weil Letztere zwar keinen demokratischen »Status«, dafür aber eine demokratische »Qualität« habe. Diese Sicht stößt Rosanvallon zufolge nicht überall auf Verständnis, weil die meisten Menschen demokratische Legitimität vor allem mit Wahlen verbinden

Elitendemokratie«, »präsentative Demokratie« und »responsive und partizipatorische Demokratie«; Vorländer, »Der Wutbürger«, S. 476 f. Es entsteht die Suggestion: Wie die Zukunft auch aussehen mag, demokratisch wird sie allemal sein.

54 Pierre Rosanvallon, *Das Jahrhundert des Populismus*, Hamburg 2020, S. 197.

und ihr Recht schätzen, zentrale politische Amtsträger abwählen zu können. Rosanvallon kritisiert, dass seine eigene Sicht auch aus diesem Grund nicht durchdringe, denn »es gibt eine Art dumpfen geistigen Widerstand, die Dinge so zu betrachten, so dominant ist immer noch die im engeren Sinne wahlzentrierte Auffassung der Demokratie«.[55]

Hilfreich für eine Illustration der Strategie der adaptiven Neubeschreibung ist aber vor allem Rosanvallons Erfindung von hoffnungsvoll-positiv klingenden Bindestrich- und Kompositformeln, mit denen er die Dimensionen einer neu entstehenden, an veränderte gesellschaftliche und politische Kontexte adaptierten Demokratie suggeriert. Hierzu zählen unter anderem:

– die »interaktive Demokratie«[56]
– die »Betätigungsdemokratie«[57]
– die »Aneignungsdemokratie«[58]
– die »Vertrauensdemokratie«[59]
– die »Gegen-Demokratie«[60]
– die »Genehmigungsdemokratie«[61]

Rosanvallon führt seine adaptiven Komposita zumeist mit der folgenden dramaturgischen Grundfigur ein. Er legt zunächst dar, dass die liberal-repräsentative Demokratie nicht mehr zu überzeugen vermag, da sie an wandlungsbedingte Funktions- oder Legitimationsgrenzen gestoßen sei oder sich in einer Krise befinde. Nach seiner Analyse von daraus resultierenden Problemen entwirft er einen Kompositbegriff, der auf einen positiven Adaptionsprozess hindeuten soll und einen möglichen Lösungsweg suggeriert.

Ich will die daraus jeweils resultierenden Begriffsprägungen in diesem Kapitel nicht diskutieren. In manchen Fällen lässt Rosanvallon sie eher beiläufig fallen, bei einigen unter ihnen handelt es

55 Ebd.
56 Ebd., S. 230.
57 Ebd., S. 232.
58 Ebd., S. 233.
59 Ebd.
60 Pierre Rosanvallon, *Die Gegen-Demokratie. Politik im Zeitalter des Misstrauens*, Hamburg 2017.
61 Pierre Rosanvallon, *Die gute Regierung*, Hamburg 2016, S. 19.

sich hingegen um systematisch eingeführte Begriffe. Stattdessen möchte ich auf einen weiteren Aspekt der demokratietheoretischen Problemvermeidungsrhetorik hinweisen, der in den Texten Rosanvallons ebenfalls deutlich wird und der in gewisser Weise zu seinen hoffnungsvoll klingenden Kompositbegriffen passt. Rosanvallon ist, wie erwähnt, ein analytisch und historiographisch oftmals präzise sowie nah an den Phänomenen orientiert vorgehender Demokratietheoretiker. Aber sobald er von der kritischen Analyse und historischen Rekonstruktion zum Positiven übergehen will, stellt sich in seinen Texten ein symptomatisches Unpräzisewerden ein, das aus einer Mischung aus politischem Appell und dem Marketing entlehnten Formulierungen besteht:

> Der demokratische Fortschritt impliziert mittlerweile ein Komplexerwerden, eine Potenzierung der Demokratie. Das ist kein Entwurf eines Demokratiemodells, sondern der Hinweis darauf, dass eine ständige Arbeit zu leisten ist, dass Prinzipien zu aktivieren sind; eingedenk dessen, das Demokratie primär das System ist, das nicht aufhört, sich selbst zu hinterfragen.[62]

An Stellen wie diesen ist die der adaptiven Rhetorik unterliegende Ratlosigkeit, wie die Demokratie denn tatsächlich wieder verbessert werden könnte, nahezu mit Händen zu greifen.

An einer anderen Stelle des gleichen Buches, die von der konzeptuellen Anpassung der Demokratiebegriffe handelt und die sich gegen die seiner Ansicht nach vergebliche Bemühung der Bewahrung der repräsentativen Form liberaler Demokratie richtet, schreibt Rosanvallon:

> Das Ziel muss hingegen sein, die Demokratie zu erweitern, um ihr Gestalt zu verleihen, um ihre Ausdruckformen, Verfahren und Institutionen zu potenzieren. Die Wahrheit der Demokratie liegt nicht in der vermeintlichen Perfektion einer ihrer Modalitäten, sondern in der Anerkennung der Tatsache, dass man ihrem Ideal nur durch die Überlagerung der verschiedenen Annäherungen nahekommen kann, die Addition all der für sich genommen unvollkommenen Modalitäten, die man zu ihrer Formgebung in Betracht ziehen kann. […] Sie lässt sich somit charakterisieren als Horizont der ständigen Erkundung und Instituierung, die der steten Neubewertung der verschiedenen Bestandteile ihrer Definitionsversuche unterliegt.[63]

62 Rosanvallon, *Das Jahrhundert des Populismus*, S. 233 f.

63 Ebd., S. 228.

Diese Stelle ist durch eine so suggestive wie vage Begrifflichkeit charakterisiert (»Überlagerung der verschiedenen Annäherungen«), die auf abstrakter Ebene etwas Positives über die Zukunft der Demokratie aussagen soll, aber im Unklaren lässt, worin es besteht. Dieser Umstand lässt sich so interpretieren, dass sich hinter der Strategie der Neubeschreibung Rat- und Hilflosigkeit sowie eine grundsätzliche Verunsicherung verbergen. So gedeutet, wäre die adaptive Neubeschreibung nicht nur ein Mittel, mit dem das politische Ziel erreicht werden soll, weiterhin eine Fortschrittsgeschichte der Demokratie erzählen zu können, indem das Konzept der Demokratie, in Form einer »ständigen Erkundung« und »steten Neubewertung«, an den demokratieaversen Prozess der Devolution angepasst wird. Die Strategie kann auch in einem psychologischen Sinne interpretiert werden. Sie ist eine *Rationalisierungsstrategie*, ein demokratietheoretischer *coping mechanism*, mit dem demokratietheoretische Texte das Verschwinden der Institutionalisierung von Freiheit und Gleichheit und die devolutionäre Entdemokratisierung verarbeiten und zumindest auf einer rhetorischen Ebene erträglich gestalten.

Liberale Idealisierung

Eine weitere Strategie zur Demokratievergewisserung und Aufrechterhaltung der Legitimierungsfunktion der Demokratietheorie ist die Idealisierung demokratischer Regime mittels Abstraktion eines idealtypischen Begriffs oder »Kernmerkmals« von Demokratie. Der auf diesem Wege gewonnene Idealtypus dient hierbei aber nicht, wie von Max Weber für die Bildung von Idealtypen vorgesehen, dem Abgleich mit der historisch-empirischen Wirklichkeit und als ein Leitfaden und Ordnungsmittel zur Analyse derselben, sondern die konzeptuelle Isolierung von »wesentlichen Prinzipien«, »Grundideen« oder »Kerneigenschaften« der liberalen Demokratie wird, unter der Hand, zum Hauptgeschäft der Theoriebildung. Die Strategie der Idealisierung schließt zwar weder die Beurteilung der politischen Wirklichkeit noch die empirische Diagnose einer ungenügenden Verwirklichung von Demokratie aus, aber ihre rhetorische Suggestionskraft gewinnt sie durch ein unausgewogenes Verhältnis zwischen konzeptueller Abstraktion auf der einen Seite und nur kursorischer empirischer Wirklichkeitsbeschreibung auf der anderen Seite. Vor allem aber lebt die Idealisierung von der

Bildung suggestiv-affektiver Metaphern, die normative Erwartungen ansprechen und, ähnlich wie erfolgreiche Slogans aus der Image- und Markenbildung durch Marketingstrategien, »positive Identifikationsangebote« transportieren.

Ein Beispiel für ein solches Identifikationsangebot in der liberal orientierten Demokratietheorie ist die Metapher des »leeren Orts der Macht«, die zugleich ein Beispiel für eine Idealisierung im obigen Sinne ist. Wie oben erwähnt, entstammt sie der Theorie Claude Leforts. Mittlerweile ist sie nicht nur in den Texten »radikaler« Demokratietheoretiker zu einer gängigen Formel zur Charakterisierung der Demokratie geronnen. Wenn diese Formel zum Einsatz kommt, handelt es sich zumeist nicht um einen analytisch präzisen Begriffsgebrauch, sondern um eine metaphorische Verwendung, die eine Suggestion von »Offenheit« erzeugt, die dann als das Kernmerkmal von Demokratie erscheint. Dem Suggestionscharakter und dem metaphorischen Vorgehen entsprechend vielgestaltig ist die Verwendungsweise, die sich in der Literatur findet.

Auffällig ist, dass der Umgang mit der Formel recht freihändig erfolgt. So schreibt Arato vom »leeren Ort des *Königs*«[64] in der Demokratie, wohingegen Müller die Demokratie dadurch ausgezeichnet sieht, dass sie einen »emtpy *seat* of power«[65] aufweise. Bei Urbinati wiederum zeichnet sich die Demokratie durch einen »empty *space* of power«[66] aus. An anderer Stelle schreibt Urbinati allerdings vom »›empty space‹ of *politics*«[67]. Green hingegen meint, Lefort zufolge gelte in der Demokratie: »The *People* is an empty space.«[68]

64 Andrew Arato, »Europa und Verfassung – ›Braucht Europa eine Verfassung‹« (2001), in: Hauke Brunkhorst, Regina Kreide, Christina Lafont (Hg.), *Habermas Handbuch*, Stuttgart 2009, S. 263-272, hier S. 267. Alle folgenden Hervorhebungen stammen von mir.

65 Jan-Werner Müller, »Populism (against Democracy). A Theoretical Preface and Some Episodes of a Transatlantic History«, in: Paul Nolte (Hg.), *Transatlantic Democracy in the Twentieth Century. Transfer and Transformation*, Berlin 2016, S. 180.

66 Nadia Urbinati, »The Populist Phenomenon«, in: *Raisons politiques* 51 (2013), S. 137-154, hier S. 148.

67 Nadia Urbinati, »Populism and the Principle of Majority«, in: Cristóbal Rovira Kaltwasser, Paul Taggart, u. a. (Hg.), *The Oxford Handbook of Populism*, Oxford 2017, S. 719-742, hier S. 733.

68 Jeffrey E. Green, *The Eyes of the People. Democracy in an Age of Spectatorship*, Oxford 2010, S. 207.

Panizza hebt demgegenüber die »empty *site* of power«[69] hervor; zugleich ist er der Auffassung, »in a democracy *power* is an ›empty place‹«.[70] Rummens schließlich schreibt von der »*emptiness* of the place of power«[71] beziehungsweise an anderer Stelle gemeinsam mit Abts vom »empty *place* of democracy«.[72] In der englischen Übersetzung des einschlägigen Aufsatzes von Lefort selbst hieß es ursprünglich in der Demokratie »the *locus* of power becomes an empty place«.[73]

Zusammengenommen entsteht ein eher unübersichtliches, disziplinloses Heer an Metaphern. Es bildet das Repertoire einer *demokratietheoretischen Metaphorik der Leere*, der zufolge die liberale Demokratie:

- den Königsthron nicht besetze;
- einen leeren Sitz der Macht aufweise;
- einen leeren Raum der Macht habe;
- dazu führe, dass Politik ein leerer Raum sei;
- dazu führe, dass das Volk ein leerer Raum sei;
- dazu führe, dass die Macht ein leerer Platz sei;
- dazu führe, dass der Platz der Macht durch Leerheit charakterisiert sei;
- dazu führe, dass der Ort der Macht leer sei;
- als Demokratie selbst ein leerer Platz sei.

Lefort und seine Adepten wollen mit dieser Metaphorik der Leere zum Ausdruck bringen, dass in der Demokratie keine dauerhafte Repräsentation der die Herrschaft konstituierenden und legitimierenden Subjekte möglich ist und in der demokratischen Repräsentation stets politische Alternativen mitrepräsentiert werden. Die Repräsentation der Souveränität des Volkes könne von keinem

69 Francisco Panizza, »Introduction. Populism and the Mirror of Democracy«, in: ders. (Hg.), *Populism and the Mirror of Democracy*, London 2005, S. 1-31, hier S. 30.

70 Ebd., S. 29.

71 Stefan Rummens, »Liberal Democracy«, in: Cristóbal Rovira Kaltwasser, Paul Taggart u. a. (Hg.), *The Oxford Handbook of Populism*, Oxford 2017, S. 697-717, hier S. 705.

72 Koen Abts, Stefan Rummens, »Populism versus Democracy«, in: *Political Studies* 55 (2007), S. 405-424, hier S. 405.

73 Claude Lefort, »The Question of Democracy«, in: ders., *Democracy and Political Theory*, Cambridge 1988, S. 1-22, hier S. 17.

Akteur und keiner Gruppe allein beansprucht werden. Mit der Metapher des »leeren Orts der Macht« wird zudem nahegelegt, dass in Demokratien regelmäßig Wahlen stattfinden, Parteien Wahlen verlieren können und Regierung und Opposition die Plätze tauschen, damit es zu einer »periodische[n] Evakuierung des Ortes der Macht«[74] kommt. Gemeint ist mit der Metapher schließlich, dass in Demokratien die Teilhabe an der politischen Macht sozial breit gestreut sei und in diesem Sinne »geteilt« werde.

So verstanden, steht die These der »Leere« des Orts der Macht allerdings keineswegs auf so sicherem Boden, wie das obige Heer an Metaphern es nahezulegen scheint. Wie bereits gezeigt, spricht empirisch viel dafür, dass der Einfluss auf die Besetzung des Orts der Macht innerhalb der Bürgerschaft strukturell ungleich verteilt ist und es in liberalen Regimen folglich zu einer asymmetrischen Repräsentation und zu dauerhaft verfestigten Disparitäten kommt. Hinzu kommt, dass die Metapher zwar attraktiv klingen mag, aber auch in normativer Hinsicht irreführend interpretiert werden kann, da ein tatsächlich leerer Ort der Macht in demokratischen Regimen keinen erstrebenswerten Zustand darstellt, sondern in Form des »Machtverfalls«[75] ein Krisensymptom ist.

Das mit der Metapher aufgerufene Bild vom »leeren Ort der Macht« hat, ähnlich wie das Bild der »offenen Gesellschaft«, eine große Suggestions- und Anziehungskraft. Es kann kritische Nachfragen und ein zweifelndes Nachdenken von vorneherein blockieren.[76] Dies liegt daran, dass es vermag, der *Idealisierung der liberalen*

74 Oliver Marchart, *Die politische Differenz. Zum Denken des Politischen bei Nancy, Lefort, Badiou, Laclau und Agamben*, Berlin 2010, S. 149.

75 Karl Dietrich Bracher, *Die Auflösung der Weimarer Republik. Eine Studie zum Problem des Machtverfalls in der Demokratie*, Stuttgart 1955.

76 Für die Metapher des leeren Orts der Macht gilt, was Ludwik Fleck über das Herabsinken von wissenschaftlichen Ausdrücken auf das Niveau von Schlagworten festhält: »Worte, früher schlichte Benennungen, werden Schlagworte; Sätze, früher schlichte Feststellungen, werden Kampfrufe. Dies ändert vollständig ihren denksozialen Wert: *sie erwerben magische Kraft*, denn sie wirken geistig nicht mehr durch ihren logischen Sinn – ja, oft gegen ihn – sondern durch bloße Gegenwart. […] Findet sich so ein Wort im wissenschaftlichen Text, so wird es nicht logisch geprüft; es macht sofort Feinde oder Freunde«; Ludwik Fleck, *Entstehung und Entwicklung einer wissenschaftlichen Tatsache. Einführung in die Lehre vom Denkstil und Denkkollektiv*, Frankfurt/M. 2019, S. 59. Hervorhebung hinzugefügt.

Demokratie in einem höchst einprägsamen, *normativ ansprechenden Bild* Ausdruck zu verleihen. Das ist seine rhetorische Funktion. Als solche ist es ein Hauptvehikel dessen, was ich als Strategie der Vermeidung mittels einer idealisierenden Demokratiesemantik bezeichne. Der Vorzug dieser Figur ist, durch Abstraktion von der Wirklichkeit eine Vergewisserung über die Vorzüge der Demokratie zu gewinnen, die bildhaft verdichtet wird und dadurch das anbietet, was üblicherweise dem Populismus zugeschrieben wird: eine einfache Lösung für komplexe Probleme.

Agonaler Normativismus

Die Rhetorik der Demokratievergewisserung ist primär defensiv orientiert. Sie stellt eine Ausweich- oder Vermeidungsstrategie dar. Das gilt jedoch nicht für die Reaktionsstrategie, die als *agonaler Normativismus* bezeichnet werden kann. Agonaler Normativismus ist Demokratietheorie im Angriffsmodus. Strukturanalog zum Populismus, beschreibt der agonale Normativismus die politische Welt in einer dichotomen Weise. Er spaltet sie in zwei einander feindlich gegenüberstehende und sich bekämpfende Lager, Akteure oder Ideen. Hierbei kommen nicht nur ein provokativer Stil, sondern auch *melodramatische Darstellungsmittel* zum Tragen: Der Verzicht auf Ambivalenz und Widersprüche, die theoretische Konstruktion einer moralischen Ordnung, die Gegenüberstellung »guter« und »schlechter« Akteure, mit der Politik als ein Konflikt zwischen *good guys* und *bad guys* inszeniert wird, oder die Beschreibung von politischen Prozessen als einer Auseinandersetzung zwischen guten und bösen Ideen. Die Darstellung hat eine moralische Botschaft. Am Ende kann das Gute den Sieg über das Böse davontragen, sofern nur alle Gutwilligen sich den guten Ideen verschreiben.

Dem agonalen Normativismus geht es um eine Versicherung der Vorzüge der Demokratie im Angesicht ihrer tatsächlichen oder vermeintlichen Feinde. Er bietet eine vergemeinschaftende und identitätsstiftende Form der Komplexitätsreduktion, die gesellschaftlich bedingte Konflikte in einen Konflikt zwischen normativen Anschauungen und Überzeugungen verwandelt. Seinem Publikum vermittelt er das Gefühl, im Kampf der Ideen auf der richtigen Seite zu stehen. Zu diesem Zweck macht er Gebrauch von asymmetrischen Gegenbegriffen. Das Konzept der asymmetrischen

Gegenbegriffe stammt von Reinhart Koselleck, der es anhand der historischen Fälle von Gegenbegriffen wie »Hellenen/Barbaren«, »Christen/Heiden« sowie »Mensch/Unmensch« beziehungsweise »Mensch/Untermensch« entwickelt hat.[77] Asymmetrische Gegenbegriffe haben eine antithetisch-normative Dualstruktur. In ihr wird die eine Seite der Unterscheidung positiv-identitär besetzt, wohingegen die andere Seite als nicht anerkennungswürdig abgewertet wird.

Im agonalen Normativismus werden Probleme von Demokratie und Politik nicht primär als ein Resultat komplexer Handlungskonstellationen oder als eine Konsequenz von Interessen- oder Wertkonflikten beschrieben, wie sie in modernen Gesellschaften normal sind und für sozialwissenschaftliche Erklärungen maßgeblicher Bezugspunkt sein sollten. Stattdessen werden sie als Konsequenz eines Mangels an demokratietheoretischer Einsicht und gutem Willen beschrieben. Demokratieprobleme erscheinen als die Folge des Handelns böswilliger, eigensinniger oder bornierter Akteure. Agonaler Normativismus richtet sich an ein moralisch wie politisch bereits auf der richtigen Seite verortetes Publikum, das durch die die Leser einschließende Verwendung eines kollektiven »Wir« oder »Uns« adressiert wird. Genau wie der Populismus gewinnt es durch die Abgrenzung von einem vermeintlich gemeinsamen Gegner Kontur. Das den Populismus kennzeichnende Pathos der Demokratie findet sich im agonalen Normativismus ebenfalls, allerdings in einer rationalisierten Weise. Während der Populismus ein vortheoretisches Verständnis von Demokratie als Volksherrschaft hat und »Demokratie« als ein Symbol für das politisch wie moralisch Gute benutzt, wird im agonalen Normativismus »Demokratie« zwar auch als ein Symbol für das Gute verwendet, allerdings wird diese affirmative Demokratiesymbolik durch eine ausgefeilte demokratietheoretische Begründung unterfüttert.

Ein Beispiel für die Strategie des agonalen Normativismus ist Stephan Lessenichs *Grenzen der Demokratie*.[78] Lessenich liefert in der ersten Hälfte seines demokratietheoretischen Essays eine ana-

77 Reinhart Koselleck, »Zur historisch-politischen Semantik asymmetrischer Gegenbegriffe«, in: ders., *Vergangene Zukunft. Zur Semantik geschichtlicher Zeiten*, Frankfurt/M. 1989, S. 211-258.

78 Stephan Lessenich, *Grenzen der Demokratie. Teilhabe als Verteilungsproblem*, Ditzingen 2019.

lytisch erhellende und konzeptuell treffende Aufschlüsselung der Konfliktlinien innerhalb der Demokratie der Gegenwart als eines »Systems multipler klassenpolitischer Grenzziehungen«.[79] Diese resultierten aus Kämpfen um In- und Exklusion und rechtlich gesicherte Ansprüche (auf Mitgliedschaft, damit verbunden politische Teilhabe, soziale Leistungen, berufliche Positionen, Freiheitsspielräume usw.). In der zweiten Hälfte des Textes wird jedoch eine Leitunterscheidung von zwei asymmetrischen Gegenbegriffen (Demokratie/Demokratisierung) eingeführt. Sie wird im Sinne des Idealtyps des agonalen Normativismus benutzt und mit einer utopischen Demokratisierungsidee verknüpft.

Der Essay entwickelt die These, dass die historische Entwicklung einer zunehmenden Inklusion in die Demokratie und die Ausweitung mit ihr einhergehender Berechtigungen eine »Dialektik« mit sich bringe, die notwendig zu Prozessen der Exklusion und Schließung führe. Demokratie sei im Kern »*Teilhabe durch Ausschluss*«.[80] Diese These, die eine zutreffende empirische Beschreibung ist, wird jedoch agonal-normativ gewendet, indem ihr die asymmetrischen Gegenbegriffe »Demokratie/Demokratisierung« unterlegt werden. Demokratie steht infolgedessen für ein verwerfliches, selbstdestruktives und nicht anerkennungswürdiges Exklusionsprojekt, wohingegen Demokratisierung als ein utopisches Zukunftsprojekt einer sozial-ökologischen Transformation erscheint, die als die eigentlich wahre Form von Demokratie beschrieben wird.

In der zweiten Hälfte polemisiert der Text gegen die »Identitätspolitik des industriellen, männlichen, weißen, automobilisierten Wachstumssubjekts«[81] und weicht radikal vom eingangs beschriebenen Typus des Legitimationsdiskurses ab. Er delegitimiert und wertet die historischen und existierenden Demokratien und ihre Bürgerschaft in Gänze ab. Die Demokratie, »Herzstück der Moderne«,[82] ist »auch *selbst* ein Problem«,[83] weil sie »immer ein Ausschlussgeschäft«[84] bleibe und im Kern ein Regime zur Verteidigung von Privilegien sei. Vor allem aber zerstöre sie die natürlichen

79 Ebd., S. 84. Hervorhebung entfernt.
80 Ebd., S. 17.
81 Ebd., S. 94.
82 Ebd., S. 8.
83 Ebd., S. 80.
84 Ebd., S. 69.

Lebensgrundlagen: »Die moderne Demokratie lebt von der Zerstörung, von der mittlerweile gar nicht einmal mehr schleichenden Vernichtung der stofflichen Grundlagen gesellschaftlichen Lebens.«[85] Mit Bezug auf einen demokratiekritischen Schlüsseltext von Lynn White, der in der Ökologiebewegung einflussreich ist, beschreibt der Text die »demokratische Kultur« als eine wesentliche Ursache der »ökologischen Krise«.[86] Die »wechselseitige Zuerkennung *gleicher Rechte auf Naturentrechtung* [...] [bildet] die implizite Geschäftsgrundlage der modernen Demokratie und ihres sozialen Grenzregimes«.[87]

Die rhetorische Angriffstaktik dieser Form des agonalen Normativismus ist die Konstruktion eines totalen Schuldzusammenhangs ökologischer Destruktivität, in den alle Bürger verstrickt sind. Die demokratische Bürgerschaft wird auf diese Weise neu beschrieben. In der Demokratietheorie stellt die Bürgerschaft zumeist entweder ein normativ vorzügliches oder aber ein normativ ambivalentes Kollektivsubjekt dar. Der Essay liefert hier nun eine neuartige Beschreibung, denn mit Blick auf das Naturverhältnis wird die Bürgerschaft normativ eindeutig als gefährliches und unmoralisches Kollektivsubjekt dargestellt. Alle an der »demokratischen Kultur« Beteiligten stünden in einem rücksichtslosen Unterwerfungs- und Ausbeutungsverhältnis zu »der« Natur. Die hierfür benutzte agonale Semantik wertet die demokratischen Regime, deren Kultur und das Handeln der in ihnen vergesellschafteten Menschen ab. Zur Illustration sei eine längere Passage zitiert:

> Neben die den demokratischen Vergesellschaftungszusammenhang durchdringenden Logiken der Herrschaft, der Konkurrenz und der Nation tritt damit eine weitere, nämlich die *Logik der Gewalt*: In seiner oder ihrer Beziehung zur Natur kann sich jede*r mal so richtig gehen lassen, im gesellschaftlichen Naturverhältnis können alle Bürger*innen, Hinz und Kunz und selbst noch der*die eine oder andere der globalen Subalternen eingeschlossen, endlich auch einmal Herren des Geschehens sein. Hier dringen nicht nur Machtgelüste, hier dringen Gefühle von Macht und Praktiken der Ermächtigung in die soziologisch sprichwörtlichen »Kapillaren« des Alltagslebens ein. Die tägliche Plastiktüte, die exotische Frucht zwischendurch, das winterliche Vergnügen unterm Heizpilz, die Flugdienstreise

85 Ebd., S. 72.
86 Ebd., S. 80.
87 Ebd., S. 75.

München – Düsseldorf, morgens hin und abends zurück, der Kurzurlaubstrip in die Karibik, alles für den Kick im Augenblick: Heute ein König, morgen wieder in Reih und Glied.[88]

Die Urlauber, die Kunden im Supermarkt, die Geschäftsreisenden, womöglich auch die Obdachlosen und mancher Subalterne – hinsichtlich ihrer einen Lustgewinn versprechenden Ausübung der »Logik der Gewalt« gegenüber der Natur sind sie gleich.

Der asymmetrische Gegenbegriff zur Demokratie ist die »Demokratisierung«.[89] Sie verkörpert die Antwort auf die »Systemfrage«,[90] die der Essay in einer »Gegenerzählung«[91] aufwirft. Diese Frage lautet: »Lässt sich Demokratie sozial entgrenzen – und ökologisch begrenzen?«[92] Der Begriff der »Demokratisierung« fungiert in diesem Kontext als ein rhetorisches Hoffnungssymbol für einen zukünftigen Zustand, in dem soziale Rechte universalisiert würden, in Form einer globalen und allinklusiven Wohlfahrtsdemokratie, wohingegen im Verhältnis zur Natur ökologische Austerität herrschen würde. Die für eine sozialwissenschaftliche Analyse und Aufklärung naheliegende Frage, ob zwischen diesen beiden Zielen – Wohlstand und Ökologie – Zielkonflikte auftreten können und wie diese gegebenenfalls demokratisch zu lösen wären, wird nicht aufgeworfen. Es handelt sich bei diesem Begriff deshalb nicht um einen analytischen oder explanativen sozialwissenschaftlichen Begriff. »Demokratisierung« ist ein asymmetrischer Gegenbegriff, der allein normativ Wohlklingendes beinhaltet. Er hat keine wissenschaftliche, sondern eine politische Bedeutung und erfüllt primär eine Suggestionsfunktion. Die Demokratisierung, die zuvörderst durch »Solidarität« zu erreichen sei, wird in dem Essay deshalb auch nur sehr vage umrissen. Sie ist eine »soziale Praxis«, sie ist »kooperativ, performativ und transformativ zugleich«.[93] Als solche »wüsste [sie] die Grenze der Demokratie neu zu ziehen, indem sie soziale Berechtigungsräume öffnet, ökologische Berechtigungsräume hingegen schließt«.[94] Erst eine auf diesem Wege universalisierte,

88 Ebd., S. 77.
89 Ebd., S. 100.
90 Ebd., S. 95.
91 Ebd., S. 16.
92 Ebd., S. 95. Hervorhebung entfernt.
93 Ebd., S. 98.
94 Ebd., S. 109.

globale Öko-Demokratie wäre eine wahre Demokratie: »Erst dies würde eine Demokratie sein, die ihren Namen auch verdient.«[95] Wie Lessenich versichert, handelt es sich bei dieser Form von Demokratie um das Wesen der Demokratie. Es sei »nichts anderes als die Definition der Demokratie selbst«.[96]

Wie man sehen kann, besteht der Kern der Strategie des agonalen Normativismus aus einem dichotomen, melodramatischen Schema. In diesem tritt ein Held (die ökologisch austeritäre und soziale »Demokratisierung«) gegen einen Bösewicht (die real existierende Demokratie) an. Zwischen ihnen kann es keinen Kompromiss oder eine Synthese geben. Der Bösewicht, die existierende Demokratie, wird abstrakt negiert. Er ist unverbesserlich, selbstdestruktiv und exklusiv. Der Held hingegen, die »Demokratisierung«, könne die Demokratie mittels sozial-ökologischer Solidarität überwinden. Die exklusive Demokratie könne dann in eine »wahre Demokratie« demokratisiert werden. Dieses Narrativ richtet sich nicht immanent-kritisch gegen die demokratietheoretische Legitimationserzählung, sondern greift diese fundamental an und setzt ihr eine spekulative Demokratievergewisserung als Zukunftsprojekt entgegen. Für den hier interessierenden Zusammenhang ist wesentlich, dass dadurch zum einen die Krise der existierenden demokratischen Regime psychologisch wie normativ erträglich gemacht wird – schließlich handelt es sich um unmoralische und destruktive Herrschaftsformen. Zum anderen werden der demokratische Impetus der Verminderung von Herrschaft und die Herbeiführung gerechter und lebenswerter Lebensverhältnisse in einem suggestiven Konzept der »Demokratisierung« symbolisch aufbewahrt.

Normative Deflationierung

Die Strategie der normativen Deflationierung beginnt mit der Problemdiagnose, dass die demokratischen Ideale normativ übermäßig anspruchsvoll sind. Sie produzierten überschießende Erwartungen, die von der politischen Wirklichkeit zwangsläufig enttäuscht werden müssten. Besonders bei überzeugten Demokraten habe dies Resignationsgefühle zur Folge, den Gegnern der Demokratie hin-

95 Ebd., S. 104.
96 Ebd., S. 110.

gegen biete es die Gelegenheit zur antidemokratischen Mobilisierung und zur Denunziation demokratischer Regime als verkappte Oligarchien. »Die schwache Enttäuschungsresistenz«, schreibt zum Beispiel Herfried Münkler, »ist eine der großen Verwundbarkeiten demokratischer Ordnungen.«[97] Die Lösung, die die Strategie der normativen Deflationierung für dieses Problem anbietet, besteht darin, das »Dickicht normativer Hyperreflexivität«[98] durch ein Zurechtstutzen des demokratischen Ideals zu lichten. Der Spalt zwischen normativer Erwartung und empirischer Erfahrung soll durch das *Absenken der Erwartungen* verkleinert werden.

Für die legitimationswissenschaftliche Beschreibung von Demokratie folgt daraus, die Maßstäbe zur Beurteilung demokratischer Regime, Verfahren und Praktiken herunterzusetzen und den normativen Gehalt der Demokratieidee auszudünnen. Auf diesem Wege können die These der Postdemokratisierung und die zahlreichen Krisen- und Erosionsdiagnosen des demokratietheoretischen Diskurses als Fehldiagnosen ausgewiesen werden. Das hierfür in der Strategie der normativen Deflationierung in Stellung gebrachte Gegenargument lautet: Die Demokratien würden an Maßstäben gemessen, die zu hoch und kategorial fehlerhaft angesetzt und wissenschaftlich betrachtet nicht maßgeblich seien. Normative Deflationierung ist Demokratietheorie als Enttäuschungskompensation. Das Ziel der Strategie ist, kritischen (Post-)Demokratiediagnosen einen Kategorienfehler nachzuweisen. Ein Hauptansatzpunkt hierfür ist, die Demokratie so zu beschreiben, als sei es in der modernen Demokratie niemals um die Verwirklichung von politischer Gleichheit gegangen. Diese sei von Anbeginn ein bloßer Legitimationsmythos gewesen, weshalb die Kritik des Widerspruchs zwischen vermeintlich demokratischer Norm und politischer Wirklichkeit von vorneherein das Wesen der Demokratie verfehle. Ein zentraler rhetorischer Kniff zur Plausibilisierung dieser Argumentation und der Erhöhung ihrer normativen Attraktivität besteht darin, nicht alle normativen Elemente der Demokratie zu deflationieren. Deflationiert werden nur diejenigen, die im Widerspruch zur devolutio-

97 Herfried Münkler, »Verkleinern und Entschleunigen oder die Partizipationsformen neu arrangieren?«, in: Friedrich Wilhelm Graf, Heinrich Meier (Hg.), *Die Zukunft der Demokratie. Kritik und Plädoyer*, München 2018, S. 83-120, hier S. 102.

98 Ebd., S. 85.

nären Entwicklung stehen, und zugleich werden diejenigen Aspekte von Demokratie, die im öffentlichen Diskurs eine Aufwertung erfahren haben oder durch jene Entwicklung positiv beeinflusst wurden, als vermeintlich essentielle Merkmale von Demokratie ausgegeben. Auf diesem Wege kann weiterhin ein Fortschrittsnarrativ erzählt werden. Dementsprechend werden etwa die Dimensionen der sozialen Freiheit und der politischen Gleichheit als nicht eigentlich zum Kern von Demokratie gehörend beschrieben oder bei der Definition von Demokratie weggelassen. Demgegenüber werden die Dimensionen der liberalen Freiheit und der Offenheit als der eigentliche Kern von Demokratie dargestellt. Anhand dessen kann die Zunahme liberalerer Freiheiten und die Ausweitung von Rechten auf zuvor ausgeschlossene Gruppen sowie die Öffnung der Mitgliedschaft für Einwanderer im Kontext demokratischer Regime seit den 1970er Jahren als ein Demokratisierungsprozess beschrieben werden, dem keine Demokratisierungsverluste gegenüberstünden.

Ein Beispiel für die Anwendung der Strategie der normativen Deflationierung, in der normativ anspruchsvolle und gegenwärtig besonders stark von dem Prozess der Devolution betroffene Dimensionen von Demokratie herabgestuft, andere Dimensionen hingegen als wesentlich und normativ ausschlaggebend beschrieben werden, findet sich in Jan-Werner Müllers *Was ist Populismus?*[99] Diese Abhandlung bestimmt den Populismus als eine antipluralistische und letztlich mit der Demokratie inkompatible Politikvorstellung. Der Text entwickelt sein Verständnis von Populismus dabei im Wesentlichen mittels einer theoretischen Deutung von Demokratie. Zu diesem Zweck entwirft er ein liberales Demokratiemodell, das Demokratie in erster Linie mit liberalen Freiheitsrechten, einem pluralistischen Aushandlungsmodus und einer offenen Meinungs- und Willensbildung verbindet. Der entscheidende begriffliche Schritt zur normativen Deflationierung besteht darin, dass der Text die Volkssouveränität und vor allem die politische Gleichheit deflationiert. Ihnen gegenüber hebt er die öffentliche »Auseinandersetzung über grundlegende politische Richtungsentscheidungen«[100] sowie die Kontingenz von Mitgliedschaftsregeln als die entscheidenden Kernmerkmale von Demokratie hervor. Die

99 Jan-Werner Müller, *Was ist Populismus?*, Berlin 2016.
100 Ebd., S. 123.

Diagnose einer postdemokratischen Transformation der Demokratie greift der Text entsprechend mit dem Argument an, die in der Diagnose beschriebene Einschränkung von Volkssouveränität habe es seit den 1950er Jahren gegeben, sie sei der Normalzustand der Demokratie. Man müsse »nüchtern anerkennen, dass die Europäer schon lange in einem stahlharten Gehäuse eingeschränkter Demokratie leben«.[101] Obgleich der Text »Erfahrungen des Kontrollverlusts und des Ausgeliefertseins«[102] diagnostiziert, scheint er diese Einschränkung von Demokratie überdies mit dem Argument zu rechtfertigen, sie werde von den Bürgern selbst anerkannt. Man könne sagen, »die bisherigen, in den Augen der Bürger legitimen Einschränkungen der Volkssouveränität ließen sich damit begründen, dass sie letztlich dem Schutz der Demokratie selbst dienten«.[103]

Der Text verbindet mit Demokratie primär die öffentliche Debatte über Politikalternativen. Diese sei in der Vergangenheit allerdings vernachlässigt worden, weshalb sich der Populismus überhaupt als eine politische Alternative habe in Stellung bringen können. Zudem sieht er für die Demokratie die Offenheit politischer Mitgliedschaft als wesentliches Kriterium an. Mit Lefort und anderen sollten wir »Demokratie als einen Prozess verstehen, der es ermöglicht, Fragen der Zugehörigkeit und nach der Definition des Demos immer wieder neu auszuhandeln«.[104] Wird Demokratie solcherart auf öffentliche Debatte und die Aushandlung von Fragen der Zugehörigkeit festgelegt, wohingegen ihr Versprechen politischer Gleichheit und insbesondere die Idee der »Verwirklichung der Freiheit des Menschen durch *Massenbeteiligung* an ihrer Verwirklichung«[105] als normativ unerheblich abgewertet werden, lassen sich auch devolutionär transformierte Regime als Demokratien beschreiben, die zwar politisch zusehends ungleich werden, aber flexibel hinsichtlich der Zugehörigkeit sind und öffentliche Debatten aufweisen.[106]

101 Ebd., S. 108.

102 Ebd., S. 110.

103 Ebd., S. 108.

104 Ebd., S. 94.

105 Franz L. Neumann, »Die Wissenschaft der Politik in der Demokratie«, in: Heinrich Schneider (Hg.), *Aufgabe und Selbstverständnis der Politischen Wissenschaft*, Darmstadt 1950, S. 20-40, hier S. 23. Hervorhebung hinzugefügt.

106 Dabei handelt es sich um keine trennscharfe Bestimmung von Demokratie, da sowohl eine öffentliche Diskussion von Politikalternativen als auch die Aus-

Bei der abschließend zu präsentierenden Strategie der Demokratievergewisserung durch normativen Dogmatismus handelt es sich nicht im strengen Sinne des Wortes um eine Theoriestrategie. Der normative Dogmatismus muss zwar gegenüber einem kritisch eingestellten wissenschaftlichen Publikum durch rhetorische Mittel plausibilisiert werden, aber im Kern stellt er einen demokratiepolitisch motivierten Reflexionsabbruch in Form eines *dogmatischen Demokratiebekenntnisses* dar, der die Funktion der Symbolisierung der »richtigen« Haltung hat. Zum Einsatz des normativen Dogmatismus kommt es typischerweise am Ende von demokratietheoretischen Abhandlungen, die Probleme bei der Verwirklichung demokratischer Prinzipien erörtern und zu einem kritischen Urteil hinsichtlich der demokratischen Qualität gegenwärtiger Regime kommen. Zum Schluss tritt dann jedoch eine plötzliche Wendung ins Positive ein und es wird konträr zur zuvor dargelegten Diagnose versichert, die Idee der Demokratie sei von ungebrochener Aktualität. Dies geschieht in Form eines hoffnungsvollen Ausblicks auf die angeblich bestehenden Demokratisierungsmöglichkeiten und/oder mittels einer Bekräftigung der Realitätstauglichkeit demokratischer Ideale, obwohl beides durch die zuvor geleistete Wirklichkeitsdeutung nicht begründet wird.

Solche dogmatischen Versicherungen bestehen meist aus einem übersichtlichen Set an Wendungen, zu denen insbesondere die Forderung nach »mehr Demokratie« gehört. Diese wird als ein Allheilmittel gegen alle gegenwärtigen Übel präsentiert. So bekräftigen beispielsweise Schäfer und Zürn am Ende ihrer Studie, die schwerwiegende Demokratieprobleme darlegt und der Demokratie der Gegenwart eine düstere Diagnose ausstellt: »Die Verteidigung der Demokratie erfordert mehr Demokratie.«[107] Bei Bogner, der ebenfalls eine kritische Abhandlung über zeitgenössische Demokratieprobleme verfasst hat, heißt es unvermittelt: »Demokratie ist ein Experiment, das scheitern kann, und Demokratie existiert

handlung von neuen Mitgliedschaftsregeln hin zu einer neuen Zusammensetzung oder Definition der Zugehörigkeit zur politischen Gemeinschaft nicht ausschließlich in demokratischen Regimen stattfinden.

107 Armin Schäfer, Michael Zürn, *Die demokratische Regression. Die politischen Ursachen des autoritären Populismus*, Berlin 2021, S. 222.

eigentlich nur dann weiter, wenn man bereit ist, mehr Demokratie zu wagen.«[108] Ein besonders prägnantes Beispiel für diesen normativen Dogmatismus findet sich in Rames Abdelhamids demokratietheoretischer Studie *Die Unübersichtlichkeit der Demokratie.*[109] Viele Probleme des devolutionären Wandels liberaler Demokratien und ihrer gesellschaftlichen Kontextbedingungen werden in dieser Schrift behandelt. Sie beschreibt einige wesentliche Aspekte dessen, was ich als Devolution der Demokratie bezeichnet habe. Ihre Hauptthese lautet, dass das politische System »opak und unverständlich«[110] geworden ist, was fatal für dessen demokratische Qualität ist. Dies zeigt Abdelhamid unter anderem im Rückgriff auf Grevens kritische Demokratiediagnostik, aber vor allem erklärt er die demokratieaverse Komplexitätssteigerung und das Unverständlichwerden von Politik für die Bürgerschaft auf der Grundlage eines systemtheoretischen Ansatzes funktionaler Differenzierung.[111] Der Möglichkeit einer Rückkehr zur »politischen Übersichtlichkeit« erteilt er eine klare Absage. Im vergleichsweise kurzen Schlussteil seiner Studie tritt dann jedoch unvermittelt die Wendung ins Positive ein, es kommt zu einem Reflexionsabbruch und einer dogmatischen Demokratievergewisserung. Unter anderem unter Bezug auf John Dewey und Benjamin Barber schlägt Abdelhamid dort in vagen Umrissen eine partizipative »kooperative Kompetenzaneignung«[112] im Rahmen direkter politischer Beteiligung von Bürgern vor, durch die das Problem der Unübersichtlichkeit gelöst werden könne. Im Kern geht es also um die Ausweitung dessen, was ich eingangs als partizipative Governance bezeichnet habe, wobei Abdelhamid mit seiner Präferenz für partizipative Demokratie die hierbei zu erfüllenden normativen Kriterien viel höher ansetzt, als es die Governance-Theorie tut.

Da der Fokus von Abdelhamid vor allem auf dem Problem liegt, das ich als Kognitionsasymmetrie bezeichnet habe, geht es ihm um eine Steigerung der politischen Wissensbestände, die durch eine

108 Alexander Bogner, *Die Epistemisierung des Politischen. Wie die Macht des Wissens die Demokratie gefährdet*, Ditzingen 2021, S. 70.

109 Rames Abdelhamid, *Die Unübersichtlichkeit der Demokratie. Ein Dilemma spätmoderner Politik*, Bielefeld 2017.

110 Ebd., S. 98.

111 Ebd., S. 77 ff.

112 Ebd., S. 303.

partizipatorische Demokratisierung erreicht werden soll. Da dieser Vorschlag dem von ihm selbst verfolgten systemtheoretischen Ansatz der funktionalen Differenzierung widerspricht, belegt er ihn unter anderem mit Verweis auf die politische Praxis:

> Dass der hier nur knapp skizzierte Vorschlag nicht realitätsfremd ist, belegt die Arbeit zahlreicher Bürgerinitiativen, NGOs und Aktivistennetzwerke. Ihr Engagement zeigt, dass sich Bürger gemeinschaftlich Kompetenzen, auch zu komplizierten nicht-konventionellen Themen, aneignen können.[113]

Und er fügt hinzu, dass sein Nachweis der »Unübersichtlichkeit der Demokratie« weder impliziere, dass es zu einem »Ende« der Demokratie kommen müsse, noch, dass dadurch die demokratischen Ideale entwertet würden:

> Unübersichtlichkeit muss deshalb auch nicht das Ende der Demokratie bedeuten und sie rechtfertigt erst recht nicht die Aufgabe ihrer Prinzipien – solange sie sich auf eine kompetente, selbstbewusste und eingriffsbereite politische Öffentlichkeit stützen kann.[114]

Das Paradoxe ist: Abdelhamid selbst führt in seinem Resümee über die Effekte der »strukturellen Unübersichtlichkeit«[115] hinsichtlich der politischen Öffentlichkeit in der Demokratie zuvor aus, dadurch entstehe:

> ein grundsätzlich gewordenes Problem: Spätmoderne Demokratien können, wegen der zunehmenden Unübersichtlichkeit des Politischen, möglicherweise keine aufgeklärte, politisch kompetente Öffentlichkeit mehr voraussetzen und erfüllen damit eine ihrer essenziellen normativen Voraussetzungen nicht mehr.[116]

Mit anderen Worten: Was er am Ende dogmatisch als *Lösung* anführt, beschreibt er in seiner theoretischen Diagnose gerade als ein *ungelöstes Problem*. Und auch seine Prüfung der auf der Ebene der Akteure möglichen Potentiale für eine Lösung des Unübersichtlichkeitsproblems fällt negativ aus:

113 Ebd.
114 Ebd., S. 204.
115 Ebd., S. 132.
116 Ebd., S. 192.

Das Problem der politischen Öffentlichkeit in der spätmodernen Demokratie, die Unübersichtlichkeit, kann durch das politische Individuum nicht wirksam reduziert werden. [...] Das ist nicht individuellen Defiziten geschuldet, die etwa durch Bildung reduziert werden könnten. Denn Wissen wird in der Beobachtung des Politischen zunehmend prekär und garantiert weder Übersicht noch angemessene Entscheidungen.[117]

Damit ist Abdelhamids abschließendes Plädoyer für die Verwirklichung »einer aufgeklärten partizipatorischen Demokratie«[118] schlicht ein Demokratie-Dogma, ein Glaubensbekenntnis und Haltungsausweis, der zwar durch positiv klingende Formeln (»offen für Vielfalt und Veränderung«[119]) angereichert und rhetorisch verpackt, aber durch die eigene Wirklichkeitsanalyse nicht gestützt wird und dem eigenen wissenschaftlich-theoretischen Ansatz widerspricht.

Fazit

In der zeitgenössischen demokratietheoretischen Literatur finden sich zahlreiche skeptische Beschreibungen eines problematischen Demokratiewandels und Beobachtungen einer Bedrohung demokratischer Regime. Nicht zuletzt infolge multipler Krisenerfahrungen – der Finanz- und Eurokrise, der sogenannten Flüchtlingskrise, der Umwelt- und Klimakrise und jüngst der Coronakrise, der Energiekrise und der Ukrainekrise – vervielfältigten sich in jüngerer Zeit die demokratietheoretischen Krisendiagnosen. Die gegenwärtige Demokratietheorie befindet sich in einem Krisenmodus. Zugleich wird, auch in den theoretischen Texten und Publikationen, die besonders schwerwiegende Bedrohungen der Demokratie diagnostizieren, die überlieferte Demokratiesemantik nahezu ungebrochen verwendet.[120] Die Demokratietheorie beschreibt, all ihren Krisen-

117 Ebd., S. 270.

118 Ebd., S. 305.

119 Ebd.

120 Mit der Ausnahme derjenigen Theorien, die die Demokratien in einer signifikanten Übergangsphase sehen. Aber auch diese arbeiten oftmals mit einer Begrifflichkeit, die nicht von der Demokratiesemantik abgelöst wird, was eine diagnostische Unschärfe zur Folge hat. Konkret gefragt: Ist Blühdorns *Simulative Demokratie* noch eine Demokratie oder ist sie keine mehr? Blühdorn selbst scheint diese Frage, die den Kern des demokratietheoretischen Legitimationsdiskurses und damit deren Existenzberechtigung berührt, vermeiden zu wollen.

diagnosen und negativen Gegenwartsbeschreibungen zum Trotz, die westlich-liberalen Regime weiterhin als demokratisch oder, im utopischen Modus, als in der Zukunft demokratisierbar. Infolge der von mir beschriebenen devolutionären Transformationsprozesse gelingt dies aber immer schlechter. Die Grundtendenz des demokratietheoretischen Diskurses ist: Es werden schwerwiegende Problem- und Krisendiagnosen formuliert, für die aber eigentlich niemand eine pragmatisch und vor allem machtpolitisch realisierbare Lösung hat. Zugleich wird nahezu ungebrochen an der Demokratietheorie als einem wissenschaftlichen Paradigma festgehalten. Dies gilt sowohl für subversiv und radikal gemeinte Ansätze, die aus dem legitimationswissenschaftlichen Rahmen ausbrechen wollen (Lorey und Lessenich), als auch für reformorientiert und moderat-kritisch auftretende (Rosanvallon und die radikale Demokratietheorie) sowie affirmativ argumentierende Ansätze (Müller), die sich im Rahmen des legitimationswissenschaftlichen Diskurses bewegen. Es gilt schließlich auch für Ansätze, die primär explanativ und deskriptiv angelegt sind und das normative Terrain nur am Rande betreten (Abdelhamid sowie Schäfer und Zürn). Gemeinsam ist diesen Beiträgen, dass sie sich einerseits normativ auf Demokratie beziehen und im demokratietheoretischen Paradigma argumentieren, sich andererseits aber nicht nur innerhalb eines dominanten Krisendiskurses platzieren, sondern auch selbst demokratieskeptische Diagnosen oder Krisenbeobachtungen beinhalten. Ich habe argumentiert, dass sie versuchen, den daraus resultierenden Widerspruch durch eine suggestive Demokratiesemantik und vor allem durch den Einsatz von Strategien der Demokratievergewisserung zu bewältigen, die vor dem Hintergrund meiner Devolutionsdiagnose nicht überzeugend sind. Kurz gesagt: Die Devolution führt die Demokratietheorie in rhetorische Vermeidungs- und Ausweichstrategien und macht argumentative Inkonsistenzen und Logikbrücke nötig.[121] Insofern argumentiert die Demokratietheorie

Ich werde im folgenden Abschnitt ausführlicher auf dieses Problem von Blühdorns Theorie eingehen.

121 Die dann, wie gezeigt, unvermeidbar werden, wenn am Ende von demokratietheoretischen Texten, vor allem aus den engagierten Lagern, die Autoren nicht nur einen positiven Ausblick geben, sondern gar Lösungen präsentieren wollen. Zu einem weiteren Beispiel unter vielen siehe Andreas Kalyvas, »Whose Crisis? Which Democracy? Notes on the Current Political Conjuncture«, in:

nicht nur im Modus der Krise – sie ist, trotz oder gerade angesichts ihrer zunehmenden rhetorischen Aufrüstungsversuche, selbst in der Krise.

Constellations 26 (2019), S. 384-390. Kalyvas beschreibt die gegenwärtige politische Konstellation als einen Hegemoniekonflikt zwischen postdemokratischem Neoliberalismus und autoritärem Populismus, erblickt dann im Schlussteil seines Textes aber, unvermittelt und von der eigenen Diagnose nicht gestützt, die Lösung des Konflikts im kosmopolitischen Klassenkampf. Es ist so gut wie allen akademischen Teilnehmern des demokratietheoretischen Diskurses klar, dass es sich bei solchen Aussagen um bloße Theoriegesten handelt.

Epilog: Demokratietheorie in der Paradigmakrise

Nicht nur die Demokratie erodiert und büßt an normativer Strahlkraft ein, auch die Demokratietheorie befindet sich in einer Krise. Ihr kommt ihr konstitutiver Gegenstandsbezug abhanden und ihre grundlegenden Annahmen werden unplausibel. Damit stecken die westliche-liberalen Regime gemeinsam mit der akademischen Demokratietheorie in einem Dilemma. Sie können nicht auf die Selbstbeschreibung als Demokratie verzichten, da bislang keine alternativen Legitimationsideen zur Verfügung stehen, die hinreichende Legitimität mobilisieren und mit der Strahlkraft der demokratischen Idee gleichziehen könnten – weder Populismus noch Expertokratie noch partizipative Governance vermögen das repräsentative Legitimationsmodell demokratischer Herrschaft zu ersetzen. Zugleich lassen sich die Bezugsregime der Theorie nicht mehr auf eine realistische Weise als Demokratien beschreiben. Die demokratische Legitimationsidee blamiert sich vor der politischen Wirklichkeit.

Ich schließe mit einer Beurteilung dieses Prozesses, die auf Thomas S. Kuhns und Ludwik Flecks historischer Wissenschaftssoziologie basiert. Die Demokratietheorie befindet sich, so meine Schlussthese, in einer Paradigmakrise. Die gegenwärtige Veränderung von demokratischer Politik konfrontiert sie mit fundamentalen Herausforderungen, von denen nicht zu sehen ist, wie sie im begrifflichen Raster demokratietheoretischen Denkens bewältigt werden könnten. Das Paradigma der Demokratietheorie überzeugt nicht mehr, weil die Theorie den zahlreichen Widersprüchen mit der Realität demokratischer Regime nicht kohärent begegnen kann, wofür das wuchernde Ausfransen des demokratietheoretischen Diskurses ein zentrales Indiz ist.

Grevens Erosionsthese als Abschied von der Demokratietheorie

In der Einleitung bin ich auf die Beiträge Michael Th. Grevens zur kritischen Demokratiediagnostik eingegangen, denen zufolge die Demokratie einem fortschreitenden Erosionsprozess unterworfen ist. Greven radikalisiert mit seiner Erosionsthese die Skepsis gegenüber der demokratischen Fortschrittserzählung, indem er die Prämisse der Demokratieimmanenz von Modernisierungsproblemen in Zweifel zieht. Greven fragt, ob die Demokratie sich im Zuge des Modernisierungsprozesses selbst als ein Anachronismus herausstellen könnte. Diese Frage stellt sich, wenn die Moderne nicht als ein historisch entstandener, aber nunmehr geschichtsloser Zustand, sondern als historisch offener Prozess, eben als Prozess der Modernisierung, verstanden wird.[1] Grevens Antwort hierauf lautet,

> dass die Prozesslogik der gesellschaftlichen Moderne sich gegen die bisher als modern geltende Demokratie durchsetzt, indem sie sie verändert – und dass es sich *am Ende als vergeblich herausstellen wird*, was viele seit Längerem im öffentlichen und gerade auch politikwissenschaftlichen Diskurs versuchen, nämlich *das kumulative Ergebnis dieser Veränderungen noch als dieselbe »moderne Demokratie« zu begreifen.*[2]

Es geht Greven deshalb nicht (etwa im Sinne der oben beschriebenen Vermeidungsstrategien) darum, dass wir vor dem Hintergrund des modernisierungsbedingten Wandels eine Neubeschreibung von Demokratie benötigten, die diesem Veränderungsprozess Rechnung tragen kann. Seine These lautet vielmehr, dass die konventionelle Sinndeutung von Demokratie peu à peu ihren Wirklichkeitsbezug verliert und auf lange Sicht ihre Glaubwürdigkeit einbüßen muss.

Greven zufolge hat die Demokratie gemäß ihrer konventionellen, historisch-ideengeschichtlich dominant gewordenen und deshalb für die praktisch-politische Legitimierung von politischen Regimen zentralen Sinndeutung drei wesentliche Elemente: Erstens die signifikante Autonomie des politischen Prozesses; zweitens

1 In dieser Hinsicht ist, so Greven, die Modernisierungstheorie selbst nicht modern, sofern sie Modernisierung substantialistisch versteht und nicht prozeduralisiert.

2 Michael Th. Greven, »War die Demokratie jemals ›modern‹? Oder: Des Kaisers neue Kleider«, in: ders., *Die Erosion der Demokratie. Michael Th. Grevens Beiträge zur kritischen Demokratietheorie,* Wiesbaden 2020, S. 179-189, hier S. 181.

die Identität und relative Homogenität einer sich im Zuge der Ausübung politischer Autonomie selbst Gesetze gebenden Bürgerschaft; und drittens die im politischen Prozess wirksame Trennung zwischen privater Ungleichheit und öffentlicher Gleichheit. Alle drei Elemente sind laut Greven einem fortschreitenden Erosionsprozess unterworfen. Infolge der Interdependenzsteigerung und erhöhten Verflechtung zwischen den politischen Ordnungen erodieren die politische Autonomie und die Fähigkeit zur Selbsteinwirkung politischer Gemeinwesen; die im Prozess der Modernisierung größer werdende Multikulturalität und soziale Pluralisierung wiederum dekonstruieren die Identität des vorgestellten Kollektivsubjekts demokratischer Bürgerschaft; und drittens geht die Trennung zwischen gleichheitsbasierter, öffentlicher, demokratischer Herrschaft und auf ungleicher Ressourcenausstattung basierender privater Macht verloren, weil in Gestalt der heterogenen Governance-Arrangements innerhalb wie jenseits des Staates privat-öffentliche Mischformen politischer Herrschaftsausübung und Regelsetzung entstehen.

Die Vorstellung einer sich selbst in gleicher Freiheit Gesetze gebende Bürgerschaft wird infolge dieser drei Prozesse zu einer fiktiven, bloß normativen Kategorie. Sie verfehlt die politische Wirklichkeit.[3] Zwar seien Demokratietheorien in der Lage, die dadurch entstehenden Legitimationsprobleme mittels theoretischer Konstruktionen zu lösen, beispielsweise in Form einer modellhaften Konstruktion komplex verschachtelter, supranationaler Deliberationsarenen einer kosmopolitischen Globaldemokratie, nur blieben diese Modelle rein akademisch. Sie können, wendet Greven kritisch gegen die Demokratietheorie ein, das dringlich gewordene praktische Legitimationsproblem nicht lösen, weil sie aufgrund ihrer Komplexität am Sartori-Kriterium scheitern. Mit anderen Worten: Die Hürde überbordender politischer Komplexität lässt sich nicht mittels einer die Komplexität bloß theoretisch demokratisierenden Modellkonstruktion überwinden. Eine Lösung müsste praktisch an lebensweltlich verankerte Sinndeutungen von Demokratie anknüpfen. Infolge der größer werdenden Spannung zwischen der konventionellen Sinndeutung von Demokratie und der sich von

3 Michael Th. Greven, »Zukunft oder Erosion der Demokratie?«, in: ders., *Die Erosion der Demokratie*, S. 155-178.

ihr weiter entfernenden politischen Wirklichkeit geschieht jedoch das Gegenteil. Die Idee der Demokratie erscheint unwirklich, der Erfahrung entkoppelt, und ihre normative Anziehungskraft verblasst. Die fortschreitende Modernisierung führt nicht zur Stabilisierung, Ausweitung oder Neuerfindung von Demokratie, sondern zu deren Aushöhlung – in der Praxis wie in der Theorie. Greven erkennt deshalb in der Entwicklung neuartiger normativ attraktiver Ideen für die Politik die Aufgabe einer zeitgemäßen und wirklichkeitswissenschaftlichen Politikwissenschaft.

Vor dem Hintergrund von Grevens vernichtender Kritik der Demokratietheorie werde ich abschließend argumentieren, dass zwar bisher keine neuartige normative Konzeption von ähnlicher Mobilisierungskraft entwickelt wurde, wie sie die Idee der Demokratie einmal verkörpert hat, dass aber zumindest gegenwärtig eine Voraussetzung dafür entsteht, das Neue überhaupt denken zu können, da sich die Demokratie sowohl in der Praxis als auch in der Theorie in einer Paradigmakrise befindet. Bevor ich mit einem prognostischen Ausblick auf die Folgen dieser Krise enden werde, will ich noch auf Ingolfur Blühdorns Theorie der simulativen Demokratie eingehen, die die am weitesten entwickelte und avancierteste Demokratietheorie darstellt. Blühdorn nimmt in ihr nicht nur in umfassender Weise den bisherigen Stand der Demokratiediagnostik in sein Theoriegebäude auf, er verbindet seine Verarbeitung der akademischen Reflexionstheorien der Demokratie mit einer Subjekt- und Modernetheorie, die beansprucht, den »Formwandel«[4] der Demokratie am besten zu erklären. Zugleich wendet er sich gegen Grevens verabschiedende Kritik der Demokratietheorie. Blühdorn hält weiterhin am Paradigma der Demokratietheorie fest. Anhand seiner Theorie lässt sich zeigen, in welche Widersprüche es führt, wenn man, wie Blühdorn, zwar einerseits wirklichkeitswissenschaftlich vorgeht und dadurch zu dem Ergebnis kommt, dass »sich die gesellschaftlichen Realitäten faktisch längst nicht mehr demokratisch regieren lassen«,[5] andererseits aber weiterhin an der Demokratiesemantik und an dem Paradigma der Demokratietheorie festhalten will.

Blühdorns Theorie stellt die letzte, nicht mehr überschreitba-

4 Ingolfur Blühdorn, *Simulative Demokratie. Neue Politik nach der postdemokratischen Wende*, Berlin 2013, S. 40.

5 Ebd., S. 156.

re Reflexionsstufe der Demokratietheorie dar. Auf ihr angelangt, stößt das Paradigma an seine äußerste Grenze. Für Blühdorn »ist die simulative Demokratie die historisch angemessene und legitime Nachfolgerin der liberal-repräsentativen Demokratie«.[6] Denn durch den modernisierungsbedingten Wandel hätten sich die sozialstrukturellen sowie vor allem die normativen Grundlagen der liberal-repräsentativen Demokratie verändert. Sie vermöchten die liberal-repräsentative Form der Demokratie nicht mehr zu reproduzieren. Infolge der Entstehung einer andersartigen, für die hergebrachte Form von Demokratie dysfunktionalen politischen Subjektivität entstehe eine neue, nun mehr simulative Demokratieform. Sie sei der neuartigen Form von Bürgerschaft angepasst. In einer an kommunitaristische Dekadenzdiagnosen erinnernden Weise hebt Blühdorn zur Unterfütterung dieser These in erster Linie die Entstehung einer hochgradig individualisierten und egoistischen Subjektivität hervor, der die modernen Ideen der vernünftigen Selbstbegrenzung und Gemeinwohlorientierung abhandengekommen seien. Im Kontext dieser »Emanzipation zweiter Ordnung« befreiten sich die Subjekte aus den überlieferten normativen Zwängen und frönten rücksichtslos ihrer primär am Konsum und dem Markterfolg orientierten Selbstverwirklichung. Demokratische Normen würden für diese postdemokratischen Egobürger nur noch als Vehikel zur Durchsetzung eigensinniger Interessen genutzt, ohne dabei Rücksicht auf deren Verallgemeinerbarkeit und Gemeinwohlbezug zu nehmen. Parallel habe sich eine »postdemokratische Wende« ereignet.[7] Die Ideale der partizipatorischen Revolution liefen infolgedessen ins Leere und die Steuerungsressourcen demokratischer Politik seien versiegt. Stattdessen herrsche ein nahezu totaler Konsumismus, der die Unterklassen narkotisiere, sie aber zugleich vom politischen Prozess abkopple. Das demokratische Vokabular schließlich sei zum Zwecke der Rechtfertigung neoliberaler Politiken umfunktioniert worden. Aus dem Zusammenspiel beider Entwicklungen, der »Emanzipation zweiter Ordnung« und der »postdemokratischen Wende«, resultiere das »demokratische Paradox«.[8]

6 Ebd., S. 186.

7 Ingolfur Blühdorn, »Das postdemokratische Diskursquartett. Kommunikative Praxis in der simulativen Demokratie«, in: *Psychozozial* 39 (2016), S. 51-68, hier S. 52.

8 Blühdorn, *Simulative Demokratie*, S. 36.

Es besteht darin, dass die postdemokratische Wende einerseits eine tiefgreifende Enttäuschung hinsichtlich der Demokratie und ihrer Ideale mit sich bringe, andererseits der Bedarf nach der öffentlichen Bekräftigung demokratischer Normen und Ideale steige. Diese stellten das Vehikel zur Realisation partikularer Interessen dar und würden zur Rechtfertigung von sozialer Ungleichheit und anderweitig nicht rechtfertigbarer Politiken, wie vor allem der Politik der nicht nachhaltigen Übernutzung der Natur, benötigt.

Die *simulative Demokratie* antworte auf diese neuartige Problemkonstellation. Als politische Form einer »gesamtgesellschaftlichen Prozedur der demokratischen Selbstillusionierung«[9] erlaube sie es, den Wirklichkeitsgehalt der demokratischen Ideale und Normen einerseits erfahr- und erlebbar zu machen, diese Ideale und Normen andererseits aber in der Praxis missachten zu können. In der simulativen Demokratie könne das postdemokratische Paradox ohne größere kognitive Dissonanz, Legitimations- und Funktionsprobleme weiterbestehen. Die Praktiken der simulativen Demokratie »befriedigen die radikalisierten Autonomiebedürfnisse postdemokratischer Bürger, ohne diese in kantisch-modernistischer Weise in die Pflicht zu nehmen«.[10]

Blühdorn ist damit auf der einen Seite der Auffassung, die Demokratie habe sich an neue Gesellschafts- und Subjektformen angepasst: »Die heutige Form der Demokratie ist durchaus angemessen, entspricht durchaus den Bedürfnislagen und Herausforderungen moderner Konsumgesellschaften«.[11] Wie er wiederholt betont, sei es deshalb falsch, von einer fundamentalen Krise der Demokratie auszugehen. Unter anderem gegen Greven wendet er ein, von einem »Ende der Demokratie kann keine Rede sein«.[12] Auf der anderen Seite beklagt er die »anti-liberale, anti-egalitäre und exklusive Agenda der Emanzipation zweiter Ordnung«,[13] und er grenzt sich vom Rechtspopulismus ab, den er als eine die ursprünglichen demokratischen Ideale und Normen von Freiheit, Gleichheit, Gerechtigkeit und insbesondere die Würde des Menschen

9 Blühdorn, »Das postdemokratische Diskursquartett«, S. 52.
10 Blühdorn, *Simulative Demokratie*, S. 179.
11 Ebd., S. 47.
12 Ebd., S. 12.
13 Blühdorn, »Das postdemokratische Diskursquartett«, S. 61.

gefährdende politische Kraft deutet.[14] Zudem diagnostiziert er explizit eine *Entdemokratisierung*, die sich infolge der Überdehnung von Emanzipationsansprüchen eingestellt habe. Blühdorn bringt das auf die Formel einer »*emanzipatorischen Entdemokratisierung der Demokratie*«.[15] Vor allem aber bezeichnet er die simulative Demokratie auch als eine »reaktionäre Demokratie«, die ihren Nutznießern ermögliche, Privilegien zu verteidigen und von ungerechtfertigten Ungleichheiten zu profitieren:

> Das will der Begriff der reaktionären Demokratie offenlegen, obwohl die gesellschaftstheoretische Analyse, die hier angestellt wurde, die normative Idee einer noch zu verwirklichenden *authentischen* Demokratie verabschiedet und den Begriff der reaktionären Demokratie eigentlich zu einem widersprüchlichen macht.[16]

In der Tat handelt es sich bei dem Begriff der reaktionären Demokratie um ein Konzept, das sich in den Theoriezusammenhang nur um den Preis eines argumentativen Widerspruchs einfügen lässt. Denn einerseits will Blühdorn ein Nominalist sein, der den Begriff der Demokratie, im Sinne der im vorigen Kapitel analysierten Strategie der adaptiven Neubeschreibung, als normativ flexibel und anpassungsfähig versteht. Er schreibt deshalb, dass »der etablierte Demokratiebegriff durchaus in der Lage ist, seinen normativen Gehalt so zu verändern, dass er den Bedürfnissen, Realitäten und Herausforderungen fortgeschrittener moderner Gesellschaften voll entspricht«.[17] Andererseits hält er begriffsrealistisch an den demokratischen Idealen der Freiheit, Gleichheit und Solidarität fest, von denen er voraussetzen muss, dass sie den wesentlichen normativen Kern des Demokratiebegriffs ausmachen. Denn nur dann macht

14 Blühdorn sieht den Rechtspopulismus in anderer Hinsicht allerdings auch in einer »Komplizenschaft« mit der Mehrheitsgesellschaft, da beide darauf abzielten, die antiökologische Politik der Nichtnachhaltigkeit auf Dauer zu stellen; siehe Ingolfur Blühdorn, »Demokratie als Nicht-Nachhaltigkeit. Begehung eines umweltsoziologischen Minenfeldes«, in: ders. u. a., *Nachhaltige Nicht-Nachhaltigkeit. Warum die ökologische Transformation der Gesellschaft nicht stattfindet*, Bielefeld 2020, S. 303-343, hier S. 328 ff.

15 Blühdorn, »Demokratie als Nicht-Nachhaltigkeit«, S. 322; vgl. auch ders., »Kein gutes Leben für Alle! Annäherung an einen Paradigmenwechsel«, in: ders. u. a., *Nachhaltige Nicht-Nachhaltigkeit*, S. 47-82.

16 Blühdorn, *Simulative Demokratie*, S. 278.

17 Ebd., S. 43.

seine im Namen der Demokratie vorgebrachte Kritik der ungenügenden Verwirklichung demokratischer Ideale wie der Rückschritte bei dem Abbau von Machtungleichheiten Sinn. Er prangert den gegenwärtigen politischen Zustand mit dem Ausdruck der »reaktionären Demokratie« an – im Namen einer authentischen Demokratie.

Der Widerspruch resultiert aus Blühdorns demokratietheoretischem Vorgehen. Wie ich oben gezeigt habe, ist die Demokratietheorie ein Zwitterwesen, in dem empirische Regimebeschreibung und normative Demokratiebekräftigung miteinander einhergehen. Die Demokratietheorie macht die doppelte Voraussetzung, dass demokratische Ideale und Normen *gelten* und dass politische Regime existieren, die diese Ideale und Normen, wie ungenügend auch immer, *verkörpern*. Blühdorn bewegt sich an der Grenze des demokratietheoretischen Paradigmas, weil er die Reflexion so weit treibt, dass Demokratie nur mehr als eine Simulation erscheint, der er aber eben auch den Status eines empirischen Regimes zuerkennt und dieses als »die historisch angemessene und legitime Nachfolgerin der liberal-repräsentativen Demokratie«[18] beschreibt. Wie ephemer auch immer, treten zugleich die alten demokratischen Ideale immer wieder in seiner Theorie hervor, die im Sinne des Paradigmas der Demokratietheorie als eine kritische Folie fungieren, an der dieses neue Regime gemessen und mit der es als normativ problematisch beschrieben wird. Das ist vielleicht ein Grund dafür, dass Blühdorn das neu entstandene simulative politische System mit dem Regimebegriff der »Demokratie« adelt, obwohl dies vor dem Hintergrund seiner eigenen Diagnose nicht notwendig wäre. Er will die normativen Implikationen des Demokratiebegriffs nicht verabschieden und begründet seine Verwendung der Demokratiesemantik damit, dass sie durch die alltägliche Bezeichnungspraxis gerechtfertigt sei. Die Überlegung scheint zu sein: Unsere politischen Regime werden in der Öffentlichkeit als Demokratien bezeichnet, deshalb sollte man das auch in der Wissenschaft weiterhin tun. Diese Rechtfertigung steht jedoch im Widerspruch zu seinem kritischen Vorgehen. Während Blühdorn die Aufklärung von Praktiken der Illusionierung zum Hauptziel seiner Theorie macht, lässt er sich ausgerechnet an dieser Stelle vom unaufgeklärten Sprachgebrauch des politischen

18 Ebd., S. 186.

Geschäfts einen, nach seiner eigenen Diagnose, illusionären Begriff vorgeben. Um den daraus notwendig resultierenden Widerspruch aufzulösen, müsste Blühdorn entweder weiterhin anachronistisch auf den demokratischen Idealen und Normen beharren, aber dafür seinen Anspruch wirklichkeitswissenschaftlicher Theoriebildung aufgeben, oder er müsste seine demokratischen Ideale fahren lassen und strikt wirklichkeitsorientiert das Ende der Demokratie diagnostizieren. Dies würde bedeuten, die gedankliche Konsequenz aus dem von ihm selbst beschriebenen Umstand zu ziehen, dass »sich die gesellschaftlichen Realitäten faktisch längst nicht mehr demokratisch regieren lassen«.[19] Eine wirklichkeitswissenschaftliche Theorie kann eine gesellschaftliche Realität, die sich nicht demokratisch regieren lässt, nicht als demokratisch beschreiben.

Sowohl die eingangs umrissenen Vermeidungsstrategien als auch der Widerspruch in Blühdorns Theorie zeigen, dass sich ein realistischer Blick auf die Transformation unserer modernen liberal-demokratischen Regime, für die ich den Begriff der Devolution vorgeschlagen habe, mit einem demokratietheoretischen Vorgehen nur um den Preis von Inkonsistenz oder rhetorischen Ausweichmanövern vereinbaren lässt.

Demokratietheorie in der Paradigmakrise

Der Begriff des Paradigmas wurde von Thomas S. Kuhn in seiner Arbeit *Die Struktur wissenschaftlicher Revolutionen* für eine historische Wissenschaftssoziologie fruchtbar gemacht.[20] Obgleich sich

19 Ebd., S. 156. Hierzu auch Ingolfur Blühdorn, »The Dialectic of Democracy. Modernization, Emancipation and the Great Regression«, in: *Democratization* 27 (2020), S. 389-407. Auch in diesem Beitrag hält Blühdorn an der Demokratiesemantik fest, da die Demokratie ein offenes, sich stets neu anpassendes Projekt sei. Die im Text gelieferte Diagnose spricht allerdings dafür, dass das Projekt der Demokratie anachronistisch geworden ist.

20 Thomas S. Kuhn, *Die Struktur wissenschaftlicher Revolutionen*, Frankfurt/M. 1976. Bedeutende Vorläufer von Kuhns Theorie sind Ludwik Flecks 1935 zuerst veröffentlichte Arbeit über *Entstehung und Entwicklung einer wissenschaftlichen Tatsache. Einführung in die Lehre vom Denkstil und Denkkollektiv*, Frankfurt/M. 2019, sowie Karl Mannheim, *Wissenssoziologie*, herausgegeben von Kurt H. Wolff, Neuwied 1964. Überschneidungen zwischen Kuhns und Flecks Theorien sind weitreichend; vgl. Jonathan Harwood, »Ludwik Fleck and the Sociology of

der Begriff des Paradigmas auch in der Sozialwissenschaft eingebürgert hat und Kuhns Wissenschaftstheorie zur sozialwissenschaftlichen Selbstbeschreibung verwendet wird, handelt es sich hierbei, streng genommen, um eine Aneignung, die nicht im Sinne des Erfinders ist. Denn Kuhn bezweifelte, dass die stärker pluralistische sowie in höherem Maße an politischen Problemen und sozialen Sachverhalten orientierte Sozialwissenschaft seinem Modell einer »normalen Wissenschaft« entspricht.[21] Er entwickelt seine Theorie mit Blick auf die Naturwissenschaft, und die Beispiele, mit denen er seine zentralen Begriffe illustriert und seine Argumente veranschaulicht, entstammen Fächern wie der Chemie und der Physik. Auch wenn vor diesem Hintergrund eine unreflektierte Übertragung der gesamten Kuhn'schen Theorie auf die Sozialwissenschaften zunächst zweifelhaft erscheinen mag, sind Kuhns Begriff des Paradigmas und sein Verständnis wissenschaftlicher Revolutionen zum Verständnis der gegenwärtigen Krise der Demokratietheorie aufschlussreich. Wie gleich noch zu sehen sein wird, lässt sich mit einem Vorschlag Hartmut Rosas Kuhns Theorie zudem so modifizieren, dass sie sinnvoll auf die Demokratietheorie angewandt werden kann.[22]

Kuhns wissenschaftshistorisches Werk thematisiert den Wandel, der infolge wissenschaftlicher Revolutionen in naturwissenschaftlichen Disziplinen eintrat. Dieser Wandel zeigt, wie Wissenschaft als eine historisch-soziale Praxis funktioniert. Die Darstellung von Wissenschaft im populärwissenschaftlichen Journalismus, in der intradisziplinären Selbstbeschreibung und der öffentlichen Selbstdarstellung wissenschaftlicher Disziplinen gegenüber den Laien

Knowledge«, in: *Social Studies of Science* 16 (1986), S. 173-187, hier S. 177 ff. Die Grundidee von Flecks wissenssoziologischem Ansatz ist, dass wissenschaftliche Erkenntnis ein soziales Konstrukt ist, das durch »Denkkollektive« mittels eines je spezifischen »Denkstils« erzeugt wird. Flecks Begriff des Denkstils entspricht in etwa dem, was Kuhn mit dem Begriff des Paradigmas bezeichnet. Ich werde mich im Folgenden an denjenigen Stellen auf Flecks Theorie beziehen, an denen sie Kuhns Theorie ergänzt.

21 Kuhn, *Die Struktur wissenschaftlicher Revolutionen*, S. 171 ff.

22 Hartmut Rosa, »Paradigma und Wertbeziehung«, in: *Logos. Zeitschrift für systematische Philosophie* 2 (1995), S. 59-94. Vgl. auch Peter A. Hall, »Policy Paradigms, Social Learning, and the State. The Case of Economic Policymaking in Britain«, in: *Comparative Politics* 25 (1993), S. 275-296, zu einer Anwendung des Kuhn'schen Paradigmakonzepts in der *policy*-Forschung.

suggeriert, dass Wissenschaft kumulativ fortschreitet. Kuhn hingegen will zeigen, dass der wissenschaftliche Fortschritt in Wirklichkeit *nicht* kumulativ ist. Was als wissenschaftlicher Fortschritt erscheint, ist keine immer weiter wachsende Anhäufung von zueinander passenden und sich immer reichhaltiger ergänzenden Wissenselementen. Tatsächlich ist der wissenschaftliche Fortschritt ein Konstrukt, das mittels akademischer Sozialisations- und Exklusionspraktiken, zum Beispiel durch kanonisierende Lehrbücher, hergestellt wird und das durch tiefgreifende Brüche charakterisiert ist. Kuhn vergleicht diese Brüche mit politischen Revolutionen, bei denen unversöhnliche Gruppen um die Vorherrschaft streiten. Ist der revolutionäre Kampf beendet, schreibt die siegreiche Partei die Geschichtsbücher in ihrem Sinne und stellt die Geschichte der Disziplin retrospektiv als einen kumulativen Lernprozess dar. Der Bestand an Begriffen und Theorien wird dabei entweder im Sinne der siegreichen Partei geändert oder aber mittels begrifflicher Operationen als unwissenschaftlich ausgegrenzt. Eine wissenschaftliche Revolution ist deshalb immer »eine Verschiebung des Begriffsnetzes [...], durch welches die Wissenschaftler die Welt betrachten«.[23]

In einer wissenschaftlichen Revolution kommt es zu einem Paradigmenwechsel. Ein Paradigma ist Kuhn zufolge »die Quelle aller Methoden, Problemgebiete und Lösungsnormen, die von einer reifen wissenschaftlichen Gemeinschaft zu irgendeinem Zeitpunkt anerkannt werden«.[24] Paradigmatisch sind »allgemein anerkannte wissenschaftliche Leistungen, die für eine gewisse Zeit einer Gemeinschaft von Fachleuten maßgebende Probleme und Lösungen liefern«.[25] Sie bilden »Vorbilder« und stiften »Traditionen«,[26] und sie sind »der Entscheidung eines Präzedenzfalles im Rechtswesen ähnlich«.[27] Durch ein Paradigma weiß eine wissenschaftliche Gemeinschaft, was zu tun ist, um ihrer Aufgabe nachzukommen – dem »Lösen von Rätseln«.[28] Wesentlich ist, dass das Paradigma zum einen die zu lösenden Rätsel definiert und sie zu anerkannten wissenschaftlichen Problemen macht. Zum anderen gibt das Para-

23 Kuhn, *Die Struktur wissenschaftlicher Revolutionen*, S. 115.
24 Ebd., S. 116.
25 Ebd., S. 10.
26 Ebd., S. 25.
27 Ebd., S. 37.
28 Ebd., S. 49 ff.

digma vor, welche Regeln gelten, »die sowohl die Art der annehmbaren Lösungen wie auch die Schritte, durch die sie erzielt werden, einschränken«.[29] Das geltende Paradigma definiert die für wissenschaftliche Gemeinschaften als relevant erachteten Rätsel sowie die zur Lösung der Rätsel begehbaren Wege der Forschung. Aufgrund dieser Gebundenheit an ein Paradigma zielt die Wissenschaft *nicht* darauf, möglichst viele neue Phänomene zu entdecken, im Gegenteil: Neuartige Phänomene werden durch die Wirkungsweise des Paradigmas systematisch ausgeblendet: »In keiner Weise ist es das Ziel der normalen Wissenschaft, neue Phänomene zu finden; und tatsächlich werden die nicht in die Schublade hineinpassenden oft überhaupt nicht gesehen.«[30]

Fleck argumentiert im gleichen Sinne, dass die innerhalb eines wissenschaftlichen Denkstils formulierte Problemstellung einen »Denkzwang«[31] mit sich bringt, der den relevanten Problembereich eingrenzt: »Jede formulierte Problemstellung enthält bereits die Hälfte ihrer Lösung. Jede zukünftige Überprüfung fährt immer nur auf vorhandenen gedanklichen Geleisen zurück.«[32] Auf diesem Wege entsteht ein »denkkollektives Widerstandsaviso«,[33] das Erscheinungen und Problemstellungen ausblendet, die nicht in den herrschenden Denkstil hineinpassen oder diesen infrage stellen würden. Das Denkkollektiv bildet eine Gemeinschaft, in der aufgrund einer kollektiven Identität, infolge von Initiationsriten und der Geltung eines Kanons von Wissen sowie der Anwendung von Diskursregeln ein »*stilgemäßer Denkzwang*«[34] ausgeübt wird. Dieser Zwang sei aber keineswegs nur repressiv. Innerhalb des Denkkollektivs herrsche vielmehr ein »Gefühl der Denksolidarität im Dienste einer überpersönlichen Idee«.[35] Fleck argumentiert damit genauso wie Kuhn gegen die naive Auffassung, Wissenschaft würde sich voraussetzungslos an »den Tatsachen« orientieren. Erfahrungswissenschaft ist zwar auf empirische Tatsachen bezogen, doch was als relevante Tatsache gilt, wie die Tatsachen jeweils zu interpretieren

29 Ebd., S. 52.
30 Ebd., S. 38.
31 Fleck, *Entstehung und Entwicklung einer wissenschaftlichen Tatsache*, S. 124.
32 Ebd., S. 53.
33 Ebd., S. 129.
34 Ebd., S. 131.
35 Ebd., S. 140.

sind und was sie bedeuten, das alles wird vom Denkstil präformiert. Die Beschreibung von Tatsachen muss jeweils »im Stil des Denkkollektivs ausgedrückt werden«,[36] wenn ihnen in den betroffenen Forschungszweigen Relevanz für die Theorie zukommen soll.

Kuhn zufolge ist zwar ist das Auftreten von »Anomalien«, die nicht erwartet wurden und die der Theorie widersprechen, im wissenschaftlichen Betrieb durchaus gängig, aber diese werden im wissenschaftlichen Normalbetrieb nicht als etwas gedeutet, was das dem Normalbetrieb zugrunde liegende Paradigma herausfordern würde. Sie werden entweder vernachlässigt und als Ausnahmefall eingeklammert oder aber mittels kleinteiliger Veränderungen der Theorie oder des Beobachtungsapparats neutralisiert und auf diesem Wege in das erweiterte »Begriffsnetz« eingeflochten. Analog hierzu bezeichnet Flecks Begriff des »Widerstandsavisos« einen Exklusionsmechanismus, mit dem ein Denkkollektiv »unpassende« und irritierende Erscheinungen als irrelevant aussondert und aus dem Beobachtungsbereich ausblendet oder aber in eine neue Beschreibungsweise überführt, die dem Denkstil des Kollektivs entspricht und diesen nicht infrage stellt. Mit anderen Worten: Die paradigmatische Wissenschaft (Kuhn) und die wissenschaftlichen Denkkollektive (Fleck) verfügen über Akkommodierungs- und Abwehrmechanismen, mit denen sie die Gefährdungen ihres Paradigmas beziehungsweise ihres Denkstils neutralisieren.

Aber wieso kommt es dann überhaupt zu den von Kuhn beschriebenen wissenschaftlichen Revolutionen, die mit einem Wechsel des Begriff- und Theoriesystems einhergehen? Wissenschaftliche Revolutionen und der Wechsel eines Paradigmas werden dann möglich, wenn »die Fachwissenschaft den die bestehende Tradition wissenschaftlicher Praxis untergrabenden Anomalien nicht länger ausweichen kann«.[37] Ursächlich hierfür sind zum einen außerwissenschaftliche Faktoren, wie insbesondere das Auftreten rebellisch eingestellter Nachwuchswissenschaftler. Zum anderen aber tritt dieser Zustand ein, »nachdem ein fortdauerndes Unvermögen [besteht], ein bemerkenswertes Rätsel zu lösen, [welches] eine Krise hat entstehen lassen«.[38] Erst dann haben alternative Paradigmen und die sie vorbereitenden alternativen Theorien, Begriffe und

36 Ebd., S. 133.

37 Kuhn, *Die Struktur wissenschaftlicher Revolutionen*, S. 38.

38 Ebd., S. 156.

Beobachtungen eine Chance, Gehör zu finden. So wie politische Revolutionen das Eintreten eines krisenhaften und als problematisch erfahrenen Zustands voraussetzen, so stellt Kuhn zufolge die Existenz einer innerwissenschaftlichen Krise die Vorbedingung für eine wissenschaftliche Revolution dar. Fleck hingegen sieht die soziopolitischen Kontextbedingungen, und nicht die wissenschaftsinternen Auseinandersetzungen, als maßgeblich für das Eintreten von »Denkstilumwandlungen« an. Letztere würden in »Epochen allgemeiner sozialer Wirrnis entstehen. Solche ›unruhigen Zeiten‹ zeigen den Streit der Meinungen, Differenzen der Standpunkte, Widersprüche, Unklarheit, Unmöglichkeit eine Gestalt, einen Sinn unmittelbar wahrzunehmen«.[39] Fleck hebt damit die politischen und kulturell-gesellschaftlichen Kontextfaktoren hervor, die zu einer Verunsicherung führen, was wiederum auf die wissenschaftliche Praxis zurückwirkt.

Dieser Gedanke Flecks führt über Kuhns Beschränkung des Konzepts des Paradigmas auf die Naturwissenschaft hinaus. Er lässt sich nutzen, um die Anwendung des Begriffs in der Sozialwissenschaft zu ermöglichen, die ja nicht über ein einziges herrschendes Paradigma verfügt. Mit einer Idee Hartmut Rosas lässt sich das spezifizieren. Rosa argumentiert, dass sozialwissenschaftliche Paradigmen dann fallen gelassen werden, »wenn die ihnen zugrundeliegenden Begriffssysteme die *Bedeutung* kultureller und politischer Phänomene nicht mehr adäquat zu erfassen vermögen«.[40] Wenn »über leitende Wertideen und geltende Kulturbedeutungen tiefe Unsicherheit herrscht«,[41] dann besteht die Möglichkeit für eine Veränderung der sozialwissenschaftlichen Paradigmen. Der Prozess der Devolution und der Diskurs über eine Krise der Demokratie weisen gegenwärtig auf eine solche Suchbewegung hin. Sie wird durch Zweifel hinsichtlich der Bedeutung politischer Transformationen ausgelöst und trifft das Selbstverständnis der Demokratietheorie. In dieser breitet sich die Unsicherheit über die Geltung der Demokratie als einer leitenden Wertidee aus. Zudem wird die Demokratietheorie vom Zweifel hinsichtlich der Tauglichkeit der etablierten Begriffssysteme zur Erfassung kultureller und politischer Phänomene heimgesucht.

39 Fleck, *Entstehung und Entwicklung einer wissenschaftlichen Tatsache*, S. 125.

40 Rosa, »Paradigma und Wertbeziehung«, S. 87.

41 Ebd., S. 89.

Kuhns Theorie schenkt solchen außerwissenschaftlichen Bedingungen zu wenig Aufmerksamkeit, dies gilt jedenfalls hinsichtlich der Anwendung seiner Theorie auf die politiknahe Sozialwissenschaft und die Demokratietheorie im Besonderen. Dennoch ist in dem hier interessierenden Zusammenhang ein Indikator erhellend, den Kuhn in seiner Theorie für das Eintreten einer Paradigmakrise anführt. Er bildet einen weiteren Anknüpfungspunkt, mit dem sich seine Theorie für eine Deutung der Krise der zeitgenössischen Demokratietheorie fruchtbar machen lässt. Aufschlussreich ist nämlich, mit welchen *Symptomen* Kuhn die Krise eines Paradigmas in Verbindung bringt. Er diskutiert das Phänomen einer fachwissenschaftlichen Krise zwar anhand unterschiedlicher Ebenen der wissenschaftlichen Praxis, aber an mehreren Stellen seines Buches konzentriert er sich auf die Ebene der Theorie. Dort fragt er unter anderem, welche Symptome die Krise eines Paradigmas anzeigen. Er entwickelt hierfür zwei Indikatoren. Erstens ist die »Wucherung von Versionen einer Theorie [...] das typische Symptom einer Krise«.[42] Zweitens beobachtet Kuhn, dass sich die Vertreter einer sich allmählich auf eine Krise zubewegenden Theorie »zahlreiche Artikulierungen und ad-hoc-Modifizierungen ihrer Theorie ausdenken, um jeden scheinbaren Konflikt [zwischen Erfahrung und Beobachtung auf der einen Seite und Theorie auf der anderen Seite] zu eliminieren«.[43] Diese Beschreibung lässt sich unmittelbar auf die Demokratietheorie der Gegenwart übertragen. Wie die vorhergehenden Kapitel gezeigt haben, lässt sich in der zeitgenössischen Demokratietheorie zum einen das Phänomen der »Wucherung von Versionen einer Theorie« prägnant beobachten. Zum anderen denken sich deren Vertreter auch zahlreiche »Artikulierungen und ad-hoc-Modifizierungen ihrer Theorie« aus, um den immer zahlreicher werdenden Anomalien Herr zu werden. Die präsentierten Strategien der Demokratievergewisserung etwa sind solche Modifizierungen. Die Anomalien wiederum sind diejenigen Phänomene, die ich als Folgen der Devolution herausgearbeitet habe. Sie führen dazu, dass die vom demokratietheoretischen Paradigma vorgegebene Art der Problemlösung – demokratische Politik – nicht mehr als Problemlösung überzeugt. Es entsteht die von Kuhn beschriebene Situation eines fortdauernden Unvermögens, ein bemerkenswertes Rätsel zu lösen.

42 Kuhn, *Die Struktur wissenschaftlicher Revolutionen*, S. 83.
43 Ebd., S. 91.

Die Demokratietheorie als demokratiewissenschaftliche Theorie impliziert, dass die Demokratie als politische Ordnungsidee normativ vorzüglich ist und dass empirische Demokratien als politische Ordnungen im Großen und Ganzen im Sinne dieser Ordnungsidee funktionieren, was, wie erwähnt, eine kritische Beurteilung politischer Regime und das Vorbringen von Reformvorschlägen keineswegs ausschließt. Letzteres gehört vielmehr zum Kerngeschäft der Demokratietheorie, da diese den Stoff für die demokratietheoretischen Rätsel abgeben, die im Forschungs- und Publikationsbetrieb benötigt werden. Der Ausgangspunkt dieser Rätsel sind Fragen der folgenden Art: Inwieweit besteht ein Graben zwischen demokratischem Ideal und demokratischer Realität? Wie kann er verringert werden? Wie weit sollte er verringert werden? Und um welchen Preis? In konkreter Rätselform ergeben sich hieraus demokratietheoretische Forschungsfragen wie: Wie lässt sich das Demokratiedefizit der Europäischen Union beheben? Wie kann es zu einer stärkeren Repräsentation schwacher Gruppen in der Demokratie kommen? Welche Prozeduren der demokratischen Willensbildung führen in welchen Kontexten zu gemeinwohlorientierten Lösungen? Wieso hat Theorie X die bessere Lösung für Problem Y als Theorie Z? Im Paradigma der Demokratietheorie werden die zu lösenden Rätsel dabei so gestellt, dass nur eine, im weiten Sinne des Wortes, demokratische Lösung gilt. Für das Paradigma der Demokratietheorie ist konstitutiv, dass in ihm für Probleme der Demokratie letztlich nur demokratiekompatible Lösungen Geltung beanspruchen können, das heißt Lösungen, die sich als Teil oder als Ergebnis demokratischer Politik oder als vereinbar mit demokratischen Institutionen oder Normen konstruieren lassen.

Dieser demokratietheoretische Problem-Lösung-Konnex löst sich infolge der Devolution auf, unter anderem durch das Wegfallen wesentlicher Kontextbedingungen für Demokratie, durch die Entdemokratisierung politischer Institutionen und durch das Vordringen undemokratischer Politikansätze. Mit Hilfe einer Unterscheidung aus Flecks Theorie kann man sagen, dass die Demokratietheorie von der »Epoche der Klassizität« in eine Epoche der »Komplikationen«[44] eingetreten ist. Es gelingt ihr nicht mehr, demokratische Lösungen für die Rätsel der Demokratie zu formulie-

44 Fleck, *Entstehung und Entwicklung einer wissenschaftlichen Tatsache*, S. 43.

ren. Infolgedessen versagt die »normale Problemlösungstätigkeit«,[45] die das Paradigma früher noch ermöglichte. Die Demokratietheorie beginnt zu wuchern, und es müssen immer mehr Modifikationen her, immer mehr Anpassungen vorgenommen und immer mehr rhetorische Ausweich- und Vermeidungsstrategien eingesetzt werden. Die Theorie befindet sich in einer Paradigmakrise.

Ausblick

Krisen werfen die Frage nach der Zukunft auf. Welche Veränderung wird die Krise bringen? Historisch betrachtet, führen politische Krisen nicht zwangsläufig zu einer Revolution. Und auch in der Wissenschaft können Krisen unterschiedlich enden. Mit Kuhn lassen sich drei Zukunftsszenarien unterscheiden, die möglich werden, sobald sich eine wissenschaftliche Gemeinschaft in einer Paradigmakrise befindet. Im ersten Szenario kommt es zu einer wissenschaftlichen Revolution – ein neues Paradigma gelangt zur Geltung. Das zweite Szenario hingegen besteht aus der Überwindung der Krise. Das alte Paradigma kann revitalisiert und erfolgreich verteidigt werden. Im dritten Szenario schließlich bleibt das die Krise auslösende Problem ungelöst und gleichsam in der Schwebe. Die Paradigmakrise wird an die nachrückende Generation weitergereicht. Sie bleibt als eine prekär stabilisierte Dauerkrise vorerst bestehen.[46] Welches der drei Szenarien prognostiziert die Zukunft der Demokratietheorie?

Die Ablösung des demokratietheoretischen Paradigmas in der Wissenschaft (das erste Szenario) setzt voraus, dass alternative Paradigmen existieren, die an deren Stelle treten können. Ich habe argumentiert, dass sich in der politischen Praxis in Gestalt von Expertokratie, partizipative Governance und Populismus bereits undemokratische Alternativen zum liberal-repräsentativen Demokratiemodell herausgebildet haben. Es handelt sich bei ihnen um politisch-praktische Innovationen, die auf devolutionäre Probleme der Demokratie reagieren, indem sie Politik jeweils anders orientieren und mit der paternalistischen Rationalisierung (Expertokratie),

45 Kuhn, *Die Struktur wissenschaftlicher Revolutionen*, S. 87.
46 Ebd., S. 97.

der kompetenzbasiert-aristokratischen Bürgerbeteiligung (partizipative Governance) und der retrograden Simplifizierung (Populismus) Alternativen zum Prinzip der politischen »Gleichfreiheit« in das politische Leben einführen. In der wissenschaftlichen Theoriediskussion entsprechen ihnen allerdings bislang keine wirkmächtigen antidemokratischen Konkurrenzparadigmen. Vielmehr verhalten sich die affirmativen Reflexionstheorien dieser politischen Alternativen parasitär, akkommodierend oder defensiv zum demokratietheoretischen Paradigma. Sie brechen nicht explizit mit der Demokratiesemantik, sondern suchen das Demokratieparadigma nur umzudeuten, zu erweitern oder zu ergänzen.[47] Dies gilt beispielsweise für die bereits behandelten Beiträge Helmut Willkes, der seine expertokratischen Reformvorschläge als Beiträge zur Demokratietheorie darstellt,[48] es gilt ebenfalls für einen populistischen Theoretiker wie András Körösényi,[49] der sein Plädoyer für eine plebiszitäre *leader democracy* als einen Beitrag zur demokratietheoretischen Diskussion beschreibt, und es gilt schließlich auch für die zahlreichen Beiträge zur Theorie der partizipativen Governance,[50] die sich zwar oft als Beiträge zur Regierungslehre und *policy*-Forschung, aber zuweilen auch als Weiterentwicklung des demokratietheoretischen Diskurses verstehen.

Im Feld der Theorie ist das gegenwärtig wohl einflussreichste, zumindest potentiell als Herausforderer zukünftig infrage kommende Paradigma der Postkolonialismus.[51] Er gewinnt in der Sozial- und Geisteswissenschaft insgesamt an Bedeutung, nicht zuletzt deshalb, weil er eine akademische Reflexionstheorie des politischen Bedeutungsverlusts des Westens und des Aufstiegs nichtwestlicher Herrschaftsregime ist. Zumindest in Teilen ist der Postkolonialismus durch eine Negation paradigmatischer Annahmen der So-

47 Zu Theorien, die vom Demokratieparadigma explizit abweichen oder dieses kritisieren, siehe Bruce Gilley, »Is Democracy Possible?«, in: *The Journal of Democracy* 20 (2009), S. 113-127.

48 Helmut Willke, *Dezentrierte Demokratie. Prolegomena zur Revision politischer Steuerung*, Berlin 2016.

49 András Körösényi, »The Theory and Practice of Plebiscitary Leadership. Weber and the Orbán Regime«, in: *East European Politics and Societies and Cultures* 33 (2018), S. 280-301.

50 Frank Fischer, »Participatory Governance. From Theory to Practice«, in: David Levi-Faur (Hg.), *The Oxford Handbook of Governance*, Oxford 2012, S. 457-471.

51 Ina Kerner, *Postkoloniale Theorien zur Einführung*, Hamburg 2013.

zial- und Politikwissenschaft gekennzeichnet. Er stellt ein potentielles Konkurrenzparadigma dar, weil zumindest in einem Zweig des Postkolonialismus zentrale Kategorien liberal-demokratischen Denkens wie Bürgerschaft, Volkssouveränität, Rechtsstaatlichkeit, Öffentlichkeit und Menschenrechte samt deren ideengeschichtlichen Bezugsautoren nicht immanent kritisch behandelt, sondern kategorisch abgelehnt werden.[52]

Ich will das anhand einiger Beispiele illustrieren. In einem einschlägigen Aufsatz verwerfen zum Beispiel Howell und Richter-Montpetit aus einer postkolonialen Perspektive den kategorialen Apparat des westlichen politischen Denkens *in toto*, da er wesentlich rassistisch und kolonialistisch sei: »Koloniale und rassistische Annahmen über rassische und zivilisatorische Unterschiede animieren die zentralen politischen Kategorien und den theoretischen Rahmen des westlichen sozialen und politischen Denkens.«[53] Ihnen zufolge muss das gesamte westliche politische Denken – mitsamt dessen wissenschaftlichen Reflexionstheorien – verworfen werden. Sie illustrieren diese These anhand der Theorie der Versicherheitlichung und des Ansatzes der Kopenhagener Schule, einem gemeinhin als linksliberal und aufklärerisch-kritisch eingeordneten Forschungsansatz. Howell und Richter-Montpetit hingegen attestieren diesem Ansatz »Zivilisationismus, methodologisches Weißsein und antischwarzen Rassismus«.[54] Mit einer ähnlichen Stoßrichtung, aber vor allem auf die Geschichte des politischen Denkens bezogen, argumentiert Traußneck in einem programmatischen Beitrag, der eine »koloniale Kritik« der westlichen Ideengeschichte fordert. Sein Ziel ist die Abkehr von der westlichen Ideengeschichte beziehungsweise deren »Zertrümmerung«,[55] und damit zumindest implizit auch der klassischen ideengeschichtlichen Bezugsautoren

52 Zu den Strängen des Postkolonialismus, die das Paradigma marxistischer Sozialwissenschaft verabschieden wollen, siehe die immanente Kritik bei Vivek Chibber, *Postkoloniale Theorie und das Gespenst des Kapitals*, Berlin 2021.

53 Alison Howell, Melanie Richter-Montpetit, »Is Securitization Theory Racist? Civilizationism, Methodological Whiteness, and Antiblack Thought in the Copenhagen School«, in: *Security Dialogue* 51 (2020), S. 3-22, hier S. 4 f.

54 Ebd., S. 4.

55 Matti Traußneck, »(De)Kolonialität und Ideengeschichte«, in: Michael Haus u. a., in: Rassismus und politische Ideengeschichte, *Politische Vierteljahresschrift* 62 (2021), S. 674-678, hier S. 674.

der Demokratietheorie, da »eine der zentralen Ideen und Konzepte der Moderne – das Weißsein – nicht mit den kanonisierten Werken erfasst werden kann«.[56]

Während Traußneks Vorschlag der Destruktion auf die ideengeschichtlichen Grundlagen der Demokratie abzielt und sich Howells und Richter-Montpetits Rassismusvorwurf auf einen demokratieaffirmativen wissenschaftlichen Forschungsansatz bezieht, negieren andere Beiträge die Demokratie auf einer systematischen Ebene. So argumentiert Güven in einem konzeptionellen Beitrag für ein dezidiert antidemokratisches postkoloniales Theorieprogramm. Es zielt auf den »Widerstand gegen die Tyrannei der Demokratie«, denn Demokratie und demokratietheoretisches Denken stellten einen »bio-disziplinären Prozess der Kolonisierung«[57] dar, den es politisch wie wissenschaftlich zu überwinden gelte. Und auch für den postkolonialen Theoretiker Achille Mbembe ist die Demokratie im Wesentlichen ein koloniales und rassistisches Projekt, das funktional auf die »nekropolitische« Externalisierung von Gewalt angewiesen sei:

> Die Demokratie trägt die Kolonie in sich, so wie der Kolonialismus die Demokratie in sich trägt, oft in Form einer Maske. [...] Anders ausgedrückt, der Preis der mythologischen Logik, die für das Funktionieren und Überleben der modernen Demokratien erforderlich ist, ist die Externalisierung ihrer ursprünglichen Gewalt an dritte Orte, an Nicht-Orte, von denen die Plantage, die Kolonie oder, heute, das Lager und das Gefängnis emblematische Figuren sind.[58]

Mbembes normativer Bezugspunkt ist deshalb nicht die Idee der Demokratie, sondern vielmehr die vage Formel einer zukünftigen universalistischen »Politik des Menschlichen«.[59] Diese gründet Mbembe auf ästhetische, mystische und christliche Ideenbeständen und gerade nicht auf die Ideengeschichte oder die Theorie der Demokratie.[60] Praktisch erfordere die Politik des Menschlichen primär

56 Ebd.

57 Ferit Güven, *Decolonizing Democracy. Intersections of Philosophy and Postcolonial Theory*, Lanham 2015, S. 110.

58 Achille Mbembe, *Necropolitics*, Durham, London 2019, S. 27.

59 Achille Mbembe, *Kritik der schwarzen Vernunft*, Berlin 2019, S. 324.

60 Ebd., S. 315 ff.

»Restitution und Reparation«, [61]dies wäre ein Zeichen »eines neuen Denkens in Politik in Kultur«.[62]

Besonders prägnant kommt die Destruktion der Idee der Demokratie schließlich in Frank B. Wilderson III autobiographisch gefärbtem Buch *Afropessimismus* zum Ausdruck.[63] Wilderson III zufolge erleiden schwarze Bürger in den USA notwendigerweise den »sozialen Tod«. Der Begriff des sozialen Todes wurde ursprünglich von Orlando Patterson geprägt, um die rechtliche, ideologische, soziale und symbolische Marginalisierung sowie die physische Gewalt zu beschreiben, die mit der Sklaverei einhergehen.[64] Während Patterson seinen Begriff anhand einer Analyse von Gesellschaft gewann, in der Sklaverei als Institution vorherrschte und als solche anerkannt war, überträgt Wilderson III das Konzept bruchlos auf die Gegenwartsgesellschaft der Vereinigten Staaten. Ihm zufolge ist der Anspruch der US-amerikanischen Demokratie auf bürgerrechtliche Gleichheit eine bloße Chimäre. In Wirklichkeit seien in den USA alle Schwarzen dauerhaft einem antischwarzen »Terror« unterworfen.[65] Deren Leid sei zudem völlig unvergleichbar: »Man kann keine Analogie ziehen zwischen der Gewalt, die Immigrant:innen, Ureinwohner:innen und Arbeiter:innen erleiden müssen, und der Gewalt, die Schwarze erleiden müssen.«[66] Seiner Theorie des Afropessimismus zufolge gilt kategorisch die Gleichung Schwarzsein = Sklavesein = den sozialen Tod erleiden. Wilderson III, der Professor an der Universität Kalifornien in Irvine ist, sucht dies nicht nur anhand seiner eigenen Biographie zu illustrieren. Er vertritt darüber hinaus die These, das politische System der USA sei eine Scheindemokratie, die nicht durch Reformen demokratisiert werden könnte. Dieses politische System sei wesensmäßig und unveränderlich antischwarz:

61 Ebd., S. 330.

62 Ebd., S. 329.

63 Frank B. Wilderson III, *Afropessimismus*, Berlin 2021. Das Buch kann der postkolonialen Theoriebildung zugerechnet werden, da es Denkfiguren postkolonialer Theorie auf die Situation schwarzer US-Bürger überträgt.

64 Orlando Patterson, *Slavery and Social Death. A Comparative Study*, Cambridge 1982.

65 Wilderson III, *Afropessimismus*, S. 257.

66 Ebd., S. 256.

> Wie müssen tiefer graben und anerkennen, wie das Fundament, die Struktur, das Paradigma der Wahlpolitik selbst auf sexualisierte Gewalt gegen Schwarze ausgerichtet ist. Sexualisierte Gewalt gegen Schwarze ist die Bedingung der Möglichkeit von Wahlpolitik! [...] Anti-Blackness ist die DNA der Wahlpolitik. Kurzum, Anti-Blackness ist die DNA jenes Organismus, den man die Vereinigten Staaten von Amerika nennt. [...] Die US-Regierung könnte zu einer Demokratie für People of Color werden, die nicht Schwarz sind (es nicht wahrscheinlich, aber durchaus möglich); doch würde sie sich jemals von der zentralen Zutat befreien, die ihre Bedingung der Möglichkeit überdeterminiert – das heißt, wenn die USA irgendwie nicht anti-Schwarz sein sollten –, dann hätten wir kein Land mehr; die Vereinigten Staaten von Amerika würden aufhören zu existieren.[67]

An dieser Stelle geht es nicht um eine inhaltliche Beurteilung dieser Thesen, sondern nur um den Nachweis, dass sich im Kontext postkolonialer Forschung – und es handelt sich bei den zitierten Beiträgen um Publikationen, die in renommierten wissenschaftlichen Zeitschriften und Verlagen veröffentlicht wurden – Anzeichen für eine Abkehr vom demokratischen Paradigma und von demokratischen Konzepten wie dem der politischen Gleichheit der Bürger ausmachen lassen.

Demgegenüber steht ein *demokratiereformatischer* Zweig der postkolonialen Theorie, der sich gegenüber der Demokratie, ihren ideengeschichtlichen Grundlagen und Konnexinstitutionen zwar ambivalent verhält, aber normativ eine demokratieaffirmative Position einnimmt. Die Ambivalenz gegenüber der Geschichte und der Idee der Demokratie kommt in dem folgenden Zitat von Dipesh Chakrabarty zum Ausdruck:

> Es war das Europa der frühen Neuzeit und der Aufklärung, das der Welt zwar viele der zentralen politischen Ideen der Moderne schenkte (Rechte, Staatsbürgerschaft und die Ideen des Liberalismus, Sozialismus und der Demokratie), aber diese Ideen gleichzeitig zur Rechtfertigung der Unterdrückung anderer benutzte. Es ist dies eine historische Lehre, die ich niemals vergessen kann, wenn ich von Europa spreche.[68]

Für Chakrabarty besteht ein »postkoloniales Dilemma«[69] im Umgang mit europäischen Ideen, das sich auch im Umgang mit der

67 Ebd., S. 229. Hervorhebung entfernt.

68 Dipesh Chakrabarty, »Vorwort«, in: ders., *Europa als Provinz. Perspektiven postkolonialer Geschichtsschreibung*, Frankfurt/M., New York 2010, S. 9-16, hier S. 10.

69 Ebd.

Demokratie zeige. An der Idee der Demokratie, die für Chakrabarty dezidiert europäischen Ursprungs ist, sei nicht nur problematisch, dass sie für imperiale und neokoloniale Politik missbraucht wurde und wird. Darüber hinaus bestehe das Problem, dass in diese Idee spezifisch europäische Erfahrungen eingegangen sind. Infolgedessen sei die Idee der Demokratie nicht zur Analyse und Beschreibung von Gesellschaften geeignet, die diese Erfahrungen nicht teilen. Andererseits zähle die Demokratie zu dem Bestand europäischen politischen Denkens, der »wegen seiner emanzipatorisch-visionären Entwürfe« schlichtweg »unverzichtbar« sei.[70] Aufgrund ihrer normativen Vorzüglichkeit sollte die Idee der Demokratie deshalb nicht durch andere normative Ideale ersetzt werden.

Chakrabarty sucht das daraus entstehende Dilemma durch die »Demokratisierung der Geschichtsschreibung«[71] aufzulösen. Dadurch sollen zum einen subalterne Stimmen Gehör finden, die infolge einer imperialen Siegergeschichtsschreibung an den Rand gedrängt worden sind und auf diese Weise um ihre Ansprüche auf demokratische Inklusion gebracht wurden. Zum anderen soll die »Demokratisierung der Geschichtsschreibung« traditionalisierte Denkgewohnheiten herausfordern, sofern diese dazu geführt haben, die Demokratie mit demjenigen überlieferten Set an staatlichen Institutionen zu identifizieren, die der europäischen Geschichte abgelesen wurden. Hierdurch erhofft sich Chakrabarty die Entdeckung oder auch Erfindung neuartiger Formen von Demokratie, die zum einen den nichteuropäischen Gegebenheiten besser angepasst sind und zum anderen aufgrund ihrer größeren Inklusivität dem normativen Versprechen der Demokratie besser genügen:

> »Gute« minoritäre Geschichtsschreibung zielt auf die Vergrößerung der Reichweite von sozialer Gerechtigkeit und repräsentativer Demokratie, beim Erkunden der »Grenzen der Geschichte« hingegen geht es um den Kampf um, oder das Herantasten an, nichtstaatliche Formen der Demokratie, die wir bislang weder vollständig begreifen noch antizipieren können.[72]

70 Ebd., S. 11.

71 Dipesh Chakrabarty, »Subalterne Geschichten und nachaufklärerischer Rationalismus«, in: ders., *Europa als Provinz*, S. 89-111, hier S. 91.

72 Dipesh Chakrabarty, »Minderheiten, Geschichte, subalterne Vergangenheiten«, in: ders., *Europa als Provinz*, S. 67-87, hier S. 80.

Man könnte dies als Strategie der experimentellen Provinzialisierung der Demokratie bezeichnen. Ihr geht es nicht um die Relativierung der Idee von Demokratie, sondern vielmehr um eine unterschiedliche historische Erfahrungen, aber insbesondere die koloniale Verbrechen berücksichtigende Weiterentwicklung und dabei regionale Besonderheiten respektierende Umsetzung von Demokratie.[73]

Die Beispiele zeigen, dass es innerhalb des postkolonialen Theoriediskurses sowohl einen demokratiedestruktiven als auch einen demokratieaffirmativen Zweig gibt. Es bleibt abzuwarten, welcher von beiden mehr Anziehungskraft entfalten wird und welchen Einfluss er innerhalb des durchaus heterogenen Postkolonialismus selbst gewinnen kann. Dies würde auf lange Sicht auch das Demokratieparadigma nicht unberührt lassen. Einige der genannten Texte sind jedenfalls erste Anzeichen dafür, dass im Postkolonialismus die Frühphase der Entwicklung eines Konkurrenzparadigmas eingesetzt hat.

Die Überwindung der Krise der Demokratietheorie und die Revitalisierung des Demokratieparadigmas in der Wissenschaft (das zweite Zukunftsszenario) sind in Anbetracht des fortgeschrittenen Stadiums der Wucherung von Theoriemodifikationen und der Plausibilisierungsprobleme der von mir eingangs diskutierten Demokratiemodelle kurzfristig unwahrscheinlich. Und in langfristiger Perspektive stellt sich die Frage, wieso und auf welchem Wege die bereits lange andauernde und immer weiter zunehmende Ausdifferenzierung der demokratietheoretischen Diskussion zu einer Erneuerung des Paradigmas führen sollte. Die Ausdifferenzierung der Theoriedebatte stellt für die wissenschaftliche Gemeinschaft ein Problem dar. Das demokratietheoretische Paradigma franst dadurch aus, es bilden sich zahlreiche subparadigmatische Gemeinschaften heraus und der identitätsstiftende Bezug auf ein gemeinsam geteiltes Paradigma geht in der wissenschaftlichen Praxis verloren. Folglich stellt sich in der Demokratietheorie das gleiche Problem wie in den politischen Regimen, die sich als Demokratien beschreiben: Die symbolische Identität der Demokratie wird strittig und hetero-

73 Ähnlich, aber mit einem antiimperialistischen Impetus Walter D. Mignolo, *The Darker Side of Western Modernity. Global Futures, Decolonial Options*, Durham, London 2011, S. 251.

gene Demokratieauslegungen stehen im Konflikt miteinander, die sich wechselseitig die Legitimität absprechen.[74]

Das zweite Kapitel hat gezeigt, dass die partizipatorische Revolution zwar historisch auf eine Demokratisierung der demokratischen Regime hingedeutet hatte, aber seit längerer Zeit an sozialen Partizipationslücken krankt, von denen nicht zu sehen ist, wie sie vor dem Hintergrund der Devolution zukünftig gefüllt werden könnten. Mehr noch: Politisierung, Differenzierung und Komplexität, Kognitionsasymmetrie und das Ende des demokratischen Kapitalismus als Dimensionen der Devolution unterminieren die Pfeiler einer gemeinwohlorientierten und damit legitimen politischen Praxis nachhaltig. Sie bilden Bruchstellen sich als demokratisch beschreibender Regime, indem sie zu Umstrittenheit (Politisierung), Unsteuerbarkeit (Differenzierung und Komplexität), Unverständlichkeit (Kognitionsasymmetrie) und Ungerechtigkeit (Ende des demokratischen Kapitalismus) führen. Soziale Hoffnung und demokratische Politik, neben einem glaubhaften Gemeinwohlbezug von Politik wesentliche Elemente einer starken Demokratie,[75] werden dadurch strukturell verunmöglicht. Selbst wenn man diese normativ gehaltvollen Kriterien nicht teilt, sondern sich stattdessen an ein sparsameres Minimalmodell liberal-repräsentativer Demokratie hält, sieht das Ergebnis im Großen und Ganzen nicht besser aus. Auch die aus dem Minimalmodell rekonstruierbaren Kriterien gelingender demokratischer Praxis können infolge der Devolution nicht erfüllt werden. Politik erscheint als praktisch unwirksam und epistemisch intransparent, die politischen Regime werden von institutioneller Heuchelei geprägt, und eine zukünftige Redemokratisierung wird durch negative Sperrklinkeneffekte strukturell blockiert. Eine Folge hiervon ist, dass drei Kernmodelle von Demokratie, das deliberative Modell, das agonale Modell und das liberale Modell als zentrale Konkretisierungen des Demokratieparadigmas in der Demokratietheorie unplausibel werden und ihre Überzeugungskraft verlieren. Der demokratietheoretische Diskurs reagiert hierauf mit unübersichtlichen Theoriemodifikationen, er erzeugt ein diskursives Wuchern und bringt Strategien der Demokratievergewisserung hervor, die im Einzelfall rhetorisch erfolgreich

74 Vgl. Philip Manow, *(Ent-)Demokratisierung der Demokratie*, Berlin 2020.

75 Benjamin Barber, *Starke Demokratie. Über die Teilhabe am Politischen*, Hamburg 1994.

sein mögen, aber allesamt in wirklichkeitswissenschaftlicher Hinsicht nicht überzeugen können und an der Erfahrung der Devolution scheitern.

Kurzum, es gibt weder Anzeichen für eine Revitalisierung des demokratietheoretischen Paradigmas innerhalb der wissenschaftlichen Diskussion noch Indizien einer Redemokratisierung der politischen Praxis. Das die Krise auslösende Problem bleibt in Theorie und Praxis ungelöst. Voraussichtlich wird es, zumindest kurz- und mittelfristig, an die nachrückende Generation weitergereicht werden. Das dritte Szenario beschreibt die Entwicklung der näheren Zukunft der politikwissenschaftlichen Demokratietheorie deshalb am besten – nicht zuletzt aufgrund der eingangs angeführten Legitimationsfunktion von Politikwissenschaft und Demokratietheorie. Trotz der aufgezeigten Begründungs- und Plausibilisierungsprobleme sowie der Auslegungsdifferenzen hinsichtlich der Bedeutung von Demokratie ist innerhalb der Demokratietheorie das »Gefühl der Denksolidarität im Dienste einer überpersönlichen Idee«[76] – der Idee der Demokratie – immer noch lebendig und als solches integrativ wirksam. Es wird dadurch genährt, dass die Demokratie als normatives Ideal und Legitimationsformel existierender politischer Regime devolutionär beschädigt, aber nicht vollends entwertet wurde. Zudem werden gegenwärtig die Alternativen zur Demokratie in Wissenschaft wie Politik bislang nicht hinreichend stark durch einen gegenhegemonialen Aktivismus vorangetrieben, um das Demokratieparadigma kurzfristig ersetzen zu können. Allerdings darf, vor allem mit Blick auf die politische Praxis, die Möglichkeit des Eintretens nicht prognostizierbarer Brüche mit dem Status quo nicht unterschätzt werden. Politisierung, Differenzierung und Komplexitätssteigerung führen dazu, dass die Wahrscheinlichkeit von Aggregations- und Aufschaukelungseffekten in der Politik gestiegen ist, die von keinem Beobachtungspunkt aus überblick- und absehbar sind. Niklas Luhmann hat das daraus resultierende politische Überraschungspotential treffend erfasst:

> Eine Rechtsordnung, die an keinem Punkte eigentlich getroffen werden kann, kann auch an keinem Punkt eigentlich verteidigt werden. Damit ist auch die Beobachtung und Beurteilung schwieriger als zur Zeit der »revolutionären Umtriebe« und der aufsässigkeitsverdächtigen Schullehrer

76 Fleck, *Entstehung und Entwicklung einer wissenschaftlichen Tatsache*, S. 140.

und Studenten des Vormärz. Das Problem ist, daß sich eine Vielzahl von Ereignissen zu Tendenzen aggregieren kann, die sich dann der Kontrolle entziehen. Keine der die letzten Jahrzehnte bewegenden politisch-sozialen Bewegungen hat prognostiziert werden können; alle kamen als Überraschungen zustande.[77]

Vor diesem Hintergrund wird am krisenhaften Paradigma Demokratie sowohl in der wissenschaftlichen Theorie wie in der politischen Praxis zumindest noch eine Zeit lang festgehalten werden, aber die fragile Struktur devolutionär transformierter Regime führt dazu, dass jedenfalls mit Blick auf die politische Praxis mit Überraschungen gerechnet werden muss.

Die Demokratietheorie steht in einer Wechselbeziehung mit ihrem Gegenstand. Deshalb hängt ihre zukünftige Entwicklung in letzter Instanz auch nicht von den innerwissenschaftlichen Auseinandersetzungen im Feld der Sozial- und Politikwissenschaft ab. Sie wird bestimmt durch die zukünftige Entwicklung der politischen Regime, in denen sie betrieben wird. Die institutionalisierte wissenschaftliche Praxis der Demokratietheorie hat sich in einem demokratischen Regimekontext herausgebildet, auf den sie zurückwirkt und in dem sie auch selbst politisch Einfluss ausübt. Vor allem aber wird sie durch ihn ermöglicht und gefördert. Keine politikwissenschaftliche Demokratietheorie ohne Demokratie also – diese Einsicht der Gründungsväter der bundesrepublikanischen Politikwissenschaft in die Verschränkung von Demokratie und Wissenschaft bleibt richtig. Sie impliziert aber auch, dass die devolutionäre Transformation der demokratischen Regime nicht ohne Folgen für die Demokratietheorie bleiben kann. Die devolutionär bedingten Erosionserscheinungen und Legitimationsprobleme demokratischer Regime spiegeln sich in der Demokratietheorie, die sich dadurch ihrerseits dem Problem der Entplausibilisierung ihrer Kernannahmen und -aussagen gegenübersieht. Während sich politische Regime zumindest zeitweise auch durch die Duldung der Herrschaftsunterworfenen reproduzieren können, sind wissenschaftliche Theorieparadigmen auf eine diskursive innerwissenschaftliche Reproduktion in Form des aktiven Gebrauchs des jeweiligen Paradigmas angewiesen. Ich habe dafür argumentiert, dass der

77 Niklas Luhmann, »Widerstandsrecht und politische Gewalt«, in: ders., *Soziologische Aufklärung. Band 4, Beiträge zur funktionalen Differenzierung der Gesellschaft*, Wiesbaden 1984, S. 169-179, hier S. 177.

Gebrauch des demokratietheoretischen Paradigmas zwar zusehends unplausibel geworden ist, von einer Verabschiedung dieses Paradigmas aber, seinen Abnutzungs- und Ermüdungserscheinungen zum Trotz, zumindest kurzfristig nicht die Rede sein kann. Neben dem vorläufigen Fehlen eines erklärungskräftigen wie normativ attraktiven Konkurrenzparadigmas hat dies mit der eingangs beschriebenen Legitimationsfunktion politikwissenschaftlichen Wissens zu tun. Die Demokratietheorie bildet, insoweit sie die devolutionäre Transformation nicht kritisch in den Blick nimmt, eine legitimationswissenschaftliche Stütze derjenigen politischen Regime, in denen sie institutionalisiert ist und praktiziert wird. Die Analyse der Devolution, die an die aufklärerische Tradition der Politikwissenschaft anknüpft, zeigt hingegen, dass die Bedingungen der Möglichkeit von Demokratie in Auflösung begriffen sind. Die Zukunft wird zeigen, wie lange Politikwissenschaft und Demokratietheorie mit dem Widerspruch zwischen Legitimation und Aufklärung leben können.

Danksagung

Dieses Buch ist die überarbeitete Fassung meiner Habilitationsschrift *Demokratiedämmerung. Zur Paradigmakrise demokratischer Theorie und Praxis.* Sie ist im Sommer 2021 vom Fachbereich Gesellschafts- und Geschichtswissenschaften der Technischen Universität Darmstadt angenommen worden. Die seitdem eingetretenen politischen Entwicklungen haben meine Thesen eher bestätigt als widerlegt.

Auf je eigene Weise haben Dirk Jörke, Jörg Kemmerzell, Hubertus Buchstein, Claudia Landwehr, Robert Sparling, Hanno Plass, Jared Sonnicksen, Magdalena Kirsch und Florian Skelton Wichtiges zur Entstehung dieses Buches beigetragen. Mein ganz besonderer Dank gilt Lisa Oppermann.

Register

Rahel Jaeggi

- Entfremdung. Zur Aktualität eines sozialphilosophischen Problems. Mit einem neuen Nachwort. stw 2185. 337 Seiten
- (zus. mit Nancy Fraser) Kapitalismus. Ein Gespräch über kritische Theorie. Herausgegeben von Brian Milstein. Aus dem Amerikanischen von Jürgen Schröder. stw 2307. 329 Seiten
- Kritik von Lebensformen. stw 1987. 451 Seiten

Zhao Tingyang

- Alles unter dem Himmel. Vergangenheit und Zukunft der Weltordnung. stw 2282. 266 Seiten

NF 123/2/11.21

50 Jahre suhrkamp taschenbuch wissenschaft
1973-2023
Das Jubiläumsprogramm

Aleida Assmann. Im Dickicht der Zeichen. stw 2429. 360 Seiten

Judith Butler. Die Macht der Geschlechternormen und die Grenzen des Menschlichen. Übersetzt von Karin Wördemann und Martin Stempfhuber. stw 2422. 414 Seiten

Esther Duflo. Kampf gegen die Armut. Übersetzt von Andrea Hemminger. stw 2428. 182 Seiten

Philippa Foot. Die Natur des Guten. Übersetzt von Michael Reuter. stw 2421. 162 Seiten

Eva Illouz. Gefühle in Zeiten des Kapitalismus. Übersetzt von Martin Hartmann. stw 2423. 170 Seiten

Rahel Jaeggi. Kritik von Lebensformen. stw 2424. 451 Seiten

Karin Knorr Cetina. Die Fabrikation von Erkenntnis. Zur Anthropologie der Wissenschaft. Mit einem Vorwort von Rom Harré. stw 2427. 372 Seiten

Martina Löw. Raumsoziologie. stw 2425. 320 Seiten

Beate Rössler. Autonomie. Ein Versuch über das gelungene Leben. stw 2426. 443 Seiten

Lucie Varga. Zeitenwende. Mentalitätshistorische Studien 1936-1939. Herausgegeben, übersetzt und eingeleitet von Peter Schöttler. stw 2430. 247 Seiten

NF 185/1/1.23